Südsee

Angelika Regel
Rosemarie Schyma

Tonga – Samoa – Cook-Inseln –
Französisch-Polynesien – Fidschi –
Vanuatu – Salomonen

DUMONT RICHTIG REISEN

Inhalt

Der Pazifik und seine Inseln

Reiseziele im Pazifik

Tonga

Samoa und Amerikanisch-Samoa

Die Cook-Inseln

Französisch-Polynesien

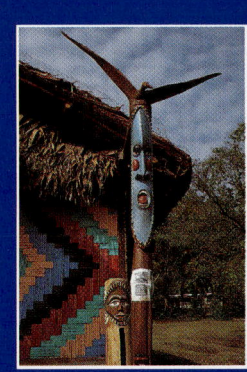

Die Salomonen

Serviceteil

Verzeichnis der Karten und Pläne

Danksagung

Für ihre großzügige und bereitwillige Unterstützung möchten wir folgenden Personen und Organisationen sowie auch allen, die hier ungenannt bleiben, unseren aufrichtigen Dank aussprechen:

Agfa Deutschland, Köln; Aggie Grey's Hotel, Apia; Air France, Frankfurt/M.; Air New Zealand, Frankfurt/M.; Air Pacific, Suva; Air Rarotonga; Air Vanuatu, Port Vila; Fafa Island Resort, Tonga; Fiji Visitors Bureau, Suva/Nadi; Kitano Tusitala Hotel, Apia; National Tourism Office of Vanuatu, Port Vila; Office of Tourism, Pago Pago; Polynesian Airlines, Apia; Ron & Dorothy Parkinson, Barava Tours, Ghizo; Royal Tongan Airlines, Nuku'alofa; Safua Hotel, Savai'i; Samoa Visitors Bureau, Apia; Solomon Airlines, Honiara; Solomon Islands Tourist Authority, Honiara; Tahiti Tourisme, Papeete; Tiki Village, Moorea; Tonga Visitors Bureau, Nuku'alofa; Tourism Cook Islands, Avarua; Vanair, Port Vila.

Angelika Regel,
Rosemarie Schyma

Der Pazifik und seine Inseln

Stiller Ozean, Meer des Südens, Ozeanien

Der Pazifische Ozean erstreckt sich über eine Fläche von 181,34 Mio. km², mehr als ein Drittel der Erdoberfläche, und alle Kontinente mit ihren insgesamt 149 Mio. km² fänden bequem Platz darin. Der Pazifik ist nicht nur das größte, sondern auch das inselreichste aller Weltmeere: Angaben über die Zahl der Inseln bewegen sich zwischen 3000 und 10 000 – je nach dem, ab welcher Größe Landmassen als Inseln gezählt werden. Während der Löwenanteil der Landflächen von insgesamt 1,3 Mio. km² auf Neuguinea (872 250 km²) und Neuseeland (269 000 km²) entfällt, zählen die Tausenden von kleineren Inseln im Zentralpazifik zusammen keine 120 000 km². Sie verschwinden in der Weite des Ozeans.

Der portugiesische Seefahrer Fernão de Magalhães (Magellan) war 1521 drei Monate lang im Pazifik unterwegs, ohne Land zu sichten. Es herrschte andauernde Windstille, so daß ihm der Name *Mar Pacifico*, ›Stiller Ozean‹, passend schien – der Seefahrer wußte nicht, daß die Region regelmäßig von Wirbelstürmen heimgesucht wird. Der Begriff ›Südsee‹ geht auf den spanischen Konquistador Vasco Nuñez de Balboa zurück: Im Jahre 1513 gelangte er als erster Europäer über die Landenge von Panama an die Pazifikküste und nannte den Ozean, der sich vor ihm ausbreitete, *Mar del Sud* – ›Meer des Südens‹. Treffender nennen Ethnologen die pazifische Inselwelt nördlich und südlich des Äquators ›Ozeanien‹.

Landflecken in den Weiten des Ozeans
Geographie und Geologie

Melanesien, Mikronesien, Polynesien

In groben Zügen ethnischen und kulturellen Gegebenheiten entsprechend, wird Ozeanien in drei Regionen gegliedert: Melanesien, Polynesien und Mikronesien. **Melanesien,** das ›Schwarzinselgebiet‹, so genannt nach der dunklen Hautfarbe seiner Bevölkerung, setzt sich aus Neuguinea, den Salomonen, Vanuatu, Neukaledonien und Fidschi zusammen. An den melanesischen Inselbogen grenzt im Norden das ›Kleininselgebiet‹ **Mikronesien** mit Kiribati, den Marshall-

Inseln, den Föderierten Staaten von Mikronesien, Guam, den Nördlichen Marianen, Palau und Nauru.

Die flächenmäßig größte dieser drei Regionen bildet **Polynesien,** das ›Vielinselgebiet‹. Hawai'i im Norden, die Osterinsel im Osten und Neuseeland im Süden stellen die Eckpunkte des polynesischen Dreiecks dar, das Tonga, Samoa (ehemals West-Samoa) und Amerikanisch-Samoa, Wallis und Futuna, Tuvalu, Niue, die Cook-Inseln, Tokelau, die Phoenix- und Line-Inseln, Pitcairn sowie die Inselgruppen Französisch-Polynesien umschließt.

Versunkene Vulkane – zur Geologie der Inseln

von Andreas Stieglitz

Durchschnittlich 4000 m tief ist der Meeresgrund des Pazifischen Ozeans, und doch liegen zahlreiche Vulkaninseln, Korallenriffe und Atolle verstreut in seinen schier unermeßlichen Weiten. Wie hat sich diese ausgedehnte Inselwelt gebildet? Einen Hinweis auf das Rätsel ihrer Entstehung ergibt der Umstand, daß sich die Inseln zumeist wie Glieder einer Perlenkette aneinanderreihen. Im westlichen Pazifik erstreckt sich ein weiter Inselbogen von Papua-Neuguinea bis nach Neuseeland, der den Bismarck-Archipel, die Salomonen, Vanuatu, die Fidschi-Inseln und die Kermadec-Tonga-Gruppe umfaßt. Im mittleren Pazifik ordnen sich die Inseln meist in Südost/Nordwest-Richtung an, so beispielsweise die Hawai'i-Inseln.

Die Bildung dieser Inselketten steht in engem Zusammenhang mit der Plattentektonik. Die Gesteinskruste der Erde besteht aus sechs großen und verschiedenen kleineren Krustenteilen (Platten), die verschiebbar einer fließfähigen Schicht des oberen Erdmantels aufliegen. In Ozeanien kommen die große Pazifische Platte, die Australische Platte, die Philippinen-Platte im Nordwesten und die Nasca-Platte im Südosten zusammen. Aufgrund innerer Kräfte der Erde bewegen sich diese Platten ganz allmählich in unterschiedlicher Richtung – teils gegeneinander, teils auseinander.

Die Pazifische Platte und die östlich sich anschließende Nasca-Platte driften seit langer Zeit auseinander. In der Zerrungszone entstanden dabei Risse, aus denen glutflüssiges Magma aus dem Erdinnern aufquillt *(Sea-Floor-Spreading)*. Längs der Dehnungsfugen haben die emporsteigenden vulkanischen Schmelzen nach und nach ein langgestrecktes Gebirge auf dem Meeresgrund aufgetürmt. Nur an einer Stelle ragt dieser **Ostpazifische Rücken** knapp über den Meeresspiegel empor: kaum 600 m erhebt sich die Osterinsel (Rapanui) aus dem Meer.

Hingegen bewegt sich die Pazifische Platte auf die Australische Platte sowie die Philippinen-Platte zu und taucht in der Kontaktzone im Winkel von 45° unter sie ab. Im Unterschiebungsbereich **(Subduktionszone)** werden Gesteine und Sedimente in eine Tiefe von 700 bis 900 km verfrachtet und dort aufgeschmolzen. Aufgrund des Abtauchens in die Tiefe durchziehen mächtige **Tiefseegräben** längs der Subduktionszonen den Meeresgrund. Mit 11 022 m bildet der Marianen-Graben an der Grenze der Pazifischen Platte zur Philippinen-Platte die tiefste Stelle der Erde. Quer durch die Südsee verlaufen der Neue-Hebriden-Graben sowie der Kermadec-Tonga-Graben. Allein in diesen Tiefseegräben entschwinden alljährlich rund 250 000 m² des pazifischen Meeresbodens.

Das Abtauchen der Pazifischen Platte in der Subduktionszone verläuft alles andere als reibungslos. Immer wieder verhaken sich die Gesteinsschichten miteinander, um sich dann ruckartig zu lösen und weiterzugleiten. Ein leichtes Rucken in der Erdkruste bedeutet indes nichts anderes als das Auslösen eines Erd- und Seebebens. Die Bebenzentren liegen meist in einer Tiefe von 100 bis 300 km. Von ihnen gehen sogenannte *tsunami* aus, ringförmig expandierende Flutwellen, die sich an Küsten bis zu etwa 35 m Höhe aufsteilen und katastrophale Überschwemmungen verursachen können.

Blick auf Bora Bora ▷

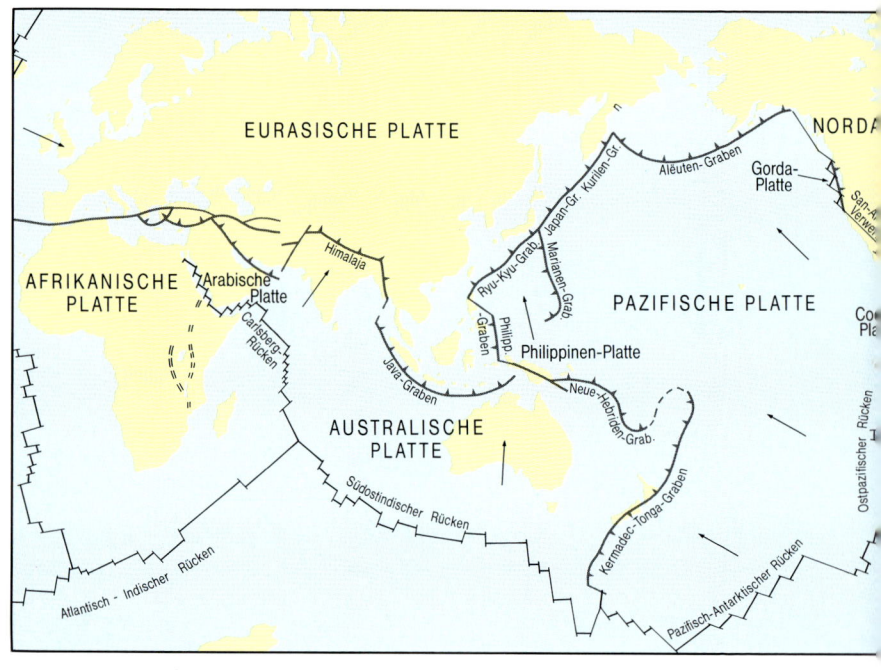

In größerer Tiefe wird die abtauchende Platte aufgeschmolzen, doch auch dies nicht ohne Folgen: Die sich ausdehnende glutflüssige Gesteinsschmelze dringt unter gewaltigen Eruptionen zum Meeresgrund empor und türmt allmählich einen unterseeischen Vulkan auf. Sofern die vulkanische Tätigkeit lange genug anhält, erhebt sich schließlich die höchste Spitze des Vulkans über den Meeresspiegel – eine Vulkaninsel ist geboren.

Gewöhnlich bleibt es jedoch nicht bei einer einzelnen Insel, da es längs des gesamten Tiefseegrabens zu vulkanischer Aktivität kommt. Wie Perlen reihen sich die Vulkaninseln entlang der zugehörigen Tiefseegräben aneinander: die Salomonen, Vanuatu, die Fidschi-Inseln und die Kermadec-Tonga-Inseln. Sie alle gehören dem zirkumpazifischen Vulkangürtel an, der den Verlauf der Subduktionszone nachzeichnet und zwei Drittel aller aktiven Vulkane der Erde umfaßt.

Vulkaninseln sind indes nicht ausschließlich an Tiefseegräben gebunden. Im Zentralpazifik liegen Inselketten vulkanischen Ursprungs, die sich zumeist in Südost/Norwest-Richtung erstrecken und auf sogenannte **Hot Spots** (›heiße Flecken‹) zurückgehen. Auch im Bereich eines Hot Spot steigen große Mengen glutflüssiger Gesteinsschmelze aus dem Erdinnern empor, die allmählich eine Vulkaninsel aufbauen.

Wie jedoch vermag ein einzelner Förderpunkt von Magma einer ganzen Inselkette zur Existenz zu verhelfen? Die Plattentektonik liefert eine überraschend einfache Erklärung. Die Pazifische Platte zieht mit der Zeit über den jeweiligen, nahezu unbeweglich tief im Erdmantel liegenden Hot Spot hinweg. Irgendwann auf dieser Drift, die mit etwa

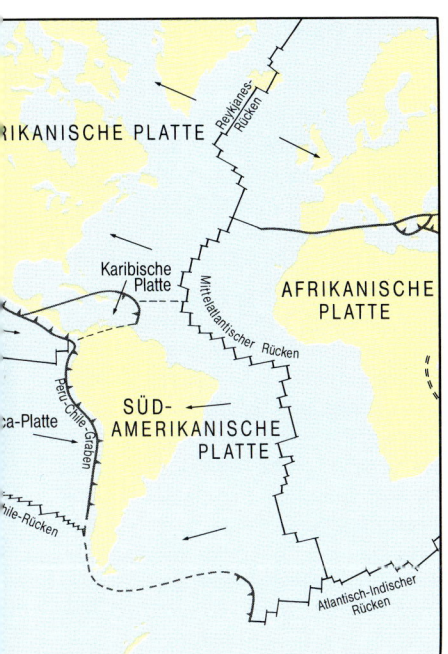

⌐⌐⌐ Rückenachse (Rifts)

⊥⊥⊥⊥ Subduktionszonen

⟶ Richtung der Plattenbewegung

Map labels:

RIKANISCHE PLATTE

Reykjanes-Rücken

Karibische Platte

AFRIKANISCHE PLATTE

Mittelatlantischer Rücken

Peru-Chile-Graben

ca-Platte

SÜD-AMERIKANISCHE PLATTE

hile-Rücken

Atlantisch-Indischer Rücken

Geologie

17

---

einem Zentimeter pro Jahr verläuft, reißt der ›Bodenkontakt‹ des Vulkans mit seiner Förderquelle, dem Hot Spot, ab. Etwas versetzt beginnt sich ein neuer Vulkan aufzubauen, bis auch dieser durch die stete Drift der Pazifischen Platte erlischt und sich der Vulkanismus daneben fortsetzt. Im Laufe von Jahrmillionen entsteht eine mehr oder minder zusammenhängende Kette von Vulkanen, die auf dem Meeresgrund einen langgestreckten Rücken bilden und mit ihren höchsten Gipfeln aus dem Wasser ragen.

Die meisten Inselketten Polynesiens gehen auf einen Hot Spot zurück. Die Hawai'i-Inseln zeigen dies besonders anschaulich. Der Hot Spot liegt hier gegenwärtig unter der Insel Hawai'i, bezeugt durch die aktiven Vulkane Mauna Loa und Kilauea. Nach Nordwesten nimmt das Alter der Inseln stetig zu. Auf der ältesten Insel von Hawai'i, Kauai, ist der Vulkanismus bereits vor fünf Millionen Jahren erloschen.

Inseln vulkanischen Ursprungs erreichen mitunter gewaltige Höhen. Mit dem Vulkan Mauna Kea erhebt sich Hawai'i 4205 m über den Meeresspiegel. Bedenkt man, daß der Meeresgrund um den Hawai'i-Rücken mehr als 5000 m tief ist, müßte man eigentlich sogar von einem stolzen 9000er sprechen!

Ganz im Gegensatz zu diesen hohen Vulkaninseln stehen Riffe, Koralleninseln und Atolle, die den Meeresspiegel meist nur um wenige Meter überragen. Bereits vor 150 Jahren hat Charles Darwin die bis heute in ihren Grundzügen gültige Entstehungstheorie formuliert. Die verschiedenen **Rifftypen** verstand er als unterschiedliche Entwicklungsstadien der **Atollbildung.**

Ein Korallenriff setzt zunächst die Existenz einer Vulkaninsel oder eines flachen Küstenabschnitts voraus. Bei mindestens 20° C warmem, sauerstoffreichem Meerwasser mit ausreichendem Salzgehalt gedeihen Korallentiere im seichten Küstensaum. Diese urtümlichen, zur Klasse der Hohltiere gehörenden Lebewesen siedeln sich meist fest auf dem Untergrund an und sondern Kalk ab, der das schützende Außenskelett (Korallenkalk) bildet. Eine flach abfallende Küste ist Voraussetzung für ihr Wachstum, denn Korallentiere sind lichtbedürftig und gedeihen nur bis zu einer Wassertiefe von 50 m.

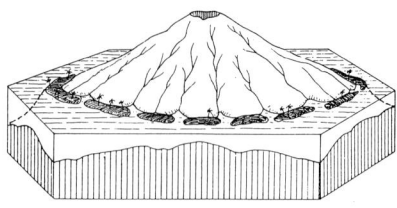
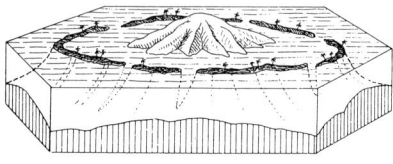
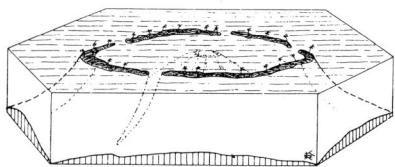

Die Verwandlung von Korallensaumriffen (1) in Wallriffe (2) und ein Atoll (3) nach Darwins Theorie über das Absinken von Inseln und des Meeresbodens

Die Korallenskelette bauen das Korallenriff um etwa 10 bis 25 mm pro Jahr auf. Unterschiedliche Arten von Korallenstöcken und Einzeltieren (Korallenpolypen) begründen die große Formenvielfalt der Korallenriffe. Sie bieten zugleich einer Vielzahl anderer Meerestiere (Kalkalgen, Muscheln, Schnecken, Foraminiferen) einen geeigneten Lebensraum.

Die der Küste vorgelagerten Riffe wachsen allmählich zusammen, bis ein kranzförmiges, bis zu einem Kilometer breites **Saumriff** die Insel umschließt bzw. die Küste abschirmt. Das Wachstum ist stets zum Meer hin gerichtet, während die Korallen nach innen, dem Lande zu, zerfallen. Im Mündungsbereich von Flüssen, wo das Meerwasser getrübt und brackig ist, entstehen Einschnitte im Riff.

Sie bilden für die Schiffahrt bedeutsame Passagen. Zu den Inseln, die von einem hohen Saumriff umgeben sind, gehört Tahiti in Französisch-Polynesien. Nach dem Abklingen des Vulkanismus, der ihr zur Existenz verholfen hat, droht einer Vulkaninsel der allmähliche Untergang – im wahrsten Sinne des Wortes. Mit dem Absinken der Insel versuchen die Korallen schrittzuhalten, indem sie durch das Emporwachsen auf den abgestorbenen Korallenstöcken in die lichtdurchflutete obere Wasserschicht streben. Das nach außen wachsende Korallenriff umgibt die schrumpfende Insel gleich einem natürlichen Damm. Zwischen diesem **Wall-** oder **Barriere-Riff** und der Insel entsteht eine sich vergrößernde Seichtwasserzone – die **Lagune.** Bora Bora (Französisch-Polynesien) ist ein typisches Beispiel für eine Insel mit Wallriff. Einzigartig in seiner Ausdehnung ist das große Barriereriff vor der Nordostküste Australiens, das sich über 2000 km erstreckt.

Ist die Vulkaninsel schließlich im Meer versunken, zeugt nurmehr das kranzförmige Riff oder sogenannte **Atoll** von ihrer einstigen Existenz. Das Atoll umschließt eine meist seichte, bis hundert Meter tiefe Lagune, während es nach außen hin steil zum Meeresgrund abfällt. Schmale Einbuchtungen, Rinnen und Passagen, die auf Erosion und gestörtes Korallenwachstum zurückgehen, spalten das Atollriff in zahlreiche Koralleninselchen auf. Auf den winzigen Eilanden kann sich allmählich Korallensand ansammeln. Erste Pflanzen, deren Samen angeweht wurden, vermögen Fuß zu fassen. Auf den felsigen Atollen bildet sich mit der Zeit eine dünne Humusschicht, Kokospalmenhaine besetzen die Oberfläche – die Voraussetzungen für eine Besiedlung durch Menschen sind nun gegeben.

Die etwa dreihundert pazifischen Atolle haben gewöhnlich einige Kilometer Durchmesser und erheben sich zwei bis drei Meter über den Meeresspiegel. Mikronesien bildet ein charakteristisches Atollgebiet im westlichen Südpazifik. Hier liegt das Kwajalein-Atoll der Marshall-Inseln, das mit einer Fläche von 2500 km² die größte Lagune des Pazifiks umschließt. **Neukaledonien** nimmt in der Südsee eine geologische Sonderstellung ein. Der Nordosten des australischen Kontinentes ist vor langer Zeit allmählich im Meer versunken. Vor etwa vierzig Millionen Jahren ist ein kleines Bruchstück der untergegangenen australischen Landmasse wieder aus dem Meer aufgetaucht. Sie bildet das heutige Neukaledonien. Die ungewöhnliche, bis in das Erdaltertum (Paläozoikum) zurückreichende Gesteinsvielfalt bezeugt, daß Neukaledonien ursprünglich zu Australien gehörte.

Wind und Wasser – das Wetter in Ozeanien

Das feuchtheiße Klima der überwiegend tropischen Inselwelt des Pazifiks wird vor allem von den stetig wehenden Passatwinden bestimmt. Nördlich des Äquators wehen sie von Nordosten, in der südlichen Hemisphäre von Südosten. In den Passatzonen schwanken die durchschnittlichen Jahrestemperaturen nur unerheblich zwischen 22° C und 25° C. In Meereshöhe fallen bzw. steigen die Temperaturen selten auf Extremwerte unter 18° C und über 35° C. Oberhalb 2000 m treten Fröste gelegentlich, über 3000 m regelmäßig auf.

Ausgehend von den relativ trockenen Zonen am Ostrand des Pazifiks wird die Passatströmung nach Westen hin schwächer und weniger beständig. Entsprechend nehmen die Niederschläge von Osten nach Westen und mit wachsender Nähe zum Äquator zu.

Jahresdurchschnittstemperaturen und Jahresniederschläge auf den Inseln der Südsee

Inselgruppe	Jahresdurch-schnitts-temperatur	Jahresniederschlag (mm)
Cook-Inseln	25° C	2000
Fidschi-Inseln	25° C	5000 im Südosten
		1700–2000 im Nordwesten
Französisch-Polynesien	26° C	2000–5000 auf den hohen Inseln
		1200–1400 auf den Atollen
Salomonen	27° C	3500
Samoa	26° C	3000
Tonga	21° C S, 25° C N	1500–2500
Vanuatu	26° C	2200 auf den südlichen Inseln, 3800 auf den nördlichen Inseln

Über die Niederschlagsmengen entscheidet jedoch nicht allein die Lage, sondern auch das Relief der Inseln. So sind die windabgewandten Seiten hoher Inseln in den Passatgebieten im Verhältnis zu den Luvseiten deutlich regenärmer. Auf den Wetterseiten gebirgiger Landmassen gehören Höhen zwischen 1000 und 2000 m zu den regenreichsten Zonen. Auf niedrigen Inseln fehlen Hindernisse, die den Passat zum Aufsteigen und somit zum Abregnen bringen, hier herrscht ein trockenes Klima. In den Sommermonaten entstehen die tropischen Wirbelstürme. Abhängig vom Ursprungsgebiet spricht man von Zyklonen (Südpazifik), Taifunen (Nordwestpazifik) oder Orkanen (Nordostpazifik). Sie bilden sich in Äquatornähe und bewegen sich polwärts, wo sie in kühleren Breiten an Kraft verlieren. Zu den am häufigsten betroffenen Inselgruppen des Südpazifiks gehören Vanuatu, Fidschi und Samoa. Zyklone erreichen Windgeschwindigkeiten von 120 bis 300 km/h und sind meist von heftigen Nie-

derschlägen begleitet. Innerhalb weniger Stunden können 600 mm Regen fallen – das entspricht etwa einem Jahresmittel in den gemäßigten Zonen Europas. Wind und Wellen zerstören Korallenriffe, Wälder, Gärten und ganze Dörfer, sintflutartige Regenfälle führen zu Überschwemmungen und tragen fruchtbaren Boden ab. Die salzige Gischt, die weit ins Land hineingetragen wird, kann gewaltige Vegetationsschäden verursachen. Kleine, flache Atoll-Inseln werden mitunter völlig überspült.

Zu teilweise verheerenden Katastrophen, insbesondere im östlichen Pazifik, führt auch das meteorologische Phänomen El Niño. Es handelt sich um eine Warmwasserströmung, die im Abstand von einigen Jahren um die Weihnachtszeit vor den Küsten Perus und Ecuadors zu beobachten ist (daher die spanische Bezeichnung El Niño, d. h. [Christ]-Kind). Sie führt u. a. zu einem ungewöhnlich hohen Anstieg der Wassertemperatur sowie heftigen Regenfällen in sonst trockenen Regionen und zu Trockenheit oder gar Dürre in üblicherweise niederschlagsreichen Gebieten.

Flora und Fauna

Im Gegensatz zum großen Artenreichtum des Meeres ist die Vielfalt an Tieren und Pflanzen an Land relativ gering. Von Westen nach Osten nimmt sie deutlich ab. Am reichsten sind Flora und Fauna auf den kontinentalen Inseln Melanesiens. Beispielsweise zählt man in Neuguinea 129 Ficus-Arten, auf den Salomonen 46, in Neukaledonien 25, in Fidschi 14, in Samoa 8, in Tonga 4, in Tahiti 2 und nur noch eine auf den Marquesas und im Tuamotu-Archipel. Kommen beispielsweise auf Borneo 10 000 Arten von Blütenpflanzen vor, sind es in Neukaledonien nur 2300. In Neuguinea gibt es 520 Landvogel-Arten, auf den Salomonen 126, in Fidschi 54, in Samoa 32, auf den Gesellschafts-Inseln 17 und auf den Marquesas 11. Der weite inselleere Raum des östlichen Pazifiks stand einer Ausbreitung von Fauna und Flora in westlicher Richtung entgegen. Der

Apia nach dem Sturm

größte Teil der heute in Ozeanien bekannten Arten stammt aus Asien. Die meisten Pflanzen und Tiere kamen im Zuge der Besiedlung durch den Menschen auf die Inseln.

Die Pflanzenwelt Ozeaniens

Auf den kontinentalen Inseln Melanesiens und den Vulkaninseln Polynesiens gedeiht eine üppige tropische Vegetation: Regenwälder mit Baumriesen, Palmen, Farnen, Schlingpflanzen, Epiphyten und Orchideen. Mangroven- und Pandanuswälder säumen Küsten oder Flußmündungen. Neben Nutzpflanzen wie Kokospalmen, Bananen, Mango- und Brotfruchtbäumen bestimmen zahlreiche Arten von blühenden Bäumen, Sträuchern und Blumen das Landschaftsbild. Flammenbäume, Frangipani, Ingwer, Heliconien, Bougainvilleas, Gardenien und Hibiskus in verschiedensten Variationen sorgen für Farbenpracht und sind immerwährende Quelle für den Blütenschmuck der Insulaner.

Wichtige Nutzpflanzen

Taro, Yams, Süßkartoffeln, Kassavas, Bananen und Brotfrüchte gehören zu den wichtigsten Grundnahrungsmitteln

der Inselbewohner. Darüber hinaus werden von Europäern eingeführte Gemüsesorten wie Kohl, Karotten, Gurken, Paprika und Mais kultiviert sowie Kakao, Kaffee, Vanille und Papayas angebaut.

Brotfruchbaum (Artocarpus altilis)

Der Brotfruchtbaum ist ein Maulbeergewächs mit auffallend tief gefiederten dunkelgrünen Blättern. Die runden, hellgrünen Früchte werden bis zu 2 kg schwer. Drei Ernten reifen jährlich heran, 60 bis 70 Jahre lang tragen die Bäume Früchte. Sie werden gekocht als Mus gegessen, geröstet, gemahlen und zu Brot gebacken oder im unreifen Zustand zu getrockneter Dauerware verarbeitet. In Mieten gegärtes Fruchtmus ist in Polynesien beliebt. Der Rindenbast des Baumes liefert Flecht- und Bindematerial, das Holz eignet sich für den Bau von Booten.

Kawa (Piper methysticum)

Die in Polynesien beheimatete Kawapflanze ist ein über 2 m hoch wachsender, mit dem Gewürzpfeffer *(Piper nigrum)* verwandter und in über 40 Arten vorkommender Strauch. Er wird auch auf einigen melanesischen Inseln – beispielsweise in Fidschi und Vanuatu – angebaut. Aus seinen kräftigen Wurzeln, die frisch oder getrocknet fein zermahlen werden, bereitet man unter Hinzugabe von Wasser das Zeremonialgetränk und Genußmittel Kawa (*kava* in Vanuatu und auf den Cook-Inseln, *awa* in Hawai'i, *ava* in Samoa, *yaqona* in Fidschi). Die im Wurzelstock enthaltenen Kawa-Lactone wirken entspannend, krampflösend und schmerzlindernd, weshalb die Pflanze auch als Heilmittel Anwendung findet.

Taro gehört zu den Grundnahrungsmitteln in Ozeanien

Herstellung der Kokossahne

fen jährlich 50 bis 80 Nüsse heran. Die Fasern der äußeren Schicht dienten früher zur Herstellung von Schnüren und Seilen. Die aus dem Fruchtfleisch gepreßte Kokossahne ist wichtigster Fettlieferant der Inselbewohner und delikater Bestandteil ihrer Küche.

Überwiegend für den Export bestimmtes getrocknetes Kokosfleisch (Kopra) dient zur Herstellung von Speisefett. Das ausgepreßte Öl ist auch ein bewährtes Haut- und Haarpflegemittel. Aus Kokosnußschalen fertigt man Trinkschalen und produziert Holzkohle. Palmwedel werden für Flechtwerk und zum Dachdecken verwendet. Die Mikronesier vergären den aus dem Blütenstand gezapften Palmsaft zu *toddy* (Palmwein) oder dicken ihn zu Sirup ein.

Kokospalme (Cocos nucifera)

Die Kokospalme gilt als Sinnbild der Südsee. Zurecht, denn der ›Baum des Lebens‹ ist die am vielseitigsten verwertbare Pflanze Ozeaniens. Atolle ohne Süßwasser konnten nur besiedelt werden, weil die anspruchslose Kokospalme neben Nahrung wohlschmeckendes Fruchtwasser der jungen Nüsse lieferte, welches fehlendes Trinkwasser ersetzte.

Kokospalmen haben einen bis zu 30 m hohen unverzweigten Stamm, die 20 bis 30 gefiederten Blätter der Krone werden bis zu 6 m lang und bis zu 15 kg schwer. Ihre schwimmfähigen Früchte driften mit den Meeresströmungen Tausende von Kilometern, ohne ihre Keimfähigkeit einzubüßen. Kokospalmen können über 100 Jahre alt werden, zwischen ihrem 12. und 40. Lebensjahr sind sie am ertragreichsten. Aus den weiblichen Blüten der rispenförmigen Blütenstände rei-

Maniok/Kassava (Manihot esculenta)

Die Kassava ist eine mehrjährige Staudenpflanze, deren bis zu 5 m hohen Sprossen von Blattnarben gezeichnet sind. Sie hat langstielige, mehrfingrige Blätter. An ihrer Sproßbasis bildet die Pflanze unterirdisch spindelförmige, stärkehaltige Wurzelknollen aus, die im Laufe von durchschnittlich 12 Monaten bis zu 50 cm lang und 5 kg schwer werden. Wie bei allen Wolfsmilchgewächsen enthält der Milchsaft des Manioks giftiges Linamarin, ein Blausäureglykosid, das erst durch Kochen oder Rösten der Knollen zerstört wird.

Mangobaum (Mangifera indica)

Der immergrüne Mangobaum ist neben der Banane die wichtigste Obstpflanze der Tropen. Er wird bis zu 30 m hoch, hat eine geschlossene Krone und rispenförmige Blütenstände. Die wohlschmeckenden Steinfrüchte haben eine grün- bis rotgelbe Außenhaut. Das faserige gelbe Fruchtfleisch ist eiweißhaltig und reich an Vitamin C und Provitamin A.

Pandanus (Pandanus spp.)

Die meisten der 630 bekannten Arten, deren deutscher Name ›Schraubenpalme‹ die Anordnung ihrer scharf gesägten Blätter beschreibt, sind Waldpflanzen. Einige Sorten gehören zum typischen Küstenbewuchs vieler pazifischer Inseln. Am unteren Teil ihres Stammes bilden sie kräftige Luftwurzeln aus. Die kugelförmigen schweren Früchte setzen sich aus Hunderten von Einzelfrüchten zusammen.

Einige Arten der Schraubenpflanze sind bedeutende Nutzpflanzen: Mit den Blättern werden Hütten gedeckt und Matten und Körbe geflochten. Die fleischigen Teile des Fruchtstandes werden gegessen, die männlichen Blüten des wohlriechenden Schraubenbaumes dienen in Polynesien den Frauen als Haarschmuck. Das Holz wird vor allem auf den kargen Koralleninseln zum Hausbau verwendet.

Süßkartoffel (Ipomoea batatas)

Die aus Südamerika stammende Süßkartoffel ist keine Verwandte der Kartoffel, sondern eine windenartige, einjährige Pflanze. Ihre kriechenden Sprossen bilden stärke- und zuckerhaltige Knollen aus, die bis zu 3 kg schwer werden.

Taro (Calocasia esculenta)

In Polynesien, dem Hauptanbaugebiet des Taro, kennt man einige Hundert verschiedene Arten dieser Knollenpflanze, die zu den Aronstabgewächsen zählt. Der mit ringförmigen Blattnarben versehene Wurzelstock kann ein Gewicht von 4 kg erreichen. Die Größe der herzförmigen Blätter variiert beträchtlich. Auf den landarmen Atollen und Riff-Inseln wird im leicht brackigen Grundwasser eigens dafür ausgehobener Gruben Sumpftaro angebaut. Junge Taroblätter werden als Gemüse zubereitet.

Yams (Dioscorea spp.)

Wie Taro wird Yams, eine weltweit in 600 Arten vorkommende Kletterpflanze, wegen ihrer stärkehaltigen Wurzelknollen kultiviert. Die große, manchmal mehrfach geteilte unterirdische Knolle des Großen Yams (Dioscorea alata), der in den Tropen zu den am häufigsten angebauten Sorten gehört, erreicht ein Durchschnittsgewicht von 6 bis 10 kg.

Verbreitete Zierpflanzen

Afrikanischer Tulpenbaum (Spathodea campanulata)

Seine dicht zusammenstehenden kelchförmigen Blüten heben sich zinnoberrot gegen das dunkelgrüne Laubwerk ab. Aus ihnen entwickeln sich 20 cm lange, aufrecht stehende braune Samenkapseln. Von emporstrebendem Wuchs, erreicht der Baum eine Höhe von 10–15 m.

Barringtonie (Barringtonia asiatica)

Dieser Küstenbaum öffnet seine hängenden Blüten nur nachts. Sie bestehen aus einem Büschel Hunderter feiner, langer, weiß-rosafarbener Staubblätter und vier recht unscheinbaren weißen Blütenblättern. Eine beliebte, heute untersagte Methode des Fischfangs bestand darin, die zerdrückten Samen der großen vierkantigen Früchte ins seichte Wasser zu geben. Die so betäubten Fische trieben an die Oberfläche und mußten nur noch eingesammelt werden.

Bougainvillea (Bougainvillea spectabilis)

Die Bougainvillea bevorzugt pralle Sonne, wächst anfangs buschig, bildet Hekken und klettert mit Hilfe gekrümmter Sproßdornen Hauswände und Mauern hoch. Ihre drei ursprünglich rosa-violett gefärbten netzadrigen Hochblätter am Sproßende kommen in vielerlei Rotab-

Heliconie

Bananenblüte

Heliconie

Ingwerblüte

stufungen, aber auch in reinem Weiß vor. Die weißlichen bis gelblichen Blüten sind klein und unscheinbar.

Feige (Ficus spp.)

Einer der bekanntesten tropischen Vertreter unter den rund 1000 Ficus-Arten ist der aus Indien stammende Banyan *(Ficus bengalensis)*. Seine gewaltige ausladende Krone sitzt auf einem Stamm von enormem Umfang, der aus einer Vielzahl mächtiger Wurzelpfeiler besteht. Wie bei einigen anderen Ficus-Arten handelt es sich beim Banyan um einen Baumwürger: Seine Samen gelangen durch Vögel auf einen ›Wirtschaftsbaum‹ und keimen. Es bilden sich zahlreiche, dem Erdboden zustrebende Wurzeln; die den Trägerbaum schließlich als netzförmiges Gitterwerk vollständig einschließen und ihn absterben lassen.

Flammenbaum (Delonix regia)

Der feurig rote Flammenbaum *(Flamboyant)* gehört zu den Johannisbrotgewächsen *(Caesalpiniaceae)*, wird 10 bis 15 m hoch, hat fein gefiederte Blätter und eine schirmförmige Krone. Er bildet bis zu 60 cm lange braune, platte Fruchthülsen aus. Flammenbäume sind gute Schattenspender und stehen häufig an Straßen und Wegen (s. Abb. S. 86).

Heliconien und Strelitzien

Die beiden Bananengewächse *(Musaceae)* gehören zu den schönsten Blumen der Südsee. Die großblättrigen, über 2 m hoch wachsenden Pflanzen bilden prächtige Blütenstände mit kahnförmigen, leuchtend roten oder orangefarbenen, im Falle der Strelitzien dunkelgrünen Deckblättern aus. Verbreitet sind die Orange Strelitzie oder Paradiesvogelblume *(Strelitzia reginae)*, die Wagnersche Heliconie *(Heliconia wagneriana)*, die Papageien-Heliconie *(Heliconia psittacorum)* und die Geschnäbelte Heliconie *(Heliconia rostrata)* mit ihrem hängenden Blütenstand.

Hibiskus (Hibiscus)

Der vermutlich aus China stammende Hibiskus zählt zu den bekanntesten Ziersträuchern der Tropen. Sowohl vom Chinesischen *(Hibiscus rosa-sinensis)* als auch vom Fransen-Eibisch *(Hibiscus schizopetalus)* gibt es eine Vielzahl von Hybriden mit unterschiedlich gefärbten und geformten Blüten und Blättern. Der *Hibiscus tiliaceus* mit seinen leuchtend gelben, im Zentrum dunkelvioletten Blüten war für die Südseebewohner aufgrund seines leichten Holzes beim Bootsbau, aber auch als Faserlieferant zur Herstellung von Schnüren und Matten bedeutsam.

Indischer Mandelbaum (Terminalia catappa)

Charakteristisch sind die großen ovalen Blätter und beidseitig gewölbten zweikantigen Früchte mit mandelartig schmeckendem Samen. Dank des lufthaltigen Gewebes zwischen der fleischigen Außen- und der harten Innenschale sind die Früchte schwimmfähig. Die bei jungen Mandelbäumen etagenförmig aufgebauten Kronen werden mit zunehmendem Alter breit ausladend und bis zu 10 m hoch.

Ingwergewächse (Zingiberaceae)

In Ozeanien sind mehrere zu den Ingwergewächsen gehörende Alpinien- und Hedychien-Arten verbreitet. Die bis zu 2 m hoch wachsenden Zierstauden mit großen lanzettförmigen Blättern haben wie der kultivierte Gewürzingwer *(Zingiber officinale)* eine aromatische Knollenwurzel. An ihren glänzend roten, schuppenförmig angeordneten Tragblättern, in deren Achseln die unauffälligen weißen Blüten sitzen, ist die Scharlachrote Alpinie *(Alpinia purpurata)* zu erkennen. Die Nickende Alpinie *(Alpinia zerumbet)* hat einen hängenden Blütenstand, dessen zahlreiche Einzelblüten von weißen Kelchblättern umhüllt sind. Die Blütenähre der Gelben Hedychie *(Hedychium gardnerianum)* besteht aus vielen gelbblättrigen Blüten mit langen roten Staubblättern.

Strandkasuarine (Casuarina equisetifolia)

An seinem fein verzweigten Ast- und schuppenförmigen Blattwerk zu erkennen, ist dieser schnellwüchsige Baum in den Küstenregionen weit verbreitet. Er wird bis zu 20 m hoch und zählt zu den Eisenhölzern.

Frangipani (Plumeria alba, P. rubra)

Frangipani sind Hundsgiftgewächse *(Apocynaceae),* die sich durch ihre stark duftenden weißen, gelben, rosa oder roten Blüten auszeichnen. Auffällig sind die gedrungenen, milchsafthaltigen Zweige und glänzenden lanzettförmigen Blätter, die der kleine Baum bei zunehmender Trockenheit abwirft.

Wunderstrauch (Codiaeum variegatum)

Die Züchtungen des zu den Wolfsmilchgewächsen *(Euphorbiaceae)* gehörenden und u. a. in Neuguinea beheimateten Wunderstrauchs zeichnen sich durch ihre unterschiedlichen, auffällig geäderten Blattformen und Farben aus. Die grün-, gelb-, rot- oder geschecktblättrigen Sträucher werden über 2 m hoch.

Die Tierwelt Ozeaniens

Vermutlich hat es vor der Ankunft des Menschen in Ozeanien außerhalb von

Fruchttaube

Neuguinea und dem Bismarck-Archipel keine Säugetiere gegeben. Schweine, Hunde und Hühner ebenso wie die als ›blinde Passagiere‹ mitgereisten Ratten erreichten die Inseln erst mit den Menschen. Die einzige Ausnahme bilden die Fledermäuse: Mehrere insekten- und fruchtfressende Arten sind heute im Südpazifik verbreitet. Die beiden bekanntesten sind die Flughunde *Pteropus tonganus* und der wesentlich größere *Pteropus samoensis.* Auf der Suche nach Obstbäumen legen die Vegetarier auf ihren nächtlichen Streifzügen bis zu 40 km zurück.

Unter den Reptilien sind neben den Krokodilen, die es außer in Neuguinea auch auf den Salomonen gibt, zwei in Fidschi vorkommende Leguan-Arten bemerkenswert: der gebänderte Leguan *(Brachylophus fasciatus)* und der ebenfalls grüne Kamm-Leguan *(Brachylophus vitiensis),* der bis zu 1 m lang werden kann. Verbreitet ist die harmlose pazifische Boa constrictor *(Candoia bibroni),* während die seltene, aber giftige *bola loa (Ogmodon vitianus)* ihr Habitat auf den Fidschi-Inseln hat.

Verbreitete Küsten- und Seevögel sind neben Möwen und Seeschwalben Kormorane, Tölpel sowie Sturm-, Fregatt- und Tropikvögel. Von den einheimischen Landvogelarten wurden mehrere schon im letzten Jahrhundert durch die Jagd und eingeführte Feinde wie etwa Raubvögel und den Mungo, die man zur Rattenbekämpfung auf Plantagen einsetzte, ausgerottet. Verschiedene Papageien- und Taubenarten, Nektar- und Eisvögel beleben vielerorts die Lüfte. Es gibt aber auch eine Reihe von endemischen Vogelarten, die in einigen Fällen nur auf einer einzigen Insel des betreffenden Archipels leben. Neben dem rotschwänzigen Bülbül *(Pycnonotus cafer)*, einer Anfang des 20. Jh. aus Asien nach Ozeanien importierten Singdrosselart, hat sich vor allem der Indische Mynah (Molukkenamsel, *Acridotheres tristis)* stark vermehrt. Er wurde um 1890 von Europäern nach Fidschi gebracht, um Kokospalmenschädlinge zu bekämpfen, und ist heute angesichts seines zahlreichen und lautstarken Auftretens vielerorts fast selbst zur Plage geworden.

Zu den besonderen Reizen der pazifischen Inselwelt gehört die Form- und Farbenpracht der Unterwasserwelt, insbesondere der Korallenriffe, die einer enorm mannigfaltigen Fauna Lebensraum bieten und neben den äquatorialen Regenwäldern das komplexeste Ökosystem unseres Planeten darstellen. Unter den Bewohnern des offenen Meeres befinden sich Schildkröten (z. B. Suppen- und Karettschildkröten), Rochen, Haie, Schwert- und Thunfische, Delphine und Wale. Beim Schnorcheln und Tauchen erlebt man die ungeheure Vielfalt und Schönheit der Korallengärten und all der Lebewesen, die dort ihren Lebensraum haben: von phantastisch gezeichneten Fischarten wie den Doktor-, Falter-, Kaiser-, Papagei-, Anemonen- und Kofferfischen, den Fahnenbarschen, Süßlippen, Drückerfischen und Muränen, über bunte Seeigel und Seesterne, Muscheln, Schnecken, Kra-

ken, Vielborster, Seeanemonen und Schwämme bis zu den Korallen. Zu den größeren Arten, die einem in Küstennähe begegnen, zählen Rochen und üblicherweise harmlose Riffhaie.

Während von Landlebewesen keine Gefahr für den Menschen ausgeht – von Malaria-Mücken und schmerzhafte Bisse versetzenden Hundertfüßlern abgesehen – gibt es eine Reihe von teils äußerst giftigen Meerestierarten. Um es jedoch gleich vorwegzunehmen: Die nachfolgend aufgeführten Tiere sind in keiner Weise angriffslustig. Sie setzen sich nur unter akuter Bedrohung zur Wehr. Der beste Schutz gegen unangenehme oder gar gefährliche Begegnungen mit diesen Lebewesen besteht darin, daß man ihnen nicht zu nahe kommt bzw. sie nicht berührt und in seichtem Wasser, auf Riffen oder am Strand schützendes Schuhwerk trägt.

Gefährliche Meeresbewohner

Nesseltiere

Bei Berührung können verschiedene Arten von Nesseltieren wie Korallen, Seeanemonen und Quallen mit ihren Klebe- und Nesselkapseln Hautreizungen hervorrufen. Sie reichen von leichtem Brennen der betroffenen Hautpartien bis zu heftigen allergischen Reaktionen. Nach dem Kontakt mit Nesseltieren bleiben oftmals giftgefüllte Kapseln haften, die sich beim Reiben der gereizten Stellen entleeren und die Wirkung verschlimmern. Schmerzhaftes Brennen verursacht beispielsweise das Nesselgift der den Steinkorallen sehr ähnlich sehenden Feuerkorallen. Sie sind an ihrer bräunlichen Färbung und den weißen, verdickten Enden ihrer fächerförmigen oder geweihartigen Stöcke zu erkennen.

Kegelschnecken

Zwei der fünf gefährlichen Kegelschnecken verfügen über ein besonders wirksames Gift: *Conus geographicus* und *Conus textile.* Sie schießen auf ihre Opfer winzige Giftpfeile ab, die auch beim Menschen in die Haut eindringen und einen starken brennenden Schmerz hervorrufen, gefolgt von Magenbeschwerden, Erbrechen, Lähmungserscheinungen oder sogar Herzversagen. Die Kegelschnecken sind gut an ihrem auffälligen, netzartig gemusterten Gehäuse zu erkennen.

Seeigel und Seesterne

Die oftmals spitzen Stacheln von Seeigeln verursachen schmerzhafte Einstiche, brechen leicht ab und bleiben in der Wunde stecken. Giftig ist der Leder-Seeigel. Er besitzt am Ende seiner Stacheln kleine beerenförmige Giftblasen, deren Inhalt beim Einstich in die Wunde injiziert wird. Schlecht heilende Wunden verursacht der Dornenkronen-Seestern. Er hat 11 bis 17 Arme, deren Oberseite mit giftigen Stacheln besetzt ist. Da er sich von Korallenpolypen ernährt, hat seine gebietsweise starke Vermehrung zur Zerstörung großer Riffgebiete geführt. Dabei spielt auch die Dezimierung seines natürlichen Feindes eine Rolle – des von Sammlern begehrten Tritonshorns.

Seeschlangen

Die beiden auffällig schwarz-weiß gebänderten Seeschlangen, *Laticauda colubrina* und *Laticauda laticaudata,* die sich gelegentlich auch auf felsigem Terrain in Küstennähe aufhalten, sind friedfertige Tiere, wehren sich unter Umständen aber mit einem schmerzhaften Biß, wenn sie sich bedroht fühlen.

Fische

Stein-, Teufels-, Skorpion- und Feuerfische zählen zu den giftigsten Fischarten der Erde. Steinfische *(Synanceiinae)* sind Meister der Täuschung und halten sich – bis zur völligen Unkenntlichkeit getarnt – vorzugsweise auf Sand- oder Geröllgrund im seichten Wasser auf. Der vordere Teil ihrer Rückenflosse besteht aus etwa einem Dutzend kräftiger, äußerst giftiger Stacheln. Sie verursachen extrem schmerzhafte, gelegentlich zum Tode führende Verletzungen. Auch die Skorpionfische *(Scorpaenidae)* tarnen sich gut und haben Giftstacheln an den Flossen. Obgleich das Gift Schmerzen und eventuell auch Lähmungserscheinungen hervorruft, ist es nicht lebensgefährlich. Das gleiche gilt für das Gift der in Form, Farbe und Musterung auffälligen Feuerfische *(Pteroniae).*

Stachelrochen *(Taeniura melanospilos)* besitzen ein bis zwei giftige Stacheln mit vielen Widerhaken, die sehr schmerzhafte Verletzungen verursachen können. Wer sich einem Tier ungeachtet des warnend erhobenen Schwanzes nähert, läuft Gefahr, damit einen kräftigen Hieb versetzt zu bekommen oder mit dem Stachel gestochen zu werden. Bricht dieser in der Wunde ab, kann er wegen seiner Widerhaken nur operativ entfernt werden. Zitterrochen können ihren Opfern elektrische Schläge von über 200 Volt versetzen.

Korallenwelse *(Plotosidae),* die an ihren acht Barteln um das Maul zu erkennen sind, haben an den Brustflossen und der ersten Rückenflosse je einen gezahnten giftigen Stachel. Verletzungen sind über mehrere Tage sehr schmerzhaft.

Eine Reihe von Fischarten besitzen ungiftige, jedoch durchaus wirksame Mittel zur Verteidigung. Beispielsweise können

Korallenriff in Fidschi ▷

Papagei-, Igel- und Kugelfische mit ihrem kräftigen Gebiß Finger abtrennen! Barrakudas reißen bekanntlich nur schwer zu behandelnde Wunden, während die prachtvoll gefärbten und gemusterten Doktorfische ihre Skalpelle zum Einsatz bringen. Keines dieser Tiere ist aggressiv. Sie setzen sich gewöhnlich nur bei Berührung oder unter Bedrohung zur Wehr.

Mensch und Umwelt in Ozeanien

Die Urwälder sind in Gefahr

Auf fast allen Inselgruppen wird Urwald in mehr oder weniger großem Umfang durch Rodung zerstört. Die kleinen Staaten ohne Bodenschätze besitzen mit dem Tropenholz einen Rohstoff, der auf dem Weltmarkt gefragt ist. Doch diese Einnahmequelle sprudelt nur für begrenzte Zeit. Geht die Abholzung der Wälder im gegenwärtigen Umfang weiter, werden die Ressourcen zum Beispiel auf den Salomonen oder in Samoa innerhalb der nächsten 10 bis 20 Jahre erschöpft sein. Aufforstungsprogramme spielen gewöhnlich eine nebensächliche Rolle. Auf den Salomonen, wo noch etwa 70 % der Inseln mit Regenwald bedeckt sind, regt sich unter den Landeigentümern Widerstand gegen die unlauteren Methoden internationaler Holzunternehmen. Da werden beim Bau von Waldstraßen rücksichtslos Bäume mit Bulldozern umplaniert, unnötig breite Schneisen angelegt, an Steilhängen Rodungen durchgeführt und geschützte Holzarten geschlagen.

Die Folgen müssen die Dorfbewohner tragen: Erosion der humusreichen Böden, Blockierung von Wasserläufen und Überschwemmung fruchtbaren Kulturlandes sowie Sedimentanreicherung in den Flüssen. Die Trübung der Küstengewässer bedroht das Korallenwachstum und führt zur Zerstörung der schützenden Riffe.

Welch tiefe Spuren auch der selektive Holzeinschlag in den Wäldern hinterläßt, demonstriert die Inventur von zwei Waldstücken auf den Salomonen: Während in einem intakten Urwaldareal über 50 Pflanzen identifiziert werden konnten, die den Dorfbewohnern nützlich sind, waren nach dem Eingriff der Holzfäller auf einem vergleichbaren Areal weniger als 30 solcher Gewächse zu finden. Auf einigen Inseln gibt es mittlerweile kleinere oder größere Landschaftsschutzgebiete oder, wie beispielsweise in Samoa, einen Nationalpark – begrüßenswerte Ansätze zum Schutz der Inseln, auch wenn der kommerziellen Nutzung der Wälder damit noch kein Einhalt geboten wird.

In den Fallen der Treibnetze

Zur Steigerung ihrer Thunfisch-Fangquoten haben sich insbesondere japanische, taiwanesische und koreanische Fischfangflotten auf den Einsatz von Treibnetzen verlegt. Für Hunderttausende von Seehunden, Delphinen, Tümmlern, Meeresschildkröten und Seevögeln werden sie zu tödlichen Fallen. Angelockt von den bereits im Netz schwimmenden Fischen, verfangen sie sich in dem feinen Maschenwerk, das weder zu sehen noch zu orten ist. Darüber hinaus hat der Einsatz dieser bis zu 50 km langen und zu Tausenden ausgelegten Netze zur Überfischung der Gewässer geführt. Gemäß einer Resolution der Vereinten Nationen aus dem Jahr 1992, der sich auch Taiwan angeschlossen hat, ist der Einsatz von Treibnetzen seit 1993 verboten. Ob die Unterzeichner diese Verpflichtung ernst nehmen und in die Praxis umsetzen, läßt sich schwer kontrollieren. Ganz abgesehen davon bleiben die abgerissenen Netzteile, die durch die Meere treiben, auf unabsehbare Zeit eine tödliche Gefahr für Meerestiere.

Wie weit die Plünderung der Fischgründe schon fortgeschritten ist, spüren viele Inselbewohner tagtäglich. Vielerorts müssen sie feststellen, daß die Ausbeute ihrer Fischzüge auch in den küstennahen Gewässern deutlich abgenommen hat. Allerdings haben sie örtlich selbst – etwa durch den Einsatz von Dynamit – zur Zerstörung von Korallenriffen und der Dezimierung ihrer Fischbestände beigetragen.

Wohin mit Müll und Abwässern?

Von dem schnellen Bevölkerungswachstum in den pazifischen Ländern sind vor allem die Städte betroffen. Dort haben sich in den vergangenen 25 Jahren die Einwohnerzahlen vervielfacht. Die Einfuhr immer größerer Mengen von Konsum- und Industriegütern ist begleitet von wachsenden Müllhalden. In privaten Haushalten stellt die Beseitigung von ausgedienten Industrieprodukten, die nicht mehr wie die traditionellen Gebrauchsgegenstände aus natürlichen Materialien verrotten, ein ungelöstes Problem dar. Aber weder für die Abfall- noch für die Abwasserentsorgung steht die nötige Infrastruktur zur Verfügung. Es fehlen Kläranlagen und Kanalisationssysteme, so daß Städte und Industrie ihre Abwässer meist ungeklärt ins Meer leiten. Darüber hinaus trägt der unkontrollierte Einsatz von Pestiziden zu einer fortschreitenden Verschmutzung des Grundwassers, der Flüsse und Lagunen bei. Wo Auflagen zum Umweltschutz zu erfüllen sind, drückt die Regierung bei Verstößen häufig beide Augen zu, sobald seitens eines Unternehmens die Schließung des Betriebes oder der Abbau von Arbeitsplätzen angedroht wird.

Auch der Abbau von Bodenschätzen verursacht vielerorts weitreichende Umweltschäden. So gehören die riesigen Kupfer- und Nickelminen in Papua-Neuguinea und Neukaledonien zu den größten Gewässerverschmutzern dieser Region. Insbesondere die Ok-Tedi-Kupfermine in Papua-Neuguinea, an der auch bundesdeutsche Wirtschaftsunternehmen beteiligt waren, betreibt einen rücksichtslosen Erzabbau: Seit 1984 werden täglich große Mengen Abraum in den Ok-Tedi-Fluß gekippt oder vom Regen in das Flußsystem und schließlich in den Golf von Papua gewaschen. Das Great Barrier Reef vor der australischen Ostküste ist durch die ins Meer geschwemmten Ablagerungen und Giftstoffe akut bedroht. Den etwa 60 000 Menschen, die in der betroffenen Urwaldregion leben, wird durch die Verschmutzung des Ok-Tedi- und Fly-Flusses mit schwermetallhaltigen und toxischen Sedimenten allmählich die Lebensgrundlage entzogen. Die Fische verenden, und mit den Überschwemmungen wird nicht mehr Dünger für ihre Gärten, sondern giftiger Schlamm angespült, der ihre Pflanzungen vernichtet.

Angesichts des Ausmaßes, in dem die Natur auch im pazifischen Raum durch verantwortungsloses Handeln in Mitleidenschaft gezogen wird, ist die Einrichtung von Meeresreservaten und Naturschutzgebieten, wie sie in einigen Inselstaaten existieren, ein erster Schritt zum Erhalt lebensnotwendiger Ressourcen, dem weitere notwendige Maßnahmen – so ist zu hoffen – folgen werden.

Schattenseiten des Tourismus

In den ressourcearmen und wirtschaftlich wenig diversifizierten Staaten setzen die Regierungen große Hoffnungen in den Ausbau des Tourismus. Insbesondere in Polynesien ist er neben den Geldsendungen von Verwandten, die nach Neuseeland und in die USA emigriert sind, ein entscheidender wirtschaftlicher Faktor und schafft zahlreiche Arbeitsplätze. Andererseits werden die Umweltprobleme in diesen Ländern durch den Tourismus teilweise noch verschärft. So zum Beispiel, wenn auf Inseln mit großer Bevölkerungsdichte und Landknappheit in fruchtbaren Küstengebieten Hotels und Sportanlagen entstehen. Der hohe Wasserverbrauch von Hotels führt mitunter zu örtlichen Versorgungsengpässen. Zudem werden für den Tourismussektor vermehrt Konsumgüter sowie Diesel und Benzin importiert. Nicht zuletzt der häufig sorglose Umgang mit Altöl kann das ohnehin manchmal knappe Grundwasser und die Gewässer gefährden.

Die ersten Siedler der Inselwelt

Die Besiedlungsgeschichte Ozeaniens wirft noch viele Fragen auf, gewiß ist nur, daß die ersten Menschen von Asien auf die pazifischen Inseln gelangten. Archäologische Ausgrabungen sowie vergleichende Analysen kultureller Traditionen und Sprachverwandtschaften haben die Theorie Thor Heyerdahls widerlegt: Mit einer abenteuerlichen Floßfahrt auf der Kon-Tiki von Peru bis zum Tuamotu-Archipel in Französisch-Polynesien hatte er beweisen wollen, daß die Besiedlung ihren Ausgang in Südamerika genommen hat.

Im Laufe einer sich über viele Jahrtausende erstreckenden Wanderungsbewegung kamen Menschen aus Südostasien vor etwa 50 000 Jahren nach Australien und Neuguinea, wo sie erst die Küstengebiete, später auch das Hochland und den Bismarck-Archipel besiedelten. In einer weiteren Migrationswelle, die von Indonesien und den Philippinen ausging und um 3000 v. Chr. einsetzte, drangen Austronesier in hochseetüchtigen Auslegerbooten nach Osten und erreichten über Neuguinea um etwa 2000 v. Chr. die Salomonen und Vanuatu. Aus dem Zusammentreffen mit den schon ansässigen Papua-Bevölkerungsgruppen entwickelte sich die austromelanesische Kultur.

Im 2. Jt. v. Chr. brachen erneut austronesische Seefahrer ostwärts auf. In nur wenigen Jahrhunderten durchmaßen sie den gesamten melanesischen Raum bis nach Westpolynesien. Schon vor 1500 v. Chr. landeten sie auf den Fidschi-Inseln, wenig später in Tonga (1400 v. Chr.) und Samoa (1000 v. Chr.). Von hier aus erfolgte 200 n. Chr. die Besiedlung der Marquesas und Tahitis. Hawai'i

(500 n. Chr.), die Cook-Inseln (ca. 1000 n. Chr.) und Neuseeland (750–1100 n. Chr.) sind die zuletzt besiedelten Inseln Ozeaniens.

Zu den interessantesten Spuren der Austronesier zählt die mit Zahnstichverzierungen versehene Lapita-Keramik. Überreste dieser Töpferwaren sind von Neuguinea bis nach Polynesien zu finden und bilden die Grundlage zur Datierung der Besiedlungsetappen. Während sie in Melanesien im Laufe der Jahrhunderte in den zuvor angekommenen austronesischen und Papua-Kulturen aufgingen, trafen die Lapita-Töpfer in Fidschi, Tonga und Samoa auf menschenleere Inseln. Dort ließen sie sich an den fischreichen Lagunen nieder, legten Gärten an und züchteten Haustiere. Einige hundert Jahre später folgten ihnen in Fidschi weitere Einwanderer aus Ostmelanesien, die sich mit den Nachkommen der Lapita-Töpfer vermischten. In Tonga und Samoa hingegen entwickelten sich aus der Lapita-Kultur die Grundlagen der polynesischen Gesellschaft.

Ihre genaue Kenntnis von Wind, Wetter, Meeresströmungen, Gestirnen und dem Vogelflug befähigte die Polynesier zu den ausgedehnten Erkundungsfahrten, die nach und nach zur Besiedlung der polynesischen Inseln führten. Sie wußten, an welcher Stelle des Horizontes und zu welcher Jahreszeit be-

Melanesisches Aussiedlerboot mit Krebsscherensegel

stimmte Sterne aufgingen, welche Bahnen sie zogen und in welcher Position sie zueinander standen. In 10 bis 30 m langen hochseetüchtigen Doppelrumpfbooten, die mit einem Mattensegel ausgerüstet waren und etwa 50 bis 60 Passagieren Platz boten, legten sie Entfernungen von mehr als 2000 Seemeilen zurück. Sie gelten als die größten Navigatoren aller Zeiten. Nicht nur Abenteuerlust, sondern vermutlich auch Landknappheit auf überbevölkerten Inseln und kriegerische Auseinandersetzungen trieben die Polynesier zu solchen Fernreisen. Die Suche nach neuen Gestaden war wohlgeplant, und an Bord wurden Haustiere, Nutzpflanzen und Proviant mitgeführt.

Streifzug durch die traditionellen Gesellschaften

Soziale Strukturen

Die Völker Ozeaniens lebten in schriftlosen Kulturen, die ihr Wissen und ihre Erfahrungen von Generation zu Generation mündlich überlieferten. In Melanesien bildeten sie kleine und kleinste ethnische Einheiten. In der großen Sprachenvielfalt hat sich die kulturelle Zersplitterung bis heute erhalten. Die in Clans und Großfamilien gegliederte Dorfgemeinschaft bildete die wichtigste soziale, religiöse und politisch selbständige Einheit. Im Gegensatz zu den polynesischen Kulturen fehlte den losen Stammesverbänden in Melanesien eine zentrale Organisation. Weder zwischen den Clans noch den Familien innerhalb eines Dorfes gab es eine ausgeprägte ständische Gliederung, wie sie für die polynesischen Häuptlingstümer charakteristisch war. Die Clans führten ihre Herkunft auf einen gemeinsamen Urahnen zurück, wobei je nach Region patrilinearen oder aber matrilinearen Abstammungslinien ein größeres Gewicht beigemessen wurde. Berufsverbände, die in polynesischen Gesellschaften eine wichtige Rolle spielten, waren nicht von Bedeutung. Die soziale Kontrolle im Dorfleben konnte bei dem Rat der männlichen Familienältesten, den Männergeheimbünden oder den Kultgemeinschaften liegen. In diesen Organisationen mit einer differenzierten Rangordnung knüpfte sich die jeweilige Position der Mitglieder ebenso wie die Autorität der ›big men‹ nicht wie in Polynesien an erbliche Titel, sondern an die Persönlichkeit des einzelnen, wobei Reichtum, Großzügigkeit und persönliche Fähigkeiten das Ansehen bestimmten.

Im Gegensatz zu den melanesischen Völkern wiesen die traditionellen Gesellschaften der Polynesier auf den verschiedenen Inselgruppen prinzipiell einheitliche kulturelle Merkmale auf. Wenn auch von unterschiedlicher Ausprägung, handelte es sich um Häuptlingsaristokratien mit einer differenzierten Gesellschaftsstruktur und dem Adel als der herrschenden Schicht. Die Autorität der Häuptlinge und Priester gründete auf erblichen Titeln und Ämtern sowie Genealogien, die sie als direkte Nachkommen der Götter auswiesen. Berufsspezialisten wie Haus- und Bootsbauer, Schnitz- und Tatauiermeister genossen großes Ansehen und hatten einen be-

Polynesier bei einem Kulturfest auf den Marquesas-Inseln (Französisch-Polynesien)

Tonga und Samoa als kulturellen Zentren den östlichen Inseln gegenüber, unter denen die Marquesas- und Gesellschafts-Inseln von zentraler Bedeutung waren. Bei den mikronesischen Gesellschaften handelte es sich um melanesisch-polynesische Mischformen, wobei die verschiedenen kulturellen Elemente auf den einzelnen Inselgruppen verschieden stark ausgeprägt waren.

Mana und Tabu
von Klaus Helfrich

Die in ganz Ozeanien verbreiteten Vorstellungen, die sich mit den Begriffen Mana und Tabu verbinden, haben insbesondere der traditionellen polynesischen Kultur ihre charakteristische Prägung verliehen. In Polynesien waren Mana und Tabu zwei überaus wichtige Ordnungsfaktoren, die namentlich in gesellschaftlicher, politischer und religiö-

sonderen gesellschaftlichen Status. Neben dem einfachen und meist tributpflichtigen Volk gab es mit Ausnahme von Samoa auch Sklaven, die sich überwiegend aus Kriegsgefangenen rekrutierten. Zwischen den gesellschaftlichen Schichten herrschte meist eine nur geringe Durchlässigkeit. Die Dörfer setzten sich aus mehreren Familiengruppen zusammen, die die wichtigste soziale Einheit bildeten. Anders als in Melanesien spielte jedoch die Stammesorganisation mit Dorf-, Distrikt- und Oberhäuptlingen eine wichtige politische Rolle. Der Mächtigste unter ihnen herrschte über Stammesverbände einer oder mehrerer Inseln.

Am größten waren die kulturellen Unterschiede zwischen Westmelanesien und Ostpolynesien. Fidschi mit seiner melaniden Bevölkerung und einer polynesisch beeinflußten Kultur bildete einen Grenzfall. Innerhalb Polynesiens standen die westlichen Archipele mit

ser Hinsicht das Leben der Menschen entscheidend mitbestimmten. (...)

Die Grundbedeutung des aus dem ›Austronesischen‹ sich herleitenden polynesischen Wortes *mana* läßt sich am besten mit »außergewöhnliche Wirksamkeit« wiedergeben. In dieser Umschreibung kommt am ehesten zum Ausdruck, was Mana eigentlich meint: Es handelt sich um einen Begriff innerhalb eines Bezugssystems, in dem bestimmte Eigenschaften oder Summen von Eigenschaften auf ihre außergewöhnliche Intensität und Potenz hin geprüft und gegebenenfalls in bezug auf ihre Wirkung als *mana* oder nicht *mana* definiert werden (...)

Was Mana konkret ist, läßt sich am einfachsten am Beispiel des Menschen erläutern: Auf Grund des Zusammenspiels bestimmter Eigenschaften kann beispielsweise ein Mensch ein »guter« Krieger sein. Unter den »guten« Kriegern befinden sich einige wenige, bei denen die »Kämpfereigenschaften« in solcher Intensität und Potenzierung auftreten, daß sich jene Menschen als weit über dem Durchschnitt stehende, »außergewöhnlich gute« Krieger erweisen, die auch aus dem schwersten Kampfgetümmel immer siegreich hervorgehen. Diese Menschen haben nach polynesischer Auffassung Mana, die übrigen Krieger – mögen sie auch »gut« sein – besitzen dagegen kein Mana.

Die individuellen Fähigkeiten – in dem genannten Fall die Kämpfereigenschaften – des Menschen, die weit über das normale Maß hinausgehen, sind also der tatsächliche Grund für das Mana. Ob nun ein Mensch Mana besitzt, das mißt sich für ihn und die anderen natürlich nur an seinem Erfolg. Wird etwa der stets siegreiche, also Mana besitzende Krieger doch einmal im Kampf besiegt, so ist dies nach polynesischer Ansicht

nur möglich, weil er sein Mana verloren hat, oder – was auf das gleiche hinausläuft – weil sich das Mana seines Gegners als »stärker« erwiesen hat. Der letztgenannte Punkt macht deutlich, daß Mana, da es sich um einen Vergleichswert in einem Bezugssystem handelt, auch Abstufungen besitzt: Es gibt mehr oder weniger »starkes« Mana.

Der Mana-Besitz wirkt in Polynesien klassifizierend, denn er grenzt den Bereich des Außergewöhnlichen *(mana)* von dem des Gewöhnlichen *(noa)* ab. Für das stark entwickelte Geltungsbedürfnis der Polynesier ist diese Tatsache vor allem in Hinblick auf den Menschen wichtig: Der Besitz von Mana erhebt den Menschen über den Kreis seiner »gewöhnlichen« Mitmenschen und verleiht ihm daher Ansehen, Autorität und Rang. Daraus erklärt sich, daß insbesondere die Menschen in einer herausragenden gesellschaftlichen Stellung, die Häuptlinge, Priester, Handwerksmeister usw., in dieser oder jener Form Mana besitzen müssen, das gewissermaßen als Voraussetzung für die optimale Erfüllung ihrer jeweiligen Aufgaben angesehen wird. Zugleich sind die Mana-Besitzer aber auch einem ständigen Beweiszwang unterworfen, denn ihr Mana wird ja an ihrem Erfolg gemessen: Den Erfolgreichen legitimiert sein Mana, der Erfolglose hingegen hat kein Mana, und deshalb droht ihm der Verlust von Ansehen, Autorität und Rang. Somit erfüllt das Mana in der polynesischen Kultur eine bedeutsame Ordnungsfunktion, indem der Mana-Besitz soziale Rollen legitimiert oder zuweist; darüber hinaus ist das Mana eine nicht zu unterschätzende Antriebskraft im Handeln seiner Besitzer, die es immer wieder erfolgreich unter Beweis stellen müssen.

Aus der Natur des Mana folgt, daß nur wenige Menschen es besitzen können. Diese haben es entweder von ihren Ahnen (also durch Geburt) ererbt oder es im Lauf ihres Lebens durch »Übertragung« erworben. Das Häuptlings-Mana gilt zumeist als ererbter Besitz, Priester-Mana ist dagegen oft durch Magie erworben. Das Mana ist jedoch in keinem Falle wesensmäßig an seinen Besitzer gebunden: Es kann unter Umständen verlorengehen. Die Gründe für den Mana-Verlust beim Menschen sind vielfältig. Neben Alter, Tod, Niederlage im Kampf, plötzlicher Unentschlossenheit usw. sind es häufig vor allem rituelle Versehen und die absichtliche oder unabsichtliche Übertretung eines Tabu, die zum Verlust des Mana führen. So verliert ein Priester, der im Kult bestimmte wichtige Ritualvorschriften nicht beachtet, unweigerlich sein Mana; oder der schlafende Häuptling, über den versehentlich ein Rangniederer hinwegschreitet, geht auf Grund dieses Tabubruchs seines Mana verlustig.

Mana kann auch nichtmenschlichen Lebewesen, z. B. Göttern, Tieren oder Pflanzen, eignen. An der Tatsache des Mana-Besitzes orientiert sich das Verhalten der Menschen gegenüber diesen Lebewesen. So folgen etwa Macht und Einfluß der polynesischen Götter nicht aus ihrer Heiligkeit, sondern aus ihrem Mana. Denjenigen Göttern, die wenig oder überhaupt kein Mana besitzen, begegnen die Polynesier daher ziemlich respektlos oder gleichgültig.

Die »Vergegenständlichung« des Mana hat bei den Polynesiern zu der Vorstellung geführt, auch unbelebte Dinge könnten Mana besitzen, wie etwa bestimmte Häuser, Boote, Waffen, Steine usw.; ursprünglich handelte es sich bei diesen unbelebten Mana-Trägern vermutlich um Gegenstände, die ihr Mana durch den Kontakt mit lebenden Mana-Besitzern (z. B. mit Göttern oder

Häuptlingen) »erworben« haben, denn das Mana gilt ja als übertragbar. Ein Beispiel für diese Auffassung liefert ein Brauch von Hawai'i: Dort konnte ein Häuptling für den Fall seines Ablebens seinen Freunden oder treuen Dienern seine Knochen vermachen. Aus diesen Knochen schnitzte man Angelhaken. Man glaubte, das Mana des Häuptlings habe sich auf dessen Knochen übertragen und »hafte« diesen an. Deshalb hatten die aus den Häuptlingsknochen gefertigten Angelhaken ein eigenes Mana und versprachen somit besonders reichlichen Fischfang. Auch in diesem Fall maß sich das Mana natürlich am Erfolg: Blieb der erwartete reiche Fischfang mit dem Angelhaken aus, so hatte dieser entweder kein Mana gehabt oder es aus irgendeinem Grund verloren.

Schwieriger zu verstehen ist die Ansicht, es gebe auch nichtmaterielle Mana-Träger. Grenzfälle sind in dieser Hinsicht Orte oder gesellschaftliche Institutionen (Stämme, Bünde), die Mana besitzen können, denn hier kommen immerhin noch die physischen Komponenten (z. B. die Stammesmitglieder) als die eigentlichen Träger des Mana in Betracht. Die Zaubersprüche (z. B. die *karakia* der Maori) dagegen sind in der Tat nichtmaterielle »Träger« von Mana. Ihre Wirksamkeit folgt nicht aus dem Mana ihres Benutzers, sondern aus ihrem eigenen Mana. (…)

Der auch in unseren Sprachschatz eingegangene Begriff »tabu«, abgeleitet vom polynesischen *tapu*, bedeutet »verboten«. Während wir das Tabu rein negativ auffassen, kommt ihm in Polynesien daneben auch eine positive Bedeutung zu. Denn hier verbietet das Tabu sowohl bestimmte Handlungen als auch die Unterlassung bestimmter Handlungen, d. h. es kann Handlungen zwingend untersagen oder zwingend vorschrei-

Marae de Mavea, Tempelanlage der Polynesier auf Huahine (Französisch-Polynesien)

ben. Das Tabu ist so wenig wie das Mana eine religiös begründete Erscheinung, sondern ein auf alle Lebensbereiche sich erstreckendes Bezugssystem, in dem in Hinblick auf das einzelne Individuum bestimmte Handlungen als *tabu* (verboten oder vorgeschrieben) erklärt werden.

Die Verbindlichkeit des Tabu folgt aus der Autorität, die es begründet, die Respektierung des Tabu aus der Furcht vor den Konsequenzen seiner Übertretung. Ein großer Teil der Tabuvorschriften ergibt sich aus dem Mana. Das Mana ist nach polynesischer Auffassung für die gewöhnlichen Menschen oft sehr gefährlich. Deshalb wird der Umgang mit Mana-Trägern durch die Tabuvorschriften geregelt und überhaupt erst ermöglicht. Wird ein Tabu, das sich aus dem Mana-Besitz ergibt, absichtlich oder unabsichtlich gebrochen, so folgt die Strafe (Krankheit, Tod usw.) automatisch. Es liegt beispielsweise auf den Speisen, die ein Häuptling berührt hat, ein strenges

Tabu, das sich aus dem Häuptlings-Mana ergibt. Ißt ein gewöhnlicher Sterblicher von diesen tabuierten Speisen, so muß er mit Krankheit oder Tod rechnen. So begründet der Mana-Besitz zahlreiche Tabuvorschriften und Verhaltensmaßregeln, die für die Nichtbesitzer eine Fülle komplizierter Ver- und Gebote beinhalten. Einschränkungen sind aber auch die tabuierten Persönlichkeiten unterworfen. So darf ein Häuptling viele Dinge nicht berühren, ja nicht einmal sein Schatten darf auf diese Dinge fallen, will er sie für seine Untergebenen nicht unbrauchbar machen.

Die Vielfalt der auf dem Mana-Besitz beruhenden Tabuvorschriften wird noch durch ein anderes Tabu vermehrt, das in der Autorität der mit »Tabuiergewalt« ausgestatteten Personen – zumeist Häuptlinge und Priester – begründet ist. So kann ein Häuptling einen Platz kraft seiner Tabuiergewalt für »tabu« erklären; dieser Platz darf dann nicht mehr betreten werden. Bricht jemand dieses Tabu, so bestraft sich diese Übertretung häufig nicht von selbst, sondern wird von dem Häuptling oder von dessen Beauftragten geahndet. Mit der Tabuiergewalt haben ihre Inhaber ein machtvolles Instrument an der Hand, das sie gelegentlich willkürlich und zum Eigennutz, gewöhnlich jedoch als politisch, gesellschaftlich, religiös und wirtschaftlich wirksames Mittel bei der Verfolgung von das Allgemeinwohl betreffenden Zielen einsetzen. So können aus wirtschaftlichen Erwägungen bestimmte Fischgründe tabuiert werden, um den Fischen dort eine »Schonzeit« zu gewähren.

Die Gültigkeit eines Tabu kann zeitlich unbegrenzt oder begrenzt sein. Die aus dem Mana-Besitz sich ergebenden Tabuvorschriften sind im allgemeinen für »alle Zeiten« verbindlich, während die von einer befugten Person erlassenen Tabuvorschriften gewöhnlich nur für eine bestimmte Zeitdauer in Kraft sind. Jedenfalls beinhaltet die Tabuiergewalt die Möglichkeit, ein ausgesprochenes Tabu wieder aufzuheben. In dem oben genannten Fall kann das auf bestimmten Fischgründen ruhende Tabu nach einiger Zeit, wenn sich die Fische ausreichend vermehrt haben, wieder zurückgenommen werden. Dann ist der Fischfang an den vormals tabuierten Plätzen wieder erlaubt und gefahrlos. Die Aufhebung der zeitlich begrenzten Tabuvorschriften erfolgt dabei entweder durch eine entsprechende verbale Feststellung oder durch ein mehr oder minder kompliziertes Ritual.

Götter, Geister und Dämonen

Nicht nur hinsichtlich der gesellschaftlichen Struktur, sondern auch in ihren religiösen Vorstellungen unterschieden sich die melanesischen und polynesischen Kulturen. So diente der melanesische Kult der Einordnung in die bestehende, im Mythos begründete Seinsordnung und deren Erhaltung, während die kultischen Handlungen der Polynesier darauf abzielten, den Willen der überirdischen Mächte zu beeinflussen und dadurch in den Ablauf des irdischen Geschehens einzugreifen. Gemeinsam war allen der Glaube an Götter, Geisterwesen und Dämonen, die schützend oder strafend in das Leben der Menschen eingriffen. In Melanesien äußerten sich animistische und magische Vorstellungen vor allem in der Ahnenverehrung. Die Melanesier glaubten, daß die Seelen der Toten unter den Lebenden weilten und das aktuelle Geschehen weiterhin beeinflußten. Mit Opfern und Geschenken wurden den verstorbenen Vorfahren, denen sie ihr Leben und ihre Kulturgüter verdankten, Achtung und Ehrfurcht entgegengebracht. Die Nachkommen bedurften des Wohlwollens ihrer Ahnen, und um deren Segen zu erlangen, mußten sie den Seelen eine Wohnstatt bereiten – eine Vorstellung, die sich in Melanesien im Schädelkult manifestierte. Der Schädel galt als Sitz der Seele und wurde mit anderen Kultgegenständen in den Versammlungshäusern der Männer aufbewahrt. So war auch die Kopfjagd in Neuguinea und auf den Salomonen unter anderem von der Vorstellung getragen, daß die im Haupt lokalisierten Kräfte eines getöteten Feindes auf den Sieger übergehen. In den Zusammenhang des Ahnenkults gehörten auch die Tanzmasken, mit denen sich der Träger in den Ahnen verwandelte. Die Auffassung, daß sich dieser nur einem besonderen Personenkreis offenbaren durfte, ließ in Melanesien Geheimbünde entstehen.

*Maskenartiger Kopfaufsatz aus
Neu-Britannien (Melanesien)*

Vermutlich mit der Herausbildung einer archaischen Hochkultur entwikkelte sich in Polynesien eine einheitliche polytheistische Gottesvorstellung. Mehrere hohe Gottheiten wurden auf allen polynesischen Inseln verehrt. An der Spitze des Pantheons standen *Tane,* der Gott des Waldes und Schutzgott der Handwerker, *Rongo,* Gott des Ackerbaus und des Friedens, *Tu,* der Kriegsgott, *Tangaroa,* der Gott des Meeres, Schutzpatron der Fischer und Schöpfer der Welt.

Diesen höchsten Gottheiten waren andere Götter untergeordnet, etwa Personifikationen von Naturphänomenen (Gott des Windes etc.), regionale Stammesgottheiten und Patronatsgötter, die als Schutzheilige bestimmter Familien eine wichtige Rolle spielten. Neben zahllosen niederen Gottheiten von lokaler Bedeutung wurden auch Geister verstorbener Häuptlinge oder Heldenpersönlichkeiten als Götterwesen verehrt.

Der berühmteste Halbgott und Held der polynesischen Mythologie ist Maui, der den Menschen das Feuer brachte und – so heißt es in der Sage – verschiedene Inselgruppen aus dem Meer fischte. Als Vermittler zwischen den Göttern und den Menschen fungierten die Priester. Sie bewahrten die Rituale und Lehren des Stammes und bildeten dadurch einen einflußreichen Berufsstand. Wie die Adels- und Meistertitel anderer Sparten war ihre Funktion erblich.

Europäer auf der Suche nach neuem Land

Die pazifischen Inseln waren längst entdeckt und besiedelt, als die ersten Europäer in diesen Teil der Welt vordrangen. Getrieben von Handelsinteressen und Missionierungsabsichten, aber auch von der seit Ptolemäus existierenden Idee eines reichen Südkontinents brachen im 16. Jh. spanische und portugiesische Seefahrer zu ausgedehnten Entdeckungsreisen in die Südsee auf. 1513 erreichte der Spanier Vasco Nuñez de Balboa über den Isthmus von Panama das ›Meer des Südens‹, und der Portugiese Fernão de Magalhães (Magellan) durchquerte 1519–22 als erster den Pazifik. Doch weder er noch die zahlreichen Galeonen, die seit der Gründung einer spanischen Kolonie auf den Philippinen 1565 zwischen Mexiko und Manila kreuzten, stießen in der Weite des Ozeans auf Land. Erst Alvaro de Mendaña entdeckte von Peru kommend 1567 die

Salomonen und 1595/96 einige der Marquesas- und Santa-Cruz-Inseln. Pedro Fernandez de Quiros, der Steuermann unter Mendaña gewesen war, glaubte bei seiner Landung auf Espiritu Santo, der größten Insel des heutigen Vanuatu, den sagenhaften Kontinent, die ›terra australis incognita‹, gefunden zu haben. Im 17. Jh. löste die holländische die spanische Epoche der ›Entdeckungen‹ im pazifischen Raum ab. Nach den Reisen von Jacob Le Maire und Willem Schouten (1615) sowie Abel Tasman (1642) wurde die Weltkarte mit Tonga, Fidschi, Tasmanien (›Van Diemensland‹) und der Südinsel von Neuseeland (›Staten Land‹) bereichert. Mit Jacob Roggeveen ging 1721 erstmalig ein Holländer auf große Tour, die ihn zur Osterinsel, zu bislang unbekannten Atollen im Tuamotu-Archipel sowie zur Manu'a-Gruppe in Samoa führte.

Im Laufe des 18. Jh. rückten wissenschaftlicher Entdeckungsdrang und kolonialistische Bestrebungen fremde Länder und Völker zunehmend ins Blickfeld der Europäer. Jetzt waren es insbesondere die Engländer und Franzosen, die die Erde umrundeten und das geographische Puzzle im Pazifischen Ozean zu vollenden gedachten. Die bedeutendste französische Expedition leitete Louis Antoine de Bougainville (1766–69). Er passierte den Tuamotu-Archipel und landete auf Tahiti, dem er den Namen ›La Nouvelle Cythère‹ gab, ohne zu wissen, daß neun Monate vor ihm der Brite Samuel Wallis die Insel nach seiner Majestät King George III. benannt und im Namen des Königs annektiert hatte. Von den Gesellschafts-Inseln segelte er weiter nach Samoa, auf die Neuen Hebriden (Vanuatu) und Salomonen.

Der bekannteste britische Forschungsreisende war Kapitän James Cook. Seine drei Weltreisen (1768–71, 1772–73, 1776–79) räumten schließlich auch die letzten Zweifel hinsichtlich der Frage nach einem südlichen Kontinent aus: Das verheißungsvolle Land in der Südhemisphäre existierte nicht. Gleichzeitig zeichneten sich die Konturen der pazifischen Inselwelt immer genauer ab: Cook kartographierte unter anderem die gesamte neuseeländische Küste. Während seiner Aufenthalte in Australien sowie in fast allen Archipelen des Südpazifiks – von Neukaledonien und Vanuatu über Tonga, die Gesellschafts- und Marquesas-Inseln bis nach Hawai'i – gelang es Cook, eine Fülle von Beobachtungen und Erfahrungen über den natürlichen und kulturellen Lebensraum dieser für Europäer noch weithin unbekannten Region festzuhalten. Auf seiner zweiten Reise drang er bis zur Packeisregion nach Süden (71° 10') vor, auf seiner dritten Weltumseglung zwang ihn das nördliche Packeis in der Bering-Straße (70° 44') zur Umkehr. Als er anschließend im Februar 1779 nach Hawai'i zurückkehrte, wurde er bei seiner Ankunft von Inselbewohnern erschlagen.

Unter den Wissenschaftlern und Malern, die mit Cook unterwegs waren, forschten, notierten und zeichneten, befanden sich der Botaniker Joseph Banks, der Naturforscher und Schüler Carl von Linnés, Daniel Solander, der deutsche Naturforscher und Schriftsteller Johann Reinhold Forster und sein Sohn Georg sowie die Maler Sydney Parkinson, John Webber und William Hodges. Ein ehemaliges Besatzungsmitglied war auch Kapitän William Bligh, der als Offizier unter James Cook zum ersten Mal nach Tahiti kam, bevor er in eigener Regie mit der ›Bounty‹ 1788 dorthin zurückkehrte. Noch ehe er seine Mission erfüllen und die auf Tahiti erworbenen Brotfruchtbäumchen auf die Karibischen Inseln verfrachten konnte, kam es auf seinem Schiff zu der berühmten und verschiedentlich verfilmten Meuterei. Die Nachkommen der Meuterer leben heute auf der Insel Pitcairn 2200 km südöstlich von Tahiti.

Nachfolgende Expeditionen wie die unter La Perouse (1785–88), d'Entrecasteaux (1791–93), von Kotzebue (1815–18) und von Bellingshausen (1819–21) fügten wichtige Details hinzu und vervollständigten das Bild von der Südsee, doch James Cook war derjenige, der die Grundlagen geschaffen hatte. Mit seinem Tod endete die Zeit der großen Entdeckungen.

Missionierung und Kolonisierung

Bereits die ersten Begegnungen mit Entdeckern und Walfängern veränderten bzw. unterhöhlten das Selbstbewußtsein der Ureinwohner. Die großen Schiffe, die technische Überlegenheit und nicht zuletzt die helle Hautfarbe der Fremden ließen sie anfangs glauben, es handele sich um göttliche Wesen. *Papalagi, ›Himmelsdurchbrecher‹*, wurden die Neuankömmlinge von den Polynesiern genannt.

Nach und nach sahen sich die Völker im Pazifik einer stetig wachsenden Präsenz von Missionaren, Geschäftsleuten und Regierungsbeamten ausgesetzt, die von den europäischen Großmächten entsandt wurden. Mit der Errichtung von Hafen und Handelsplätzen und der fortschreitenden Einbeziehung der pazifischen Region in den Welthandel begann im 19. Jh. die Ausbeutung der natürlichen Ressourcen auf den Inseln. In der ersten Hälfte des vergangenen Jahrhunderts fielen die Sandelholzbestände in Fidschi, Vanuatu und auf Hawai'i. Getrocknete Seegurken *(Trepang* oder

Bêche de mer), Kopra (getrocknetes Kokosfleisch), Baumwolle, Zuckerrohr und Kakao bildeten die Exportschlager der damaligen Zeit. Für ihre Plantagen erwarben Europäer gegen Naturalien oder wenig Geld große Ländereien. Daß sie mit dem Verkauf den Zugang zu ihrem Grund und Boden samt ihrer Nutzungsrechte verloren, konnten die Inselbewohner nicht ahnen. Nach ihrer Vorstellung konstituierte das Land die Identität des jeweiligen Stammes und war kein veräußerbares Gut.

Den unlauteren Geschäftsmethoden und der Willkür unseriöser Händler, die sich in vielen Fällen rücksichtslos über Rechte und Bräuche der Einheimischen hinwegzusetzen pflegten und Tabus brachen, ohne den Zorn der Götter auf sich zu ziehen, konnten die Einheimischen meist wenig entgegensetzen, und gegen Gewehre konnten sie mit Keulen, Speeren oder Pfeil und Bogen wenig ausrichten, auch wenn sie die fähigeren Buschkrieger waren.

Einerseits schürten solche Erfahrungen das Mißtrauen der Ureinwohner gegenüber Europäern und somit auch Missionaren, von denen eine ganze Reihe dafür mit dem Leben bezahlen mußte. Andererseits stießen die Missionare mit ihrer Botschaft vom höchsten Gott und Friedensstifter auf offene Ohren, nicht zuletzt deshalb, weil unter dem Einfluß der Weißen und deren eingeführter Waffen vielerorts die Stammeskriege zahlreicher stattfanden und deutlich mehr Opfer unter der Bevölkerung forderten. Immer häufiger schienen die eigenen Götter machtlos angesichts der neuen Probleme, mit denen sich die Menschen auf den Inseln konfrontiert sahen. Die Missionare aber konnten z. B. von Weißen eingeschleppte Krankheiten heilen und erwiesen sich so als den einheimischen Priestern und Heiligen überlegen.

In einer protestantischen Kirche auf Tahiti

Im ausgehenden 18. und zu Beginn des 19. Jh. begannen britische Missionsgesellschaften, insbesondere die 1795 gegründete London Missionary Society sowie französische Orden, mit dem systematischen Ausbau ihrer Tätigkeit im Pazifik und verschafften sich eine nicht zu unterschätzende Machtstellung. Die ersten Missionare landeten 1797 auf Tahiti und bahnten sich ihren Weg über Tonga (1823), die Marquesas (1825), die Cook-Inseln (1827), Samoa (1830) und weiter nach Westen auf die melanesischen Inselgruppen. Zwar traten Missionare als Fürsprecher und Vertreter der Einheimischen auf, errichteten Schulen und Krankenstationen, doch trugen gerade sie wesentlich zu der radikalen Veränderung herrschender Lebens- und Gesellschaftsformen und der Zerstörung ozeanischer Kulturen bei. In ihren Augen dazu berufen, heidnische Völker, Kopfjäger und Kannibalen zu christianisieren, fühlten sich die Missionare dazu verpflichtet, den Einheimischen ihre Kultur ›auszutreiben‹, die ›Götzenbilder‹ als Ausdruck verdorbener Einbildungskraft zu vernichten und Bräuche wie Tänze, Lieder und das Kawatrinken zu verbieten. Der Versuch, bestimmte Autoritätspositionen in den Dörfern zu schwächen, die Zwangsarbeit in Missionsschulen und auf Ländereien, zu der die Missionare Inselbewohner heranzogen, sowie ihre verlogene Moral, wenn es um die Durchsetzung eigener Interessen ging, riefen mitunter offene Auflehnung gegen die Vertreter des Christentums hervor. Andererseits gewannen sie Einfluß durch eine loyale Anhängerschaft in Teilen der Bevölkerung, die ihre Beziehungen zur Kirche vorteilhaft zu nutzen wußten. Darüber hinaus spielten die Missionsgesellschaf-

Der Papalagi
Die Reden des Südseehäuptlings
Tuiavii aus Tiavea

Eine bestechende, aber bereits im Jahre 1920 nicht mehr ganz neue Idee: Da reiste nicht ein Europäer in fremde, exotische Länder, sondern ein ›Südsee-Insulaner‹ nach Europa, noch dazu ein Häuptling und berichtete nach seiner Rückkehr auf die heimatliche Insel über die westliche Zivilisation. Tuiavii hieß der Mann und stammte aus Tiavea.

War »Der Papalagi« nach seinem ersten Erscheinen bereits ein Bestseller, so wurde er vor 20 Jahren zu einem Kultbuch für viele, die sich nach einem zwanglosen Leben unter Palmen sehnten. Die Schilderungen und Weisheiten Tuiaviis über Sexualität, Geld, Zeit oder die »schwere Krankheit des Denkens« nährten ihre Sehnsucht nach einer anderen, naturnäheren Gesellschaft. »Man sollte oft wünschen, auf einer der Südseeinseln als sogenannter Wilder geboren zu sein, um nur einmal das menschliche Dasein, ohne falschen Beigeschmack, durchaus rein zu genießen«. Davon hatte schon Johann Wolfgang von Goethe geträumt. Zu Beginn der 70er Jahre, als Raubdrucke des Papalagibuches über Kneipentische hinweg verkauft wurden, waren tausende Leser von der Möglichkeit eines ›echten‹ Lebens in der Südsee überzeugt.

Doch aus der Traum! Erich Scheuermann aus einer holsteinischen Klein-stadt war der Verfasser der »Reden des Tuiavii aus Tiavea«. Unwahr sind die in der Einleitung gemachten Behauptungen, der Häuptling habe seine Aufzeichnungen Erich Scheuermann, der sich in den Jahren 1914 bis 1915 in Samoa aufhielt, zur Herausgabe in deutscher Sprache überlassen. Scheuermann äußerte durch die fiktiven Reden seine kulturkritische Position zum heimatlichen Deutschland. Für einen renommierten schweizerischen Verlag, der Mitte der 70er Jahre die Publikationsrechte erwarb, wurden sie schließlich zu einem Verkaufsschlager. Geschickt wurde die Authentizität der Reden vorgetäuscht.

Seit seinem ersten Erscheinen wurde »Der Papalagi« viele Male rezensiert. Manche erkannten den Schwindel, manche nahmen ihn für bare Münze. Horst Cain belegt in seinem Aufsatz »Persische Briefe auf Samoanisch«, daß auch die ethnologischen Fakten nicht stimmen: »Der Papalagi« ist weder von einem Samoaner noch von einem Samoa-Kenner geschrieben. Wer dennoch Sympathie für Scheuermanns Gesellschaftskritik mit ihren ›amüsanten‹ Formulierungen empfindet, möge »Samoa«, das zweite Südseebuch des Autors lesen. In ihm wird deutlich, daß Scheuermann den deutschen Kolonialismus und Rassismus unterstützte und verherrlichte.

ten – wenn auch nicht unbedingt beabsichtigt – eine wichtige Rolle als Wegbereiter für Handelsgesellschaften und Kolonialbeamte, die in den zuvor missionierten Gebieten auf günstige Ausgangsbedingungen zur Umsetzung ihrer Ziele stießen. Die Kolonialisten konnten mit der Kollaboration von Häuptlingen rechnen, denen sie Waffen und Unterstützung bei internen Machtstreitigkeiten versprachen. Für die Europäer bedeutete diese Form der Zusammenarbeit ein wirksames Mittel, Feindseligkeiten zu schüren. Mit der Zuspitzung interner Konflikte reduzierte sich die Gefahr einer Solidarisierung gegen die Eindringlinge. Dort, wo es Widerstand gegen Unterdrückung, Anpassungsdruck und Landraub gab, reagierten die Kolonialverwaltungen häufig mit Gewalt und setzten Truppen gegen die Rebellen ein.

Verheerende Auswirkungen auf das Leben der Inselbewohner hatte der bis Ende des 19. Jh. anhaltende Bevölkerungsrückgang. Zu Tausenden starben die Inselbewohner an eingeschleppten Krankheiten wie Grippe, Masern und Keuchhusten, gegen die sie keine Abwehrkräfte besaßen. Den schlimmsten Epidemien fielen innerhalb weniger Wochen nicht selten bis zu zwei Drittel der Dorfbevölkerungen zum Opfer. Alkoholismus und Geschlechtskrankheiten trugen ebenfalls zum desolaten Zustand der Völker bei.

Im Jahre 1862 begann mit der Verschleppung in die Sklaverei durch ›Arbeitsanwerber‹ *(blackbirding)* vor allem für die Melanesier ein neues Kapitel der Rechtlosigkeit und Gewalt, das eine weitere Dezimierung der Inselbevölkerungen bedeutete. Die ›Amselfänger‹ (zwangs-)rekrutierten Tausende von Männern als billige Arbeitskräfte für den Bergbau in Peru, die Zuckerrohrplanta-

gen in Queensland (Australien) und Kokosplantagen in Fidschi, Hawai'i, Samoa und Tahiti. Als gegen Ende des 19. Jh. die Einwohnerzahl nur noch einen Bruchteil der zu Cooks Zeit geschätzten Bevölkerungen erreichten, glaubte man einige der pazifischen Inselvölker dem Untergang geweiht.

In der zweiten Hälfte des letzten Jahrhunderts waren weite Teile der pazifischen Archipele christianisiert, europäische Handelsniederlassungen hatten sich etabliert und kontrollierten den lokalen Markt ebenso wie das Import-Export-Geschäft. Das wirtschaftliche, politische und soziale Leben der Inselbewohner hatte sich entscheidend verändert. Mit der Einführung von privatem Landrecht, das den kolonialistischen Zugriff auf Grund und Boden erleichterte, und der Einrichtung europäischer Verwaltungsapparate sowie zentralistischer Inselregierungen, die den Einfluß der Häuptlinge maßgeblich schwächten und die polynesischen und melanesischen Gesellschaftsordnungen weiter zersetzten, sorgten die Europäer für Verhältnisse, die der Installierung von Protektoraten und Kolonien den nötigen Vorschub leisteten.

Frankreich spielte dabei eine Vorreiterrolle, als es 1842 die ersten Inseln im heutigen Französisch-Polynesien zum Protektorat erklärte. England, Deutschland und die USA zögerten mit ihrem unmittelbaren staatlichen Engagement, weil sie die Kosten des damit verbundenen Verwaltungsaufwands scheuten. Vorzugsweise überließ man die ökonomische Nutzung der Inseln mit Hoheitsrechten ausgestatteten privaten Unternehmen und Gesellschaften. Frankreich hingegen hatte von Anfang an die völkerrechtliche Einbindung von südpazifischen Inselterritorien in sein Hoheitsgebiet gesucht. Die USA verbinden mit der pazifischen Region bis heute überwiegend verkehrstechnische und militärstrategische Interessen. In den 80er Jahren schließlich begann der Wettlauf der Kolonialmächte um den endgültigen Zugriff und das Gerangel um die Verteilung der Archipele. Anfang des 20. Jh. waren sämtliche Inselstaaten im Pazifik kolonisiert und unter den Großmächten aufgeteilt. Deutschland beanspruchte den Nordosten von Neuguinea, West-Samoa, die kleine Insel Nauru, deren Besitz wegen ihrer Phosphatlager Gewinne versprach, sowie einen Großteil von Mikronesien. Frankreich nahm Wallis und Futuna, Tahiti, den Tuamotu-Archipel, die Marquesas-Inseln und Neukaledonien in Besitz. Die Verwaltung der Neuen Hebriden teilte es sich mit Großbritannien. England eignete sich Fidschi, die Salomonen, Teile Neuguineas, Tonga (Protektorat) sowie die Gilbert- und Ellice-Inseln an. Die Vereinigten Staaten kontrollierten Hawai'i, Guam, Teile Mikronesiens und die östlichen Samoa-Inseln. Neuseeland schließlich verwaltete die Cook-Inseln und Niue. Die künstlichen Grenzen der Kolonialgebiete durchschnitten geographisch und kulturell zusammengehörige Inselgruppen ebenso wie traditionelle Stammesgebiete.

Nach dem Ersten Weltkrieg mußte Deutschland, dessen Kolonialgeschichte in der Südsee mit der Niederlassung des Hamburger Handelshauses Godeffroy 1857 in Samoa begonnen hatte, alle pazifischen Besitzungen an die Siegermächte abtreten. Sie wurden zu ›Mandatsterritorien‹ erklärt und im Auftrag des Völkerbundes von Australien (Neuguinea), Neuseeland (Samoa) und Japan (Mikronesien) verwaltet.

Schritte in die Unabhängigkeit

Der Zweite Weltkrieg und seine Folgen trugen in entscheidendem Maße zum Zerfall der alten Kolonialreiche bei. Von den Umwälzungen durch den pazifischen Krieg (1941–45) zwischen Japan und den USA waren nicht nur die Inseln unter japanischer Besatzung und in den Frontgebieten in Mikronesien und auf den Salomonen betroffen. Auch für Vanuatu, Samoa und Tahiti bedeutete die Stationierung zehntausender amerikanischer Soldaten einen gravierenden historischen Einschnitt. Zu den nachhaltigen Erfahrungen der Inselbewohner gehörte unter anderem der Machtverlust auf der Seite der Kolonialisten, die ihnen bis dahin unbesiegbar erschienen waren.

Die Vereinten Nationen traten an die Stelle des Völkerbundes, die Mandatsgebiete kamen unter eine sog. Treuhandverwaltung, wobei die USA die von Japan kontrollierten Gebiete in Mikronesien übernahmen. Die Verwaltungsmächte waren zur regelmäßigen Vorlage von Rechenschaftsberichten über die Situation auf den Inseln verpflichtet und hatten unabhängigen Inspektoren Zutritt zu gewähren. In diesem neuen politischen Klima wuchs das Selbstbewußtsein der pazifischen Völker und das Bestreben nach Unabhängigkeit. Mit der Gründung der South Pacific Commissoin im Jahre 1947 wurde eine erste überregionale Organisation gegründet, die die Zusammenarbeit und Diskussion politischer, wirtschaftlicher und sozialer Probleme der kleinen Länder fördern sollte. Eine Reihe weiterer Einrichtungen, wie das 1971 ins Leben gerufene South Pacific Forum, dem heute die un-

Bei den Unabhängigkeitsfeiern in Apia (Samoa)

abhängigen Staaten Papua-Neuguinea, die Salomonen, Vanuatu, Fidschi, Samoa, Tonga, die Cook-Inseln, Tuvalu, Nauru und Kiribati sowie Neuseeland und Australien angehören, waren Meilensteine auf dem Weg einer weiterführenden Kooperation.

1962 tat West-Samoa (seit 1997 Samoa) als erstes den Schritt in die politische Unabhängigkeit. Nauru (1968), Fidschi (1970), Papua-Neuguinea (1975), die Salomonen und Tuvalu (1978), Kiribati (1979) und Vanuatu (1989) folgten. Der Status der Cook-Inseln ist seit 1965 durch einen Vertrag der ›Free Association‹ mit Neuseeland definiert. Im Gegensatz zu Afrika, Asien und Lateinamerika verlief der Machttransfer in Ozeanien ohne größeres Blutvergießen. Jedoch hat sich der Entkolonisierungsprozeß nicht nur verspätet, sondern auch unvollständig vollzogen. Aus wirtschaftlichen und militärstrategischen Gründen halten Frankreich ebenso wie die USA an den pazifischen Überseeterritorien fest. So steht eine Reihe von mikronesischen Staaten in direkter Abhängigkeit der Vereinigten Staaten, Neukaledonien und Französisch-Polynesien sind bis heute französische Kolonie.

Die kleinen Staaten und ihr koloniales Erbe

Die jungen unabhängigen Staaten sind in wirtschaftlicher Hinsicht von den ehemaligen Kolonialmächten abhängig. Manche haben sich angesichts fehlender wirtschaftlicher Möglichkeiten gleich für eine freie Assoziation entschieden, die ihnen regelmäßig Unterstützung des Mutterlandes garantiert. Auf dem Weltmarkt könnten die kleinen Staaten ohne Zuwendungen von den Anrainerstaaten und der Europäischen Gemeinschaft nicht überleben. Abgesehen von der 200-Seemeilen-Zone, die ihnen zu weiten Fischgründen verhilft, verfügen die Inselstaaten kaum über eigene Ressourcen. Dem Export von Rohstoffen und Agrarprodukten steht der Import von Konsum- und Industriegütern sowie von Treibstoff gegenüber, was sich gemeinhin in einer unausgeglichenen Außenhandelsbilanz niederschlägt. Die meisten Länder setzen nun auf den Tourismus als wichtige Devisenquelle.

Eine weitere Schwierigkeit stellt die extreme geographische Zersplitterung der Inselgebiete dar. Die elf Millionen Menschen Ozeaniens leben auf viele Kleinstaaten oder Territorien verteilt, deren Bevölkerungszahlen kaum das Niveau mittlerer europäischer Städte erreichen. Die weiträumig verstreuten Inseln liegen abseits der wichtigsten Schiffahrtswege, und angesichts der ge-

ringen Bevölkerungszahlen und großen Entfernungen erweist sich auch der Binnenmarkt als wenig einträglich. Die Einrichtung und der Unterhalt von Infrastruktur- und Kommunikationssystemen unter diesen Bedingungen sind äußerst kostspielig – ganz abgesehen von den ökonomischen Rückschlägen, die diese Länder durch Naturkatastrophen wie Wirbelstürme immer wieder erleiden.

Ein koloniales Erbe, das alle Südseestaaten vor Probleme stellt, sind die aufgeblasenen Verwaltungsapparate. Die Regierungen als wichtigster Arbeitgeber befinden sich in der Zwickmühle, denn das ›Abspecken‹ hätte einen sprunghaften Anstieg der Arbeitslosenzahl zur Folge. Insbesondere für die vielen Jugendlichen unter der schnell wachsenden Bevölkerung existieren kaum alternative Beschäftigungsmöglichkeiten. Jetzt schon findet nur ein Bruchteil der Schulabsolventen eine Lehr- oder Arbeitsstelle in den zunehmend größer werdenden Städten.

Auf der Suche nach guten Verdienstmöglichkeiten emigrierten Zehntausende von Inselbewohnern aus Samoa, Tonga, Niue und den Cook-Inseln nach Neuseeland, Australien, in die Vereinigten Staaten und Kanada. Die Gelder, die sie an die Familien daheim schicken, stellen einen unverzichtbaren wirtschaftlichen Faktor dar. Gleichzeitig wandern aber auch gerade hochqualifizierte Fachkräfte wie Ärzte und Juristen ins Ausland ab, so daß entsprechende Stellen im eigenen Land wieder mit ausländischem Personal besetzt werden müssen.

Zugang zu den sozialen, kulturellen und gesellschaftspolitischen Fragen, die im Brennpunkt des zeitgenössischen Ozeaniens und seiner Menschen stehen, vermitteln die modernen pazifischen Schriftsteller. Die Entstehung und Entwicklung einer englischsprachigen Literatur in der zweiten Hälfte des 20. Jh. hat den politischen Umbruch in den neuen unabhängigen Staaten begleitet. Die Anklage des Kolonialismus und Neo-Kolonialismus, die Befreiung von der Vormundschaft des Westens sind ebenso Thema der neuen Literatur wie das kulturelle Erbe, die Missionierung und die Suche nach einer neuen kulturellen Identität. Romane, Essays, Kurzgeschichten und Gedichte handeln vom Einbruch der übermächtigen fremden Kultur, der mit der Ankunft der *papalagi* die alten Werte erschütterte und durch neue ersetzte – Geld, Bibel, Bildung und Profitdenken; von den Widersprüchen zwischen den christlichen Geboten und der Geschäftsmoral der Fremden, die das Leben auf den Inseln durchdringen; von den Identitäts- und Rollenproblemen insbesondere von Frauen, die aufgrund einer weiterführenden Ausbildung und Berufstätigkeit mit den traditionellen Erwartungen der Elterngeneration in Konflikt geraten. Der Samoaner Albert Wendt, der seinen Namen einem deutschen Urgroßvater verdankt, ist regional und international der bedeutendste Autor des Südpazifiks. Sein Roman »Flying Fox in a Freedom Tree« wurde inzwischen verfilmt.

Militarisierung und nukleare Bedrohung im ›Meer der Zukunft‹

Es sind vor allen Dingen militärische und strategische Gründe, derentwegen die Vereinigten Staaten und Frankreich ihre Präsenz im Pazifik verfechten. Die nach dem Zweiten Weltkrieg begonnene nukleare Aufrüstung in diesem Teil der Welt wurde von Europa kaum wahrgenommen. Mit riesigen Atomwaffenarsenalen rüsteten die USA und Frankreich

das pazifische Becken zum militärischen Aufmarschgebiet. Hawai'i sowie Belau, Guam und die Marshall-Inseln in Mikronesien gehören zu den wichtigsten Stützpunkten der Vereinigten Staaten. Der ›Krieg der Sterne‹ wird im Pazifik erprobt, seit Kwajalein zum Zentrum der SDI-Forschung avancierte. Dieses größte Atoll der Erde dient als Testgelände für Interkontinentalraketen, die mit Plutonium- oder Urankernen bestückt sind und von Kalifornien über den Pazifik bis in die Lagune des Atolls gefeuert werden. Die ehemaligen Bewohner von Kwajalein und einiger umliegender Eilande leben unter menschenunwürdigen Bedingungen auf Ebeye: Die 1,5 km lange und nur 200 m breite Atoll-Insel mit ihren 10 000 Siedlern hat eine größere Bevölkerungsdichte als Kalkutta oder Hongkong. Die Menschen sind nahezu vollständig auf importierte Lebensmittel angewiesen, da nicht genügend Land zum Anbau vorhanden und das Fischen in der radioaktiv verseuchten Lagune verboten ist.

Mit der Übernahme der Inseln als Treuhandgebiet im Jahre 1947 verpflichteten sich die USA, die soziale Entwicklung der Mikronesier zu fördern und sie gegen den Verlust ihres Landes und ihrer Ressourcen zu schützen. Aber noch bevor sie von den Vereinten Nationen das Mandat erhalten hatten, starteten die Vereinigten Staaten 1946 ihr Atomtestprogramm auf den Atollen Bikini und Eniwetok. Bis 1962 folgten über hundert weitere atmosphärische Atom- und Wasserstoffbombenversuche, wobei die jeweilige Sprengkraft die der Hiroshima-Bombe um ein Vielfaches, mitunter sogar bis um das Tausendfache übertraf. Mehrere Atolle im Testgebiet auf den Marshall-Inseln wurden vollständig zerstört. Als am 1. März 1954 die Wasserstoffbombe ›Bravo‹ über dem Bikini-Atoll gezündet wurde, sahen die Bewohner von Rongelap 130 km östlich davon einen gigantischen Feuerball in den Himmel aufsteigen. Sie wurden der radioaktiven Strahlung ausgesetzt und dem Fallout, der auf ihrer Insel als schneeähnliches Pulver niederging.

Mittlerweile hat sich der Verdacht erhärtet, daß die Bewohner von Rongelap, die man erst 48 Stunden nach der Explosion evakuierte, als Versuchskaninchen mißbraucht wurden, um die Wirkung von radioaktivem Fallout auf Menschen beobachten zu können. Die Rate der Krebskranken, der Totgeburten und Mißbildungen bei Neugeborenen stieg in der Folge steil an.

Als erster Staat der Welt verankerte die kleine mikronesische Republik Palau (Belau) ihren Status als atomfreie Zone in der Verfassung und verhinderte damit das Inkrafttreten des Assoziierungsvertrages, mit dem die Amerikaner ihre Entscheidungsbefugnisse in der Sicherheits- und Außenpolitik festgeschrieben haben. Keine der ersten sieben erzwungenen Volksabstimmungen erbrachte die erforderliche Dreiviertelmehrheit, um die Anti-Nuklear-Klauseln aus der Verfassung zu streichen. Ein weiteres Referendum führte 1992 zu einer Verfassungsänderung: Nun konnte der Anti-Atom-Passus per Volksentscheid mit einer absoluten Mehrheit von nur 51 % gekippt werden. Am 1. Oktober 1994 trat der Assoziierungsvertrag (Compact of Free Association) mit den USA in Kraft.

1963 unterschrieben die USA, Großbritannien und die UdSSR den partiellen Atomtestsperrvertrag, der Nuklearversuche in der Atmosphäre, unter Wasser und im Weltraum verbietet. England, das zwischen 1952 und 1962 in Australien und auf vorgelagerten Inseln 16 Atombomben getestet hatte, stellte seine Atomversuche ein, die USA setzten ihre

Versuche in Nevada fort. Frankreich, das neben China den Sperrvertrag nicht unterzeichnete, verlegte nach der Unabhängigkeit Algeriens 1962 sein Atomtestgebiet aus der Sahara in den Pazifischen Ozean: auf die beiden Atolle Mururoa und Fangataufa in Französisch-Polynesien. Zwischen 1966 und 1975 detonierten 41 Atombomben in der Atmosphäre. Als Anfang der 70er Jahre die internationalen Proteste gegen die Kernwaffenversuche immer lauter wurden, sah sich Frankreich schließlich gezwungen, seine Bomben unterirdisch zu testen – in Schächten, die tief in den porösen Basaltsockel der beiden korallinen Inseln gebohrt wurden. Bis zum April 1992, als die französische Regierung ein Atomtestmoratorium ankündigte, explodierten weitere 140 Bomben. Hartnäckig wird bestritten, daß aus Hohlräumen und Rissen, die infolge der Detonationen im Atolluntergrund entstanden sind, Radioaktivität entweicht. Wie zuvor schon die Vereinigten Staaten behauptet auch Frankreich beharrlich, daß die Kernexplosionen keine Gefahr für die Umwelt und die Gesundheit der Menschen darstellten, obwohl krebskranke Maohi in Spezialkliniken in Paris und Marseille behandelt werden. Mit Milliarden von US-Dollar und Francs, die sie jährlich in die Wirtschaft dieser Staaten pumpen, gelingt es den USA und Frankreich, den Widerstand der Betroffenen weitestgehend zu ersticken. Als Antwort auf die fortgesetzten Protestaktionen von Greenpeace gegen die Atomtests auf Mururoa verübten zwei französische Geheimagenten 1985 einen Bombenanschlag auf die Rainbow Warrior im Hafen von Auckland, bei dem ein Besatzungsmitglied ums Leben kam. Die Agenten wurden vorzeitig aus der Haft entlassen und von der französischen Regierung für ihre Verdienste hoch ausgezeichnet.

»If it is safe: dump it in Tokyo, test it in Paris, store it in Washington – but keep my Pacific nucelar-free«, forderte die ›Bewegung für einen nuklearfreien und unabhängigen Pazifik‹ (Nuclear Free and Independent Pacific, NFIP). Die Bewegung, zu der sich 1975 Gruppen und Organisationen aus fast allen pazifischen Inselstaaten und mehreren Anrainern, unter anderem den Philippinen, Japan, Kanada und den USA, zusammengeschlossen hatten, konnte 1985 ihren ersten größeren Erfolg verbuchen: Acht pazifische Staaten einigten sich auf den Vertrag von Rarotonga (South Pacific Nuclear Free Zone Treaty), der eine atomfreie Zone im Pazifik vorsieht. Die Unterzeichner verpflichten sich, in dieser Region keine Atomwaffen zu testen oder zu stationieren, keinen Atommüll zu lagern und keine Kernkraftwerke zu errichten.

Nachdem der französische Präsident Jacques Chirac das von seinem Vorgänger Mitterand beschlossene Moratorium aufgehoben hatte und in Französisch-Polynesien entgegen weltweiter Proteste und Demonstrationen vor Ort erneut eine Serie von Atomtests durchgeführt wurde, unterschrieben im Januar 1996 nun auch Frankreich, England und die Vereinigten Staaten den Vertrag von Rarotonga – ein weiterer wichtiger Schritt auf dem Weg zu einem globalen Atomwaffensperrvertrag. Für die Betroffenen allerdings ist mit der Schließung des Militärgeländes in Französisch-Polynesien die Gefahr keineswegs vorüber: Behalten sie doch mit dem ›Erbe‹ der malträtierten Atolle Mururoa und Fangataufa eine der größten hochradioaktiven Mülldeponien der Welt.

The Pacific Way

International propagiert wurde der Ausdruck ›Pacific Way‹ von Ratu Sir Kami-sese Mara, dem derzeitigen Präsidenten Fidschis, in seiner Rede vor den Vereinten Nationen im Jahre 1970. Hinter diesem Schlagwort steckte einerseits die Überzeugung, daß die vielen kleinen Inselstaaten nur gemeinsam der politischen und wirtschaftlichen Übermacht der Industriestaaten etwas entgegensetzen können. Andererseits stand dahinter aber auch die Vorstellung von einer pazifischen Identität. Somit beschreibt ›The Pacific Way‹ die gemeinsame Suche nach einem praktikablen Weg zwischen Tradition und Fortschritt ungeachtet aller kulturellen Unterschiede, nationalen Egoismen und wirtschaftlichen Konkurrenzen.

In der Praxis bedeutet dieser Anspruch beispielsweise für das 1971 konstituierte South Pacific Forum, nach außen als ein geschlossenes Ganzes aufzutreten, um den jeweiligen Forderungen mehr Gewicht zu verleihen. Intern jedoch werden die Interessen und inneren Angelegenheiten der einzelnen Mitgliedsstaaten grundsätzlich respektiert. Diesen Drahtseilakt beschrieb Albert Henry von den Cook-Inseln einmal als das Finden des einstimmigen Kompromisses. Verhandlungsbereitschaft und Flexibilität an Stelle unnachgiebiger Standpunkte, Fortsetzung von Debatten bis zum einmütigen Beschluß an Stelle von Mehrheitsentscheidungen sind somit der Schlüssel zur pazifischen Lebensweise. Nur allzu verständlich, daß für diese Form der Demokratie neben der Kompromißbereitschaft vor allem eines notwendig ist: Zeit. Wie sehr sich das Zeitkonzept der Südseebewohner von dem unseren unterscheidet, erlebt man auf einer Reise durch die Inselstaaten ganz eindrücklich.

Polynesische Tänzerinnen ▷

Reiseziele
im Pazifik

Tonga

Ein Königreich im Pazifik

Wie ein Königreich entsteht

Eines Tages erhielt der Halbgott Maui von einem alten Mann namens Tonga einen Angelhaken geschenkt. Doch als Maui damit angeln ging, hingen statt Fische kleine Inseln am Haken. Er zog 'Ata, dann Tongatapu, die Ha'apai- und zuletzt die Vava'u-Inseln vom Meeresboden herauf an die Oberfläche. Zu Ehren dieses alten Mannes nannte er sie ›Tonga‹. Anschließend trat der Halbgott auf ein paar dieser Inseln und flachte sie auf diese Weise ab, während andere unberührt und gebirgig blieben.

Später stieg der Gott Tangaloa 'Eitumatupu'a an einem großen Kasuarinenbaum herab auf die Erde. Als erstes sah er 'Ilaheva, eine junge Frau, die auf einer kleinen Insel in der Lagune vor Tongatapu Muscheln sammelte. Sie war so schön, daß er sich auf den ersten Blick in sie verliebte. Wieder im Himmel, fühlte er sich einsam und sehnte sich nach 'Ilaheva zurück. So kam er noch öfter in die Arme seiner irdischen Geliebten. Eines Tages gebar sie einen Sohn und nannte ihn 'Aho'eitu. Tangaloa 'Eitumatupu'a aber war inzwischen zu seiner Familie im Himmel, seiner Frau und seinen fünf Söhnen, zurückgekehrt.

Als 'Aho'eitu alt genug war, erfuhr er von seiner Mutter, daß sein Vater ein Gott sei und im Himmel lebe. Sie zeigte ihm auch den Kasuarinenbaum, auf dem er hinauf zu seinem Vater klettern könne. Der Knabe tat dies, und der erste Mann, den er im Himmel traf, war Tangaloa 'Eitumatupu'a, sein Vater. Dieser war hocherfreut, endlich seinen irdischen Sohn zu sehen. Doch 'Aho'eitus Halbbrüder waren so eifersüchtig, daß

sie ihn töteten, zerstückelten und aufaßen. Als ihr Vater davon hörte, war er sehr zornig und befahl ihnen, den Körper ihres Bruders wieder auszuspucken und zusammenzusetzen. Aus Furcht vor ihrem Vater taten sie alle Körperteile in eine Schale, gossen Wasser hinein und legten *nonufiafia*-Blätter (eine Heilpflanze) und *tapa* (Rindenbaststoff) darüber, hielten die ganze Nacht Totenwache und sangen Klagelieder.

Tonga: die Inseln

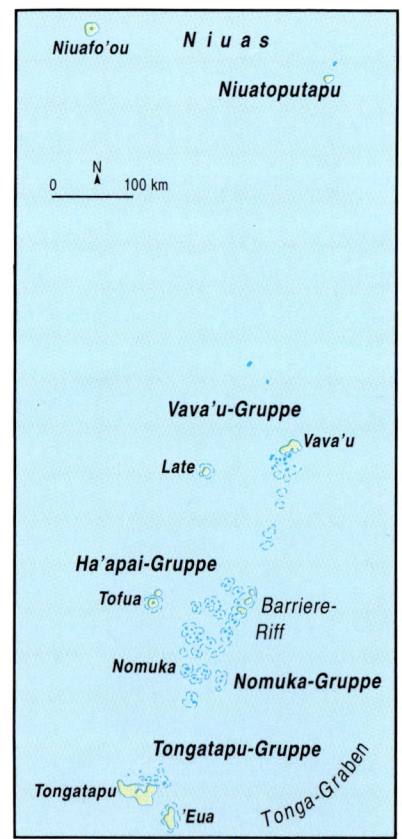

Als der Tag begann, erwachte auch ihr irdischer Bruder zu neuem Leben. Gott Tangaloa 'Eitumatupu'a schickte nun alle sechs Söhne auf die Erde, 'Aho'eitu ernannte er zum Tu'i Tonga und somit zum Urahnen aller folgenden Könige Tongas. Die fünf anderen hingegen bestrafte er für ihre Eifersucht. Den Ältesten und mit ihm all seine Nachfahren ernannte er zu Tu'i Pelehake, zu Vizekönigen, die anderen wurden die Urahnen der *falefa,* jener Familien, die dem König persönlich dienen müssen.

Die Erklärungsmodelle der Wissenschaftler klingen nüchterner als der alte Schöpfungsmythos: Danach sind die nördlichen Inseln Tongas vulkanischen Ursprungs, die übrigen sind niedrige Koralleninseln. Archäologischen Ausgrabungen zufolge waren einige der zu Tonga gehörenden Inseln bereits vor mehr als 3000 Jahren besiedelt. Vom westlich gelegenen Fidschi aus waren die Entdecker der Tonga-Inseln mit hochseetüchtigen Ausleger- und Doppelbooten hierher gekommen. Moderne Untersuchungen belegen, daß diese Entdeckungsfahrten systematisch durchgeführt wurden. Außerordentliche navigatorische Fähigkeiten waren notwendig, um diese kleinen und kleinsten Inseln in der Weite des Pazifischen Ozeans entdecken zu können. Zweifellos beherrschten die polynesischen Seefahrer die Orientierung an Sonne und Sternen und konnten die auf die Nähe von Land hinweisenden Zeichen lesen: Meeresströmungen, Farbe des Wassers, Wolkenformationen, die sich über Inseln bilden, Vögel und Fische in Küstennähe und viele andere.

Während der ersten Jahrhunderte n. Chr. entwickelte sich eine hierarchisch strukturierte Gesellschaft. Kleinere Inseln oder Inseldistrikte wurden von Häuptlingen bzw. Adligen *(hou'eiki)* verwaltet, höherrangige Häuptlinge regierten einzelne Inselgruppen des Tonga-Archipels. Die zentrale politische und religiöse Macht des gesamten Inselreiches aber war unter der Regentschaft einer einzigen Person vereint, dem Tu'i Tonga, der seine Abstammung auf Tangaloa 'Eitumatupu'a zurückführte und vom Volk als Halbgott verehrt wurde.

Etwa um 1200 n. Chr. herrschte Tu'i Itatui, der elfte Tu'i Tonga, von seiner Residenz in Mu'a auf Tongatapu aus über

Tonga im Überblick

Lage:	173°–177° westlicher Länge und 15°–23,5° südlicher Breite
Landfläche:	699 km^2
Meeresfläche:	700 000 km^2
Anzahl der Inseln:	170, davon 36 ständig bewohnt
Einwohner:	97 446
Hauptstadt:	Nuku'alofa auf Tongatapu
Bevölkerungsstruktur:	99 % Tonganer, etwa 300 Europäer
Religion:	70 % Protestanten, 15 % Katholiken, 10 % Mormonen
Staatsform:	Konstitutionelle Monarchie. Parlament mit 30 Mitgliedern
Staatsoberhaupt:	König Taufa'ahau Tupou IV.
Wirtschaft:	Landwirtschaft, Kleinindustrie, Tourismus. Hauptexportprodukte sind Fisch, Vanille, Kopra und Kürbisse.

Ein Mekka für Segler: Port Refuge auf Vava'u

ein im pazifischen Raum der damaligen Zeit einmaliges, straff organisiertes Staatsgebilde, das sich bereits auf alle Inseln Tongas und vermutlich auch auf einen Teil Samoas erstreckte. Der Überlieferung nach soll dieser Tu'i Tonga die Errichtung des berühmten Trilithon Ha'amonga'a Maui auf Tongatapu veranlaßt haben, jenes Steinmonuments, das möglicherweise astronomischen Zwecken gedient hatte.

Etwa im 13. Jh. begaben sich tonganische Seefahrer mit ihren über 20 m langen Doppelrumpfbooten *(tongiaki)* auf lange Reisen zu den im Nordosten liegenden Inseln und unterwarfen die dort lebenden Bevölkerungen. Zum Herrschaftsgebiet des zuvor kleinen Königreiches Tonga gehörten zeitweilig auch Teile Fidschis (Lau-Gruppe und die Insel Rotuma im Norden), Samoas, Wallis und Futuna sowie die Tokelau-Inseln.

Eindrucksvolle Zeugnisse dieser ersten, bis gegen Ende des 15. Jh. regierenden Herrscherdynastie sind die bis heute erhaltenen *langi* (Königsgräber) auf Tongatapu.

Doch Palastrevolten und Königsmorde beendeten die zentrale politische und religiöse Machtstellung der Tu'i Tonga, das Reich zerfiel. Drei Dynastien herrschten seither über die verschiedenen Inselgruppen. Allein die religiösen Funktionen blieben im Tu'i Tonga vereint.

Taufa'ahau, ein Tu'i Kanokupolu, wurde im Jahre 1820 Häuptling der Ha'apai-Gruppe. Sein Ziel bestand darin, die aufgeteilten Machtbereiche wieder zu vereinen und die alte Zentralgewalt in seiner Person wiederherzustellen. Mitte des 19. Jh. gelang es ihm, die Inseln der Vava'u-Gruppe, später auch Tongatapu zu erobern. Mit Unterstützung der methodistischen Missionare wurde 1845 Taufa'ahau zum König Siaosi (George) Tupou I. des geeinten, christianisierten Reiches Tonga. Als im Jahre 1865 der amtierende Tu'i Tonga starb, wurden Titel und Amt auf Tupou I. übertragen, Ende des 19. Jh. übernahm er auch noch das Amt des Tu'i Ha'atakalaua. So waren schließlich alle Titel der drei Dynastien in einer Person vereint.

Eine ›Kolonie‹ der Methodisten

Im Jahre 1797 kamen die ersten zehn Missionare der London Missionary Society nach Tonga. Ein ungünstiger Zeitpunkt, denn die Kämpfe zwischen den rivalisierenden Adelsfamilien um die politische Vorherrschaft im Inselreich erreichten gerade ihren Höhepunkt. Äußerst blutig wurden diese Auseinandersetzungen aufgrund der Gewehre und

Kanonen, welche die Tonganer inzwischen von entlaufenen Seeleuten und aus den australischen Strafkolonien geflohenen Häftlingen eingetauscht hatten. Als die mitgebrachten Geschenke der Missionare zur Neige gingen, schwand das anfängliche Wohlwollen der tonganischen Häuptlinge ihnen gegenüber. Drei wurden erschlagen, sechs anderen gelang die Flucht auf einem Schiff – und einer wurde von den Tonganern bekehrt und schloß sich ihnen an.

Auch ein Missionierungsversuch der Methodisten von der Wesleyan Missionary Society im Jahre 1822 scheiterte zunächst. Doch einige Jahre später gelang es den aus Australien kommenden Missionaren, mit Unterstützung tahitianischer Helfer den Häuptling von Ha'apai zu bekehren. Taufa'ahau versprach sich davon die Unterstützung der Missionare bei seinem Plan, alle Inseln Tongas zu vereinen und unter seine Zentralgewalt zu stellen. Seine Taufe führte zu einer Massenbekehrung der Bevölkerung auf den Ha'apai- und wenige Jahre später auf den Vava'u-Inseln. Die Methodisten krönten ihn im Jahre 1845 zum König Siaosi Tupou I., dem alleinigen Herrscher über die fortan christlichen Tonga-Inseln.

Den Missionaren gelang es mit Hilfe des Königs, ihre politischen und religiösen Vorstellungen in der tonganischen Gesellschaft zu verwirklichen. Rechte und Pflichten der drei Gesellschaftsklassen wurden gesetzlich festgelegt. Etwa wurde bestimmt, daß das Volk den Aristokraten keine unbezahlten Arbeiten mehr leisten mußte, die politischen Machtbefugnisse des Adels wurden eingeschränkt, und schrittweise begrenzte Tupou I. auch die Adelsposten auf 33 (von nun an *nopele* nach dem engl. *noble* genannt). 1875 erklärte Tupou I.

Wenn es Sonntag wird in Tonga …

Wenn Sie morgens in Ihrem Hotel in Nuku'alofa aufwachen und die Hauptstadt noch ein wenig verschlafener und stiller wirken sollte als sonst, keine Motorengeräusche der klapprigen Busse oder Taxis an Ihre Ohren dringen, wenn selbst die vielen umherstreunenden Hunde leiser zu bellen scheinen, ja, dann ist es Sonntag in Tonga.

»Der Sabbat ist für immer heilig«, so steht es in der Verfassung. Es ist untersagt, an diesem Tag zu arbeiten, Handel zu treiben, Verträge zu unterzeichnen oder sich sportlich zu betätigen. Kein Flugzeug landet, kein Schiff legt an, die Kinos und die meisten Restaurants sind geschlossen. Kein Wunder, denn an dieser Verfassung hat ein methodistischer Missionar mitgeschrieben.

Weithin hörbar sind am Sonntag nur die Kirchenglocken, die die Gläubigen zum Gottesdienst mahnen, und die mit schönen Stimmen und voller Hingabe gesungenen Choräle. Für kurze Zeit beleben sich die Straßen, wenn die festlich in alte *ta'ovala*-Matten gekleideten Tonganer gemächlich nach Hause gehen. Das Mittagessen wird an diesem Tag im Erdofen *(umu)* zubereitet.

Tonga zu einer konstitutionellen Monarchie, gab dem Land ein Parlament und eine noch heute gültige Verfassung. 1882 führte er die allgemeine Schulpflicht in Tonga ein. Weiterhin verpflichtete er die Adelsfamilien, jedem männlichen Tonganer über 16 Jahre eine festgelegte Parzelle von Nutz- und Bauland *('api)* zu übertragen, eine Garantie, die ebenfalls heute noch gültig ist, aber in der Praxis nicht mehr eingehalten werden kann.

Engster Berater des inzwischen greisen Monarchen und für einige Jahre Premierminister Tongas war Reverend Shirley Baker, Missionar der Wesleyan Missionary Society. Er überredete den König, sich von der methodistischen Mutterkirche loszusprechen und der Gründung der Free Wesleyan Church of Tonga zuzustimmen. Auf Bakers Einfluß gehen auch die mit Frankreich, Deutschland, Großbritannien und später mit den Vereinigten Staaten geschlossenen Freundschaftsverträge zurück, welche die Unabhängigkeit Tongas und die Souveränität des Königs sichern sollten. Die tonganische Bevölkerung allerdings mißbilligte den politischen und kirchlichen Einfluß Bakers, und den britischen Kolonialinteressen war die selbstbewußte Politik des Premierministers hinderlich. Als sich der Konflikt zwischen den Tonganern und dem Missionar zuspitzte und zudem der Finanzhaushalt Tongas unter seiner Regierung ruiniert war, ließ der britische Hochkommissar für den westlichen Pazifik den Reverend nach Fidschi deportieren. Acht Jahre später gestattete man ihm, nach Tonga zurückzukehren. Er starb im Jahre 1903 auf Lifuka, der Hauptinsel der Ha'apai-Gruppe.

König Tupou I. war 1893 gestorben. Sein Großenkel, George Tupou II., König von Tonga, unterzeichnete im Jahre 1900 den Protektionsvertrag mit Großbritannien. Danach kontrollierten die Briten die Finanzen Tongas, den Handel und die Außenpolitik. Als ›Entschädigung‹ bekam Deutschland, das Tonga gern zur deutschen Kolonie erklärt hätte, West-Samoa. Erst 70 Jahre später erhielt der Inselstaat Tonga seine Souveränität zurück.

Tonga war als einziges Land im Pazifik nie Kolonie einer fremden Macht, und die Tonganer sind heute noch sehr stolz darauf. Doch angesichts der engen Verbindung zwischen methodistischer Kirche und tonganischem Staat könnte man von einer methodistischen Kolonie im Pazifik sprechen.

Politik im Königreich

König Taufa'ahau Tupou IV. herrscht wie ein absoluter Monarch über seine knapp 100 000 Untertanen. Gütig und autoritär, nach Art seiner Vorväter, so regiert er seiner Ansicht nach. In der konstitutionellen Erbmonarchie Tongas werden nur neun Parlamentsmitglieder vom Volk gewählt, weitere neun sind für die Adelsfamilien reserviert, die verbleibenden zwölf werden von Seiner Majestät auf Lebenszeit ernannt und bekleiden mehrere Posten gleichzeitig.

Tonga steht in engem Schulterschluß mit den westlichen Staaten. Nur kurz währten Ende der 70er Jahre die Kooperationsgespräche mit der Sowjetunion. Moskau wollte eine Basis für seine Fischereiflotte im Tonga-Archipel aufbauen und bot im Gegenzug u. a. an, die Hafenanlagen in der Hauptstadt zu erweitern und den Tonganern eine ozeanische Forschungsanstalt zu schenken. Doch möglicherweise waren diese Ver-

Der Königspalast in Nuku' alofa

Taufa'ahau Tupou IV. – König und Landesmeister im Stabhochsprung

80 Jahre alt, 190 cm groß, einst als schwerster Monarch der Welt im Guinness-Buch der Rekorde geführt und heute auf runde 260 Pfund Lebendgewicht abgespeckt: das ist König Taufa'ahau Tupou IV., der einzige Monarch des Pazifiks, in Tonga kurz HRH – His Royal Highness – genannt, von seinen Landeskindern geliebt, verehrt, aber auch zunehmend umstritten angesichts seiner beharrlichen Haltung gegen eine Demokratisierung des Landes.

Der König von Tonga in festlichem Ornat bei einem Staatsempfang

Die Residenz Seiner Majestät in der Vuna Road, ein betagter, weißgetünchter, viktorianischer Holzpalast mit Türmchen, Veranden und einem rostrot gestrichenen Wellblechdach, mit Kiefern im Garten und Blick auf das Meer, ist nicht prunkvoll, aber angemessen im kleinen Königreich Tonga. Dafür jedoch läßt sich der König, standesgemäß von Polizisten auf Motorrädern eskortiert, in einem schwarzen Mercedes 600 oder im Chevrolet-Geländewagen durch Nuku'alofas Straßen chauffieren.

HRH liebt den Sport: In jungen Jahren boxte er, spielte Rugby und ein wenig Fußball, noch vor wenigen Jahren ruderte er gegen seine Korpulenz an und fuhr auf Anraten seines Leibarztes Fahrrad. Damals, vor gut 50 Jahren, als er noch ein forscher Student war, erzielte er mit 3 m den tonganischen Landesrekord im Stabhochsprung. Er hält diese Bestmarke noch heute – freilich nur, weil seit damals keine Wettkämpfe in dieser Sportart mehr stattfinden.

Weiterhin interessiert sich Seine Majestät für die Bedeutung des Trilithon, eines Monuments aus Korallengestein, das sich unweit von Niutoua etwa 30 km östlich von Nuku'alofa befindet. Die Einkerbungen, die er bei seinen Untersuchungen fand, weisen seiner Theorie nach daraufhin, daß dieses um 1200 errichtete Bauwerk astronomischen Berechnungen diente.

Sein liebstes Hobby aber ist die preußische Geschichte. Im kleinen Konferenzraum seiner Residenz steht eine überlebensgroße, weiße Büste des deutschen Reichskanzlers Fürst Otto von Bismarck, den er als bedeutendsten Politiker alle Zeiten verehrt.

handlungen nur ein taktisches Manöver des überaus cleveren Königs, denn mitten in die Bedenkzeit, die er sich erbeten hatte, platzten großzügige Hilfsangebote aus Amerika, Australien und Neuseeland. Von der Bundesrepublik kamen in den Folgejahren ein Schiff, das die Frachtverbindungen zwischen dem Königreich mit den Großen der Region, Australien und Neuseeland, vereinfachte, ein Fährschiff für den Binnenverkehr sowie ein Darlehen von einer halben Million Dollar für den Aufbau einer Seefahrtschule.

Am 4. Juli 1988 unterschrieb der König einen Vertrag mit den USA. Das Abkommen gestattet den Amerikanern die Durchfahrt mit nukleargetriebenen und/oder bewaffneten Schiffen durch das Hoheitsgebiet des Inselreiches. Die Gegenleistungen Washingtons bestehen in verstärkten Entwicklungsmaßnahmen und militärischer Unterstützung für die kleinen Streitkräfte Tongas.

Das Königshaus und der tonganische Adel dominieren das politische Geschehen und hüten ihre althergebrachten Privilegien. Doch seit etwa Mitte der 80er Jahre äußern immer mehr Tonganer Kritik am überkommenen Klassensystem, zunächst noch zaghaft, zunehmend allerdings lauter. Viele fordern die Zulassung politischer Parteien, demokratische Wahlen und die Offenlegung der Einnahmen und Ausgaben des Staates. Allen voran agiert der Volksschullehrer und Herausgeber der unabhängigen Monatszeitung Tongas, Akilisa Pohiva.

Noch verschließt sich Seine Majestät hartnäckig den Forderungen nach politischen Reformen. Kommunisten nennt er sie, die sein Königreich destabilisieren wollen. Dabei ist selbst die schärfste Kritik der Oppositionellen nicht gegen den König oder die Monarchie an sich gerichtet, die Popularität Seiner Majestät bei seinen Untertanen ist ungebrochen.

Wirtschaften auf kleinen Inseln

Die Verfassung von 1882 garantiert jedem männlichen Tonganer im Alter von 16 Jahren sein 'api, das sind etwa 3,2 ha Land und knapp 0,2 ha innerhalb des Dorfes zum Wohnen. Das Ackerland soll er zur Selbstversorgung nutzen, mit 200 Kokosschößlingen, mit Taro, Süßkartoffeln, Yams und Bananen bepflanzen. Doch dieses Recht kann heutzutage aufgrund des starken Bevölkerungsanstieges nicht mehr eingelöst werden. Nur noch jeder Dritte bekommt sein 'api von der Regierung oder einem nopele (Adligen) zugewiesen.

Landknappheit ist jedoch nicht das einzige wirtschaftliche Problem des Mini-Staates im Pazifik, dessen Landfläche erheblich kleiner ist als beispielsweise die der Städte Berlin oder Hamburg. Tonga besitzt weder Bodenschätze noch eine nennenswerte Industrie, die Arbeitsplätze in ausreichender Zahl zur Verfügung stellen könnte. Zwar hat der Fremdenverkehr in den letzten Jahren an Bedeutung gewonnen, doch ist das Land weit davon entfernt, sich zu einer Hochburg des Tourismus zu entwickeln. Was bleibt den jungen Tonganern da anderes übrig, als im Ausland zu arbeiten? Niemand kennt die genaue Zahl derer, die in den letzten Jahren nach Australien, Neuseeland oder Hawai'i ausgewandert sind. Fest steht dagegen, daß die Exil-Tonganer mit Geldüberweisungen an ihre ›lieben, armen Verwandten‹ daheim mittlerweile mehr als ein Fünftel des Nationaleinkommens beitragen. Es ist allerdings fraglich, wie lange diese Devisenquelle noch sprudeln wird. Zeit-

weilige Einwanderungsstops beispielsweise in Neuseeland führen dazu, daß
immer weniger Tonganer im Ausland
auf Arbeitssuche gehen können.

Angesichts der chronisch defizitären
Handelsbilanzen sieht sich die Regierung Tongas gezwungen, unablässig
nach neuen Einnahmemöglichkeiten
Ausschau zu halten. Besonders tut sich
darin der König hervor. Die Suche nach
Ölvorkommen vor der Küste Tongas
geht auf seinen Wunsch hin trotz der
seit Jahren erfolglos durchgeführten
Bohrungen weiter. Der König plante
auch den Import von 20 Mio. ausran-
gierter amerikanischer Autoreifen, um
mit ihrer Verbrennung Strom zu erzeu-
gen. Doch die Proteste der Bevölkerung
nehmen zu. Auch Tonganern ist längst
bekannt, daß beim Verbrennen der Reifen Dioxine, PCBs und andere giftige
Stoffe freigesetzt werden. Der geschäfts-
tüchtige König inszenierte auch einen
schwungvollen Handel mit Pässen. Vor-

für die Entsorgung der Autoreifen entlohnen lassen wollte.

Daten zur Geschichte

um 1300 v. Chr. Vermutlich erste Besiedlung Tongatapus durch Polynesier.
ca. 950 n. Chr. Der erste Tu'i Tonga regiert.
ca. 1200 Die Gegend um Mu'a und Lapaha auf Tongatapu wird königliche Residenz. Tu'i Itatui läßt das Ha'amonga errichten.
ca. 1470 Der 24. Tu'i Tonga überträgt seinem Sohn Verwaltungsaufgaben und gründet somit die Dynastie der Tu'i Ha'a-takalaua.
ca. 1610 Die Dynastie der Tu'i Kanokupolu wird gegründet.
1616 Schouten und Le Maire entdecken die Inseln Niuatoputapu und Tafahi.
1643 Tasman sichtet die Inseln Tongatapu, 'Eua und 'Ata.
1773–1777 Cook erforscht während seiner Pazifikreisen die Inseln Tongas.
1781 Mourelle entdeckt Vava'u.
1789 Vor Tofua bricht die berühmte Meuterei auf der Bounty aus.
1797 Die ersten zehn Missionare der London Missionary Society kommen nach Tonga.
1799–1826 Bürgerkrieg der drei rivalisierenden Dynastien um die Vorherschaft. Taufa'ahau setzt sich durch.
1822 Die zweite Missionierungswelle beginnt mit der Wesleyan Missionary Society.
1834 Der oberste Häuptling der Ha'apai-Gruppe, Taufa'ahau, der spätere König George Tupou I., läßt sich zum Christentum bekehren.

nehmlich Chinesen aus Hongkong erkauften sich vor der Rückgabe der Kronkolonie an China für viele Tausend US-$ die tonganische Staatsbürgerschaft. Der königliche Lack scheint angekratzt zu sein, seit Akilisi Pohiva, einer der neun vom Volk gewählten Abgeordneten, beharrlich nach dem Verbleib des Verkaufserlöses der Pässe in Millionenhöhe fragte und bekannt wurde, daß sich Prinzessin Salote Pilolevu Tuita persönlich von der amerikanischen Firma

1845 Taufa'ahau dehnt seine Herrschaft auf die Vava'u-Gruppe aus.
1852 Taufa'ahau wird Herrscher über alle Inseln Tongas.
1858 Freundschaftsvertrag mit Frankreich.
1860 Shirley Baker, ein methodistischer Missionar, wird Berater des Königs.
1875 Tonga wird eine konstitutionelle Monarchie.
1876 Freundschaftsvertrag mit Deutschland.
1879 Shirley Baker wird Premier- und Außenminister. Freundschaftsvertrag mit Großbritannien.
1885 König Tupou I. gründet unter Einfluß Bakers die Free Wesleyan Church.
1888 Freundschaftsvertrag mit den USA.
1893 König George Tupou I. stirbt. Nachfolger wird sein Enkel.
1899 Protektionsvertrag mit Großbritannien.

1918 Salote Tupou III. wird Königin.
1960 Die tonganischen Frauen erhalten das Wahlrecht.
1965 Königin Salote stirbt, die Nachfolge tritt Taufa'ahau Tupou IV. an.
1970 Tonga wird ein souveräner Staat und Mitglied des Commonwealth of Nations.
1986 Gründung der bisher einzigen unabhängigen Zeitung Tongas.
1992 Das oppositionelle Pro-Democracy Movement wird ins Leben gerufen.
1994 Gründung der ersten politischen Partei, der People's Party.
1996 Bei den Parlamentswahlen gewinnt die People's Party sechs der neun vom Volk gewählten Sitze.
1999 Tonga wird am 14. September als 188. Mitglied in die UNO aufgenommen. Bei den Parlamentswahlen gewinnt das Human Rights and Democracy Movement fünf Sitze, während die People's Party ihre sechs Sitze verliert.

Unterwegs in Tonga

Tonga, das bisweilen etwas verschlafen wirkende Königreich im Südpazifik, eignet sich bestens für einen erholsamen Urlaub. Empfehlenswert ist wegen ihrer schönen Strände der Aufenthalt auf einer der vorgelagerten Inseln Tongatapus, z. B. auf Fafa, um von hier aus die Sehenswürdigkeiten der Hauptinsel zu erkunden. Einen mehrtägigen Ausflug auf die Vava'u-Gruppe, der schönsten des Tonga-Archipels, oder, für diejenigen, die es noch geruhsamer mögen, zu den Koralleninseln der Ha'apai-Gruppe, sollte man nicht versäumen.

Die Tongatapu-Gruppe

Zu dieser im Süden des Königreiches liegenden Inselgruppe gehören Tongatapu, 'Eua sowie etwa 20 kleine, zum Teil unbewohnte Koralleneilande *(motu)* im Norden und Nordwesten.

Tongatapu

Landfäche: 257 km^2, Einwohner: ca. 65 000, Insel- und Landeshauptstadt: Nuku'alofa (S. 274 f.).

Tongatapu ist eine flache, von einem Riffgürtel umgebene Koralleninsel. Ausgedehnte Kokosplantagen, Taro-, Yams-, Süßkartoffel-, Bananen-, Melonen- und Ananaspflanzungen bedecken das Land. Auf der Hauptinsel Tongas leben heute mehr als zwei Drittel der Gesamtbevölkerung und davon fast die Hälfte in der Hauptstadt Nuku'alofa. Als erster südpazifischer Staat hat Tonga im Jahre 1977 fünf Regionen, den Ha'atafu-Strand und vier Rifformationen in der nahen Umgebung Tongatapus, zu Naturschutzgebieten erklärt, in denen es unter Geldstrafe u. a. verboten ist, Fische zu fangen, lebende Muscheln zu sammeln oder Korallen abzubrechen.

Nuku'alofa

Koloniale Holzhäuser neben Betonbauten, ein paar Geschäfte, Kirchen, die Königsgräber und den königlichen Palast – viel mehr hat der ›Ort der Liebe‹, wie die Hauptstadt Nuku'alofa an der Nordküste ins Deutsche übersetzt heißt, nicht zu bieten. Auch ohne den beim Tonga Visitors Bureau **9** erhältlichen Stadtplan fällt es schwer, sich hier zu verlaufen.

Der von hohen Norfolk-Kiefern umgebene **Königspalast 1** (Abb. S. 63) ist das ›Wahrzeichen‹ Nuku'alofas. Im viktorianischen Stil wurde er im Jahre 1867 aus in Neuseeland vorgefertigten Holzteilen errichtet. Das von einem Zaun

Nuku'alofa *1 Königspalast   2 Bank   3 Post   4 Frauenkooperative (Langa Fonua)*
5 Basilika des Heiligen Antonius von Padua   6 Königsgräber   7 Treasury   8 Markt und
Busbahnhof   9 Tonga Visitors Bureau   10 Tongan National Centre

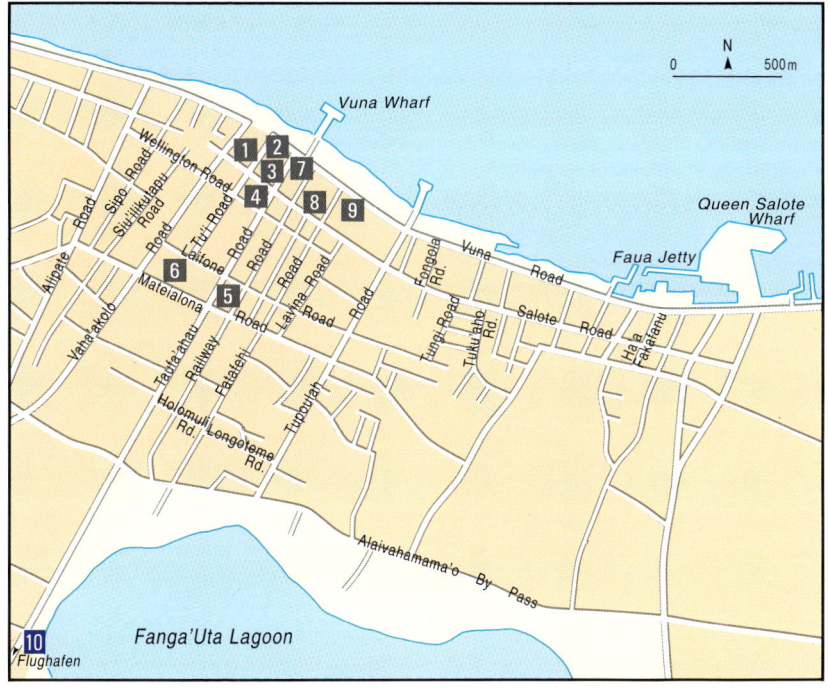

Kirchenchor

umgebene königliche Anwesen ist für die Öffentlichkeit nicht zugänglich.

Auf dem öffentlichen Versammlungsplatz *(mala'e pangai)* östlich des Palastes finden Paraden statt, außerdem dient er als Spielfeld für Fußball, Rugby und Cricket. In einem Holzhaus im Kolonialstil werden die handwerklichen Erzeugnisse der von Königin Salote im Jahre 1953 gegründeten **Frauenkooperative** *(langa fonua)* **4** verkauft. Weiter in südlicher Richtung gelangt man zu der im Jahre 1980 geweihten katholischen **Basilika des Heiligen Antonius von Padua** **5** (Taufa'ahau/Laifone Road). Neben der Kirche beherbergt der Bau eine öffentliche Bibliothek und ein japanisches Restaurant. An der Laifone Road erstreckt sich das Areal, auf dem seit 1893 die Mitglieder der königlichen Familie begraben werden **6**.

Zu den sehenswerten Gebäuden in der Taufa'ahau Road zählen das Treasury Building **7** aus dem Jahre 1928 an der Ecke Vuna Road und das benachbarte Prime Minister's Office.

Unweit des im Jahre 1894 erbauten Parlaments in der Railway Road werden auf dem Talamahu-Markt **8** an der Salote Road frisches Obst und Gemüse angeboten. Davor befindet sich der Busbahnhof. Die Stadtbusse für Nuku'alofa starten in der Vuna Road. Nicht weit davon entfernt liegt das 1983 eröffnete **Tonga Visitors Bureau** **9**, ein Gebäude im traditionellen tonganischen Baustil mit einem Dach aus Palmstämmen und ›Wänden‹ aus Rindenbast-Matten. Am kleinen Hafen (Faua Jetty) legen die Fähren zu den vorgelagerten Inselresorts ab. Die im Jahre 1965 mit bundesdeutscher Unterstützung errichtete Queen Salote Wharf ist Anlegestelle für große Schiffe der Forum Line sowie für die Olovaha, die die drei Inselgruppen Tongas miteinander verbindet. Diese

Fähre wurde im Jahre 1981 mit Unterstützung bundesdeutscher Entwicklungsgelder in Bremen gebaut.

Ein Besuch des im Jahre 1988 eröffneten **Tongan National Centre** 10 informiert anschaulich über die Geschichte und das traditionelle Handwerk Tongas. Es befindet sich etwa 4 km vom Zentrum entfernt am südlichen Stadtrand. Die Dauerausstellung wird durch tägliche Musik- und Tanzdarbietungen sowie Vorführungen traditionellen Handwerks, tonganischer Kochkünste und einer Kava-Zeremonie ergänzt.

Inselrundfahrt

Mehrere Veranstalter bieten Fahrten zu den verschiedenen Sehenswürdigkeiten der Insel an, entweder als Halbtagesausflüge für den Ost- bzw. Westteil Tongatapus oder aber als ganztägige Touren, die die gesamte Insel einschließen. Unsere Tour führt im Uhrzeigersinn nach Osten, dann entlang der Südküste in den westlichen Teil Tongatapus.

Die in unmittelbarer Nähe der Hauptstadt liegende **Fanga-Uta-Lagune** ist aufgrund der eingeleiteten Abwässer mittlerweile ein totes Gewässer. Nahe des Dorfes **Pea** am Südwestrand der Lagune sieht man an der Straße das Anwesen der Prinzessin Pilolevu.

Zwischen den Orten **Malapo** und **Mu'a** 1 erinnert eine kleine Gedenktafel an die erste Landung Kapitän Cooks in Tonga im Jahre 1777. Den Quellen zufolge machte er unter einem großen Bayan-Baum Rast. Anstelle dieses legendären Ficus ist zwar längst ein anderer gepflanzt worden, doch auf den Kar-

Tongatapu

Das Trilithon Ha'amonga a Maui

ten findet sich weiterhin der Hinweis auf ›Capt. Cook's Tree‹. In **Mu'a** und unmittelbarer Umgebung befinden sich 28 zum Teil rechteckige, aus Korallengestein terrassenförmig angelegte Gräber *(langi)* ❷ verstorbener Könige, die bis heute nicht erforscht werden dürfen. Sie sind die Überreste der etwa im 12. Jh. hierher verlegten Herrscherresidenz. In den folgenden rund 600 Jahren entwikkelte sich die Gegend um Mu'a und Lapaha zum bedeutendsten Regierungs- und Kulturzentrum Tongas, bis vor über einem Jahrhundert der Regierungssitz nach Nuku'alofa verlegt wurde.

Etwa 32 km von Nuku'alofa entfernt, in unmittelbarer Nähe von Niutoua, ragt an der nordöstlichsten Spitze Tongatapus das berühmte **Trilithon** ❸ auf. Der Legende nach soll der polynesische Halbgott Maui dieses Steinmonument auf seinen Schultern von der Insel Wallis nach Tonga getragen haben. So erklärt sich auch der Name des Tores aus drei massiven, zusammen über 100 t

schweren, quaderförmigen Korallenblöcken: Ha'amonga'a Maui, zu deutsch ›Die Last des Maui‹. Eine andere Überlieferung besagt, daß Tu'itatui, der um 1200 regierende elfte Tu'i Tonga, das Monument als Mahnung für seine Söhne erbauen ließ. Andere Quellen lassen im Trilithon den Eingang eines Königssitzes vermuten, von dessen Anlage selbst jedoch nichts erhalten geblieben ist. Nach der Theorie des amtierenden Königs Taufa'ahau IV. diente das Monument astronomischen Berechnungen. Er fand eine Einkerbung im Gestein, die am 21. Juni, dem kürzesten Tag des Jahres auf der südlichen Halbkugel, genau in die Richtung der aufgehenden Sonne weist. Bemerkenswert sind in diesem Zusammenhang auch die drei vom Trilithon zur Küste führenden Pfade: Über dem einen Pfad geht die Sonne zur Zeit der Tagundnachtgleiche auf, über den anderen beiden am kürzesten bzw. längsten Tag des Jahres.

An der Ostküste der Insel, nahe des Ortes **Haveluliku,** öffnet sich eine Tropfsteinhöhle **4**, deren Ausmaß unbekannt ist. Die Führung durch einen Ortskundigen mit Taschenlampe wird empfohlen. Eine ganze Reihe schöner Strände erstreckt sich hier entlang der Ost-, Süd- und Westküste.

Hufangalupe 5, die natürliche Brücke aus Korallengestein an der Südküste Tongatapus, heißt ins Deutsche übersetzt ›Tor der Taube‹. Unterhalb der steilen Klippen öffnet sich eine Bucht mit herrlichem Sandstrand.

An der Liku Road südlich von Veitongo liegt das 1989 als Brehm Fund South Pacific Exhibition gegründete **Tongan Wildlife Centre 6** mit Vogelpark und Botanischem Garten. Einen Streifzug durch dieses kleine Naturparadies kann man mit einem Abstecher zum nahegelegenen Keleti Beach verbinden.

An der in Terrassen abfallenden Felsküste bei **Houma,** etwa 15 km westlich der Hauptstadt, schießt die Gischt durch Hunderte von Gesteinsöffnungen bis zu 20 m fontänenartig in die Höhe. Besonders bei Flut wird deutlich, warum die *Blowholes* **7** in Tonga *Mapu'a a Vaca* (›Pfeife des Königs‹) genannt werden: Bei dem hohen Druck, mit dem das Wasser durch die ›Blaslöcher‹ gepreßt wird, entsteht ein lauter Ton, der sich an stürmischen Tagen zu ohrenbetäubendem Lärm steigern kann.

Berühmt ist die Fledermauskolonie in **Kolovai 8** im Westen Tongatapus. Hunderte von Flughunden hängen bei Tage mit den Köpfen nach unten in den Kasuarinenbäumen entlang der Straße. Bis heute sind diese Tiere in Tonga heilig und dürfen nur von Mitgliedern der königlichen Familie gejagt werden. Der Legende nach stirbt eines ihrer Mitglieder, wenn ein Albino-Flughund geboren wird.

In der Nähe von **Ha'atafu 9**, einem kleinen Dorf am Nordwestzipfel der Insel, ist ein Strand zusammen mit dem vorgelagerten Riff als Naturschutzgebiet ausgewiesen. Direkt über dem Meer, mit Blick auf die Nordküste, erinnert ein Denkmal an die ersten christlichen Missionare Tongas, die 1797 an dieser Stelle landeten.

'Eua

Landfläche: 87 km², Einwohner: ca. 4400, Hauptort: 'Ohonua (S. 273 f.)

Die etwa 40 km südöstlich von Tongatapu gelegene hügelige Insel besitzt eine reizvolle Savannenlandschaft und dichten Regenwald. Auf Wanderungen kann man die vielfältige Vogelwelt beobachten, u. a. Eisvögel, Honigfresser und eine Papageienart, die in Tonga nur auf 'Eua vorkommt: der Red Shining Parrot oder Koki, wie er in der Landessprache heißt. Mit einem Artenschutzprogramm versucht das Tongan Wildlife Centre, diesen prächtigen, bedrohten Vogel vor dem Aussterben zu bewahren. Das Pferd oder gelegentlich ein Pick-up oder Mini-Bus sind die üblichen Verkehrsmittel auf der Insel. Ansonsten heißt es – auch für Touristen – zu Fuß gehen.

Der Hafen von 'Eua (Nafanua Harbour) befindet sich im nordöstlichen Teil der Insel in **'Ohonua,** mit rund 1300 Einwohnern der größte Ort der Insel. Der Strand in unmittelbarer Nähe der Hafenanlage ist ideal für Schwimmer und Schnorchler, während das Baden in der etwa 2 km nördlich gelegenen Bucht ('Ufilei Beach) aufgrund der Strömungsverhältnisse äußerst gefährlich ist. Ein weiterer guter Badestrand (Tufuvai Beach) erstreckt sich südlich der Schiffsanlegestelle.

Tapa – Stoff aus Baumrinde

Das westpolynesische Wort *tapa* bezeichnet einen Rindenbaststoff, der aus der Innenrinde bestimmter Bäume, in Tonga überwiegend des Papiermaulbeerbaumes, hergestellt wird. Nach dem Ablösen der Rinde wird die Bastschicht zunächst in der Sonne getrocknet, gelagert, stundenlang gewässert und schließlich mit Schlegeln aus Eisenholz zu hauchdünnen Bahnen geklopft. Danach werden die Bahnen zu mehreren Schichten übereinandergelegt und die Fasern durch weiteres Klopfen zusammengefügt. Mit Matrizen oder Stempeln werden die weißlichen Bahnen mit braunen und gelb-braunen Farben bedruckt oder bemalt. Die Herstellung und Bearbeitung von Rindenbaststoffen gehört ausschließlich zum Aufgabenbereich der Frauen.

Tapa wurde traditionell vor allem zur Bekleidung verwendet, aber auch als Schlafunterlage und zum Abteilen von Räumen. Noch heute wird *tapa* als Zeremonialgeschenk zu bestimmten Anlässen wie Geburt, Hochzeit oder Todesfall überreicht, um soziale Beziehungen aufzubauen oder bereits bestehende zu festigen.

Tonganerinnen tragen zu besonderen Anlässen geflochtene Matten (hier über schwarzen Kleidern zum Zeichen der Trauer)

Bei Ano Kula östlich von **Houma** fallen etwa 120 m hohe Klippen senkrecht ins Meer ab. An diesem schönen Aussichtspunkt ließ sich der König im Jahre 1983 ein Haus erbauen. Nördlich führt ein Weg zur Kahana-Quelle, die Houma mit dem besten Trinkwasser Tongas versorgt.

Von **Futu** aus gelangt man auf einem schmalen Pfad in östlicher Richtung zum Hafu Pool, einem Süßwasserbecken, das von einem Bach gespeist wird.

Zurück auf der Straße, die etwa 10 km in südlicher Richtung bis zum Ha'aluma-Sandstrand führt, erreicht man über einen kleinen, hinter der Mormonenkirche bei Ha'atu'a ins Landesinnere abzweigenden Feldweg eine Vertiefung. Der Legende nach soll der Halbgott Maui, aus Wut über seine Mutter, an dieser Stelle einen Stock in die Insel gebohrt haben.

Vom westlichen Ende des Ha'aluma Beach an gibt es entlang der Südküste Blowholes, die jedoch nicht so spektakulär sind wie jene bei Houma auf Tongatapu. Bevor die Straße am Ende hinunter zum Strand führt, zweigt ein Weg zum Südostzipfel der Insel. Nach etwa einer Stunde Fußmarsch gelangt man zur **Lakufa'anga Cliff,** eine wilde, meerumspülte Felsenlandschaft. Nordöstlich der Klippe öffnet sich eine große, natürliche Steinbrücke (Li'angahuo'a Maui). Die Mythologie berichtet, daß der Halbgott Maui, nachdem er zornig seinen Stock in die Insel gebohrt hatte, diesen wieder herauszog, um ihn anschließend quer über 'Eua zu schleudern. Maui muß immer noch sehr wütend gewesen sein, denn sein Wurf war so kraftvoll, daß der Stock die Klippen durchbohrte und dann ins Meer hinabfiel. So entstanden, der Legende nach, die Steinbrücke (das Loch in der Klippe) und der über 10 000 m tiefe Tonga-Graben.

Die Ha'apai-Gruppe

Die 36 meist unbewohnten Inseln, zahllosen Korallenriffe und Sandbänke der Gruppe (S. 274) liegen im Zentrum des Tonga-Archipels etwa 160 km nördlich der Hauptstadt Nuku'alofa. Wer bereits auf Tongatapu meinte, daß die Zeit dort langsamer als anderswo vergeht, wird sich nach wenigen Stunden auf einer der Ha'apai-Inseln des Eindrucks nicht erwehren können, daß die Uhrzeiger hier vollends zum Stillstand gekommen sind. Rückblickend mag jetzt die Hauptinsel sogar als ›Nabel der Welt‹ erscheinen und Nuku'alofa als eine Metropole. Allenfalls noch Lifuka mit dem Hauptort Pangai ist auf Touristen eingestellt. Ansonsten bietet die Ha'apai-Gruppe Ruhe und Erholung pur auf traumhaft schönen Inseln und Inselchen mit weißen bis goldbraunen Sandstränden und ist ein wahres Paradies für Muschelsammler.

Zweimal fanden die Inseln Eingang in die Geschichtsbücher: Kapitän James Cook kam auf seiner zweiten Pazifikreise im Oktober 1773 hierher. Äußerst beeindruckt von der Gastfreundschaft der Bewohner nannte er die Inselgruppe ›Freundliche Inseln‹, ein Begriff, der noch heute für den gesamten Tonga-Archipel angewendet wird. Am 28. April 1789 wurde Kapitän William Bligh mit 18 weiteren Mannschaftsmitgliedern von Fletcher Christian nach der berühmten Meuterei auf der Bounty vor Tofua, einer zur Ha'apai-Gruppe gehörenden Insel, in einem Ruderboot ausgesetzt.

Lifuka, die 11,4 km² große Hauptinsel der Ha'apai-Gruppe mit ihren von ca. 2800 Menschen bewohnten vier Dörfern bietet vor allem Kokospalmenhaine und einsame Sandstrände an der Westküste. Pangai, in dem fast die Hälfte der Inselbevölkerung wohnt, ist das Verwaltungszentrum der Ha'apai-Gruppe. Hier

Anläßlich einer Familienfeier werden zahlreiche Schweine geschlachtet

findet man einen kleinen Markt, einige Geschäfte, eine Post und sogar eine Bank sowie Unterkünfte für Touristen. Südlich des Hafens liegen die Residenz des Königs von Tonga sowie das Haus des Gouverneurs der Ha'apai-Gruppe. In Hihifo wurde der spätere König George Tupou I. geboren.

Die Straße führt weiter zum südwestlichsten Punkt Lifukas. Die von hier aus sichtbare unbewohnte Insel Uoleva ist bei Ebbe zu Fuß erreichbar.

Auf dem Friedhof im Norden Pangais liegt der 1903 verstorbene Reverend Shirley Baker begraben, Missionar und einflußreicher Berater des Königs George Tupou I.

Ein Damm führt von der nördlichsten Spitze Lifukas zur rund 13 km² großen Nachbarinsel **Foa** hinüber. Die Straße endet am nordöstlichsten Punkt der Insel. Man erblickt das kleine Eiland **Nukunamo,** das zum Privatbesitz der königlichen Familie gehört.

Mit einem Boot gelangt man von Pangai auf Lifuka auf die südwestlich gelegene Insel **'Uiha.** Unweit des gleichnamigen Ortes befinden sich Grabstätten von Ahnen der königlichen Familie und weiterer hoher Häuptlinge.

Auf **Tofua,** der mit 56 km² größten Insel der Ha'apai-Gruppe, erhebt sich der etwa 500 m hohe, noch tätige Vulkan Lofia. Der rund 1000 m hohe Vulkan auf der kleineren Nachbarinsel **Kao** ist dagegen bereits erloschen. Ein bemerkenswertes Naturphänomen ist die westlich von Nomuka gelegene Insel **Fonuafo'ou,** die ihren Namen nicht zu unrecht erhalten hat: ›Neues Land‹. Infolge unterseeischer Eruptionen hebt sich diese Insel für wenige Jahre etwa 100 m hoch, um anschließend wieder unter der Wasseroberfläche zu verschwinden. Fünfmal, so wurde beobachtet, tauchte sie in den letzten 120 Jahren auf (vielleicht nur, um nachzuschauen, ob sich irgend etwas in dieser Region ereignet hat).

Die Vava'u-Gruppe

Schon der Anflug auf diese zweifellos schönste Inselgruppe Tongas (S. 276 f.) ist ein unvergeßliches Erlebnis. Zur 275 km nördlich von Nuku'alofa liegenden Vava'u-Gruppe gehören 13 bewohnte und 21 unbewohnte kleine, dicht bewaldete Inseln, die zusammen eine Landfläche von 120 km² ausmachen.

Ausgedehnte Kokosnuß- und Vanilleplantagen bedecken die Hügel der 90 km² großen Hauptinsel **Vava'u** mit ca. 11 500 Einwohnern. Im Norden fällt die Küste steil ins Meer ab. Der Hauptort Neiafu ist mit seinen etwa 5000 Einwohnern die zweitgrößte Ansiedlung Tongas. Ein 11 km langer, fjordähnlicher Kanal mündet in einen blaugrün schim-

mernden, zu den schönsten des Pazifiks zählenden Naturhafen. Puerto del Refugio (Port of Refuge) taufte ihn im Jahre 1781 der spanische Kapitän Francisco Antonio Mourelle, der zufällig die Vava'u-Inselgruppe sichtete. Heute ist der Hafen ein Mekka für Segler. Im Zentrum des idyllisch gelegenen Hauptortes mit seinen vielen kolonialen Holzbauten befinden sich die Provinzverwaltung, Geschäfte, Restaurants, ein Markt, die Post, eine Bank und das Fremdenverkehrsamt. Auf dem Friedhof an der Naufahu/Pouono Road liegen eine Tochter des 35. Tu'i Tongas und der methodistische Missionar Francis Wilson begraben. Wilson kam im Jahre 1840 nach Tonga und gründete die erste Schule des Landes.

Die Vava'u-Gruppe

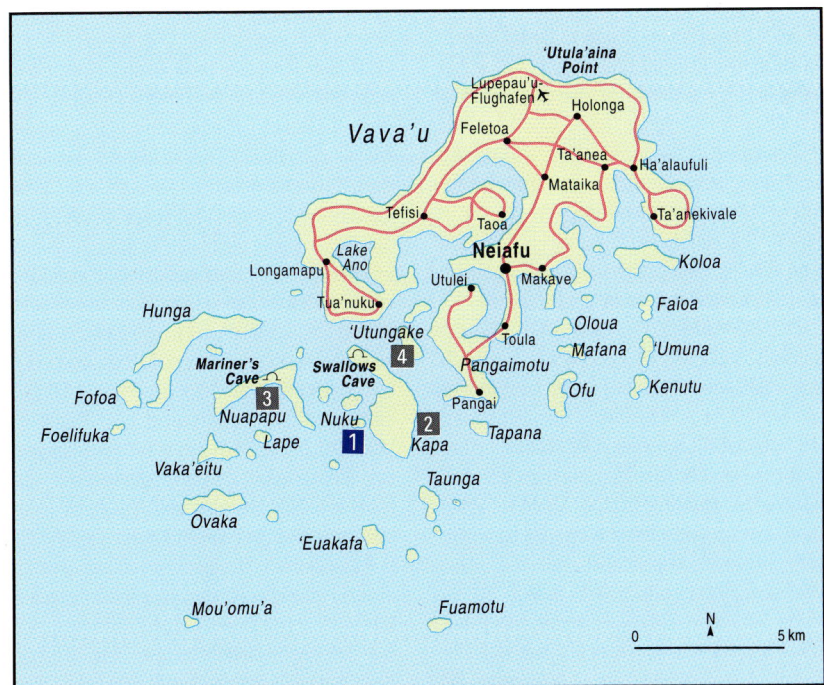

Von der königlichen Residenz an der Tapuelue Road führt die Straße weiter zur Kapelle des Heiligen Peter Chanel, eines französischen Missionars, der sich 1837 aufr Vava'u aufhielt und später auf der Insel Futuna ermordet wurde.

Der schönste Blick auf Neiafus romantisch gelegenen Hafen und die vorgelagerten Inseln bietet sich bei einer Wanderung auf den 131 m hohen Mt. Talau (Mo'unga). Von hier aus sieht man auch die fast 9 km² große Insel **Pangaimotu,** die mit Vava'u durch eine Brücke verbunden ist.

In unmittelbarer Nähe der Ortschaft Toula, etwa 2 km südlich Neiafus, lädt ein Süßwasserteich in einer großen Höhle zum Baden ein. Herrlich ist der Ausblick auf die klippenreiche und stark zerklüftete Küstenlandschaft im Norden Vava'us vom ca. 100 m hohen 'Utula'aina Point, der über die Straße in Richtung Holonga zu erreichen ist.

Der Panoramic Coastal Drive bietet zahlreiche Aussichtspunkte und führt vom Norden weiter entlang der Westküste über Longamapu, Lake Ano und das angrenzende Sumpfgebiet, Tua'nuku und Tefisi nach Feletoa. Hier, im ehemaligen Machtzentrum der Insel, liegt Finau 'Ulukalala II. begraben. Keitahi und Ene'io Beach zählen zu den schönsten Stränden auf Vava'u.

Die Schönheit der Vava'u-Gruppe erschließt sich auf Bootsausflügen durch die Insellandschaft mit ihren zahllosen, weißsandigen Stränden, romantischen Buchten und Lagunen. Die kleine, unbewohnte Insel **Nuku** 1 gehört zu den beliebtesten Ausflugszielen Vava'us. Auf der 6 km² großen Insel **Kapa** 2 befindet sich im nordwestlichen Teil die vom Wasser aus zugängliche, etwa 30 m hohe Swallows Cave (Schwalbenhöhle). Der Zugang zur Mariner's Cave auf der knapp 3 km² großen Insel **Nuapapu** 3

liegt bei Ebbe 1 m unterhalb der Wasseroberfläche. Um in die 15 m hohe Höhle zu gelangen, muß man etwa 4 m weit tauchen. Der Legende nach hielt hier ein junger Tonganer seine Braut vor dem König versteckt. Benannt wurde die Höhle nach dem Briten William Mariner, der als 15jähriger an Bord der Port-au-Prince nach Tonga kam. Vier Jahre dauerte sein Aufenthalt, zunächst als Gefangener, später als adoptierter Sohn des damaligen Häuptlings von Ha'apai, Finau 'Ulukalala II. Nach England zurückgekehrt, veröffentlichte er im Jahre 1816 einen Bericht über seine Erlebnisse.

Auf der weniger als 1 km² großen Insel **'Utungake** 4, die mit der Insel Pangaimotu durch eine Straße verbunden ist, liegt das Tongan Beach Resort an einem herrlichen Sandstrand.

Die Niuas

Weit im Norden des Tonga-Archipels, über 500 km von Togatapu entfernt, liegen drei Inseln vulkanischen Ursprungs, die als die Niuas (S. 274) bezeichnet werden. **Niuatoputapu** (18 km², ca. 1300 Einwohner) wurde mit ihrer Nachbarinsel Tafahi als erste Insel Tongas im Jahre 1616 von den niederländischen Seefahrern Willem Cornelisz Schouten und Jacob Le Maire entdeckt. Im Landesinneren des kleinen Eilands erhebt sich ein bis zu 150 m hoher Bergkamm. In Hihifo existieren ein Laden und ein Postamt. Vom Ort öffnet sich ein schöner Blick auf das kleine Inselchen **Hunganga** mit seinem weißen Sandstrand, zu dem man bei Ebbe hinüberwaten kann.

Falehau im Norden der Insel besitzt einen Hafen, von dem Boote zur etwa 9 km entfernten Insel **Tafahi** ablegen. Auf diesem sehr fruchtbaren, kegelförmigen, nur 3,5 km² großen Fleckchen Land

Strand auf den Ha'apai-Inseln

leben weniger als 300 Menschen in einem einzigen Dorf. Tafahi ist bekannt für die besonders gute Qualität der hier angebauten Kawa und Vanille.

Niuafo'ou (35 km²; ca. 750 Einwohner) die nördlichste und zugleich abgelegenste Insel des Tonga-Archipels, liegt 640 km von Tongatapu entfernt. Niuafo'ou ist ein zusammengefallener, etwa 210 m hoher Vulkankegel. Im Zentrum befindet sich der nahezu 5 km breite und etwa 80 m tiefe Kratersee Vai Lahi. Vulkanausbrüche zerstörten Mitte des letzten und in den 20er Jahren des 20. Jh. die Dörfer im Süden und Westen der Insel. Im Jahre 1946 wurde auch der an der Nordküste gelegene Verwaltungssitz Angaha unter gewaltigen Lavamassen verschüttet, woraufhin die 1300 Bewohner Niuafo'ous auf die Insel 'Eua evakuiert wurden. Zwölf Jahre später kehrten die ersten 200 jedoch wieder auf ihre Heimatinsel zurück, weitere folgten in den nächsten Jahren. In der Nähe des neugebauten Flugplatzes im Norden sind heute noch Lavafelder der Eruption von 1946 zu sehen. Die Insel erhielt ihren zweiten Namen ›Tin Can Island‹ wegen der bis zum Jahre 1937 üblichen Postzustellung. Vorbeifahrende Frachter warfen Benzinfässer oder große Keksdosen über Bord, die von Schwimmern in Empfang genommen wurden. Bei schlechtem Wetter wurden diese ›Wurfsendungen‹ mit einer Kanone über die gefährliche Brandung hinweggeschossen. Eine im Jahre 1987 herausgegebene Briefmarke erinnert an diese ungewöhnliche Art der Postauslieferung. Eine weitere Besonderheit Niuafo'ous sind die hier lebenden Brutvögel *(Megapodius pritchardis)*, die ihre Eier 2 m tief in den Sand nahe des Kratersees eingraben. Das heiße, dicht an die Erdoberfläche reichende Magma sorgt für das Ausbrüten der Eier. Die Küken schlüpfen bereits im vollen Federkleid.

Die Südküste von 'Upolu ▷

Samoa und Ameri- kanisch- Samoa

Inseln zwischen Tradition und Fortschritt

Die ehemalige deutsche Kolonie West-Samoa

Schon beim Anflug auf den Flughafen Faleolo sieht man: Nirgendwo sonst im Südpazifik stehen die Kokospalmen so akkurat in Reih und Glied wie auf 'Upolu. Bei einem Bummel durch Samoas Hauptstadt Apia fallen Firmenschilder mit deutsch klingenden Namen auf: Schmidt, Retzlaff, Keil, Kruse, Otto's Reef Bar oder gar das etwas außerhalb der Stadt gelegene Motel ›Insel Fehmarn‹.

Bereits Mitte des letzten Jahrhunderts, lange bevor Reichskanzler von Bismarck mit kolonialistischen Projekten von innenpolitischen Schwierigkeiten abzulenken versuchte, kamen deutsche Kaufleute nach Samoa und legten Ko-

kosplantagen an. Am tüchtigsten war das Hamburger Handelshaus Johann Cäsar Godeffroy & Sohn, das bereits 1855 in Apia seine erste Niederlassung eröffnete und von hier aus seinen Handel auf den gesamten südpazifischen Raum ausdehnte.

Koloniale Ansprüche auf die Samoa-Inseln erhoben neben Deutschland aber auch Amerika und England, die ebenfalls Konsulate in Apia unterhielten. Die Lage in Samoa war aufs Äußerste gespannt. Seit Jahrzehnten wurden zwischen den rivalisierenden Häuptlingsfamilien mit europäischen Waffen blutige Kämpfe um die territoriale Vorherrschaft und den obersten Häuptlingstitel Tupu'o Samoa ausgetragen. Als sich die Europäer und Amerikaner zu-

Samoa im Überblick

Lage:	Zwischen 168 ° und 173 ° westlicher Länge und 13 ° bis 15 ° südlicher Breite
Landfläche:	2934 km^2
Meeresfläche:	120 000 km^2
Anzahl der Inseln:	9, davon 5 unbewohnt
Einwohner:	160 000
Hauptstadt:	Apia auf 'Upolu
Bevölkerungsstruktur:	95 % Polynesier, der Rest Europäer und Chinesen
Religion:	71 % Protestanten, davon 21 % Methodisten und 8 % Mormonen, 22 % Katholiken, der Rest Adventisten und Anhänger der Baha'i-Religion
Staatsform:	Parlamentarische Demokratie mit traditioneller Häuptlingsaristokratie. Gesetzgebende Versammlung (Fono) mit 49 Mitgliedern
Staatsoberhaupt:	Malietoa Tanumafili II.
Parteien:	Human Rights Protection Party (HRPP), Samoa National Development Party (SNDP)
Wirtschaft:	Landwirtschaft, Kleinindustrie, Tourismus. Hauptexportprodukte: Kopra, Kakao, Taro

nehmend zwischen den Fronten verstrickten und die Konflikte durch Intrigen gar noch schürten, drohte die Situation zu eskalieren. Fast wäre es im März 1889 zu kriegerischen Auseinandersetzungen zwischen den drei Großmächten gekommen: Deutschland, England und Amerika demonstrierten ihre kolonialen Besitzansprüche mittels vor Apia ankernder Kriegsschiffe. Trotz eines aufziehenden Wirbelsturmes war keine Seite bereit, dem Gegner den Hafen kampflos zu überlassen. Die Folge: Mehr als 100 Seeleute wurden getötet, sechs der sieben Kriegsschiffe kollidierten oder zerschellten am Riff, vier liegen bis zum heutigen Tage auf dem Grund des Hafenbeckens.

Einige Monate später einigten sich die Kolonialmächte friedlich am ›grünen Tisch‹, freilich ohne die Samoaner in die Verhandlungen einzubeziehen. Die Kompromißlösung, der ›Vertrag von Berlin‹, besagte, daß Samoa von einer unabhängigen, einheimischen Regierung und Apia von Konsuln aller drei Großmächte, Deutschland, England und Amerika, gemeinsam verwaltet werden sollte.

Doch das Abkommen erwies sich als undurchführbar. Zehn Jahre später verzichtete England auf seinen Anspruch und erhielt als Ausgleich Tonga, Niue und die nördlichen Salomon-Inseln. Samoa aber wurde geteilt: Die Amerikaner annektierten Ost-Samoa, Deutschland bekam West-Samoa: »Hier wurde am 1. März 1900 die deutsche Flagge gehißt«, lautet die Inschrift des Denkmals auf der Halbinsel Mulinu'u bei Apia.

Dr. Wilhelm Solf vertrat elf Jahre lang die kolonialen Interessen Deutschlands. Selbst sonst kritische Stimmen sehen in diesem Kolonialbeamten rückblickend

Amerikanisch-Samoa im Überblick

Lage:	Zwischen 168 ° und 171 ° westlicher Länge und 14 ° bis 15 ° südlicher Breite
Landfläche:	197 km^2
Meeresfläche:	390 000 km^2
Anzahl der Inseln:	5 Inseln und 2 Atolle
Einwohner:	46 773
Hauptstadt:	Pago Pago auf Tutuila
Regierungssitz:	Fagatogo
Bevölkerungsstruktur:	95 % Polynesier, der Rest Amerikaner, Europäer und Asiaten
Religion:	60 % Protestanten, davon 50 % Christian Congregational Church und 10 % Methodisten, 20 % Katholiken, Rest: Mormonen, Adventisten, Zeugen Jehovas u. a.
Staatsform:	Parlamentarische Demokratie; externes Territorium der USA. Parlament (Fono): Repräsentantenhaus mit 20, Senat mit 18 Mitgliedern
Gouverneur:	Tauese Sunia.
Wirtschaft:	Fischerei, fischverarbeitende Industrie, Tourismus, Landwirtschaft. Hauptexportprodukt: Fischkonserven

›Die Firma‹

Mitte der 50er Jahre des 19. Jh., rund 10 Jahre nach Eröffnung der ersten Niederlassung auf Hawai'i, gründete das Hamburger Handelshaus Johann Cäsar Godeffroy & Sohn seine erste Filiale in Apia. Jahrelang Manager des Unternehmens vor Ort und gleichzeitig deutscher Konsul in Samoa war Theodor Weber, ein Meister der Verknüpfung von Politik und Wirtschaft. Unter seiner Geschäftsführung entwickelte sich das Handelshaus zum größten seiner Zeit im Pazifik. Zwanzig Jahre nach Beginn des Engagements in Samoa besaß die Firma Godeffroy & Sohn auf Hunderten von Inseln im pazifischen Raum Handelskontore, Schiffswerften, Magazine, Wohnhäuser und Plantagen. Darüber hinaus transportierten mehr als 100 Schiffe Frachten innerhalb des Pazifiks und von hier aus nach Hamburg. In der Hansestadt wurde Godeffroy schlicht ›der Südseekönig‹ genannt. Mit über 30 000 ha fruchtbarem Grund und Boden auf der Insel 'Upolu war das Hamburger Handelshaus auch der größte Landbesitzer in Samoa. Gekauft hatte Theodor Weber im Auftrag Godeffroys das Land von den samoanischen Häuptlingen, die auf diese Weise u. a. den dringend benötigten Nachschub an Gewehren für die kriegerischen Auseinandersetzungen um Macht und Titel finanzierten.

Die für die Plantagenarbeit benötigten Arbeitskräfte ließen die Hamburger aus Melanesien und Mikronesien heranschaffen, in der Anfangszeit mit Waf-

einen »Glücksgriff« für West-Samoa. Verglichen mit dem Verhalten anderer Kolonialbeamter ist Solf dies wahrscheinlich auch gewesen. Er respektierte einheimische Traditionen, soweit sie in das Konzept von kolonialer Herrschaft paßten und den Interessen der Deutschen Handels- und Plantagengesellschaft dienlich waren. Solf befriedete die Stämme, indem er gegen Prämien Gewehre und Munition einsammeln ließ. Erste Straßen und Schulen wurden auf seine Anordnung hin gebaut, er anerkannte die bereits vor Jahren erlassenen Gesetze hinsichtlich der Unveräußerlichkeit von kommunalem Landbesitz und verfügte, daß jeder samoanische Landbesitzer jährlich 50 Kokosnußpalmen zu pflanzen habe. Daß er durch und durch Preuße war, bewies er mit der Ernennung einer großen Anzahl von *matai* zu Polizisten, Bürgermeistern, Richtern und Amtmännern, welche die Selbstverwaltung auf lokaler Ebene organisierten.

So hätte es aus Sicht der in Samoa lebenden Deutschen noch viele Jahre weitergehen können: Einträglicher Koprahandel, zum Schutz preußisch gedrillte samoanische Hilfstruppen, zu Kaisers Geburtstag ein Pferderennen im Park von Apia, das ganze Jahr über ausreichend Schnaps und – nicht zu vergessen – die vielen Südseeschönheiten, die verhinderten, »daß manche (...) zu ihrer getreuen Hulda« ins Reich heimkehrten.

fengewalt, dann mit Arbeitsverträgen, deren Inhalt diese Menschen jedoch aufgrund fehlender Übersetzungen nicht verstanden haben dürften. Nach 1900 wurden ›Gastarbeiter‹ zu Tausenden aus China rekrutiert.

Ende der 70er Jahre jedoch mußte das Unternehmen Konkurs anmelden. Geplatzt waren die Aktienspekulationen, mit denen Godeffroy versucht hatte, die Wirtschaftskrise nach dem deutsch-französischen Krieg zu überstehen. Seine Geschäfte übernahm im Jahre 1879 die neugegründete Deutsche Handels- und Plantagengesellschaft der Südsee-Inseln zu Hamburg, die DH & PG, auch kurz ›die Firma‹ genannt.

Eifrigster ›Mitarbeiter‹ der DH & PG war der ehemalige Präsident der deutschen kolonialen Stadtverwaltung und spätere Gouverneur Dr. Wilhelm Solf. Unter seiner Amtszeit wurde die Monopolstellung der Firma weiter ausgebaut. Mit der Unterzeichnung der Gesetze zur Unveräußerlichkeit samoanischen Grund und Bodens verhinderte er die Gründung konkurrierender deutscher Plantagen. In diesem Zusammenhang sind auch seine Pflanzanweisungen (jeder Samoaner hatte von nun an pro Jahr 50 Kokospalmen zu pflanzen) und die von ihm veranlaßte Verbesserung der Infrastruktur durch Straßen und Wegebau besser zu verstehen, die der DH & PG zugute kamen, bei den Samoanern aber ausgesprochen unbeliebt waren.

Als Neuseeland nach Ausbruch des Ersten Weltkrieges West-Samoa besetzte, war es nicht nur mit der deutschen Kolonialherrschaft, sondern auch mit ›der Firma‹ vorbei. Der Besitz der DH & PG in Samoa wurde von den Neuseeländern beschlagnahmt. Mit Ausnahme derjenigen, die mittlerweile in samoanische Familien geheiratet hatten, mußten alle Deutschen das Land verlassen. Heute gehören die ehemaligen DH & PG-Kokosplantagen dem samoanischen Staat.

Statt dessen zogen sie es vor, unter tropischer Sonne »fleißig zur Vermehrung der Mischlingsbevölkerung« beizutragen, wie ein Samoa-Besucher damals zu berichten wußte. Doch als im Jahre 1914 der Erste Weltkrieg begann, besetzten neuseeländische Truppen Samoa und behielten das Land bis 1920 unter ihrer Militärverwaltung. Gemäß dem Versailler Vertrag wurde West-Samoa anschließend Mandatsgebiet Neuseelands. Unter Beibehaltung der neuseeländischen Verwaltung wurde Samoa nach dem Zweiten Weltkrieg zunächst den Vereinten Nationen unterstellt, bis es am 1. Januar 1962 als erstes koloniales Land im Pazifik seine Unabhängigkeit erhielt.

Fa'a Samoa – samoanische Lebensart

Die Erklärung für alles und jedes, die einem in Samoa stets entgegengehalten wird, heißt: fa'a Samoa, zu deutsch etwa: ›nach Art der samoanischen Sitte‹ oder ›die traditionelle Lebensweise der Samoaner‹. Schon oft wurde versucht, fa'a Samoa zu beschreiben und zu analysieren, aber gelungen ist es wohl noch nie. Nur ein Samoaner weiß, was fa'a Samoa wirklich bedeutet, behaupten die Menschen dieser Inselgruppe und verbergen nicht den Stolz, den sie bei einer solchen Aussage empfinden.

Flammenbaum auf 'Upolu ▷

Fa'a Samoa beinhaltet die Auffassung, daß das Leben eines jeden Samoaners nach festgefügten, seit altersher bestehenden Regeln bestimmt sei. Wohl die meisten Samoaner vertreten die Ansicht, daß alles schon immer so gewesen sei, gestern wie heute, eben *fa'a Samoa.* Selbstverständlich haben die letzten Jahrzehnte Neuerungen gebracht: Autos, Fernseher, Kühlschränke usw.; doch dies seien nur Äußerlichkeiten, *fa'a Samoa* sei geblieben, sagen nicht nur die alten, traditionsbewußten Samoaner.

Das Zentrum des samoanischen Lebens ist das Dorf *(nu'u),* hier tritt die samoanische Lebensphilosophie am deutlichsten hervor. Jede Dorfgemeinschaft besteht aus einer Anzahl von *'aiga,* einer Großfamilie, die nach dem samoanischen Verständnis nicht zwischen Abstammung, Adoption und Heirat unterscheidet. Jede Familie wählt einen Haushaltsvorstand *(matai),* üblicherweise einen Mann. Ausschlaggebende Kriterien bei der Wahl sind – zumindest in der Theorie – körperliche und geistige Überlegenheit gegenüber anderen Familienmitgliedern. Zwar besteht kein Erbanspruch auf diesen Titel und gegebenenfalls kann ein *matai* von den Mitgliedern der *'aiga* wieder abgewählt

werden, praktisch wird jedoch zumeist der älteste Sohn als Nachfolger bestimmt. Ist eine Familie zu groß geworden, so wird sie in ›Unterfamilien‹ aufgeteilt, denen wiederum jeweils ein *matai* vorsteht. Dieser organisiert die anstehenden Arbeiten auf den Feldern, trägt Verantwortung für die Familienmitglieder, schlichtet Streitigkeiten und repräsentiert seine Familie im Dorfrat *(fono),* der seinerseits alle Dorfangelegenheiten regelt. Dorfvorstand ist eine Person mit einem ranghöheren *matai*-Titel, der sein Dorf wiederum auf der Bezirksebene vertritt. Ebenso verhält es sich auf der Distriktebene: Jeweils sind ranghöhere Titelträger die Repräsentanten ihrer Gruppe auf der nächsthöheren Ebene.

Solidarität und Hierarchie sind die beiden wichtigsten Begriffe in Samoa. Wichtiger als das Individuum ist die Gemeinschaft, in der, mit der und für die es lebt. Die differenzierte, streng hierarchische Struktur des *matai*-Systems beruht auf dem Streben nach Macht und Prestige.

Diese Grundzüge der *fa'a Samoa* bilden auch heute noch das von jedem Samoaner akzeptierte Wertesystem. In der Praxis zeigt sich allerdings eine Reihe von Abweichungen: Gab es früher in jeder Großfamilie nur einen *matai,* so

Samoa: die Inseln

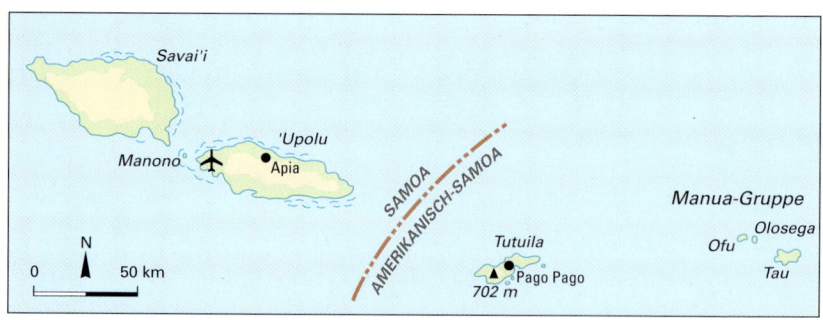

Verarbeitung von Pandanus-Blättern

kommt es heute relativ häufig vor, daß eine *'aiga* mehrere Haushaltsvorstände wählt. Das Streben nach dem prestigeträchtigen *matai*-Status führte in den letzten Jahren zu einer inflationären Schaffung neuer Titel. Gab es vor rund 30 Jahren nur 4700 *matai,* so ist die Anzahl heute auf schätzungsweise 18 000 gestiegen. Die schnell wachsende Bevölkerung, aber auch die Tatsache, daß nur die *matai* das Wahlrecht besaßen, sind Gründe für diese Entwicklung. 1991 wurde nicht zuletzt auf Betreiben der *matai* das aktive Wahlrecht für alle Samoaner eingeführt, weil sie die Entwertung ihres Titels befürchteten.

Nach der Tradition lebt ein *matai* im Dorf und kümmert sich um das Wohlergehen seiner *'aiga.* Heute wird jedoch häufig ein *matai* gewählt, der im Ausland, z. B. in Neuseeland lebt und arbeitet, um ihn oder sie auf diese Weise zu hohen Geldüberweisungen an die Daheimgebliebenen zu verpflichten. Aus samoanischer Sicht zeigt diese Entwicklung die flexible Handhabung eines Teils der *fa'a Samoa* unter veränderten Bedingungen.

Im Gegenzug für die Verantwortung, die ein *matai* für seine Familie trägt, erwartet er von ihren Mitgliedern absoluten Respekt und unbedingten Gehorsam. Doch immer mehr gut ausgebildete Jugendliche sind nicht mehr bereit, die Autorität der *matai* anzuerkennen. Sie erwarten anderes vom Leben als Unterordnung und schwere körperliche Arbeit auf den Feldern. Allerdings müssen viele feststellen, daß ihre Arbeitssuche in den Städten erfolglos bleibt und sehen sich gezwungen, in die Enge ihres ungeliebten Dorfes heimzukehren.

Zunehmende Auflösung der Großfamilien, mangelndes Selbstwertgefühl, die Kluft zwischen geweckten Hoffnungen und der Realität, der von den traditionellen Oberhäuptern ausgeübte Druck, der in keinem Inselstaat des Südpazifiks so massiv ist wie in Samoa – dies sind vermutlich die Hauptgründe, die zu der hohen Selbstmordrate bei Jugendlichen führen. Nicht etwa in den

Fa'afafine – Jungen als Mädchen

In polynesischen Gesellschaften werden männliche Homosexuelle und Transvestiten weit weniger diskriminiert als in vielen anderen Erdteilen, teilweise hat die Homosexualität einen festen Ort in der traditionellen Kultur.

Bereits im Kindesalter werden manche Knaben zu ›Mädchen‹ erzogen. Beispielsweise werden ihnen ›weibliche‹ Arbeiten aufgetragen. Dies geschieht vor allem dann, wenn ein Ehepaar überwiegend Söhne hat und der Mutter ein Mädchen als Haushaltshilfe fehlt. Allmählich übernehmen die *fa'afafine,* wie sie in Samoa genannt werden, ihre neue Rolle als Mädchen und später als Frau. Wie groß ihre Akzeptanz innerhalb der Gesellschaft ist, wird in Amerikanisch-Samoa deutlich, wenn im Oktober der beliebte Schönheitswettbewerb der *fa'afafine* stattfindet.

Metropolen der Industriestaaten, sondern hier, auf den Touristen paradiesisch anmutenden, westlichen Inseln Samoas wurde Anfang der 80er Jahre die höchste Suizidrate der Welt in der Gruppe der 14- bis 25jährigen verzeichnet.

Und ewig lockt der Dollar

Samoa ist ein Agrarland. Rund 80 % des Landes gehören den Familienverbänden, die es überwiegend in Subsistenzwirtschaft nutzen. Für den Export bleibt da wenig. Taro, Kakao und Kopra, viel mehr ist es nicht, was dieser Staat auf dem Weltmarkt anzubieten hat. So wundert es nicht, daß das Außenhandelsbilanzdefizit immer dramatischer zunimmt und die Inflationsrate ständig steigt.

Eher bescheidene Erfolge zeitigt der Aufbau einer kleinen, überwiegend für den lokalen Markt produzierenden Industrie. Zwar werden seit den 70er Jahren Bier, Konserven, Textilien und Seife hergestellt, doch können die wenigen Unternehmen nicht annähernd so viele Arbeitsplätze bieten, wie benötigt werden. Größter Arbeitgeber ist der Staat, dem die Betriebe entweder allein oder gemeinschaftlich mit ausländischen Firmen gehören, wie etwa die Vailima-Brauerei, an der ein deutsches Unternehmen mit 13 % beteiligt ist. Der größte Landwirtschaftsbetrieb, die WESTEC (Western Samoan Trust Estate Corporation), ist ebenfalls staatlich. Außer Kopra werden auf den einst dem Hamburger Handelshaus Johann Cäsar Godeffroy & Sohn gehörenden Ländereien Kakao und Bananen angebaut sowie Vieh gezüchtet, doch aufgrund schlechten Managements ist die WESTEC seit Jahren eine schier unerschöpfliche Quelle staatlicher Defizite.

Einen Weg, um aus der chronischen Finanzmisere herauszukommen, sah die Regierung bereits vor einigen Jahren in der Privatisierung staatlicher Unternehmen und verkaufte das Tusitala Hotel an das japanische Bauunternehmen Kitano.

Geringe Lohnkosten sowie eine zehnjährige Steuerbefreiung waren es vermutlich auch, die die multinationale Gesellschaft Yazaki nach Samoa lockten, um Anfang 1991 einen großen Betrieb zu gründen, in dem die elektrische Ausstattung von Autos hergestellt wird. Inzwischen ist Yazaki zum zweitgrößten Arbeitgeber avanciert und beweist damit einmal mehr, daß Japan den pazifischen Raum nicht nur als Absatzmarkt für seine Automobilindustrie entdeckt hat.

Doch auch diese Bemühungen konnten die wirtschaftliche Misere Samoas nicht beheben. Ohne die zahlreichen Auslandskredite und Entwicklungshilfegelder aus Neuseeland, Australien, Japan und der Europäischen Gemeinschaft, vor allem aber ohne die Überweisungen der samoanischen ›Gastarbeiter‹ aus dem Ausland hätte der Staat längst Bankrott erklären müssen.

Ganz anders sehen die Wirtschaftsdaten in Amerikanisch-Samoa aus. Zwar hat das Land neben seiner Fischverarbeitung keine nennenswerte Industrie, kann sich aber als selbstverwaltetes Territorium der USA stets auf eine kräftige Finanzspritze aus Washington verlassen. Rund die Hälfte der Einnahmen stammen direkt aus den Bundesmitteln der USA. Kein Wunder, daß die Ost-Samoaner keinerlei Bestrebungen nach politischer Unabhängigkeit und Vereinigung mit Samoa an den Tag legen.

So wird es vermutlich auch weiterhin viele junge Samoaner gen Osten ziehen, zum kleinen, aber finanzstarken Bruder. Denn hier gibt es nicht nur all die zivilisatorischen Segnungen, die sie aus der Fernseh-Werbung kennen, sondern vor allem Arbeitsplätze in den Konservenfabriken, die die Thunfischfänge der amerikanischen, taiwanesischen und südko-

Nördliche Küstenstraße auf ‘Upolu

Busbahnhof in Apia

reanischen Trawlerflotten weiterverarbeiten. Weniger als 3 US-Dollar Lohn pro Stunde erhalten sie und ihre Kollegen aus Tonga und Fidschi. Nicht viel, aber weit mehr, als sie in ihren Heimatländern erhalten würden, vorausgesetzt es gäbe dort überhaupt Arbeit.

Doch auch Amerikanisch-Samoaner verlassen ihr Land und geben hierfür die gleichen Gründe an wie die jungen Leute aus den Nachbarstaaten: mangelnde berufliche Perspektive und erhöhte Konsumwünsche. Schätzungsweise 25 000 leben und arbeiten mittlerweile auf Hawai'i und weitere 30 000 auf dem amerikanischen Festland. Zusammen mit den Bundesmitteln aus Washington und den Steuerabgaben der in Amerikanisch-Samoa ansässigen ausländischen Firmen sind die von ihnen nach Hause überwiesenen Geldbeträge unerläßlich, um den an pazifischen Verhältnissen gemessen hohen Lebensstandard der Daheimgebliebenen aufrechtzuerhalten.

Daten zur Geschichte

Um 1000 v. Chr. Vermutlich erste Besiedlung.

1722 Der Niederländer Jacob Roggeveen entdeckt die Inseln.

1830 Beginn der Missionierung durch die London Missionary Society.

1840 Ankunft der ersten europäischen Siedler.

1845 Die ersten katholischen Missionare landen auf Samoa.

1847 G. Pritchard wird erster britischer Konsul.

1855 Das Hamburger Handelshaus Johann Cäsar Godeffroy & Sohn eröffnet seine erste Niederlassung.

1861 Der gebürtige Hamburger August Unshelm wird zum Konsul ernannt (später 1. Konsul des Deutschen Reiches).

1872 Pago Pago wird Kohlestation der Amerikaner.

1878/79 England, die USA und

Deutschland errichten Marinestützpunkte.

1879 Die DH & PG übernimmt die Geschäfte von Godeffroy & Sohn.

1889 Der ›Vertrag von Berlin‹ regelt die gemeinsame Verwaltung Samoas durch Deutschland, England und die USA.

1899 Der ›Vertrag von Berlin‹ wird annulliert. Die USA erhalten Ost-Samoa, Deutschland West-Samoa.

1900 West-Samoa wird deutsche Kolonie, Wilhelm Solf erster Gouverneur.

1914 West-Samoa gelangt unter neuseeländische Militärverwaltung.

1920 Neuseeland erhält das Mandat des Völkerbundes, später der Vereinten Nationen über West-Samoa.

1929 Formelle Übernahme der Oberhoheit Ost-Samoas durch die USA.

1951 Das Innenministerium der USA übernimmt die Verwaltung Ost-Samoas.

1960 Amerikanisch-Samoa wird ›unincorporated and unorganized territory‹ der USA.

1962 West-Samoa erlangt als erstes pazifisches Land seine Unabhängigkeit.

1990 Einführung des aktiven allgemeinen Wahlrechts. Das passive Wahlrecht bleibt den Matais vorbehalten.

1990/91 Zwei Wirbelstürme verwüsten das Land.

1993 Gründung der Samoa Democratic Party

1994 Einführung einer Mehrwertsteuer. Die Samoa Labour Party wird gegründet.

1996 Gründung der Samoa All People's Party

1997 Namensänderung des unabhängigen Inselstaates von West-Samoa in Samoa.

1999 Der langjährige Regierungschef und Reformer Tofilau Eti Alesana stirbt. Amtsnachfolger wurde 1998 Tuila'epa Sailele Malielegaoi.

Unterwegs in Samoa

Die Landschaften Samoas scheinen alle Träume von ›Südsee‹ erfüllen zu wollen, und so mag vielen ein kurzer, touristischer Aufenthalt wie eine Rückkehr ins Paradies erscheinen. Von Korallenriffen geschützte, türkisfarbene Lagunen, goldgelbe Strände, ausgedehnte Palmenhaine, eine üppige, tropische Pflanzenwelt im fruchtbaren Landesinneren mit seinen zahllosen Wasserfällen … Die Schönheit Samoas, der Wiege Polynesiens, wie die Samoaner stolz behaupten, wurde von vielen europäischen Dichtern gerühmt.

Der heutige Staat Samoa besteht aus den beiden großen Inseln 'Upolu und Savai'i, den kleinen Inseln Apolima und Manono sowie einigen unbewohnten Eilanden. Die Inseln sind vulkanischen Ursprungs. Die Landfläche aller Inseln macht zusammen 2934 km² aus (zur besseren Vorstellung: das Saarland ist nur unwesentlich kleiner).

'Upolu

Landfläche: 1036 km²; Einwohner: ca. 120 000; Hauptstadt: Apia; (S. 286 ff.).

Ein schmaler Küstenstreifen säumt die faszinierende Berglandschaft mit dem 1097 m hohen Mt. Fito. Hier reihen sich wunderschöne Dörfer mit gepflegten Rasenflächen aneinander, während das bergige Landesinnere nahezu unbe-

wohnt ist. Beeindruckend sind die zahlreichen Wasserfälle und die kleinen Kra-
terseen im Zentrum der Insel.

Apia und Umgebung

Jeder vierte Samoaner lebt in der aus
zahlreichen Dörfern zusammengewachsenen 40 000 Einwohner zählenden
Hauptstadt an der Nordküste 'Upolus.

Die einzelnen Stadtteile Apias sind nach
den ehemaligen Dörfern benannt. Zum
Stadtbild im Zentrum insbesondere entlang der Main Beach Road gehören im
Kolonialstil und aus Holz errichtete Gebäude wie das Gericht und die Congregational Christian Church. Doch moderne und z. T. überdimensionierte Bau-
ten werden immer zahlreicher und

drängen Wahrzeichen wie die katholische Kathedrale an der Promenade in den Hintergrund. Die Main Beach Road ist die Hauptgeschäftsstraße, in der sich auch der Markt **3**, das Fremdenverkehrsbüro **5** sowie die beiden traditionsreichen Hotels, das **Aggie Grey's 6** im Kolonialstil und das nach Stevenson benannte Kitano Tusitala **1** befin-

den. Der **Clock Tower 4** am kleinen Kreisverkehr wurde als Mahnmal für die im Ersten Weltkrieg gefallenen Samoaner gebaut. Das Glockenspiel stiftete der Halbsamoaner Olaf Frederick Nelson, der wegen seiner führenden Rolle in der Widerstandsbewegung (Mau) gegen die neuseeländische Administration von den Neuseeländern zweimal des Landes verwiesen wurde. Neben seiner Tätigkeit als Geschäftsmann der Firma A. Nelson und Company war er ab 1926 Herausgeber des »Samoa Guardian«, der ersten in samoanischer Sprache erschienenen Zeitung, die jedoch bereits ein Jahr später von der neuseeländischen Verwaltung verboten wurde. In der ebenfalls nach Nelson benannten Bücherei **(Nelson Memorial Library)** mit gut sortierter Pazifikabteilung ist auch das Nationalarchiv untergebracht, dessen Pazifikabteilung eine gute Auswahl an Büchern über den pazifischen Raum bietet. Das Korallenriff **Palolo Deep** in Hafennähe, 1979 zum Schutzgebiet erklärt, bietet die Möglichkeit zum Schwimmen und Schnorcheln.

Auf der **Halbinsel Mulinu'u** erinnern ein deutsches und ein amerikanisches Denkmal an die 146 Opfer der Schiffskatastrophe von 1889 **11 12**. Während eines Hurrikans sanken drei deut-

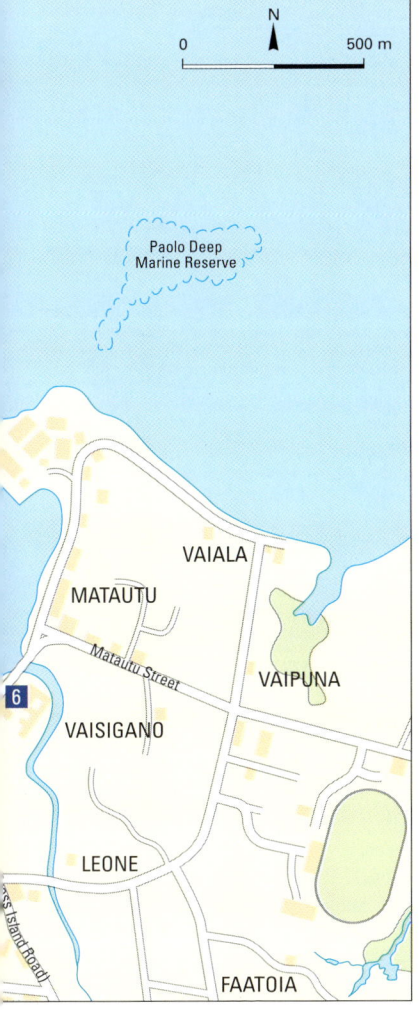

Apia und die Mulinu'u-Halbinsel
1 Kitano Tusitala Hotel   2 Busbahnhof (Stadtbusse)   3 Markt   4 Clock Tower
5 Fremdenverkehrsbüro   6 Aggie Grey's Hotel   7 Kathedrale   8 Post   9 Bank
10 Polynesian Airlines   11 deutsches Kriegerdenkmal   12 amerikanisches Kriegerdenkmal   13 deutsches Flaggendenkmal
14 Mata'afa-Mausoleum   15 Unabhängigkeitsdenkmal   16 Malietoas Grabmal
17 Observatorium   18 Tamase'se-Mausoleum   19 Parlamentsgebäude (fono)
20 Obst-/Gemüsemarkt   21 Busbahnhof

Aggie Grey's Hotel

Im Jahre 1889 ließ sich der aus Lincolnshire in England stammende Apotheker William Swann in Apia nieder und heiratete wenig später eine Samoanerin. Trauzeuge war der berühmte Schriftsteller Robert Louis Stevenson. Seine 1897 geborene Tochter Aggie wurde später die berühmteste Hotelbesitzerin im ganzen pazifischen Raum. Zuvor aber hatte sie ihre Dollars mit Hamburgern und Bier verdient, die sie an die in den 40er Jahren in Samoa stationierten GIs verkaufte.

Aggie Grey's Hotel gehört zu jenen legendären Häusern, in denen man sich wenigstens einmal im Leben Gast zu sein wünscht. Es ist eine Institution, und ungeachtet aller inzwischen vorgenommenen Modernisierungsmaßnahmen strahlt es die koloniale Behäbigkeit längst vergangener Tage aus. Die Atmosphäre der Zimmer im hinteren Flügel ist trotz des ständig kreisenden Ventilators liebenswert muffig. Ein *fiafia*-Abend im Innenhof ist immer noch ein Erlebnis, auch wenn nun die junge

Fiafia-Abend in Aggie Grey's Hotel

sche und drei amerikanische Kriegsschiffe. Das pyramidenförmige Denkmal 13 auf der gegenüberliegenden Straßenseite bezeichnet die Stelle, an der am 1. März 1900 die deutsche Flagge gehißt und West-Samoa zur deutschen Kolonie erklärt wurde. Das Observatorium 17 an der Nordspitze der Halbinsel stammt noch aus der deutschen Kolonialzeit.

Aggie, Enkelin der mittlerweile verstorbenen berühmten Hotelbesitzerin, den *siva* tanzt. Eine unumstößliche Tradition ist der Nachmittagstee am Swimmingpool, gleich neben den kleinen, eng beieinanderstehenden Gartenbungalows mit den Inschriften Gary Cooper, William Holden usw., eben jener Hollywood-Größen, die einst hier nächtigten.

Samoanische Unabhängigkeit demonstriert das 1972 fertiggestellte Parlamentsgebäude *(Fono)* **19**, das traditionelle und moderne Stilelemente in sich vereint. Auf dem Gelände des *Fono* befindet sich das kuppelförmige Mausoleum **14** des Josefa Mata'afa, der während der deutschen Kolonialzeit regierte. Mehrere weitere bedeutende Persönlichkeiten Samoas sind auf Mulinu'u

Mausoleum auf der Mulinu'u-Halbinsel

ehrenvoll bestattet 16 18. Ein weiteres Denkmal erinnert an die Unabhängigkeit West-Samoas im Jahre 1962 15.

Beliebtes Ausflugsziel in der nahen Umgebung Apias sind die **Sliding Rocks**, eine natürliche Wasserrutschbahn am Fluß Papase'ea: Ein kleiner Wasserfall führt über glatte Felsen in einen Pool. Ein Taxi oder ein Bus mit der Aufschrift ›Seesee‹ bringt Sie hin.

Die Cross Island Road

Die Verlängerung der Falealili Street führt von Apia zunächst durch die besseren Wohnviertel der Stadt zur Ostküste der Insel. Nach etwa 6 km zweigt rechts eine Allee nach Vailima 1, dem ehemaligen **Anwesen von Robert Louis Stevenson,** ab. Nach dem Tod des schottischen Schriftstellers erwarb zunächst der deutsche Geschäftsmann Gustav Kunst das weiße Holzhaus. Später war es Sitz der deutschen, dann der neuseeländischen Kolonialverwaltung.

Seit 1962 ist es die Residenz des samoanischen Staatsoberhaupts. Anläßlich des 100. Todestages von Robert Louis Stevenson wurde in dem restaurierten Gebäude 1994 ein nach ihm benanntes Museum eröffnet.

Von hier aus kann man zu der Grabstätte des Schriftstellers und seiner Ehefrau Fanny Osborne wandern. Der schmale, zum Teil recht steile ›Track of Loving Hearts‹ führt durch üppige tropische Vegetation den 475 m hohen Mt. Vaea hinauf zum Grab auf einer Lichtung unterhalb des Gipfels. Es bietet sich ein Ausblick auf die Nordküste der Insel und das Meer mit dem vorgelagerten Riff.

Rund um den mit Wald bedeckten Mt. Vaea liegen drei Naturschutzgebiete, in denen riesige Banyan-Bäume, Epiphyten, Farne, Flechten und zahlreiche weitere Arten gedeihen. Der **Botanische Garten** mit Bademöglichkeit und einem Wasserfall erstreckt sich am Fuße des

Berges nahe Vailima, das **Mt. Vaea Reserve** am Osthang des Berges und das **Stevenson Memorial Reserve** in der nahen Umgebung der Grabstätte.

Einige Kilometer weiter südlich steht an der Cross Island Road das Bahai'i House of Worship **2**. Die neun Seiten des im Jahre 1984 fertiggestellten Tempels der Baha'i-Glaubensgemeinschaft mit seiner 30 m hohen Kuppel symbolisieren die Weltreligionen. Der Tempel und das angrenzende Besucherzentrum stehen Interessierten offen.

Hinter dem Ort Afiamalu zweigt rechts ein Weg zum **Lake Lanoto'o 3** ab, einem während der Kolonialzeit beliebten Ausflugsziel deutscher Siedler. Es ist ratsam, sich von einem Ortskundigen auf der rund zweistündigen Wanderung begleiten zu lassen, denn der von hohem Gras überwucherte Pfad mit seinen häufigen Abzweigungen ist schwer zu finden. Nach der etwas abenteuerlichen und anstrengenden Wegstrecke ist das erfrischende Bad in dem beinahe kreisrunden, etwa 600 m hoch gelegenen Kratersee, in dem die Nachfahren der Anfang des 20. Jahrhunderts hier ausgesetzten Goldfische schwimmen, ein unvergeßliches Erlebnis.

In herrlicher Tropenlandschaft, wenig südlich der Abzweigung zum Kratersee, stürzen die Wasser der **Tiavi-Fälle** (oder Papapapai-tai-Fälle) über eine 60 m hohe Klippe in die Tiefe.

Von den Felshängen des Mt. Lepu'e und Mt. Fito erstreckt bis hinunter zur Südküste der **O Le Pupu Pu'e Nationalpark.** Die rund 2850 ha große Fläche ist im Jahre 1981 zu einem Schutzgebiet der heimischen Flora und Fauna erklärt worden.

Bei Si'umu stößt die Cross Island Road auf die südliche Küstenstraße.

Inselrundfahrt

Eine Reihe von Tourveranstaltern bietet halb- und ganztägige Ausflüge zu den Sehenswürdigkeiten und verschiedenen Stränden 'Upolus an. Wer eine Rundfahrt mit dem Mietwagen unternehmen möchte, sollte sich zuvor nach dem Zustand der zum Teil nicht asphaltierten Straßen erkundigen.

'Upolu

Im O Le Pupu Pu'e Nationalpark

Der größte Teil des Landes gehört nicht dem Staat, sondern den in den autonomen Dörfern lebenden Familien. Diese verlangen für den Besuch *ihres* Strandes oder Wasserfalls von Ausländern eine Gebühr von ein bis fünf Tala pro Person. Diskussionen über die vielen Touristen befremdlich erscheinenden Forderungen sind zwecklos.

Die Inselrundfahrt beginnt in Apia und führt im Uhrzeigersinn rund um 'Upolu. Auf der Matautu Street, die hinter Aggie Grey's Hotel nach rechts abbiegt, fährt man vorbei am anläßlich der South Pacific Games von 1983 gebauten Sportstadion (Apia Park) zum Nordabschnitt der Küste mit malerischen Buchten.

An den Stränden zwischen den Dörfern **Lauli'i** und **Solosolo** herrschen wegen der starken Meeresbrandung ideale Bedingungen für Surfer. Erquikkend an heißen Tagen ist ein Bad im **Piula Cave Pool** 4. Das Naturbecken unterhalb der methodistischen Kirche und dem Piula-College am Meer wird von einer Quelle gespeist, die in einer Höhle bei der Kirche entspringt. Durch eine Öffnung kann man in eine zweite Höhle tauchen.

Bei **Falefa** und seinen Wasserfällen führt die Straße ins Landesinnere hinauf zum **Lemafa-Paß.** Kurz vor der Paßhöhe zweigt links eine Straße ab zur schönen Fagaloa-Bucht ab. Von Uafato führt ein Fußweg durch beeindruckende Landschaft über Cape Tulaele entlang der steilen Küste nach **Ti'avea,** der Heimat des Südseehäuptlings Tuiavii in Erich Scheuermanns Buch »Der Papalagi« (s. S. 46).

Auf der Paßstraße gelangt man zu den landschaftlich reizvoll gelegenen Wasserfällen **Fuipisia** 5 und **Sopo'aga** 6. Hier gabelt sich die Paßstraße, wir fahren links zur Küste nach Lotofaga hinunter. Rechts geht es nach Salani.

Durch mehrere Dörfer führt die Küstenstraße in östlicher Richtung zum

Das samoanische Haus

Charakteristisch für die Dörfer Samoas sind die rundherum offenen, meist ovalen Häuser. Sie werden *fale* genannt. Mehrere Pfosten auf einer steinernen oder hölzernen Plattform tragen ein gewölbtes, traditionell aus Kokospalmwedeln geflochtenes Dach. Zwischen den Pfosten sind oben Matten angebracht, die nachts oder bei Bedarf, zum Beispiel bei starkem Wind, herabgelassen werden. Heute werden allerdings zunehmend Häuser mit Wellblechdächern und Holzwänden gebaut, die nach westlichen Maßstäben mehr Privatsphäre zulassen.

Bei einem Besuch in einem samoanischen Dorf gilt es, bestimmte Verhaltensregeln zu beachten, auf die im übrigen allerorts aufmerksam gemacht wird. Auch wenn ein *fale* offen ist, blickt man nicht hinein oder betritt es gar unaufgefordert. Möchte man ein *fale* fotografieren, muß man vorher um Erlaubnis bitten.

etwas abgelegenen Distrikt **Aleipata** 7 mit seinen herrlich weißen Sandstränden, türkisfarbenen Lagunen und verträumten Fale-Dörfern. Entlang der Küste zwischen **Lotofaga** und **Lalomanu** vermieten viele Familien *fale* am Strand für Picknick und Übernachtung. Auch nur zum Schwimmen am Strand muß man eine Gebühr entrichten. Die vorgelagerten Inseln am Südostzipfel von 'Upolu sind unbewohnt und bieten Seevögeln ideale Nistplätze. Auf Nuutele befand sich zwischen 1916 und 1918 eine Lepra-Station.

Wer der südlichen Küstenstraße nach Westen folgen möchte, der muß die nördlich der Sopoaga-Fälle abzweigende und nur mit einem geländefähigen Wagen befahrbare Piste bis nach Siuniu bewältigen. Die Teerstraße nach Salani endet am Fluß ohne Möglichkeit zum Übersetzen. Entlang der Südküste reiht sich ein pittoreskes Dorf an das andere.

Inmitten der tropischen Gärten des **Togitogiga Recreation Reserve** 8 bildet ein von Wasserfällen gespeistes Becken einen herrlichen Badeplatz. Vom Informationszentrum kann man in etwa einer Stunde durch natürlichen Wald zur Peapea-Höhle 9 spazieren. Der westliche Teil dieses Naturschutzgebietes grenzt an den 2850 ha großen **O Le Pupu Pu'e Nationalpark.** Ein Spaziergang auf dem O Le Pupu Trail, einem Lehrpfad, macht mit den einheimischen Bäumen, Baumfarnen, Epiphyten, Flechten und Moosen bekannt.

Salamumu 10 ist eines der schönsten Dörfer 'Upolus und besitzt überdies einen von Lavafelsen umgebenen weißen Sandstrand und glasklares Wasser.

Der nur wenige Kilometer hinter Salamumu gelegene **Return to Paradise Beach** 11 war Schauplatz des gleichnamigen Filmes nach einem Roman von James Michener mit Roberta Hayes, Gary Cooper und Johnny Hudson in den

Hauptrollen. Die Nebenrollen spielten Samoaner aus den umliegenden Dörfern.

Die Hauptstraße führt zurück zur Nordküste, wo die von malerischen Dörfern mit traditionellen *fale* und Kirchen gesäumte Straße direkt am Meer verläuft. Bevor man nach Apia zurückkehrt, lohnt ein Abstecher an den Westzipfel von 'Upolu. Vorbei am Flughafen und der Mulifanua Wharf, wo die Fähre nach Savai'i ablegt, erreicht man südlich von Apolima-uta die Stelle, von der Boote nach Manono verkehren. Die nur etwa 8 km² große bewohnte Insel ohne Autos bietet erholsame Idylle pur.

Eine alternative Route in die Hauptstadt folgt der Alafaalava Road, die auf halber Strecke zur Nordküste von der westlichen Cross Island Road abzweigt. Auf der Fahrt durch Farm- und Plantagenland gehören mächtige Banyan-Bäume ebenso zum Landschaftsbild wie

der Blick von der Höhe hinunter zum Meer. Im Industriegebiet Vaitele am Westrand von Apia wird in der von einer deutschen Firma mitgegründeten Vailima-Brauerei seit 1978 ein hervorragendes Bier gebraut.

Savai'i

Landfläche: 1812 km²; Einwohner: ca. 45 000; höchste Erhebung: Mt. Silisili mit 1858 m (S. 284).

Die größte der Samoa-Inseln ist wesentlich dünner besiedelt als 'Upolu. Nur auf dem schmalen, von weißen Sandstränden gesäumten Küstenstreifen können die Bewohner siedeln. Das gebirgige Landesinnere ist unzugänglich. Ausgedehnte Lavafelder zeugen von der Kraft

Savai'i

Fale auf 'Upolu

der teils noch aktiven Vulkane. Die größte Süßwasserquelle entspringt bei Safune an der Nordküste. Auf Savai'i drehte der amerikanische Regisseur und Ethnograph Robert Flaherty den Film »Moana of the South Seas«.

Inselrundfahrt

Unsere Route führt dagegen dem Uhrzeigersinn rund um Savai'i.

An der Schiffsanlegestelle Salelologa Wharf warten Busse, die Sie in den etwa 1,5 km entfernten Ort **Salelologa** bringen. Dort gibt es einen Markt, auf dem frisches Gemüse und Obst erhältlich sind, eine Zweigstelle der Bank of Western Samoa sowie einige Unterkünfte in der nahen Umgebung.

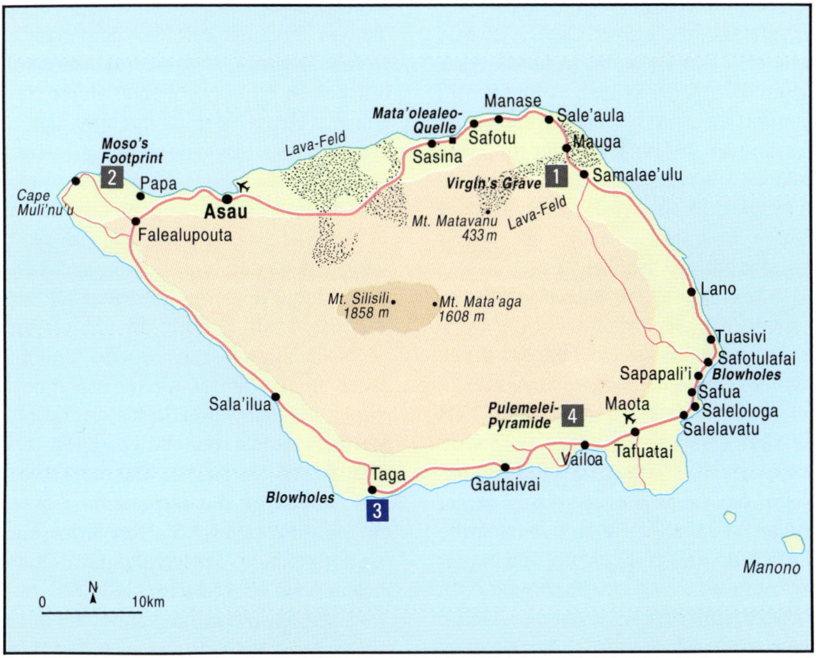

Manase
Mata'olealeo-Quelle
Sale'aula
Safotu
Mauga
Lava-Feld
Sasina
Samalae'ulu
Moso's Footprint
2 Papa
Virgin's Grave **1**
Cape Muli'nu'u
Asau
Mt. Matavanu 433 m
Lava-Feld
Falealupouta
Lano
Mt. Silisili 1858 m
Mt. Mata'aga 1608 m
Tuasivi
Safotulafai
Sapapali'i *Blowholes*
Safua
Pulemelei-Pyramide **4** Maota
Salelologa
Salelavatu
Sala'ilua
Vailoa
Tafuatai
Taga
Gautaivai
Blowholes **3**
Manono

0   N   10km

Die blowholes von Savai'i

Entlang der Südostküste erstrecken sich kilometerlange Sandstrände vor türkisfarbenen Lagunen. Die Dörfer sind malerisch. Das Denkmal an der Congregational Christian Church in **Sapapali'i** erinnert an den ersten europäischen Missionar John Williams, der im Jahre 1830 im Auftrag der London Missionary Society nach Savai'i kam. In **Tuasivi** gibt es mehrere Geschäfte, ein kleines Postamt und ein Krankenhaus.

Unweit des Dorfes **Samalae'ulu** beginnt ein ausgedehntes, bis an die Küste heranreichendes Lavafeld **1**, das durch mehrere Vulkanausbrüche des 433 m hohen Mt. Matavanu in den Jahren 1905 bis 1911 entstanden ist. Der Berg wird auch *Mata ole afi,* ›Auge des Feuers‹, genannt. Der Lavastrom teilte sich genau an der Stelle, an der eine samoanische Novizin begraben liegt und floß hinter der Grabstätte wieder zusammen. Das ›Virgin's Grave‹ ist heute auf dem Grund einer rechteckigen Vertiefung sichtbar.

Um das wundersame Grab ranken sich zahlreiche Geschichten und Legenden, die von den Einheimischen gern erzählt werden. **Mauga** ist von den Vulkanausbrüchen verschont geblieben. Heute stehen die Häuser des Dorfes am Rande des kleinen, erloschenen Kraters.

Sale'aula wurde von den Lavamassen eines Vulkanausbruchs im Jahre 1912 teilweise begraben. Die Bevölkerung siedelte daraufhin auf die Nachbarinsel 'Upolu über und gründete an der Südküste das Dorf Salamumu, zu deutsch ›brennende Strafe‹. Einige Jahre später kehrten einige von ihnen jedoch wieder in ihren Heimatort zurück. **Manase** besitzt den wohl schönsten Strand der Nordküste. Schmuckstück von **Safotu** ist die katholische Kirche mit ihren bunten Glasfenstern. Ein mehrstündiger Wanderweg führt über Paia auf den Mt. Matavanu hinauf.

Westlich von **Sasina** beginnt ein ausgedehntes Lavafeld, das sich fast bis

zum Flugplatz bei **Asau** erstreckt. Eine schlecht zu befahrende Schotterstraße führt landeinwärts durch dieses karge, unwirtliche Gebiet aus schwarzen Gesteinsmassen. Asau ist wirtschaftlicher Mittelpunkt der Insel. Hier liegt der Flugplatz. Im Ort gibt es Geschäfte, eine Bank, eine Touristenunterkunft und einen Hafen, der überwiegend zum Verladen von Holz aus den umliegenden Sägewerken genutzt wird. Von der Main Coast Road zweigen mehrere Wege auf den westlichen Zipfel Savai'is ab. Der erste führt zum idyllisch gelegenen Dorf **Papa,** auf den beiden anderen gelangt man in den Bezirk **Falealupo** mit weißen Sandstränden und glasklaren Lagunen. Hier hinterließ der Legende nach der Kriegsgott Moso eine rund drei Meter lange Vertiefung (Moso's Footprint ❷), als er hinüber nach Fidschi sprang. Die beiden Felsöffnungen am **Cape Mulinu'u,** der westlichen Spitze Savai'is, bilden der Überlieferung nach

das Tor zum Totenreich (Le Fafa o Sauali'i), in das die Seelen der Verstorbenen gelangen.

Die Westküste gilt vielen als schönster Teil Savai'is. Tatsächlich scheinen hier einige Dörfer mit traditionellen *fale* und gepflegten Rasenplätzen wie aus dem Bilderbuch.

An der Küste bei **Taga** ❸ schießt das Meerwasser durch enge Öffnungen im Korallenfels, sogenannten *blowholes*, zu · meterhohen Wasserfontänen auf. Besonders spektakulär ist dieses Naturschauspiel bei Flut und starker Brandung. Surfer schätzen diesen Küstenstreifen vor allem von Mai bis Oktober. Bei **Gautaivai** an der Südküste besteht der Strand aus schwarzem Vulkansand.

Eines der größten prähistorischen Monumente Polynesiens befindet sich bei **Vailoa.** Auf dem Land der Letolo-Kokosplantage erhebt sich die **Pulemelei-Pyramide** ❹ (an der Basis 61 m

Urwälder und Flughunde
Sind sie noch zu retten?

Jährlich fallen allein auf Savai'i etwa 300 ha Regenwald der Axt zum Opfer. Das meist von inländischen Firmen geschlagene Holz gelangt vorrangig auf den samoanischen Binnenmarkt. Etwa 80 % der Waldfläche in Samoa sind zerstört. Mit der Abholzung ihres Lebensraumes ging auch der Bestand der Flughunde um 95 % zurück. Sowohl der ansonsten nur noch in Fidschi vorkommende samoanische Flughund als auch der weiter verbreitete tonganische Flughund gehören heute zu den am stärksten bedrohten Tierarten der Erde. Die drastische Abnahme der Populationen dieser Vegetarier zeigt wiederum Folgen für die Pflanzenwelt der Inseln: Die Flughunde bestäuben die Blüten, aus denen sie mit ihrer langen Zunge den Nektar lecken. Durch den Verzehr von Früchten, die sie oft über weite Strecken forttragen, sorgen sie für die Verbreitung von Baumsamen. In etwa zwei Dritteln aller Fälle sind die Flughunde für die Befruchtung von Pflanzen verantwortlich. In einem Land, wo es bis vor kurzem keine Bienen gab und nur 32 einheimische Brutvogelarten vorkommen, erfüllen sie eine unersetzliche Funktion bei der Reproduktion.

Um einer weiteren Reduzierung der Waldflächen etwas entgegenzusetzen, faßten die Bewohner von Falealupo einen bemerkenswerten Entschluß: Sie stellen den Regenwald ihrer Kommune zunächst für 50 Jahre unter Naturschutz. Die kommerzielle Abholzung ist verboten, jedoch behalten die Samoaner ihre traditionellen Nutzungsrechte, die ihnen das Fällen von Bäumen für ihren eigenen Bedarf erlauben. Die Flughunde sind völlig geschützt. Inzwischen haben sich weitere Dörfer in Samoa dieser Aktion angeschlossen. Derzeit sichern Verträge den Bestand von über 10 000 ha Regenwald.

lang, 50 m breit und bis zu 12 m hoch). Sie wurde vermutlich für religiöse Zeremonien genutzt, doch wie andere vorgeschichtliche Stätten des Landes ist sie bislang nicht erforscht. Unweit der Pyramide fällt ein kleiner Wasserfall in ein idyllisch gelegenes Naturbecken.

Ein weiterer herrlicher Badestrand erstreckt sich entlang der Bucht von **Tafuatai.**

Unterwegs in Amerikanisch-Samoa

Amerikas Vorposten im Südpazifik besteht aus fünf Hauptinseln vulkanischen Ursprungs und zwei flachen Korallenatollen. Rund 70 % der Landfläche sind mit tropischem Regenwald bedeckt. Das niederschlagreiche Klima differiert von Insel zu Insel. Die Durchschnittstemperaturen liegen zwischen 21 °C und 32 °C.

Mehr als auf allen anderen in diesem Reiseführer vorgestellten Inselstaaten stehen sich hier traditionelle Lebensweise und der American Way of Life gegenüber. Vor allem auf Tutuila mit dem einzigen urbanen Zentrum des Landes scheint die *fa'a Samoa* längst dem US-amerikanischen Lebensstil gewichen zu sein. Autoschlangen und Wohlstandsmüll am Straßenrand gehören zum Stadtbild von Pago Pago.

Da die drei zur Manu'a-Gruppe zählenden Inseln Ofu, Olesaga und Ta'u sowie das unbewohnte Rose-Atoll im Osten und Swain's Island im Nordwesten touristisch wenig bedeutsam sind, wird im folgenden ausschließlich auf die Hauptinsel Tutuila eingegangen.

Tutuila

Landfläche: 145 km², Einwohner: ca. 35 000, Hauptstadt: Pago Pago; höchste Erhebung: Mt. Matafao 702 m (S. 284 ff.)

Grüne steile Berge, tiefe schwarze Täler, eine üppig wuchernde Vegetation – dies sind die landschaftlichen Reize Tutuilas. Auf der Hauptinsel, die mit ihren 145 km² rund drei Viertel der Landfläche ausmacht, lebt der überwiegende Teil der Bevölkerung Amerikanisch-Samoas. Die höchste Erhebung der in der Mitte nur etwa 3 km breiten und rund 30 km langen Insel ist der 702 m hohe Mt. Matafao. Bekannter jedoch ist der Mt. Pioa mit seinen 490 m, der auch ›The Rainmaker‹ genannt wird. Die hier herrschenden Windverhältnisse führen an der Bucht von Pago Pago zu den selbst im südpazifischen Raum ungewöhnlich hohen Niederschlagsmengen von bis zu 7000 mm pro Jahr. Vor allem zwischen Dezember und März stürzt der Regen wolkenbruchartig nieder und sorgt für das feuchtheiße Treibhausklima in der Hauptstadt, das William Somerset Maugham so treffend in seiner Erzählung »Rain« beschrieben hat. Die überwiegende Zahl der Dörfer reiht sich entlang der Südküste, der schroffe Küstensaum im Norden ist nur äußerst dünn besiedelt.

Pago Pago und Fagatogo

Die Hauptstadt und der Regierungssitz Amerikanisch-Samoas liegen an dem bis zu 77 m tiefen fjordähnlichen Naturhafen, der die Insel Tutuila nahezu halbiert. Eindrucksvoll säumen hohe Berge die drei Seiten der Bucht.

Am westlichen Ende des Hafens erstreckt sich die kleine Ortschaft **Pago Pago** (ausgesprochen: Pango Pango), die sowohl der Bucht als auch den umliegenden, zum Teil bereits zusammengewachsenen Siedlungen ihren Namen gab. Das National Park Visitor Information Center an der Pago Plaza informiert über den 1993 eingerichteten Nationalpark. Das Korea House ist Treffpunkt asiatischer Fischer. In Si'ufaga, dem ›Chinatown‹ Pago Pagos, und im Dorf Leololoa leben überwiegend Koreaner. Weiter entlang der nördlichen Hafenstraße befinden sich bei Anua und Atu'u eine Werft sowie die für die Wirtschaft Amerikanisch-Samoas bedeutsamen Thunfisch-

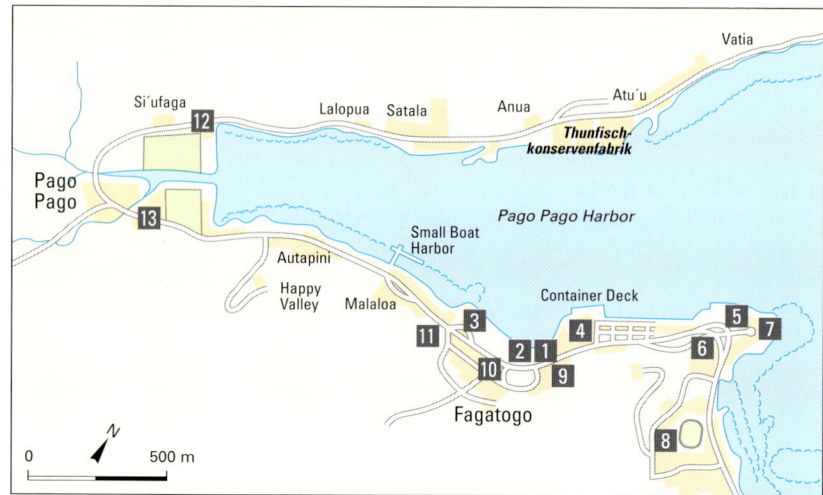

Pago Pago und Fagatogo *1 Jean-P. Haydon Museum 2 Maota Fono Building 3 Markt 4 Feleti Pacific Library 5 Fremdenverkehrsamt 6 Gouverneursresidenz 7 Hotel Rainmaker 8 Bibliothek 9 Lumana'i Building (Post) 10 Communications Office (internationale Telefonverbindungen) 11 Busbahnhof 12 Korea House 13 Pago Plaza*

konservenfabriken, die mit ihren in die Bucht eingeleiteten Abfällen zu den größten Umweltsündern des Landes zählen.

Von der südlichen Hafenstraße zweigt links der Weg in Richtung Happy Valley ab, der zu Bunkern aus dem Zweiten Weltkrieg führt. Auf der Hauptstraße gelangt man in östlicher Richtung nach **Fagatogo,** dem Regierungssitz des Landes. Am Ortseingang steht das Gasthaus, in dem William Somerset Maugham seine Erzählung von der flotten, aus Honolulu stammenden Sadie Thompson spielen ließ. Aus der Kolonialzeit stammen auch die Polizeiwache, das Gerichtsgebäude und das ehemalige Verwaltungsgebäude der Marine, in dem nun das **Jean P. Haydon Museum** 1 untergebracht ist. Das 1973 eröffnete **Parlamentsgebäude** (Maota Fono Building) 2 verbindet traditionell-samoanische mit modernen Stilmitteln. Lebhaft geht es auf dem nahen Markt 3

zu. Etwas weiter in östlicher Richtung, gleich neben dem Container Dock, findet man die **Feliti Pacific Library** 4.

In Utulei am südöstlichen Hafeneingang befinden sich das Fremdenverkehrsamt 5, die Fernsehstation, die Regierungs- und Verwaltungsgebäude, die prächtige, aus dem Jahre 1903 stammende Residenz des Gouverneurs 6, eine Bibliothek 8, ein Sportplatz und das berühmte **Hotel Rainmaker** 7, von dessen Terrasse sich ein beeindruckender Blick auf die Bucht von Pago Pago bietet.

Inseltouren

Im Rahmen organisierter Touren, mit dem Leihwagen oder Taxi läßt sich Tutuila bequem in zwei bis drei Halbtagesausflügen erkunden. Mit Ausnahme weniger Stichstraßen ins gebirgige Landesinnere und zu einigen Dörfern an der Nordküste existiert nur die gut ausge-

Lust oder Frust?
»Kindheit und Jugend in Samoa«

Ende der 20er Jahre veröffentlichte eine junge Amerikanerin die Ergebnisse ihrer ersten ethnologischen Feldforschung auf der Manu'a-Gruppe in Amerikanisch- Samoa. Bereits kurz darauf avancierten sie zu einem Bestseller. Margaret Meads Buch »Coming of Age in Samoa« wurde in 16 Sprachen übersetzt und erschien in Deutschland unter dem Titel »Kindheit und Jugend in Samoa«. Die Autorin stellte mit ihrem Forschungsbericht über Samoa die westlichen Normen der Sexualmoral ebenso in Frage wie die Vorstellung, die Rollen von Mann und Frau seien von Geburt an festgelegt.

In den folgenden Jahrzehnten kamen immer wieder Zweifel an Meads Forschungsergebnissen auf, widerlegt wurden sie knapp 60 Jahre später durch den Neuseeländer Derek Freeman. Er befand nach jahrzehntelanger Forschung den Bericht seiner amerikanischen Kollegin als wissenschaftlich unhaltbar.

Margaret Mead war zu dem Schluß gekommen, daß die Probleme während der Adoleszenz nicht natürlich, sondern kulturell bedingt seien. Anders als in westlichen Gesellschaften verliefe diese Periode in Samoa angenehm und harmonisch, die Jugendlichen würden repressionsfrei aufwachsen, und Eifersucht, Konkurrenz und Schuldkomplexe wären den jungen Inselbewohnern fremd. Freeman entlarvte Meads Theorie als Wunschvorstellung. Statt freier, unverkrampfter Sexualität beobachtete er puritanische Sittenstrenge, fand den Jungfräulichkeitskult in Samoa extremer, Strafen drakonischer, den Konkurrenzkampf härter und die rangbewußte Gesellschaft autoritärer ausgeprägt als in anderen Kulturen.

Trotzdem ist Margaret Meads Buch lesenswert; seine Wirkung in den USA und Europa war groß, denn trotz der falschen Beobachtungen zeigte es ja Alternativen zu autoritären Erziehungsmustern auf.

Tutuila

109

baute südliche Küstenstraße. Die kurvenreiche Strecke verbindet Fagamalo im Westen mit Onenoa am Ostende der Insel. Von der Paßstraße nach Fagasa an der gleichnamigen Bucht führt ein schöner Wanderweg auf den 491 m hohen Mt. Alava, wo sich den Gipfelstürmern ein fantastisches Panorama bietet. Das Gebiet gehört zum Nationalpark, der sich zwischen Fagasa im Westen und Afono im Osten entlang der Maugaloa Ridge nach Norden erstreckt.

Zum Ostkap von Tutuila
Die nördliche Hafenstraße führt von Fagatogo zum Dorf **Aua**. Herrliche Ausblicke auf die Insel bieten sich während einer Wanderung auf den bekanntesten

Berg Amerikanisch-Samoas, den Mt. Pioa, auch **Rainmaker** genannt. Von Aua aus gelangt man über eine steile Paßstraße zur Nordküste mit ihren fjordähnlichen Buchten und den beiden malerisch gelegenen Dörfern **Afono** und **Vatia**. Bei Vatia ragt eine bizarre Bergkette ins Meer hinein, der Cock's Comb (Hahnenkamm). Ihm vorgelagert ist die kleine Insel Pola, deren über 100 Meter hohen Klippen senkrecht aus dem Meer ragen.

In südlicher Richtung gelangt man von Aua zum Aussichtspunkt **Breaker's Point,** einer Geschützstelle aus dem Zweiten Weltkrieg. Einer der schönsten Strände entlang der Küstenstraße bis zum Ostkap ist der **Alega Beach** östlich von Avaio. Kurz hinter Faga'itua zweigt an der schmalsten Stelle der Insel nach Norden eine weitere, sich später gabelnde Paßstraße ab. Die rechte Abzweigung führt zu den Dörfern **Masausi** und **Sa'ilele** mit ihren herrlichen Sandstränden, die linke nach **Masefau** an der gleichnamigen Bucht. Von **Au'asi** an der Küstenstraße legen Boote zur nur etwa 2 km² großen, bewohnten, autofreien Insel Aunu'u ab. Einsame weiße oder goldfarbene Sandstrände begleiten die Küstenstraße zwischen den Dörfern Tula und Onenoa, wo sie endet.

Zum Westkap von Tutuila

Auf dem Weg von Pago Pago zum Westkap der Insel erreicht man zunächst die Bucht bei **Faga'alu,** die sich gut zum Schnorcheln eignet. Unweit der katholischen Kirche in **Tafuna** befindet sich einer der zahlreichen und in diesem Falle guterhaltenen Erd- oder Steinhügel (Star Mounds) in Samoa, die in prähistorischer Zeit von religiöser Bedeutung waren und dem Häuptlingen vorbehaltenen Sport des Taubenfangens dienten (Auskunft erteilt das American Samoa Historic Preservation Office). Folgt man der Straße zum internationalen Flughafen, führt nach dem Golfplatz bei 'Ili'ili eine Stichstraße nach **Vaitogi,** das an einer zerklüfteten schwarzen Lavaküste liegt. Hier spielt eine berühmte Legende um einen Hai und eine Schildkröte, die in vielerlei Versionen erzählt wird. Wenn Touristen im Rahmen einer

Tutuila

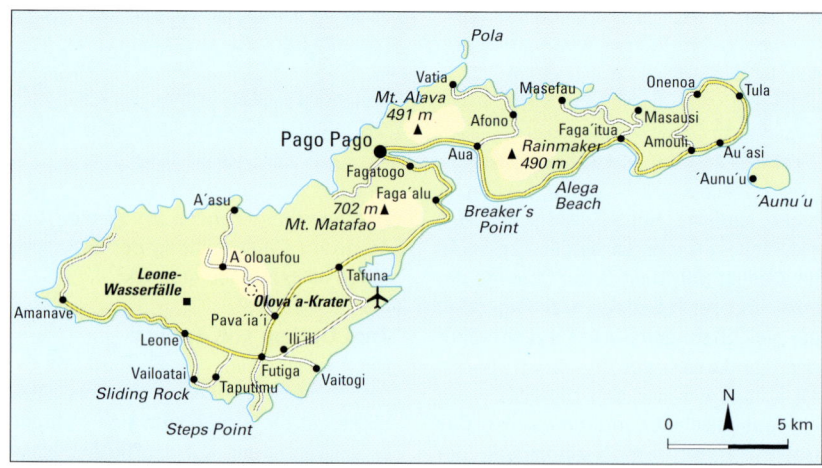

Blick auf den Rainmaker

Inseltour den Ort besichtigen, rufen Kinder aus dem Dorf bis heute am Meer nach Hai und Schildkröte. Im Jahre 1925 verbrachte Margaret Mead hier ein paar Wochen, bevor sie ihre umstrittene Studie über Adoleszenz auf der Manu'a-Gruppe begann (s. S. 109).

In der ehemaligen Hauptstadt **Leone** mit ihren zwei imposanten Kirchen erinnert ein Denkmal an Reverend John Williams, den ersten Missionar, der hier am 18. Oktober 1832 an Land ging. Von der katholischen Kirche des Dorfes führt ein Weg zu den rund 2 km entfernten Wasserfällen. Die Umgebung ist von besonderer archäologischer Bedeutung. Artefakte, die hier aus dem Basaltgestein gefertigt wurden, fand man u. a. auf den Salomonen, was vermuten läßt, daß Tutuila einst ein wichtiges Handelszentrum dieser Region war.

Der **Sliding Rock** bei Vailoatai südlich von Leone sowie das **Fagatele Bay Marine Sanctuary** sind ebenfalls lohnende Ausflugsziele. Das seit 1986 unter Naturschutz stehende Meeresschutzgebiet ist nur per Boot zu erreichen (Kon-

takt: Marine and Wildlife Resources Office, Fagatogo).

Bei Pava'ia'i biegt eine kleine Straße vorbei am Olova'a-Krater ins Inselinnere ab und endet in A'oloaufou. Von dort erreicht man nach einer rund einstündigen, etwas beschwerlichen, aber lohnenden Wanderung das Dorf **A'asu** an der **Massacre Bay.** Der Name dieser Bucht und ein Denkmal im Ort erinnern an die elf französischen Besatzungsmitglieder zweier Expeditionsschiffe unter der Leitung von La Perouse, die bei einem Landgang im Dezember 1787 von Einheimischen getötet wurden. Daß die Europäer ihrerseits 39 Samoaner ermordeten, erwähnt die Inschrift des Gedenksteins nicht.

Cape Taputapu ist der westlichste Punkt von Tutuila. Bei Amanave windet sich die Straße hoch nach Fagamalo, und immer wieder öffnet sich der Blick auf die überwiegend unzugängliche Nordküste der Insel.

Die Cook-Inseln

Gesellschaft und Kultur

Eine Staatsform als Lebensversicherung

Die Cook-Inseln, benannt nach dem großen Forschungsreisenden des 18. Jh. (s. S. 43), werden offiziell definiert als ›alle Inseln zwischen dem 8. und 23. südlichen Breitengrad und dem 156. und 167. westlichen Längengrad‹: 15 Inseln mit einer Gesamtfläche von nur 240 km^2 verteilt über ein Seegebiet von 2,2 Mio. km^2 – nahezu um die Hälfte kleiner noch als die Stadt Bremen, verstreut auf einer Fläche, die mehr als sechsmal so groß ist wie die Bundesrepublik.

Die rund 18 000 Bewohner dieser Insel sind Polynesier, eng verwandt mit den Maori Neuseelands. Sie sprechen einen Maori-Dialekt. Zu Beginn des Jahrhunderts annektierte der ›große

Die Cook-Inseln

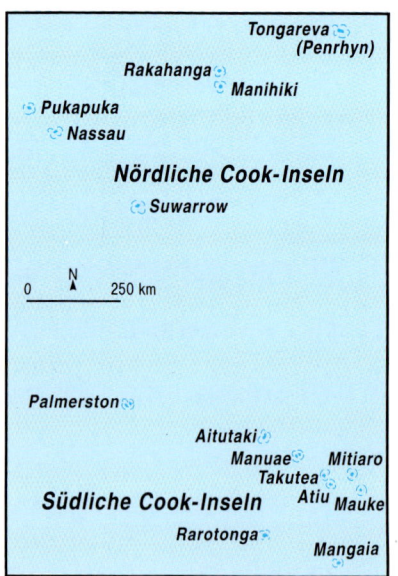

Bruder‹ die Cook-Inseln und verwaltete sie mehr als fünf Jahrzehnte lang. Dann jedoch bot Neuseelands Regierung den ›Cookies‹, wie sie liebevoll genannt werden, vier Optionen für eine zukünftige Unabhängigkeit an. Das Inselparlament wählte den Status der freien Assoziierung, d. h.: innere Autonomie und Recht auf eine einseitige Unabhängigkeitserklärung für die Inselbewohner, während Neuseeland weiterhin die Verteidigungs- und außenpolitischen Interessen der Cook-Inseln wahrnimmt und sich zur finanziellen Unterstützung verpflichtet. Dieser Kooperationsvertrag beinhaltet auch, daß die Cook Islanders die neuseeländische Staatsangehörigkeit besitzen.

Kein Wunder also, daß sich die Inselbewohner für diese Variante der Dekolonialisierung entschieden, berechtigt sie doch der neuseeländische Paß zum uneingeschränkten Aufenthalt, zur Arbeitssuche und zum Bezug von Sozialleistungen in Neuseeland. Seit Jahren stellt die Emigration nach Neuseeland die einzige Möglichkeit für junge Cook Islanders dar, eine Existenz aufzubauen. Mehr als 31 000 von ihnen leben mittlerweile in Neuseeland, fast doppelt so viele wie auf den heimatlichen Inseln selbst.

Wegen der anhaltenden Wirtschaftskrise in Neuseeland und den ständig steigenden Arbeitslosenzahlen ist es für die Bewohner der Pazifikstaaten problematisch geworden, in das Land der ›Kiwis‹ einzureisen oder gar eine Arbeitserlaubnis zu erhalten. Anders für die Cook Islanders: Die jetzige Staatsform schließt gewissermaßen eine Lebensversicherung für die kleine, aus 15 Eilanden bestehende Nation ein, und kein Inselpolitiker käme ernsthaft auf die

Idee, an diesem Status zu rütteln. Wer will schon völlig unabhängig, aber kaum lebensfähig sein? Eine schwere ökonomische Krise, nicht zuletzt bedingt durch Mißwirtschaft und Korruption, veranlaßte die Regierung des Inselstaates zu massivem Stellenabbau: 2000 Menschen verloren ihren Job, Tausende wanderten aus. Zwischen 1995 und 1998 ging die Bevölkerungszahl von 22 500 auf 16 500 zurück. Viele Jugendliche gehen vorzeitig von der Schule, Lehrer mußten extreme Kürzungen ihrer Gehälter hinnehmen.

Die Kunst des Tanzens

Zu den wohl nachhaltigsten Eindrücken eines Aufenthaltes auf den Cook-Inseln gehören die Musik- und Tanzdarbietungen. Zu Recht berühmt sind die Trommelorchester und die bis zu achtstimmigen Gesänge der Einheimischen. In den

Die Lagune von Aitutaki ▷

Tänzen werden Legenden oder Szenen aus dem täglichen Leben ›erzählt‹.

Charakteristisch sind die je nach Art des Tanzes schnellen oder anmutig-graziösen Hüftbewegungen der Frauen und das schnelle Öffnen und Schließen der Beine der Männer. Die Armbewegungen illustrieren den gesungenen Liedtext. Von Gesang begleitete Tänze sind zumeist langsamer als die lebhaften ›Trommeltänze‹. Deutlich steht bei dem von einem Paar vorgetragenen *tamure* der allen Tänzen eigene erotische Charakter im Vordergrund. Die unverhüllte Erotik der Tänze schockierte die ersten europäischen Missionare.

Die Feiern anläßlich des Unabhängigkeitstages im August oder das Dancer of the Year Festival im April mit seinen Wettbewerben sind ideale Gelegenheiten, um Musik und Tanz auf den Inseln zu erleben. Doch auch die abendlichen

Kultur

115

Die Cook-Inseln im Überblick

Lage:	Zwischen 156° und 167° westlicher Länge und 8° bis 23° südlicher Breite
Landfläche:	240 km^2
Meeresfläche:	2,2 Mio. km^2
Anzahl der Inseln:	15
Einwohner:	18 547
Hauptstadt:	Avarua auf Rarotonga
Bevölkerungsstruktur:	90 % Polynesier, der Rest Europäer und Asiaten
Religion:	Etwa 70 % Protestanten, 10 % Katholiken, der Rest Adventisten, Mormonen, Zeugen Jehovas und Baha'i
Staatsform:	Selbständiger Staat in freier Assoziierung mit Neuseeland Parlament mit 25, Häuptlingsrat (House of Ariki) mit 15 Mitgliedern (beratende Funktion)
Premierminister:	Dr. Joe Williams
Parteien:	Cook Islands Party (CIP), Democratic Alliance ›DA‹, New Alliance (NA)
Wirtschaft:	Tourismus, Landwirtschaft, Kleinindustrie. Hauptexportprodukte: Kokosprodukte, schwarze Perlen

Floorshows der größeren Hotels vermitteln zumindest einen Eindruck von der Kunst des Tanzens auf den Cook-Inseln.

Daten zur Geschichte

Um 500 n. Chr. Vermutlich erste Besiedlung.

1595 Alvaro de Mendaña entdeckt Pukapuka.

1606 Pedro Fernández de Quirós landet auf Rakahanga.

1773–77 James Cook lokalisiert fünf der neun südlichen Inseln.

1814 Der russische Seefahrer und Kartograph Mikhail Lazarev gibt der Inselgruppe ihren heutigen Namen.

1821 Beginn der Missionierung durch die London Missionary Society.

1888 Neuseeland erklärt die Inselgruppe zu seinem Protektorat.

1901 Die Cook-Inseln werden von Neuseeland annektiert.

1945 Gründung des ›Cook Islands Legislative Council‹ sowie der ›Cook Islands Progressive Association‹, später in ›Cook Islands Party‹ (CIP) umbenannte Partei unter Sir Albert Henry.

1965 Unabhängigkeit in freier Assoziierung mit Neuseeland und erste nationale Wahlen. Sir Albert Henry wird Regierungschef.

1972 Dr. Thomas Davis gründet die Oppositionspartei ›Democratic Party‹.

1978 Wahlmanipulation durch Sir Albert Henry. Dr. Davis wird neuer Premier.

1983 Wahlsieg der CIP. Sir Geoffrey A. Henry, ein Neffe A. Henrys, wird neuer Premierminister.

1988 Der 1987 wiedergewählte Dr. Davis wird seines Amtes enthoben und Pupuke Robati als Übergangsregierungschef eingesetzt.

1989 Wahlsieg der CIP, Sir Geoffrey A. Henry wieder Premierminister. Einführung des Fernsehens.

1999 Bei den Parlamentswahlen gewinnt die DA 11, die CIP 10 und die NA 4 Sitze. Dr. Joe Williams wird neuer Premierminister.

Unterwegs auf den Cook-Inseln

Von Korallenriffen umgebene Vulkaninseln mit hochaufragenden Bergen, flache Eilande und (fast) noch vergessene Atolle, eine üppige Tropenvegetation, von Palmen umsäumte, weiße oder goldgelbe Strände ... Die Cook-Inseln – klein, aber fein!

»Besuche den Himmel während Deines Erdendaseins«, so lautet der Slogan des Fremdenverkehrsamtes in Avarua. Doch ›paradiesisch‹ schön sind andere Inselstaaten im Südpazifik auch. Also suchten die ›Cookies‹ nach einer speziellen Zielgruppe, um ihre Inseln zu vermarkten, und fanden sie auch: die heiratswilligen Liebespaare. An reizvollen Orten werden Hochzeitszeremonien arrangiert. Brautpaar, Pfarrer und Gäste (Trauzeugen können, falls nicht mitgereist, auch gestellt werden) werden per Kanu auf eine kleine Insel befördert. Zur ›Luxushochzeit‹ gibt es ein Streichorchester obendrein. Bei der Variante ›Flitterwochen-Abenteuer‹ wird das Brautpaar samt Picknickkorb für einen Tag zu einer einsamen Insel gebracht – ein nicht eben preiswertes, aber besonderes Vergnügen, auf diese Art den Bund fürs Leben zu schließen. Doch lohnt sich der Besuch des ›Last Heaven on Earth‹ auch für jene, die nicht zu dieser Zielgruppe gehören.

Rarotonga

Landfläche: 65 km², Einwohner: knapp 10 000, Hauptstadt: Avarua, höchste Erhebung: Te Manga mit 653 m (S. 299 ff.)

Die Hauptinsel der Cook-Inseln wird zu Recht ›Blumeninsel‹ genannt. Der fruchtbare flache Küstenstreifen gleicht mit seiner Vielfalt tropischer Nutzpflanzen einem großen Garten. Die steil aufragenden Berge im Inselinneren sind von üppiger Vegetation bedeckt. Rarotonga (zu deutsch: ›weiter südlich‹) wird von zwei Straßen umrundet. Neben der etwa 32 km langen asphaltierten Küstenstraße existiert noch die alte, ursprünglich aus Korallengestein gebaute Ara Metua, die weiter im Inselinneren verläuft. Entlang dieser vor mehr als 1000 Jahren angelegten Straße befinden sich Überreste von *marae,* den heiligen Stätten, die im Zuge der Missionierung zerstört wurden.

Avarua

Avarua gleicht mit seinen etwa 4500 Einwohnern eher einem großen Dorf: Ein Kreisverkehr, ein paar Geschäfte und Büros entlang der Hauptstraße (Ara

Avarua   1 National Museum   2 National Library   3 Historical Society   4 Universität   5 Cook Island Christian Church   6 Pare O Tane – Residenz der Ariki Makea Takau   7 Post   8 Banana Court Bar   9 Fremdenverkehrsbüro   10 Bushaltestelle   11 Markt   12 Telecom   13 Perfume Factory

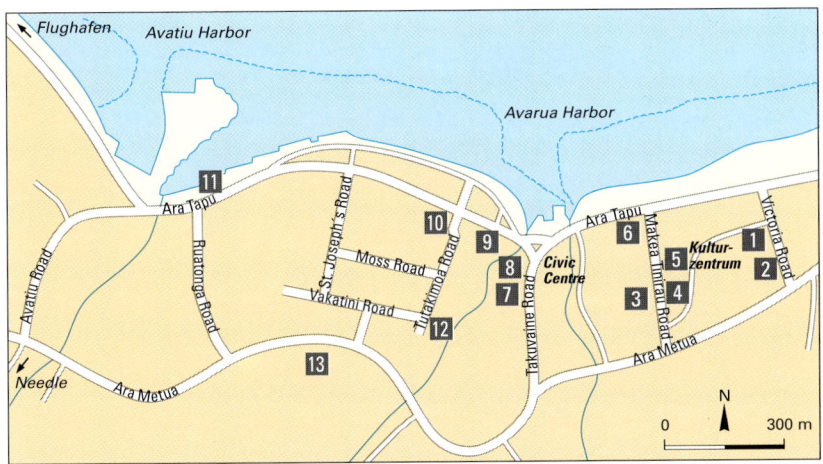

Tapu) sind die einzigen hauptstädtischen Attribute. Zu dem 1992 eröffneten Sir Geoffrey Henry Culture Centre gehört außer einem Auditorium das **National Museum** 1 mit Exponaten der Cook-Inseln und des Südpazifiks noch die **National Library** 2. Darüber hinaus beherbergt das Kulturzentrum die National Archives und das Ministry of Cultural Development. Eine interessante kleine Sammlung zeigt auch das **Museum der Historical Society** 3, dem eine Bibliothek angeschlossen ist. Gegenüber befindet sich eine Zweigstelle der **Südpazifik-Universität** 4. Nebenan steht die malerische, im Jahre 1855 erbaute Kirche der **Cook Islands Christian Church** 5. Auf dem angrenzenden Friedhof wurde Albert Henry begraben. Die Grabstatue des ersten Premierministers der Cook-Inseln wird von Verehrern mit Blumenkränzen geschmückt. Gegen-

über erblickt man die Ruine der einstigen **Residenz der Ariki Makea Takau** 6, der an der Wende vom 19. Jh. zum 20. Jh. lebenden ›Königin von Rarotonga‹.

Inselrundfahrt

Von Avarua aus führt die etwa 32 km lange Küstenstraße (Ara Tapu) in westlicher Richtung zunächst am Flughafen und am Parlamentsgebäude vorbei zum Lavafelsen **Black Rock** 1. Nach der Mythologie der Cook Islanders ist dies der Ort, von dem die Seelen der Verstorbenen ihre Reise nach *avaiki,* der Urheimat der Polynesier, antreten.

Im **Cook Islands Cultural Village** 2 in **Arorangi** erfährt der Besucher etwas über die Geschichte des Landes, über traditionelles Handwerk und polynesische Medizin. Schließlich wird man mit einem landestypischen Mittagessen aus dem Erdofen verköstigt und mit

Rarotonga

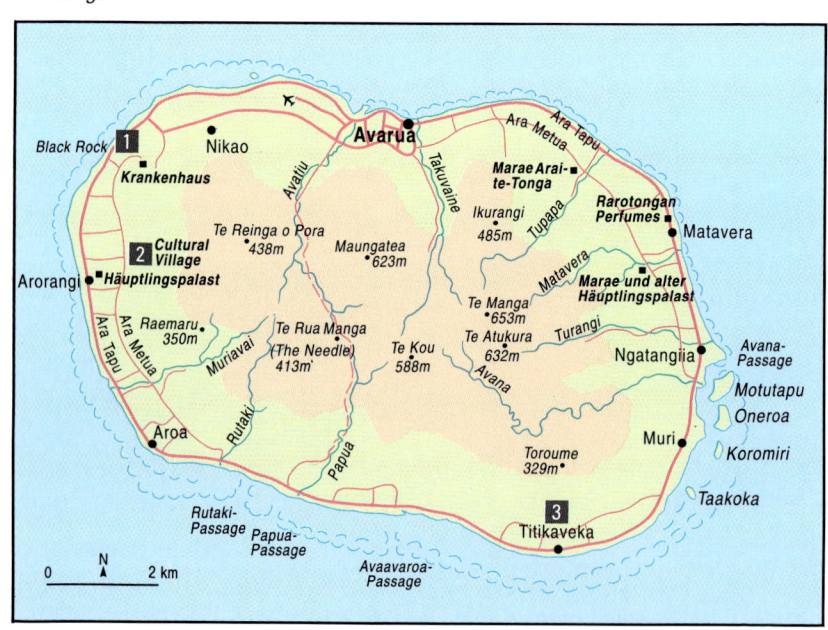

Am Hafen von Avatiu

Tänzen unterhalten. Auf dem Friedhof von Arorangi ist Papeiha begraben, einer der beiden tahitianischen Missionare, die mit John Williams im Jahre 1821 auf die Cook-Inseln kamen.

In der Lagune bei **Titikaveka** 3, einem malerisch gelegenen Dorf mit Kirche aus dem Jahre 1841, läßt es sich hervorragend schnorcheln. Da es in Titikaveka eine große Adventistengemeinde gibt, die ihren Sabbat am Freitag feiert, bekommt man hier sonntags frisches Baguette. Und Papa Joe's verkauft die besten selbstgebackenen Kekse auf Rarotonga.

Muri Beach ist der schönste Strand der Insel mit herrlichem Ausblick auf die Lagune und ihre *motu.*

Der Legende nach brachen von **Ngatangiia** Mitte des 14. Jh. sieben Kanus auf, um das 3000 km entfernte Neuseeland zu besiedeln.

Der heiligste Kultplatz der Insel mit rund 800 Jahre alten polynesischen Steinbauten ist der **Marae Arai-te-Tonga.** Hier werden auch heute noch die *ariki,* die höchsten Häuptlinge, feierlich inthronisiert.

Auf dem **Cross Island Track** kann man in etwa 2,5 Stunden vorbei an der Felsspitze Te Rua Manga (The Needle) quer über die Insel wandern. Fünf weitere Wanderrouten und botanische Exkursionen sind als Ergebnis des Cook Islands Natural Heritage Project in dem Führer »Rarotonga's Mountain Tracks and Plants« beschrieben, das in Buchläden und Hotel-Shops erhältlich ist.

Aitutaki

Landfläche: 20 km², Einw.: etwa 2000, größter Ort: Arutanga, höchste Erhebung: Mt. Maungapu mit124 m (S. 298 f.)

Diese zur Südgruppe zählende Insel liegt 225 km nördlich von Rarotonga. Ai-

tutaki ist von der vielleicht schönsten Lagune des Pazifiks umgeben und besitzt herrlich-weiße Traumstrände auf den zwölf unbewohnten *motu* im Osten und Süden. Der knapp einstündige Flug mit einer Propellermaschine der Air Rarotonga lohnt sich auch für einen Tagesausflug. Die beiden Landebahnen des im Verhältnis zur Inselgröße geradezu riesigen Flugplatzes wurden von den Amerikaner während des Zweiten Weltkrieges gebaut.

Ein Aufenthalt auf Aitutaki bedeutet Erholung pur: Bootsausflüge zu den *motu,* Riffwanderungen, Erkundung der rund 7 km langen Insel mit dem Fahrrad, ein Spaziergang auf den124 m hohen Mt. Maungapu. Ein besonderes Erlebnis ist der Besuch eines Gottesdienstes in der ältesten Kirche der Cook-Inseln, der im Jahre 1821 erbauten Kirche in Arutanga. Die Frauen tragen zu diesem Anlaß kunstvoll geflochtene, weiße Hüte, und die schönen protestantischen Hymnen werden von der Gemeinde vierstimmig voller Inbrunst gesungen. Die Post im Hauptort verkauft die nur auf Aitutaki erhältlichen Briefmarken.

Weitere Inseln der Südgruppe

Atiu liegt 187 km nordwestlich von Rarotonga. Die Siedlungen der mit 14,8 km^2 drittgrößten Insel der Cooks befinden sich auf einem 71 m hohen Zentralplateau. Ein nahezu geschlossenes Korallenriff säumt Atiu. Auf der Insel gibt es zahlreiche Kalksteinhöhlen. Die Tikitaki-Höhle im Südwesten wird von *kopekas,* schwalbenartigen Vögeln, bewohnt.

Mauke, 241 km nordöstlich von Rarotonga gelegen, besitzt mehrere schöne, weiße Sandstrände, die sich jedoch nur eingeschränkt zum Schwimmen eignen.

Mitiaro, von knapp 300 Menschen bewohnt, liegt 229 km nordöstlich von Rarotonga. In dem salzigen Inlandsee ist der Mitiaro-Aal, *itiki,* beheimatet, der im ganzen Archipel als Delikatesse gilt.

Auf **Mangaia,** 177 km von Rarotonga entfernt und 57 km^2 groß, leben rund 1200 Menschen. Die südlichste der Cook-Inseln ist vulkanischen Ursprungs, der höchste Berg erhebt sich 169 m über den Meeresspiegel. Sehenswert sind die großen Kalksteinhöhlen.

Französisch-Polynesien

Ein ›Paradies‹ mit Geschichte

Inseln und Atolle

Die 120 Inseln und Atolle Französisch-Polynesiens liegen über eine Meeresfläche verstreut, die annähernd so groß ist wie Europa. Mit Ausnahme des Tuamotu-Archipels, dessen karge Atolle sich nur wenige Meter über den Meeresspiegel erheben, sind die Inseln vulkanischen Ursprungs. Wildes, zerklüftetes und überwiegend dichtbewaldetes Bergland beherrscht das Innere, Städte und Dörfer liegen in den fruchtbaren Küstenniederungen. Den Marquesas-Inseln 1500 km nordöstlich von Tahiti fehlen die schützenden Korallenriffe und Lagunen, welche die Eilande der restlichen Inselgruppen umgeben. Schroff und abweisend erheben sich steile Bergwände und felsige Küsten, allein die schmalen und abgeschlossenen Täler bieten den Polynesiern dort Siedlungsraum. Im Gegensatz zu den hohen spitzen Gipfeln der Marquesas- und Gesellschafts-Inseln sind die Vulkanberge der über 1500 km südlich der Hauptstadt gelegenen Austral-Inseln schon erheblich abgesunken. Das Atomtestgebiet mit den beiden Atollen Moruroa und Fangataufa befindet sich rund 1000 km,

Französisch-Polynesien: die Inseln

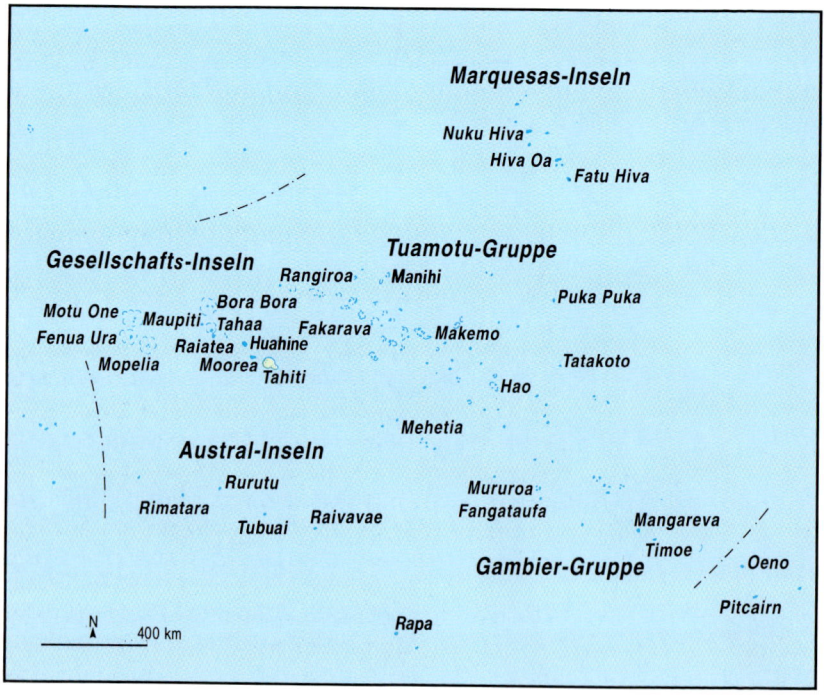

Mangareva am östlichen Rand Französisch-Polynesiens etwa 1600 km von Papeete entfernt. Die Hauptstadt liegt ungefähr in der Mitte zwischen Nordamerika und Australien: 5390 km östlich von Sydney und 6520 km südwestlich von Kalifornien. Tahiti und Moorea sind die beiden größten ›Inseln über dem Wind‹, Huahine, Raiatea und Bora Bora gehören zu den ›Inseln unter dem Wind‹ und bilden die westlichste Gruppe des Archipels. Die Gesellschafts-Inseln liegen nicht nur geographisch im Mittelpunkt Polynesiens: In voreuropäischer Zeit waren sie ein bedeutendes Zentrum polynesischer Kultur. Zur Zeit der europäischen Entdeckung lebten hier schätzungsweise 40 000 Menschen.

Aufstieg und Fall der Pomare-Dynastie

Die tahitische Gesellschaft, wie sie sich zum Ende des 18. Jh. darstellte, hatte die ausgeprägt hierarchische Struktur einer Aristokratie mit monarchischen Zügen. Nur auf den Marquesas-Inseln bemaß sich der Status auch nach Leistungen und Fertigkeiten. Ein Häuptling mußte sich insbesondere in der Kunst der Kriegsführung hervortun. Auf den Gesellschafts-Inseln waren Macht, Prestige und der Besitz von Mana (s. S. 37) ausschließlich genealogisch bestimmt, ein sozialer Aufstieg unmöglich. In gewissem Maße spiegelte sich in der feudalistischen Gesellschaftsstruktur die hierarchische Ordnung der Götter wider,

Französisch-Polynesien im Überblick

Lage:	131°–156° westlicher Länge, 7°–29° südlicher Breite
Landfläche:	4167 km^2
Meeresfläche:	4,5 Mio. km^2
Anzahl der Inseln:	120
Einwohner:	219 521
Hauptstadt:	Papeete auf Tahiti
Bevölkerungsstruktur:	68,5 % Polynesier, 14,2 % *demis* (Nachkommen von Maohi und eur. Einwanderern), 11,6 % Europäer, 4,5 % Chinesen.
Religion:	55 % Protestanten, 30 % Katholiken, 5 % Mormonen, 3 % Siebenten-Tags-Adventisten, 3 % Zeugen Jehovas
Staatsform:	Französisches Territoire d'Outre Mer/T.O.M.: Conseil du Gouvernement (Regierungsrat, 7 Mitglieder), Assemblée territoriale (Territorialversammlung, 41 Sitze); 2 Vertreter in der Nationalversammlung und 1 Vertreter im Senat in Paris; Regierungspräsident: Gaston Flosse (RPR)
Parteien:	Tahoeraa Huiraatira/Rassemblement pour la République (RPR), Tavini Huiraatira/Serviteur du Peuple, Ai'a Api/Nouvelle Patrie, Fetia Api/Nouvelle Etoile, Avei'a Mau/Vrai Cap, Liste Alliance 2000, Te Henua Enata Kotoa
Wirtschaft:	Tourismus, Perlenzucht, Dienstleistungen, Kleinindustrie. Hauptexportprodukte: Schwarze Zuchtperlen, Kokosöl, Vanille

Honu Tahiti
Die Schildkröten sind bedroht

Die beiden bekanntesten Arten der in Polynesien vorkommenden Meeresschildkröten sind die Suppenschildkröte *(Chelonia Mydas)* und die kleinere Karettschildkröte *(Eretmochelys imbricata).* Die größte Gefahr für die vom Aussterben bedrohten Tiere geht von den Treibnetzen aus. Sie werden für die Schildkröten auf ihren langen Wanderungen durch den Pazifischen Ozean zu tödlichen Fallen. Auch die Jagd auf das begehrte Fleisch und das Schildpatt dezimiert den Bestand der Meeresbewohner immer weiter. 1971 trat ein Gesetz in Kraft, das die Fangquoten für Schildkröten reduzierte und den kommerziellen Handel verbot.

Infolgedessen stiegen die Preise für illegal gehandelte Tiere auf ein Vielfaches. Seit 1992 ist der Fang von Schildkröten grundsätzlich untersagt, die Preise auf dem Schwarzmarkt sind weiter gestiegen. Zwar drohen mittlerweile hohe Strafen, doch die Kontrollen sind bei weitem nicht effektiv genug, um Plünderern das Handwerk zu legen. Refugien wie etwa Fenua Ura, eines der unter Naturschutz stehenden Atolle westlich von Tahiti, sind vor Wilderern nicht sicher.

Schildkröten sind ausgezeichnete Taucher und schnelle Schwimmer, werden aber zur leichten Beute, wenn die Weibchen in den Monaten zwi-

als deren direkte Nachfahren sich die Adligen begriffen.

Die Gemeinen *(manahune)* besaßen keinen eigenen Grund und Boden. Sie lebten und arbeiteten auf den Ländereien der Häuptlinge, wo sie erbliche Nutzungsrechte besaßen. Die Dienerschaft der Vornehmen *(tautau),* manchmal auch als Sklaven bezeichnet und den Adelsfamilien über Generationen verbunden, waren den Gemeinen noch nachgeordnet.

Zwischen dem gemeinen Volk und dem Adel standen die *ra'atira.* Obgleich den Häuptlingen gegenüber tributpflichtig und für die Umsetzung ihrer Anweisungen verantwortlich, verfügten sie als wirtschaftlich unabhängige Grundbesit-

zer über erhebliche Ressourcen. Dabei hatten sie nicht nur Kontrolle über das Volk, sondern in ihrer Funktion als Berater auch erheblichen Einfluß auf die Häuptlinge. Dem ›Mittelstand‹ gehörten gewöhnlich auch die Priester und Spezialisten wie Bootsbauer, Steinmetze und Fischfangmeister an, die als angesehene Experten ihres Handwerks häufig im Dienste der Adligen standen.

Die Oberschicht bildeten die *ari'i,* autonome Distrikthäuptlinge, die oftmals miteinander verwandten Adelsfamilien entstammten. An der Spitze der Hierarchie standen die aufgrund ihrer Abstammung von den genealogisch ältesten Familien noch höher geachteten Großfürsten, die *ari'i rahi.* Rang und Titel verschen November und Februar zur Eiablage an Land kommen. Nur wenige der vom warmen Sand ausgebrüteten Jungen erreichen das Erwachsenen- oder gar Greisenalter von über 100 Jahren. Nur ein Teil schafft den Weg zum Wasser, und viele der zarten Geschöpfe fallen im Meer ihren Feinden zum Opfer. Am massivsten ist der Nachwuchs jedoch vom Menschen bedroht: Die Spuren im Sand führen die Nesträuber zu den Gelegen mit ihren 80 bis 200 Eiern – eine Delikatesse der Inselbewohner.

In voreuropäischer Zeit war die Schildkröte ein heiliges Tier für die Polynesier. In mündlichen Überlieferungen ebenso wie in Felsbildern manifestiert sich ihre besondere Bedeutung. Überall in Französisch-Polynesien wurden Petroglyphen mit Darstellungen von Schildkröten gefunden. Entsprechend der strengen Riten, welche die Beziehung zwischen Menschen und Natur regelten, wurden auch

Schildkröten nur zu bestimmten Zeiten gejagt. Wenn sie sich zur Paarungszeit vor den Küsten versammelten, gereichte es einem Fischer zur Ehre, seinen Fang mit dem Lasso oder gar bloßen Händen einzubringen. Die Schildkröten wurden auf dem *marae* getötet und nur von den *ari'i* gegessen. Pomare II. brach erstmals das Tabu, als er nach seiner Konvertierung eine Schildkröte öffentlich an einem profanen Ort braten ließ. Daß er diesen Sakrileg heil überstand, war offensichtlich dem Gott der Weißen zuzuschreiben, denn nach traditioneller Auffassung hätte Pomare dieses Vergehen mit Krankheit oder Tod bezahlen müssen.

Mit dem wachsenden Einfluß der neuen Religion wurden die schützenden Bräuche nach und nach aufgegeben. Im Geschäft mit den europäischen Händlern erwies sich Schildkrötenfleisch bald als ebenso lukrativ wie Perlmutt und Kopra zu Beginn des 19. Jahrhunderts.

erbten sich auf den erstgeborenen Sohn oder gelegentlich auf die älteste Tochter. Ebenso wurde der mit roten Federn besetzte Gürtel aus Rindenbaststoff *(maro 'ura)*, Symbol der höchsten Häuptlingswürde, an die nachfolgende Generation weitergegeben. Die *ari'i rahi* genossen zwar höchstens gesellschaftliches und religiöses Ansehen, innerhalb ihres eigenen Distrikts waren aber die *ari'i* Herr über Land und Eigentum des von ihnen regierten Volkes. Auf Tahiti und den benachbarten Inseln läßt die Siedlungsstruktur noch erkennen, daß die Menschen nicht in Dorfgemeinschaften, sondern in Gehöften und Weilern lebten.

Zu der Zeit, als die ersten Europäer auf Tahiti landeten, stritten sich einfluß-

reiche *ari'i* um die Vorherrschaft auf den Gesellschafts-Inseln. Im Kampf um die Macht bedienten sich die Häuptlinge ausländischer ›Berater‹, mit deren Wissen und Waffen sie strategische Vorteile gegenüber ihren Konkurrenten zu erringen suchten. So konnte es geschehen, daß desertierte Matrosen zu Heerführern im Dienste des polynesischen Adels aufstiegen. Gleichzeitig begünstigten die Europäer bestimmte Häuptlingsfamilien – wie die des Adligen Tu, dessen Herrschaftsgebiet die Bucht von Matavai und damit den bevorzugten Ankerplatz der Fremdlinge miteinschloß. Von Tu freundlich empfangen, titulierten ihn die Europäer kurzerhand als ›König von Tahiti‹. Mit der Inthronisierung von

Polynesierinnen im Tiki Théâtre Village (Moorea)

Tu als König Pomare I. im Jahre 1793 wurde der Grundstein des Herrscherhauses Pomare gelegt.

Durch Heiratsverbindungen mit den Großfürstenhäusern auf den Inseln unter dem Wind gelang es der Pomare-Familie, ihre Position weiter zu stärken. Pomare II. mußte zwar in dem wiederaufflammenden Bürgerkrieg eine Niederlage hinnehmen und sich ins Exil nach Moorea retten, wohin ihm fünf Jahre später auch die britischen Missionare folgten. 1812 jedoch konnte er seine politischen Widersacher endgültig bezwingen und der Mission zum Durchbruch verhelfen. Im Unterschied zu seinen Gegenspielern, die Anhänger des Gottes 'Oro waren, ließ sich Pomare II. zum Christentum bekehren. Nach einer nur wenige Jahre dauernden Blütezeit, in der er mit Unterstützung der Missionare seine Machtstellung sicherte, läutete sein Tod 1821 den Fall der Pomare-Dynastie ein.

Eigenmächtig ernannten die britischen Missionare den vierjährigen Sohn des Verstorbenen zum König, nach seinem Tod noch im Kindesalter kürten sie seine jüngere Schwester zur Nachfolgerin. Aber Pomare IV. *vahine* entsprach nicht den in sie gesetzten Erwartungen und entzog sich dem Einfluß der Kirche. Mit drakonischen Gesetzen versuchten die Missionare die politische Entwicklung in ihrem Sinne zu forcieren. So wurden beispielsweise der Kirchenbesuch für obligatorisch erklärt, Abgaben an die Mission eingefordert, Verstöße gegen europäische Sitten hart bestraft und schwere Verbrechen sogar mit der Todesstrafe geahndet – auf Raiatea, einer ›heidnischen‹ Hochburg, fiel darunter auch die Ausübung der traditionellen Religion. Doch ungeachtet der strengen Verbote lebten alte Bräuche wieder auf, etwa das Tatauieren oder die ausgelassenen Feste des *orioi*-Ordens, der dem Gott 'Oro huldigte. Raiatea entwickelte sich zum Zentrum religiösen und politischen Widerstandes gegen das Christentum und französische Kolonisten. Die *mamaia*-Bewegung, die Inhalte der alten Religion mit einer christlichen Heilserwartung verband und für die Vertreibung der Briten von den Inseln eintrat, fand großen Zulauf und konnte auch auf Tahiti Fuß fassen. Nach blutigen Kämpfen wurden die Überlebenden der Bewegung 1833 vor Gericht gestellt und zu Zwangsarbeit und Verbannung verurteilt.

Als 1836 die ersten katholischen Missionare aus Frankreich eintrafen und Admiral Du Petit-Thouars 1842 Tahiti und Moorea zum Protektorat erklärte, geriet Pomare IV. *vahine* in die Mühlen der Auseinandersetzungen zwischen Engländern und Franzosen. Am Ende sah sie sich gezwungen, das Protektorat anzuerkennen. 1847 kehrte Pomare IV. von Raiatea, das zusammen mit den anderen Inseln unter dem Wind erst 1888 Kolonie wurde, nach Papeete zurück, um nicht auch noch die nominellen Rechte der Königswürde zu verlieren. Ihr Nachfolger trat 1880 gegen eine Leibrente von jährlich 500 Francs sein Reich an Frankreich ab.

Mit dem Beginn der französischen Kolonialherrschaft beschleunigte sich nicht nur der Untergang der Pomare-Dynastie, sondern auch der Verfall von Autorität und Einfluß der *ari'i*. Abkömmlinge von genealogisch weniger ranghohen Linien konnten jetzt in entscheidende Positionen aufsteigen. Im Gegensatz zu Tonga oder Samoa, wo bis heute die alten Adelsfamilien politisch, wirtschaftlich und gesellschaftlich eine führende Rolle spielen, wurde die traditionelle Elite in Tahiti bedeutungslos. Nur ausnahmsweise gelang es Nachfahren der *ari'i*, sich gegenüber den ›Emporkömmlingen‹ zu behaupten.

Die neue Oberschicht bildeten nunmehr die *demis*, Nachkommen aus europäisch-polynesischen Beziehungen. Begünstigt waren insbesondere diejenigen, die in französisch-sprachigen Familien aufgewachsen waren und sich auf diese Weise für einflußreiche Ämter in Politik und Verwaltung qualifiziert hatten.

Notizen aus dem ›Paradies‹

Rund 70 % der rapide wachsenden Bevölkerung Französisch-Polynesiens leben heute auf den Gesellschafts-Inseln, der überwiegende Teil davon auf Tahiti. Während die Europäer, Chinesen und *demis* meist Städter sind, besteht die Landbevölkerung fast nur aus Polynesiern. Das Verhältnis zwischen Maohi und den übrigen ethnischen Gruppierungen ist jedoch nicht nur durch das Stadt-Land-Gefälle gekennzeichnet, sondern es steht auch für die fortschreitende Polarisierung zwischen Arm und Reich. Mit dem Niedergang der tahitischen Gesellschaft im Zuge der Missionierung und Kolonisierung haben die Polynesier ihren politischen und wirtschaftlichen Einfluß verloren. Schneller noch und in umfassenderem Maße als in anderen pazifischen Staaten vollzog sich hier der Kultur- und Identitätsverlust. Das französische Schulsystem, das auf Assimilation abzielte und mit der polynesischen Geschichte und Kultur auch die Bedürfnisse der Maohi unberücksichtigt ließ, sorgte für eine zunehmende Entfremdung der Ureinwohner. Erst seit 1984 wird in den Schulen auch wieder in tahitischer Sprache unterrichtet. Aufgrund mangelnder Schul- und Berufsausbildung – nur jeder fünfte Maohi kann einen Abschluß vorweisen

richtung des ›Centre d'Expérimentation du Pacifique‹ und des ›Commissariat à l'Energie Atomique‹. Mit dem schein-konjunkturellen Aufschwung infolge der Atomversuche setzte nicht nur eine interne Migrationsbewegung von den Inseln unter dem Winde nach Tahiti ein. Ab 1963 strömten in kurzer Zeit 15 000 französische Wissenschaftler und Militärs nach Französisch-Polynesien, wo bis 1962 nicht mehr als 2800 Europäer ansässig waren. Vor allem die Franzosen profitieren vom Geldsegen aus Paris: Ihre Gehälter beim CEP oder im öffentlichen Dienst liegen bis zu 84 % über denen im ›Mutterland‹. Der gesetzliche Mindestlohn hingegen rangiert unter dem französischen Tarif.

Von der Selbstversorgung in den Konsumrausch

»Mit den Bomben zog der Wohlstand ein« – zumindest für die Ober- und Mittelschicht. Die Agrarkolonie, die bis Ende der 50er Jahre abgesehen von dem auf Makatea (Tuamotui-Archipel) zwischen 1908 und 1966 abgebauten Phosphat lediglich Kopra, Vanille, Kaffee und Perlmutt exportierte, erlebte mit der Verlegung des französischen Atomtestgeländes von Algerien nach Französisch-Polynesien einen ungeheuren finanziellen Aufschwung. Jährlich flossen aus Frankreich Millionen- oder sogar Milliardenbeträge nach Tahiti, wo sich die Kosten für den Test einer Bombe auf rund 23 Mio. DM beliefen. In kürzester Zeit entwickelte sich die von Subsistenzwirtschaft und dem Anbau von ›cash crops‹ lebende Bevölkerung zu einer Konsum- und Dienstleistungsgesellschaft. Die Gelder wurden in den Aufbau einer überdimensionierten und hochbe-

– sind die Polynesier am härtesten von steigender Arbeitslosigkeit betroffen. Insbesondere, wenn sie von den äußeren Inseln in die Stadt kommen und damit den Rückhalt durch die Familie und ihr Land verloren haben, droht soziale Not. Die Armenviertel in Papeete kontrastieren mit den Villengegenden in den südlichen Vororten, wo die Grundstückspreise astronomische Höhen erreicht haben.

Eine finanzstarke Minderheit bilden die Nachfahren der chinesischen Einwanderer, die in den 60er Jahren des 19. Jh. und zu Beginn des 20. Jh. zumeist als Kontraktarbeiter in die Kolonie geholt worden waren und sich im Handels- und Dienstleistungssektor etabliert haben. Zunehmend hochqualifiziert, drängt die heutige Generation der Chinesen in führende Verwaltungspositionen und macht den *demis* Konkurrenz, die schon frühzeitig wichtige Funktionen in Wirtschaft, Politik und Verwaltung übernahmen.

Eine tiefgreifende Veränderung der Bevölkerungsstruktur brachte die Ein-

Ananasplantage auf Moorea

zahlten Bürokratie investiert, die 1988 36,3 % der erwerbstätigen Bevölkerung beschäftigte. Nicht nur sinkende Weltmarktpreise für die zum Export bestimmten Agrarprodukte, sondern auch die Abwanderung von Arbeitskräften von anderen Inseln nach Tahiti und Mururoa brachten die landwirtschaftliche (Subsistenz-)Produktion weitgehend zum Erliegen. Über 80 % der Nahrungsmittel müssen eingeführt werden. Zwischen 1959 und 1985 schrumpfte der Prozentsatz, zu dem die Importe durch Exporterlöse gedeckt wurden, von 93 % auf 6 %. Mittlerweile ist er auf rund 14 % gestiegen. Die Lebenshaltungskosten stiegen vor allem wegen der hoch besteuerten importierten Güter im gleichen Zeitraum um bis zu 60 % und liegen heute höher als in manchem europäischen Land. Für diejenigen, die von Hilfsarbeitertätigkeiten oder Sozialhilfe leben müssen, sind viele Konsum- und Luxusgüter unerschwinglich.

Während der hohe Lebensstandard und ein Bruttosozialprodukt, das vielfach über dem anderer pazifischer Staaten liegt, von Frankreich gerne als Aushängeschild seiner Politik benutzt werden, kaschieren solche Zahlen die realen Verhältnisse und die tönernen Füße, auf denen die Wirtschaft steht.

Mit den Einnahmen aus der Perlenzucht und dem Tourismus können die Defizite im Haushalt nicht aufgefangen werden. So führte das 1992 beschlossene Atomtestmoratorium zu einer ernsten Krise. Die Steuerausfälle infolge der wegen des Teststopps rückläufigen Importe rissen ein so tiefes Loch in die Staatskasse, daß sich die französische Regierung veranlaßt sah, die Kontrolle über das autonom verwaltete Budget der Territorialregierung zu übernehmen.

Im Januar 1993 erklärte sich die Regierung in Paris mit der Unterzeichnung des ›Pacte de Progrès‹ zu Ausgleichszahlungen bereit, während sich die Territorialversammlung zu umfassenden Entwicklungs- und Umstrukturierungsmaßnahmen verpflichtete, die ihr bis 1999 gestatten sollten, mit einer reduzierten Finanzhilfe auszukommen.

Indépendance – pourquoi?

Die ›Rassenemblement Démocratique des Populations Tahitiennes‹ (R.D.P.T.) unter Führung ihres Gründers Pouvanaa a Oopa war zwischen 1949 und 1958 die bestimmende politische Kraft in Tahiti. Jahrelang stellte diese Partei die Mehrheit in der Territorialversammlung. Pouvanaa, der europäische Vorfahren hatte und Veteran des Ersten Weltkriegs war, überzeugte vor allem mit seinen rhetorischen Fähigkeiten. Seine Forderungen nach politischer Unabhängigkeit fanden vor allem bei der polynesischen Landbevölkerung Gehör. Für die französischen Kolonialbeamten war Pouvanaa ein unbequemer Kritiker. 1958, als die Bevölkerung über den zukünftigen Status der Kolonie abstimmen durfte, wurde er unter fragwürdigen Umständen verhaftet. Vor seiner Festnahme war die von der Territorialversammlung beschlossene Einführung der Einkommenssteuer – Voraussetzung für einen eigenständigen Finanzhaushalt und unmißverständliches Signal für das Autonomiestreben der R.D.P.T. – vom Gouverneur mit Unterstützung einflußreicher Geschäftsleute zu Fall gebracht worden. Der überwiegend im öffentlichen Dienst beschäftigte Mittelstand und die Geschäftswelt von Papeete standen auf seiten der frankreichtreuen Parteien. Schließlich stimmten 65 % der Bevölkerung im Referendum über den zukünftigen Status der Kolonie für den Verbleib bei Frankreich. Pouvanaa wurde 1968 begnadigt und

ging als Repräsentant der Territorialversammlung nach Paris. Er starb 1977.

Die Auseinandersetzungen um Integration, Autonomie oder Unabhängigkeit und die Befürwortung oder Ablehnung der Atomtests führten in den folgenden Jahrzehnten zu zahlreichen Parteigründungen und Koalitionsbildungen. Nur ein relativ kleiner Teil der Bevölkerung unterstützt heute die Unabhängigkeitsparteien, deren prominenteste die 1976 von Jacqui Drollet gegründete gemäßigte ›la Mana Te Nunaa‹ (›Alle Macht dem Volke‹) und die 1977 ins Leben gerufene ›Front de Liberation de Polynésie‹ unter Oscar Temaru sind. Während die FLP auf die sofortige Unabhängigkeit pocht, gäbe sich ›la Mana Te Nunaa‹ auch mit einer schrittweisen Verwirklichung der politischen Selbstbestimmung zufrieden.

Bis Ende der 60er Jahre konnten Autonomisten und Atomtestgegner die Mehrheit der Sitze in der Territorialversammlung auf sich vereinigen. Doch die zunehmende wirtschaftliche Abhängigkeit von Paris und die gutbezahlten Arbeitsplätze, die mit der Einrichtung des CEP geschaffen wurden, schwächten den Widerstand der Bevölkerung sowohl gegen die französische Präsenz als auch gegen die Atomversuche. Darüber hinaus stärkte die Immigration von Franzosen nach Tahiti das integrationswillige Wählerpotential, so daß sich die Mehrheitsverhältnisse im lokalen Parlament zugunsten der konservativen Parteien veränderten. 1991 gaben nur 17 % der Bevölkerung ihre Stimme Parteien, die gegen die Fortführung der Kernwaffenversuche protestierten und sich für ein unabhängiges Französisch-Polynesien einsetzten. Die Angst vor einer unsicheren Zukunft, aber auch die Kriminalisierung und Einschüchterung von Atomtestgegnern dämpfen die Kräfte zur Mo-

Die Tatauierung ist eine alte polynesische Tradition

bilisierung für die Unabhängigkeit. Drei Monate nach dem letzten französischen Atomtest 1996 erzielte die Unabhängigkeitsbewegung bei den Wahlen zur neuen Teritorialversammlung jedoch einen deutlichen Stimmengewinn: Mit 10 (von 41) Sitzen konnte Temarus Partei (Tavini Huiraatira/FLP) die Zahl ihrer Abgeordneten mehr als verdoppeln.

Où tu vas? – auf der Suche nach einer neuen Identität

Die Rückbesinnung auf eigene Traditionen und Werte als Gegenentwurf zu den aufgezwungenen westlichen Konzepten, wie sie auch in Kulturbewegungen anderer Völker seit den 70er Jahren zum Ausdruck kam, manifestiert sich in Französisch-Polynesien vor allem in der modernen Kunst und Literatur. Maler griffen alte polynesische Motive und Farb-

gebungen auf, Bildhauer meisselten *tiki*-Figuren in Anlehnung an die Skulpturen ihrer Vorväter, Stückeschreiber und Erzähler verarbeiteten Szenen aus der polynesischen Mythologie. Mitunter sieht man junge Männer, die Tatauierungen mit klassischen Mustern tragen. In den 70er Jahren widmete sich eine Gruppe engagierter Theaterleute, die Pupu Arioi, der Kulturarbeit in den Schulen, um den Kindern polynesische Traditionen und Geschichte zu vermitteln.

Heute ist die tahitische Sprache Teil des Schulunterrichts. Polynesische Tänze und Musik wurden wiederaufgegriffen, verfallene *marae* restauriert, Wissen, über das nur noch wenige alte Maohi verfügen, etwa auf dem Gebiet der traditionellen Medizin, aufgezeichnet, und Frauen widmen sich dem traditionellen Kunsthandwerk. ›Radio Tefana‹ in Papeete strahlt seine Programme in Französisch und Maohi aus. Kulturelle Interessengruppen, aber auch Umwelt-

schützer und verschiedene Parteien solidarisieren sich in einem wachsenden Netzwerk gegen den forcierten Ausbau des Tourismussektors, die daraus resultierenden ökologischen Probleme sowie die Verletzung ihrer Landrechte.

Doch die Suche nach einer neuen Identität ist ein äußerst schwieriger Prozeß angesichts der weitgehenden Akkulturation der Polynesier und ihrer benachteiligten Stellung in einem westlich orientierten Gesellschaftssystem.

Omai von der Insel Raiatea diente Cook während seiner Forschungsreisen durch Französisch-Polynesien als Übersetzer

Daten zur Geschichte

100 v. Chr.–700 n. Chr. 100 v. Chr. erreichen die ersten Siedler von Tonga und Samoa kommend die Marquesas-Inseln, 400 n. Chr. die Osterinsel, um 500 Hawai'i, um 600 die Gesellschafts-Inseln, um 700 die Austral-Inseln.

1521–1791 Europäer entdecken die Inseln (Tuamotu-Archipel 1521–1765, Marquesas-Gruppe 1595–1791, Mangareva-Inseln 1687–1797, Gesellschafts-Inseln 1722–1769, Austral-Inseln 1769–1791). 1767 landet Samuel Wallis als erster Europäer auf Tahiti und richtet unter der Bevölkerung ein Massaker an. Louis-Antonie de Bougainville kommt 1768 nach Tahiti, Captain Cook 1769, 1773–74 und 1777, Captain William Bligh 1788 (April 1789 Meuterei auf der Bounty).

1790 Pomare I. (1750–1803) bringt Tahiti in seine Macht.

1791 Pomare II. (1782–1821) wird Nachfolger seines Vaters, Pomare I.

1797 Die ersten protestantischen Missionare aus England erreichen Tahiti.

1808–1815 Pomare II. lebt im Exil auf Moorea. 1815 läßt er sich in Papetoai taufen und zwingt die Bevölkerung, seinem Beispiel zu folgen.

1815 Pomare II. kehrt nach Tahiti zurück und gewinnt die Vorherrschaft.

1827 Tod von Pomare III. (1820–1827), seine Schwester und Tochter von Pomare II., Königin Pomare IV. *vahine* (1813–1877), tritt die Nachfolge des tahitianischen Königs an.

1836 Katholische Missionare aus Frankreich treffen ein.

1842 Tahiti wird französisches Protektorat, 1843 folgt die Annexion. Die Tuamotu-Inseln werden 1880 annektiert, die Gambier-Inseln 1881, die Gesellschafts-Inseln 1887, die Austral-Inseln 1900.

1843 Gründung von Papeete.

1844–1846 Widerstand der Tahitianer gegen das Protektorat führt zu bewaffneten Auseinandersetzungen. 1844 Schlacht bei Mahaena.

1847 Pomare IV. *vahine* erkennt das Protektorat an.

1865–1866 Ankunft von chinesischen Kontraktarbeitern aus Hongkong.

1880 Pomare V. (1839–1891), Sohn von Pomare IV. *vahine,* dankt ab.

1888 Bora Bora kommt unter französisches Hoheitsrecht.

1914 Am 22. September bombardieren zwei deutsche Kriegsschiffe Papeete.

1940 5000 US-Soldaten werden auf Bora Bora stationiert.

1945 Die Maohi erhalten die französische Staatsbürgerschaft.

1958 Die ›Etablissements Français de l'Océanie‹ (›Französische Niederlassungen von Ozeanien‹) werden zum ›Territoire de la Polynésie Française‹ mit dem Status eines Überseeterritoriums (›Territoire d'Outre-Mer‹) erklärt. In einem Referendum stimmen 64 % für den Verbleib bei Frankreich.

1960 Eröffnung des internationalen Flughafens Tahiti-Faaa.

1963–1966 Errichtung des ›Centre d'Expérimentation du Pacifique‹ auf Mururoa (Tuamotu-Archipel) zur Durchführung von Kernwaffenversuchen. 1968 Zündung der ersten Wasserstoffbombe.

ab 1975 unterirdische Atomtests

1977 Einführung einer eingeschränkten Verwaltungsautonomie.

1984 Die Territorialversammlung erhält den Status ›interner Autonomie‹.

1987 Gaston Flosse tritt nach Vorwürfen des Mißbrauchs öffentlicher Gelder und Ämter als Präsident zurück. Alexandre Léontieff wird sein Nachfolger.

1991 Flosse wird wieder Präsident.

1995 Nach 3jährigem Moratorium führt Frankreich sechs Atomtests auf Mururoa und Fangataufa durch.

1996 Frankreich erklärt die Nuklearversuche für beendet und unterzeichnet mit England und den USA den Vertrag von Rarotonga. Flosse wird wiedergewählt; seine Partei erhält 22 von 41 Sitzen.

1999 Erstmals gibt Frankreich zu, daß die Atomtests zu Rissen auf den Atollen Moruroa und Fangataufa führten. Gaston Flosse strebt weitergehende Autonomie für Französich-Polynesien an.

Unterwegs in Französisch-Polynesien

Die Gesellschafts-Inseln

Die Gesellschaftsinseln bestehen aus zwei Gruppen, den ›Inseln des Windes‹ (Îles du Vent) und den ›Inseln unter dem Wind‹ (Îles sous le Vent). Zur ersten Gruppe gehören Tahiti, Moorea, Tetiaroa, Maiao und die unbewohnte Insel Mehetia. **Maiao** (9 km², 200 Ew.) dürfte eine der wenigen Inseln sein, die sich bis heute ganz in polynesischer Hand befinden: Nur Maohi ist es erlaubt, sich hier dauerhaft niederzulassen. Die 13 Inselchen des Tetiaroa-Atolls, gesäumt von bildschönen weißen Sandstränden, sind unbewohnt und ein Schutzgebiet für Seevögel. Einst hatte die Pomare-Familie auf einem der *motu* (Rimatuu) ihre Residenz; Überreste von mehreren *marae* zeugen noch davon. Im Jahre 1966 kaufte Marlon Brando das Atoll und ließ auf Onetahi ein luxuriöses Hotel bauen.

Zu den Îles sous le Vent gehören Huahine, Raiatea, Tahaa, Bora Bora, Maupiti und eine Reihe von Atollen im äußersten Westen der Gesellschafts-Inseln – Tupai, Mopelia, Motu One und Fenua Ura. Die drei letztgenannten Inseln stehen seit 1971 unter Naturschutz.

Die Hafenpromenade von Papeete

Tahiti

Landfläche: 1042 km², Einwohner: 131 309, Hauptstadt: Papeete (23 555 Ew.), höchste Erhebung: Mt. Orohena, 2241 m (S. 310 ff.)

»Das Land wellte sich in Gipfeln und aufsteigenden Tälern; es stürzte jäh ab in Klippen und Felsvorsprüngen. Seine Farben durchliefen fünfzig Modulationen von Perlmutter, Rosenrot und Oliv, und das Ganze krönten opalisierende Wolken.«

So wie Robert Louis Stevenson priesen viele andere europäische Reisende im Laufe der letzten 200 Jahre in Briefen, Berichten und Romanen die Schönheit Tahitis. Die größte Insel Französisch-Polynesiens entstand aus zwei erloschenen Vulkanen. Die Landenge von Taravao verbindet Tahiti Nui mit dem kleinen Ta-

hiti Iti. Beide Inseln sind von einem Riff gesäumt, verfügen jedoch über gute Häfen, die durch Passagen im Korallengürtel auch von großen Schiffen angelaufen werden können. Tiefe Schluchten und dichtbewaldete Bergmassive mit zahlreichen über 1000 m hohen Gipfeln prägen das Landesinnere.

Über 70 % der Bevölkerung Französisch-Polynesiens leben in den fruchtbaren Küstenregionen Tahitis, wobei der trockenere und windgeschützte Nordwesten am dichtesten besiedelt ist. Eine lückenlose Häuserkette legt sich um die gesamte Küste. Immer höher klettert die Bebauung die Hügel um die Hauptstadt hinauf. Von Papeete führen mehrspurige Ausfallstraßen nach Osten und Süden, der internationale Flughafen in Faaa (Fa'a'a ausgesprochen) ist durch eine Schnellstraße angebunden.

Papeete

Als Captain Cook auf Tahiti landete, war Papeete nichts als ein dünn besiedelter sumpfiger Landstrich. Erst als sich hier im Jahre 1818 eine Missionarsfamilie ansiedelte und Königin Pomare in den 20er Jahren ihre Residenz bauen ließ, gewann Papeete an Bedeutung. Eine entscheidende Rolle für die Entwicklung von Papeete spielte sein geschützter Hafen. Bis zu Beginn des 19. Jh. ankerten die Schiffe östlich in der Matavai-Bucht. Sie bildet einen tiefen natürlichen Hafen, ist jedoch mehrere Monate im Jahr den Nordwinden ausgesetzt. Allmählich bevorzugten die Walfänger und Handelsschiffe Papeete als den sichereren Ankerplatz. 1842 wurde es Hauptstadt des französischen Protektorats.

Heute ist die Stadt das wirtschaftliche und politische Zentrum von Französisch-Polynesien. Im Großraum Papeete leben drei Viertel der gesamten Inselbevölkerung. Die Einrichtung des Kernwaffenversuchszentrums und der Tourismusboom verstärkten in den 60er und 70er Jahren die Abwanderung von den äußeren Inseln in die Stadt gewaltig.

Papeete 1 Office Territorial d'Action Culturelle 2 Musée des Perles Noires 3 Bougainville Park 4 Post 5 Territorialversammlung 6 Vaima Centre 7 Kathedrale 8 Markt/Bushaltestelle 9 Fremdenverkehrsamt 10 Rathaus 11 Fähre nach Moorea 12 Inselfähren

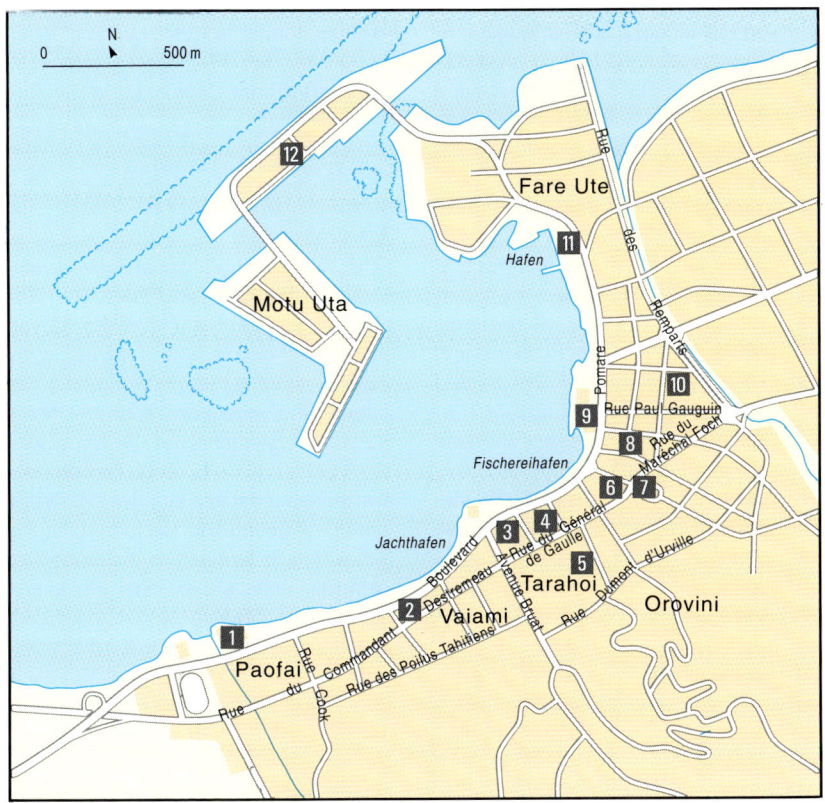

Mit dem Wohlstand kamen die Autos und mit ihnen das unvermeidliche Verkehrschaos in der schnell wachsenden Stadt. Morgens und abends sind kilometerlange Staus an der Tagesordnung. Viele, die in Papeete arbeiten, wohnen außerhalb und pendeln über beträchtliche Entfernungen. Doch am frühen Sonntagmorgen bei einem Spaziergang über den **Markt** 8 stellt sich Südseeromantik ein: Aus allen Teilen der Insel kommen die Tahitianer angereist und verkaufen ihre frische Ware. Die Düfte und Farben, die unerschöpfliche Vielfalt an prächtigen Blumenkränzen, mit denen sich die Menschen schmücken, rufen immer wieder Staunen hervor. Das Klischee des lächelnden Südseeinsulaners mit der Hibiskusblüte hinter dem Ohr scheint in manchen Augenblicken wahr zu werden. Allmählich verebbt das bunte Treiben, der Markt schließt seine Pforten, es ist Zeit für den Gottesdienst. Ab mittags wirkt auch Papeete wie ein verschlafenes Provinznest.

Der **Boulevard Pomare** entlang der großen Hafenbucht, die Rue du Général de Gaulle sowie deren Verbindungsstraßen bilden den Kern des Geschäftsviertels. Cafés, Restaurants, Reisebüros, Boutiquen, Banken, das Postamt und viele Sehenswürdigkeiten Papeetes sind an der Uferpromenade zu finden.

Geeigneter Ausgangspunkt für eine Stadtbesichtigung ist das Fremdenverkehrsamt Tahiti Tourisme 9 am Boulevard Pomare. Das Gebäude zeichnet sich durch seinen polynesischen Baustil aus, der in Tahiti kaum mehr zu finden ist. Nicht weit vom Jacht- und Fischerhafen an der Hauptstraße liegen das **Musée des Perles Noires** 2 und das **Office Territorial d'Action Culturelle** 1. In nördlicher Richtung folgen die Anlegestellen der Fähren; der Frachthafen und die Docks. Wenn hier

das Kopra von den äußeren Inseln verladen wird, verbreiten die getrockneten Kokosnüsse ihr intensives Aroma.

Über den **Bougainville Park** 3 mit seinen schattenspendenden Banyanbäumen gelangt man zur Residenz des Hochkommissars. Im benachbarten Gebäude hat die **Territorialversammlung** 5 ihren Sitz. Das Palais von Königin Pomare IV., das bis 1967 auf diesem Areal stand, mußte dem Bau des neuen Parlaments weichen. Ein Denkmal an seiner Frontseite erinnert an Pouvanaa a Oopa, den bedeutendsten polynesischen Politiker seiner Zeit (s. S. 134).

Eine der ältesten Kirchen in Papeete ist die kleine Kathedrale **Notre Dame** 7, wenige Schritte vom **Vaima Centre** 6 entfernt. Die Steine für die 1856 erbaute Kirche wurden aus Australien importiert. Der Weg führt weiter zum neuen **Rathaus** (Mairie) 10 in der Rue Paul Gauguin, das im Stil des alten Rathauses aus dem 19. Jh. erbaut wurde.

Inselrundfahrt

Eine 120 km lange asphaltierte Küstenstraße führt rund um Tahiti Nui. Zur Orientierung dient ein für alle größeren Inseln in Französisch-Polynesien typisches System der Kilometerzählung. Sie beginnt in Papeete und läuft im Uhrzeigersinn aufsteigend um die Nordhälfte der Insel bis Taravao und fallend wieder bis zur Hauptstadt. An der Landenge führen Stichstraßen auf die Halbinsel Tahiti Iti nach Tautira und Teahupoo. Der östliche und südöstliche Küstenabschnitt von Tahiti Iti ist nur mit einem Geländewagen bzw. zu Fuß zu bewältigen.

Tahiti Nui

Hat man **Pirae** mit der Residenz des Präsidenten von Tahiti hinter sich gelassen,

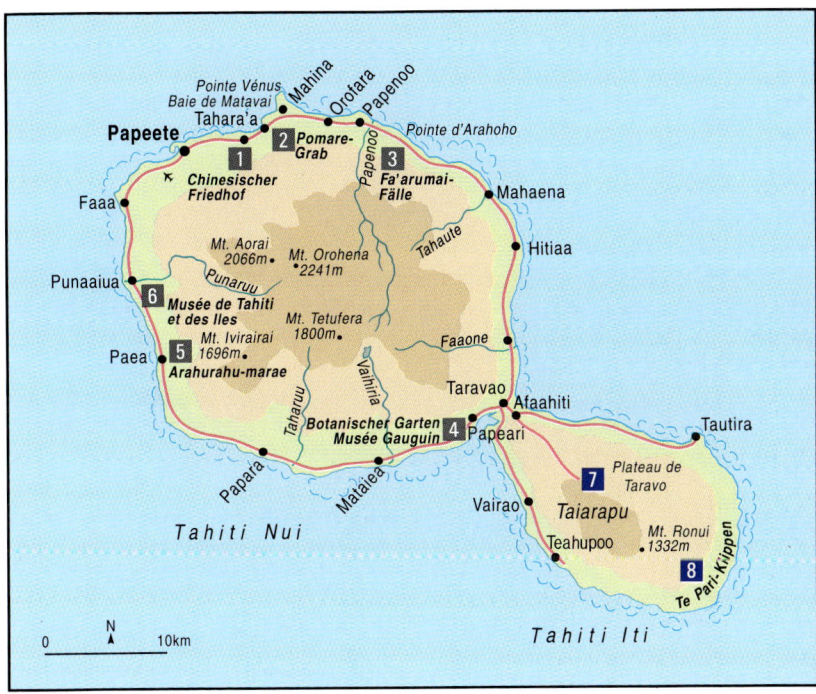

Tahiti

weist bei Arue ein Schild (Chemin Du Repos Eternel) den Weg zum **chinesischen Friedhof 1**. Steil windet sich der Pfad vorbei an Grabmälern der ersten chinesischen Einwanderer den Hang hinauf. Oben liegen die neueren Grabstätten, die mit ihren Grabsteinen auf kleinen Säulchen an eine Miniaturstadt erinnern. Ein orientalischer Pavillon vervollständigt das Bild. Eine Seitenstraße führt meerwärts zur **Grabstätte von König Pomare V. 2**. Sie wurde auf dem Areal einer ehemaligen Tempelanlage erbaut (Taputapuatea marae), dem Ort der Krönungszeremonie von Pomare II. im Jahre 1791. Das Gefäß auf dem Grabdenkmal soll eine griechische Urne darstellen, die man in Anspielung auf Pomares tödliche Trunksucht jedoch häufig als Schnapsflasche identifiziert.

Kurz vor der Stichstraße zur Pointe Vénus eröffnet sich von der Anhöhe bei **Tahara'a** ein herrlicher Ausblick auf Moorea und die Bae de Matavai. Das Wahrzeichen von **Pointe Vénus** ist der alte Leuchtturm aus dem Jahre 1868 – nicht 1867, wie die Inschrift besagt. Ein langer schwarzer Sand- und Badestrand säumt die große Bucht. Im Hintergrund erheben sich die zerklüfteten, von einem dichten Vegetationsteppich überzogenen Bergmassive mit den zwei höchsten Gipfeln Tahitis.

Als der Entdecker Tahitis, Samuel Wallis, im Jahre 1767 in der Bucht von Matavai vor Anker lag, kam es zu ersten blutigen Auseinandersetzungen zwischen Europäern und Maohi. Trotz der zahlreichen Opfer, die die Inselbewohner zu beklagen hatten, waren sie

Schwarzer Strand bei Papenoo

schließlich bereit, die unter Skorbut lei-
dende Besatzung im Tausch gegen
Nägel und eiserne Werkzeuge mit frischen Lebensmitteln zu versorgen. Ein
Jahr später landete James Cook mit
einer Gruppe von Wissenschaftlern auf
Tahiti, um hier die Venus beim Durch-
gang vor der Sonne zu beobachten – ein
kleines Denkmal und der Name der
Landspitze erinnern an dieses Ereignis.

Nahe dem Orofaro-Tal, in dem 1914
von der protestantischen Mission eine
Lepra-Station eingerichtet wurde, liegt
Papenoo an den Ufern des größten
Flusses auf Tahiti. Zahlreiche alte Tempelplätze und Hausfundamente zeugen
davon, daß das breite Flußtal einst dicht
besiedelt war. Hinter der Brücke beginnt
der einzige Weg, der die Insel durchquert und über den Vaihiria-See zur
Südküste führt.

Am Fuße einer steilen Klippe an der
Pointe d'Arahoho zischt und gurgelt
es in einer Reihe von unterspülten tun-
nelartigen Öffnungen im Basaltgestein.
Unmittelbar an der Straße schießen
Wasserfontänen durch die Blaslöcher
nach oben, die bei entsprechend hoher
Brandung auch die Straße überspülen.
Am Ende der malerischen Bucht zweigt
eine kleine Straße in ein fruchtbares Tal
ab zu den **Fa'arumai-Fällen** **3**. In
einem Bambushain beginnen die ausge-
schilderten Pfade zu den Wasserfällen,
die von tropischem Dickicht umgeben
sind – ein Paradies für Moskitos.

Als Tahiti 1843 zum Protektorat
wurde, wuchs die Auflehnung der Einheimischen gegen die französische
Herrschaft. 1844 kam es an der Küste bei
Mahaena zur ersten und einzigen offenen Schlacht zwischen französischen
Truppen und Tahitianern. Die überlebenden Maohi zogen sich in die Berge zurück, bevor ihr Widerstand endgültig gebrochen wurde. Einige Kilometer weiter
südlich markieren zwei kleine Inselchen
vor der Küste bei **Hitiaa** die Stelle, an

der Louis-Antoine de Bougainville 1768 vor Anker lag. Seine Berichte über das paradiesische und freizügige Liebesleben der Inselbewohner trugen entscheidend zur Entstehung des ›Mythos Tahiti‹ bei. Nach dem Geburtsort von Aphrodite, die ihn und seine Mannschaft in Gestalt einer schönen nackten Tahitianerin an Bord begrüßte, nannte er Tahiti das ›Neue Kythera‹.

Auf der restlichen Strecke bis nach **Taravao** bietet sich ein wunderschöner Blick auf Tahiti Iti. Die Landenge zwischen ›Groß‹- und ›Klein‹-Tahiti spielte im vergangenen Jahrhundert eine strategisch bedeutsame Rolle. Zur Verteidigung der wachsenden Auflehnung der Polynesier gegen die Kolonisierung ihrer Insel errichteten die Franzosen am Isthmus von Taravao 1844 ein Fort. Militäreinheiten und patrouillierende Kriegsschiffe sollten verhindern, daß die Aufständischen zum Marsch auf Papeete bliesen und von der Halbinsel nach Tahiti vordrangen. Im Zweiten Weltkrieg diente das Fort als Internierungslager für die wenigen Deutschen, die sich zu dieser Zeit auf den Gesellschafts-Inseln aufhielten. Seit 1963 bildet die Armee hier ihre Rekruten aus, die einen einjährigen Wehrdienst ableisten müssen.

Von Taravao aus führt die Küstenstraße wieder in Richtung Papeete. Blühende Gärten und die vielen Obst- und Gemüsestände entlang der Straße verleihen der Gegend um **Papeari** ihren besonderen Reiz. Es heißt, daß hier die ersten Polynesier auf Tahiti landeten. Sie kamen von Raiatea und brachten dem damaligen Brauch entsprechend *marae*-Steine für die Fundamente ihrer neuen Tempelplätze mit. Auf dieses Erbe gründeten sich die Privilegien und das Ansehen der ältesten Häuptlingsfamilien von Papeari. Eine lose Konföderation mit den ranghohen Häuptlingen der benachbarten Distrikte *(teva)* sowie Allianzen mit den *ari'i* von Tahiti Nui stärkten ihre Macht. Sie bildeten den Hochadel Tahitis und zollten Emporkömmlingen wie dem Pomare-Clan an der Nordküste wenig Respekt. Erst unter der Einflußnahme der Kolonialisten veränderten sich die Machtverhältnisse innerhalb der tahitianischen Gesellschaft zugunsten der späteren Monarchen.

Im **Botanischen Garten** mit seinen rund 450 tropischen Pflanzenarten liegt das **Gauguin-Museum**, das allerdings kein originales Gemälde des Künstlers (s. S. 160) besitzt **4**.

Von **Mataiea** führt ein anfangs befahrbarer Weg durch wildes bewaldetes Terrain flußaufwärts zum Vaihiria-See. Bis zu 1000 m hohe Steilklippen überragen sein Nordufer am Fuße des Papenoo-Kraters.

An der Küste bei **Papara** stehen Überreste der ehemals größten Tempelanlage Tahitis. Sie lassen die ursprünglichen Ausmaße des **Mahaiatea marae,** von denen sich seinerzeit James Cook und Joseph Banks beeindruckt zeigten, jedoch nicht mehr erkennen. Der pyramidenförmig gestufte Altar erreichte eine Höhe von 13 m, während sein 80 m langer und 27 m breiter Sockel auf einem riesigen gepflasterten Areal (ca. 7200 m²) ruhte. Ein weiterer Tempelplatz, das **Arahurahu-marae 5**, steht in einem kleinen Tal bei Paea. Das *marae* ist restauriert, und gelegentlich – z. B. anläßlich des Heiva-Festivals im Juli – werden dort alte polynesische Rituale und Zeremonien aufgeführt.

Einen Überblick über die Kultur und Geschichte Tahitis gibt das Musée de Tahiti et des Îles in **Punaaiua 6** an der Mündung des Punaruu. Die ursprüngliche Schönheit des Tales ist weitgehend zerstört: am Unterlauf des Flusses durch ein wachsendes Industriegebiet und

Surfen – eine Sportart wird wiederentdeckt

Die Polynesier waren nicht nur überaus fähige Navigatoren, sondern auch Meister im Wellenreiten. Sowohl in Hawai'i als auch auf den Gesellschaftsinseln vergnügten sich Männer, Frauen und Kinder auf Surfbrettern. Captain Cook und Joseph Banks beobachteten staunend, mit welcher Fertigkeit und Ausdauer die Inselbewohner ihr Spiel mit den Wellen trieben.

Im Zuge der Christianisierung wurden Tänze, Sport und Spiele der Maohi verboten. Während die Steine der *marae* beim Bau von Kirchen Verwendung fanden, wurden aus Surfbrettern Tische und Bänke für die Schulen geschreinert. Das Surfen geriet völlig in Vergessenheit. Fast 200 Jahre vergingen, bis ein Maohi die Kunst des Wellenreitens für die Tahitianer wiederentdeckte – 1954 nach einem Aufenthalt in Hawai'i, wo diese Sportart schon zu Beginn unseres Jahrhunderts ihre Renaissance erlebt hatte. Als zehn Jahre später auf Tahiti der erste Surf Club ins Leben gerufen wurde, war das Wellenreiten etwa in Kalifornien längst zum Sport der *beach boys* avanciert. Im Jahre 1986 jedoch ging der Titel des Junior World Champion an einen jungen Tahitianer. Vier Jahre später stand Heifara Tahutini als World Champion auf Platz eins der Weltrangliste im Surfen. Die Maohi können sich wieder zu den Meistern des Wellenreitens zählen.

Steinbrüche, die für den Ausbau des internationalen Flughafens ausgebeutet wurden; am Oberlauf des Punaruu durch ein Trinkwaserreservoir, das den zweitgrößten Fluß Tahitis zu einem Rinnsal werden ließ.

Wanderungen auf Tahiti Nui führen beispielsweise über den Vaihiria-See quer durch die Insel auf die beiden höchsten Gipfel (Mt. Orohena und Aorai) oder entlang des ›Sentier des 1000 sources‹ (Pfad der 1000 Quellen).

Tahiti Iti

Die Halbinsel hat weniger prägnante Gipfel als ihre große Schwester, doch bieten sich dem Reisenden auch auf Tahiti Iti einige landschaftlich beeindruckende Szenerien. Zu den schönsten Aussichtspunkten zählt das **Plateau de Taravo** 7. Östlich der Landenge windet sich von Afaahiti eine kleine Straße durch Farm- und Buschland hoch zur Ebene. Frische Höhenluft und ein phantastischer Blick auf Tahiti Nui erwarten den Besucher, prächtige Gärten und verträumte Dörfer liegen entlang der Straße durch den abgeschiedenen Landstrich um **Vairao**. Kurz bevor man von Norden her den Ort erreicht, ist auf dem Riff ein großer Fußabdruck zu sehen, der laut Überlieferung von dem berühmten polynesischen Halbgott Maui stammt. Eine seiner Bände füllenden Heldentaten vollbrachte er an dieser Stelle: Mit einem Lasso aus dem Schamhaar seiner Schwester fing er die Strahlen der Sonne ein, um den Lauf des Gestirns zu drosseln. Die Tage wurden länger und gestatteten den Tahitianern, von nun an ihr Abendessen vor Einbruch der Dunkelheit zuzubereiten.

In einer Bucht am Ende der nördlichen Küstenstraße liegt **Tautira**. Vaitepiha Bay war seit Ankunft der ersten europäischen Entdecker ein frequentierter Hafen. Captain Cook lag hier mehrmals vor Anker, Engländer und Spanier stritten sich vor Ort um den Besitzanspruch.

Als landschaftlicher Höhepunkt der Halbinsel gelten die **Te Pari-Klippen** 8 im Südosten, wo sie jäh aus dem Meer aufsteigen. Eine Boots- oder Wandertour entlang der Ostküste gehört sicherlich zu den spannendsten Erlebnissen, die Tahiti Iti zu bieten hat.

Moorea

Landfläche: 132 km², Einwohner: 8801, Hauptort: Afareaitu, höchste Erhebung: Mt. Tohiea (Tohive'a), 1207 m (S. 308 f.)

Die zerklüftete Bergkette Mooreas und die beiden tief eingeschnittenen malerischen Buchten im Norden verleihen der Insel große landschaftliche Reize. Auf der Halbinsel, die die Buchten voneinander trennt, erhebt sich der 900 m hohe Mt. Rotui.

Nicht zuletzt aufgrund seiner Nähe zu Papeete ist Moorea neben Tahiti und Bora Bora eine Hochburg des Tourismus. Er konzentriert sich um Paopao an der Baie de Cook und an der von langen Sandstränden gesäumten Nordwestküste.

Rund um Moorea

Weißgetünchte Kilometersteine – ihre Form entspricht dem Umriß von Moorea – markieren die 60 km lange Asphaltstraße um die Insel. Aber auch die vielen zumeist bestens instandgehaltenen und liebevoll renovierten Dorfkirchen kennzeichnen die Stationen einer Inselrundfahrt.

Auf halber Strecke zwischen Temae und der Baie de Cook liegt bei Maharapa am Fuße grüner Hügel die **Maison Blanche** 1. Das guterhaltene Gebäude im Kolonialstil vom Beginn des 20. Jh.

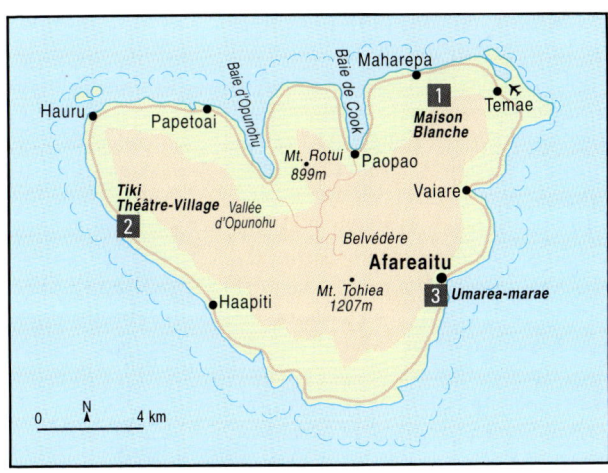

Moorea

gehörte einem der Plantagenbesitzer, die damals mit dem Anbau von Vanille ein Vermögen verdienten.

Vorbei an den zahlreichen Hotels und Restaurants am Ostufer der Baie de Cook erreicht man am Ende der Bucht **Paopao.** Im Hintergrund erheben sich die spitzen Kuppen zerklüfteter Berge. Zu den Sehenswürdigkeiten des kleinen Ortes zählt die katholische Kirche mit ihrem intarsienverzierten Altar.

Landeinwärts erstreckt sich eine fruchtbare Ebene mit Taro-, Maniok- und Ananasfeldern. Die Verarbeitung von Papayas, Pampelmusen und Ananas zu Fruchtkonserven und -säften stellt nach der Tourismusindustrie den wichtigsten Wirtschaftszweig der Insel dar. Die nahegelegene Konservenfabrik kann man besichtigen. In Serpentinen führt die Straße hoch zum **Belvédère,** dem meistbesuchten Aussichtspunkt auf Moorea. Unterhalb des Belvédère liegt im Schatten von *Mape*-Bäumen ein Areal mit *marae* und steinernen Plattformen. In voreuropäischer Zeit war das Opunohu-Tal dicht besiedelt.

Papetoai westlich der Baie d'Opunohu bildete das Zentrum der protestantischen Mission in Tahiti. Die achteckige Kirche des Dorfes wurde in den 20er Jahren des 19. Jh. auf dem Areal einer alten Tempelanlage *(marae Taputapuatea)* erbaut. In Papetoai, dem ehemaligen Sitz der königlichen Familie, konvertierte Pomare II. zum christlichen Glauben.

Le Petit Village mit seiner Einkaufs- und Geschäftszeile liegt im Einzugsbereich der großen Hotels und bildet das kommerzielle Zentrum von **Hauru.** Einige Kilometer weiter südlich liegt das **Tiki Théâtre-Village** 2, ein nachgebautes polynesisches Dorf. Dem Anspruch, Touristen etwas über die tahitianische Geschichte und Kultur zu vermit-

teln, werden die Darbietungen jedoch kaum gerecht. Die Show läuft der Information den Rang ab.

Auf dem weiteren Weg entlang der Süd- und Ostküste erwecken kleine Dörfer, tropische Gärten, weidende Kühe oder zum Trocknen ausgelegte Fischernetze den Eindruck sorgenfreier Abgeschiedenheit. Hin und wieder kündigen leuchtende Farbtupfer einen Souvenirstand mit bunten *pareu,* Hüfttüchern, an. In der Umgebung von **Afareaitu,** dem Sitz der Administration, gibt es mehrere Tempelplätze. Das **Umareamarae** 3 gilt als das älteste Heiligtum auf Moorea.

In **Vaiare** legen die Frachtschiffe und Fähren an. Marktstände und Imbißbuden beleben die Szene am Hafen vor Ankunft und Abfahrt der Schiffe.

Huahine

Landfläche: 74 km^2, Einwohner: 4479, Hauptort: Fare, höchste Erhebung: Mt. Turi, 669 m (S. 307)

Genau genommen besteht Huahine aus zwei Inseln: Ein schmaler Isthmus, der nur bei Ebbe zum Vorschein kommt, verbindet Huahine Nui und Huahine Iti. Wie die anderen Inseln unter dem Wind sind sie von einem geschlossenen Riffgürtel umgeben, der eine Lagune und mehrere *motu* einschließt. Der Lac Fauna Nui vor der Nordküste von Huahine Nui ist kein wirklicher See, sondern ein Teil der Lagune, den die Halbinsel bis auf eine äußerst schmale Wasserstraße umgibt.

Die beiden großen Buchten westlich und östlich der Landenge sowie die Ostküste mit ihren vorgelagerten Inselchen

Maeva auf Huahine

zählen zu den landschaftlichen Sehenswürdigkeiten von Huahine. Trotz ihrer Schönheit gehört die Insel zu den touristisch weniger frequentierten Gebieten und läßt sich bestens mit dem Fahrrad erkunden. Die größten Ortschaften sind Maeva, Fitii und **Fare,** das Haupt- und Hafenstädtchen von Huahine.

Das kulturelle Erbe von Huahine

Von besonderer Bedeutung sind die archäologischen Fundstätten auf Huahine: Die Ausgrabungen förderten die bisher ältesten Relikte der Gesellschafts-Inseln zu Tage. Nördlich von **Fare** stieß man 1972 während der Bauarbeiten für das Bali Hai-Hotel auf die Ruinen eines ganzen Dorfes samt zahlreicher Gebrauchsgegenstände aus Holz, Stein und Mu-

Huahine

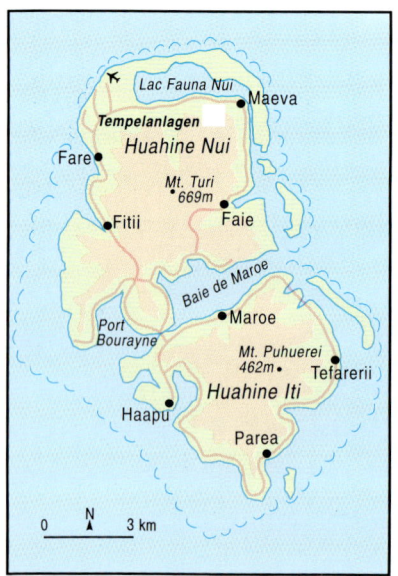

scheln. Sie lassen eine Besiedlung der Insel um 650 bis 850 n. Chr. von den Marquesas aus vermuten.

Am eindrucksvollsten dokumentieren die Tempelanlagen bei **Maeva** die ursprüngliche kulturelle Bedeutung der Insel. Am Nordostzipfel von Huahine wurden seit 1979 auf einem mehrere hundert km² großen Areal annähernd vierzig *marae* freigelegt. Etwa zwanzig davon sind restauriert. Fundamente und Plattformen zeugen davon, daß hier die Adeligen von Huahine lebten: Jeder von ihnen hatte seinen eigenen Tempel und Wohnbezirk. Auf der gegenüberliegenden Seite der Lagune befand sich das *marae Manunu* für das gemeine Volk; den gewöhnlichen Sterblichen auf Hua-

hine Iti war auch das *Anini marae* bestimmt. Ein Lehrpfad führt durch das hügelige Gelände, das sich von der Küste landeinwärts erstreckt. An zentraler Stelle liegt auf einem Hügel das *marae Mata'ire'a rahi,* einst bedeutendstes Heiligtum auf Huahine. Südwestlich davon überschattet ein mächtiger, uralter Banyan-Baum das *marae Tefano,* das neben dem Urwaldriesen trotz seines imposanten Altars *(ahu)* bescheiden wirkt.

Die Konstruktion dieser *marae* verweist auf direkte kulturelle und politische Beziehungen zwischen den Inseln des Windes und den Inseln unter dem Wind. Frühere Funde konstatierten stets die unterschiedliche Bauweise der *marae* auf den beiden Inselgruppen. Die

Tempelanlagen bei Maeva hingegen entsprachen dem Stil der Heiligtümer auf Tahiti, Moorea und Maiao. Sie sind das Bindeglied zwischen den beiden Gruppen der Gesellschafts-Inseln und verweisen auf die ursprüngliche kulturelle und religiöse Bedeutung von Huahine.

Die aus Steinwällen konstruierten Fischreusen in der Lagune bei Maeva stammen ebenfalls aus voreuropäischer Zeit. Sie erfüllen auch heute noch ihren Zweck. Direkt an der Straße steht auf Pfählen über die Lagune gebaut das restaurierte Versammlungshaus *Fare Pote'e,* dessen ursprünglicher Standort sich nahe der heutigen Kirche in Maeva befand.

Raiatea und Tahaa

Landfläche Raiatea: 170 km², Einwohner: 8560, Hauptort: Uturoa, höchste Erhebung: Mt. Tefatua, 1017 m (S. 309 f., S. 310)

Raiatea war das religiöse und kulturelle Zentrum der Polynesier auf den Gesellschafts-Inseln. Die bedeutendste Tempelstätte stellte das inzwischen restaurierte **Taputapuatea marae** 1 bei **Opoa** dar. Die Anlage wurde um 1600 errichtet und war der höchsten Gottheit Oro geweiht.

Im Jahre 1773 segelte Omai, der Cook als Übersetzer und Informant gedient hatte, von Raiatea mit James Cook nach England – der erste Polynesier, der nach Europa kam. Er wurde bald zum Liebling der Londoner Gesellschaft und vom König persönlich empfangen. Fein gekleidet und reich beschenkt kehrte Omai zwei Jahre später nach Tahiti zurück. Die Portraits, die von ihm gemalt wurden, reflektieren das für die damalige Zeit ty-

Raiatea und Tahaa

Landschaft auf Raiatea

pische Bild vom ›edlen Wilden‹, dem die Tahitianer wohl am meisten von allen Südseevölkern entsprachen.

Ein anderer hochangesehener Mann von Raiatea machte hundert Jahre später aus einem ganz anderen Grund von sich reden: 1888 provozierte die Annexion der Insel den Widerstand des Häuptlings Teraupoo gegen die Franzosen. Unter Einsatz des Militärs wurden die Aufständischen schließlich 1897 unterworfen, Teraupoo und seine Anhänger verhaftet und deportiert. Bis 1905 lebte er im Exil in Neukaledonien, seine Mitstreiter wurden auf die Insel Eiao im Marquesas-Archipel verbannt.

Uturoa im Nordosten von Raiatea ist das Verwaltungszentrum der Inseln unter dem Wind und die zweitgrößte Stadt in Französisch-Polynesien. Bei der Gendarmerie führt eine schmale Schotterstraße auf den Mt. Tapioi, den Hausberg von Uturoa. Der Aufstieg wird mit einem großartigen Blick auf Tahaa und die Lagune mit ihren *motu* und Korallenriffen belohnt. Aus dem Häusermeer am Fuße des Berges ragt die große Kirche hervor, die in den 80er Jahren erbaut wurde und John Williams, dem Pionier unter den Missionaren, gewidmet ist. Am dichtesten besiedelt ist der Küstenabschnitt zwischen Uturoa und Avera. Südlich davon beginnt die landschaftlich interessanteste Strecke: Buchten und steile Küsten wechseln ab mit malerischen Dörfern vor der Kulisse bewaldeter Bergmassive. In manchen Gärten im Westen der Insel blühen ganze Felder von Ingwer und Heliconien. Von hier stammt ein Teil der Schnittblumen, die auf dem Markt verkauft werden.

Eine Wanderung führt auf den Mt. Temehani (792 m), wo eine der seltensten Blumen der Erde wächst: Die *tiare apetahi* ist an der halbkreisförmigen Anordnung ihrer Blütenblätter zu erkennen.

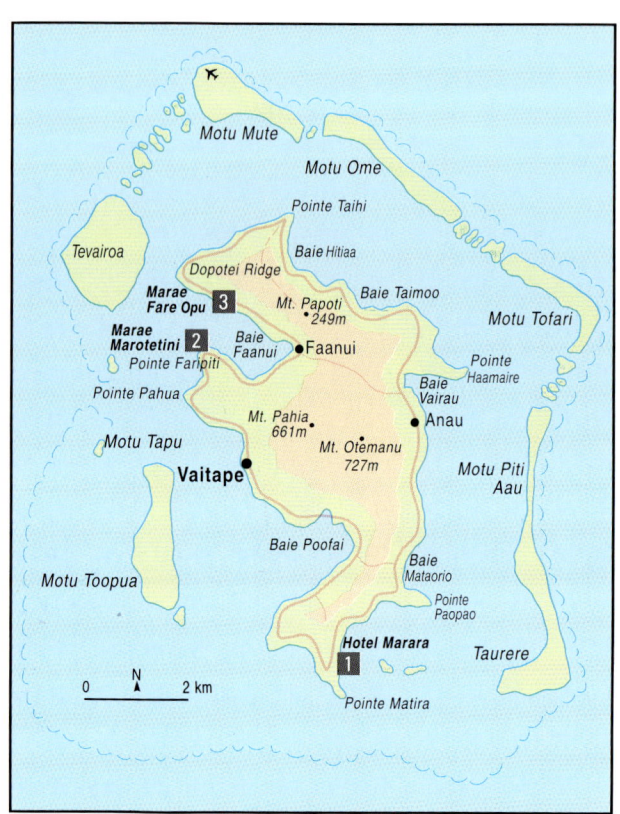

Map labels:
Motu Mute
Motu Ome
Pointe Taihi
Tevairoa
Baie Hitiaa
Dopotei Ridge
Marae Fare Opu 3
Mt. Papoti 249m
Baie Taimoo
Motu Tofari
Marae Marotetini 2
Baie Faanui
●Faanui
Pointe Faripiti
Pointe Pahua
Pointe Haamaire
Baie Vairau
Mt. Pahia 661m
●Anau
Motu Tapu
Mt. Otemanu 727m
Motu Piti Aau
Vaitape ●
Baie Poofai
Baie Mataorio
Motu Toopua
Pointe Paopao
Hotel Marara 1
Taurere
0 N 2 km
Pointe Matira

Bora Bora

Die kleinere Schwesterinsel **Tahaa** (90 km², 4005 Ew.) liegt im touristischen Windschatten von Raiatea. Patio an der Nordküste ist der wichtigste Ort, Tapuamu, im Westen der Haupthafen. Schöne Dörfer reihen sich entlang der zerklüfteten Küste mit ihren vielen, im Südteil der Insel tief eingeschnittenen Buchten. Baie de Haamene zählt zu den besonders schönen Gegenden auf Tahaa. Eine der möglichen Wanderungen führt von Haamene am Ende der Bucht über den Col Vaitoetoe (Aussichtspunkt) durch das Vaiharuru-Tal nach Patio.

Bora Bora –
die Perle des Pazifiks

Landfläche: 38 km², Einwohner: 4225, Hauptort: Vaitape, höchste Erhebung: Mt. Otemanu, 727 m (S. 306 f.)

Als ›Perle des Pazifiks‹ wird Bora Bora zurecht gerühmt. Über dem blau- und türkisfarbenen Wasser der Lagune erheben sich die grünen Zinnen der höchsten Berge der Insel. Ebenso wie die beiden der Westküste vorgelagerten hügeligen Eilande sind es Überreste des ursprünglichen Vulkankraters. Eine lange Kette sandiger *motu* säumt das Riff im Norden und Osten.

Im Zweiten Weltkrieg war Bora Bora Versorgungsstützpunkt der amerikanischen Marine und Luftwaffe mit 4500 stationierten GIs. Der Militärflughafen, der erste in Französisch-Polynesien, ebnete später den Weg für den Tourismus. Im Jahre 1977 wurde die Insel erneut ›okkupiert‹, diesmal von einer Filmtruppe aus Cinecittá: Dino de Laurentiis drehte auf Bora Bora den Film »Hurricane«. Die Bungalows der Crew wurden anschließend in ein Hotel – das heutige Hotel Marara **1** – umgewandelt. 1929/31 hatte die ›Perle der Südsee‹ als Kulisse für »Tabu«, einen Stummfilm von Friedrich W. Murnau und Robert Flaherty, gedient.

Außer Anau im Osten der Insel liegen die Dörfer und die meisten Hotels entlang der Westküste und an der Südspitze von Bora Bora. Von Vaitape führt ein steiler Pfad über bewaldete Hänge auf den Mt. Pahia. Ohne Führer ist der Ausgangspunkt der mehrstündigen Wanderung allerdings kaum zu finden. Von Norden her (Pointe Taihi) erreicht man über die von Gras und Gesträuch bewachsene *Topotei Ridge* den Mt. Papoti (249 m), der ebenso wie die Anhöhe mit dem Fernsehsender im Südteil der Insel den Blick auf die Lagune und umliegende *motu* freigibt.

An der 32 km langen Straße um die Insel liegen die Überreste zahlreicher *marae*. Südlich von Faanui an der großen Bucht direkt am Meer befindet sich das restaurierte **Marae Marotetini 2**, der einst bedeutendste Tempel auf Bora Bora. Felsbilder mit Schildkrötmotiven sind auf dem **Marae Fare Opu 3** nordwestlich von Faanui zu sehen.

Maupiti (14 km²; 963 Ew.) ist die westlichste und kleinste der bewohnten Inseln unter dem Wind, vollständig umgeben von einem Riff, das eine weite Lagune einschließt. Mit einem Umfang von nur etwa 10 km läßt sich die Insel an einem Tag umwandern. Etwa 30 Minuten von Vai'ea entfernt säumt ein weißer Sandstrand (Tereia Beach) die Lagune. Bisher haben die Inselbewohner den Bau eines großen Hotels strikt abgelehnt.

Die Tuamotus – der gefährliche Archipel

Landfläche: ca. 900 km², Einwohner: 11 754 (S. 313)

Die 77 Atolle dieser Inselgruppe erstrecken sich über eine Entfernung von annähernd 1600 km und liegen über eine Fläche verstreut, die – auf Europa projiziert – von London über den Süden von Dänemark bis nach Belgrad reichen würde. Allein Makatea ist kein Atoll, sondern eine gehobene Koralleninsel im Nordwesten des Archipels. Zwischen 1961 und 1966 wurden die dortigen Phosphatvorkommen abgebaut.

Tuamotu oder ›der gefährliche Archipel‹ wird dieser Teil des Pazifiks aufgrund der zahllosen Riffe und Untiefen genannt, die bei Seefahrern gefürchtet waren. Heute trifft diese Bezeichnung leider auch in anderer Hinsicht auf die Inselgruppe zu: Seit 1966 wurden auf Mururoa und Fangataufa über hundert Atombomben gezündet, rund ein Drittel davon überirdisch.

Man nimmt an, daß die Tuamotus um 900 herum von Menschen besiedelt wurden, die vor den kriegerischen Auseinandersetzungen auf den Marquesas

Manihi – schwarze Perlen aus der Südsee

Das Manihi-Atoll (591 Ew.) ist eines der größten Zuchtgebiete für schwarze Perlen. In den Lagunen des Tuamotu-Archipels herrschen ideale Bedingungen für die heimische Art der schwarzlippigen Perlauster *(Pinctada margaritifera)*. Seit altersher fertigten die Polynesier Schmuck und Gebrauchsgegenstände wie Angelhaken oder Köder aus dem schillernden Perlmutt der Muschelschalen. Als die europäischen Händler kamen, wurde es zum Exportschlager dieser abgelegenen Inselgruppe. Mit der Entdeckung der

kostbaren Perlen im Mantel der Tiere war das Schicksal der Perlauster besiegelt. Die Perlentaucher, welche die begehrten Stücke aus Tiefen zwischen 30

und den Gesellschafts-Inseln dorthin flohen. Die Paumotu – wie sich die ersten Siedler nannten – erwartete auf den Atollen ein hartes Leben. Humushaltige Böden fehlen fast ganz, die Vegetation ist äußerst artenarm und der Anbau von Kulturpflanzen nur in sehr begrenztem Maße möglich. Heute können die Atollbewohner auf importierte Nahrungsmittel zurückgreifen. Ursprünglich jedoch waren sie auf Kokosnüsse und Fisch angewiesen. Mangels Flüssen und Quellen wird in Zisternen Regenwasser aufgefangen. Die wohlschmeckende Alternative zum ›Eau Royale‹ aus dem Laden ist der Trunk aus einer jungen Kokosnuß. Wirbelstürme und Flutwellen treffen die Atolle, die nur wenige Meter über den Meeresspiegel ragen, mit ungehinderter Wucht. Ohne die Versorgung von außen

waren Hungersnöte in voreuropäischer Zeit unvermeidlich. Das abgeschiedene Pukapuka-Atoll war die erste Insel im Pazifik überhaupt, die von einem Europäer gesichtet wurde, nämlich von Magellan im Jahre 1521. Unter den 40 bewohnten Atollen sind Rangiroa und Manihi die touristisch bedeutsamen Inseln. Die Lagunen der Tuamotus zählen zu den besten Tauchgründen dieser Region.

Rangiroa

Mit seiner knapp 80 km langen und bis zu 25 km breiten Lagune ist Rangiroa (1874 Ew.) das größte geschlossene Atoll der Welt. Am Nordrand der Lagune liegen die drei besiedelten *motu*. Der

und 40 m herausfischten, dezimierten die reichen Bestände in den Lagunen auf dramatische Weise. Nur etwa drei von tausend Austern bilden Perlen aus.

In den 20er und 30er Jahren dieses Jahrhunderts entwickelten die Japaner eine erfolgreiche Methode zur Perlenzucht. Ein aufwendiges und zeitintensives Verfahren: Etwa drei Jahre brauchen die jungen Austern, bis sie so weit herangewachsen sind, daß ihnen der Fremdkörper – ein kleines Kügelchen aus Schildpatt oder Muschelschale – eingesetzt werden kann. An besonderen Vorrichtungen in der Lagune aufgehängt, dauert es weitere zwei bis drei Jahre, bis die Muschel den Fremdkörper mit einer Perlmuttschicht umgeben hat. Die farbliche Tönung der geernteten Perlen reicht vom dunklen Anthrazit bis zu einem hellen Grau mit bräunlicher oder beigefarbener Schattierung. Durchschnittlich entwickeln 30 % der behandelten Austern eine Perle, etwa 5 % davon sind von höchster Qualität.

Nach den ersten Versuchen der Perlenzucht Anfang der 60er Jahre begannen in den 70er Jahren die ersten Perlfarmer auf Manihi mit der industriellen Produktion. Mittlerweile gibt es rund 60 solcher Betriebe – überall ragen die zugehörigen Pfahlbauten aus dem Wasser und sprenkeln den Küstenbereich der Lagune. Der Besuch einer Perlfarm gehört zum Standardprogramm der Hotels und Pensionen auf Manihi.

Turipaoa ist der Hafenort von **Manihi.** Wenn eines der Fracht- und Passagierschiffe anlegt, erwacht es zu quirligem Leben. Die Älteren sitzen im Schatten des großen Baumes auf dem Dorfplatz und beobachten das Treiben am Hafen. Männer verladen die Fracht, und Kinder jeden Alters hüpfen über Stapel von Säcken mit Kopra, deren intensiver Kokosduft die Luft erfüllt.

überwiegende Teil der Bevölkerung lebt in zwei schmucken Dörfern auf Avatoru und Tiputa. Der Flugplatz befindet sich auf Avatoru, das benachbarte Tiputa ist der Verwaltungssitz der Tuamotus.

Mururoa und Fangataufa

Mururoa und Fangataufa, ganz im Südosten des Archipels gelegen, wurden 1963 zum Testgelände für französische Atomversuche bestimmt. Drei Jahre später lief die erste der jährlichen Testserien an; 41 Atombomben wurden bis 1975 in der Atmosphäre gezündet. Erst 1975 ging man nach weltweiten Protesten zu unterirdischen Nukleartests über. Frankreich bestreitet bis heute, daß aus dem porösen, durch die Explo-sionen geschädigten Korallensockel der Atolle radioaktive Strahlung austritt. In den letzten Jahren wurden die Bombenschächte in den Grund der Lagune gebohrt, da die Inseln selbst weiteren Detonationen wohl nicht mehr standgehalten hätten. Nach einer dreijährigen Pause wurden 1995/96 die letzten sechs Nukleartests durchgeführt. In Zukunft will sich Frankreich auf computersimulierte Versuche beschränken.

Die Mangareva-Inseln

Umgeben von einer großen Lagune schließt die kleine Gruppe der Mangareva- oder Gambier-Inseln (22 km^2, 620 Ew.) an die südöstlichen Ausläufer der Tuamotus an. Ihre Vulkaninseln bil-

den einen landschaftlichen Gegensatz zum Archipel der Atolle. Nur die größte der neun Inseln ist bewohnt. Obwohl Mangareva nicht weit vom Atomtestgebiet entfernt liegt, wurden die ersten Bomben gezündet, ohne die Bevölkerung zu evakuieren. Später ließ man

Bunker errichten und die Häuser nach jedem Atomversuch mit Wasser abwaschen. Ungeachtet dessen versichern die französischen Behörden beharrlich, es bestehe keine Gefahr für die Inselbewohner.

Die Marquesas-Inseln

Landfläche: 1279 km^2, Einwohner: 7358, Hauptort: Taiohae auf Nuku Hiva, höchste Erhebung: Mt. Pontetainui (auch Mt. Oave) auf Ua Pou, 1232 m (S. 308)

Mehrere über tausend Meter hohe zerklüftete Gipfel erheben sich über schroffen Steilküsten und zahlreichen Meeresbuchten – eine Inselwelt von kapriziöser Schönheit. Da Küstenniederungen weitgehend fehlen, beschränkt sich der Siedlungsraum auf die fruchtbaren Täler. Die Niederschlagsmengen unter-

liegen beträchtlichen Schwankungen: In regenreichen Jahren fallen über 2500 mm, in trockenen weniger als die Hälfte. Luvseiten mit üppiger Vegetation stehen den trockeneren windabgewandten Seiten gegenüber. Nuku Hiva und Hiva Oa sind die beiden weitaus größten unter den dreizehn Inseln, gefolgt von Ua Pou, Fatu Hiva, Ua Huka und Tahuata. Bei den restlichen handelt es sich um winzige unbewohnte Landflecken.

Zahlreiche steinerne Plattformen *(paepae)* und Überreste von Kultplätzen

Schmuck vom Feinsten

Auf den Marquesas-Inseln trugen Frauen und Männer an Armen, Beinen, Brust und Kopf üppigen Schmuck. Sie putzten sich mit Diademen, Stirn- und Armbändern aus Federn, Perlmutt, Schildpatt und Kokosfaserschnur. Zu den feinsten und kostbarsten Schmuckstücken gehörten aus Pottwalzahn geschnitzte Ohrringe, die nur bei außergewöhnlichen Anlässen getragen wurden. Der dekorative Teil der rechteckigen, flachen Ohrringe bestand aus mehreren feinen *tiki*-Figürchen, zwei bis fünf an der Zahl, die besondere Ereignisse und Mythen darstellten. *Tiki* repräsentierten vergöttlichte Ahnen oder verkörperten den Menschen schlechthin. Sie hatten die für die gesamte bildende Kunst der Marquesas typische Form eines stilisierten Totenkopfes mit großen Augenhöhlen.

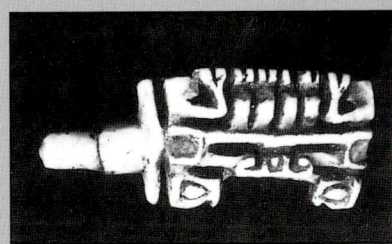

Ohrstecker mit tiki

Die faszinierendste Form des Körperschmucks stellte die Tatauierung dar. Obwohl in allen Teilen Ozeaniens verbreitet, gilt Polynesien als das traditionelle Zentrum dieser Kunst, die auf den Marquesas zu höchster Vollkommenheit entwickelt wurde. Äußerst differenzierte Muster verwandelten eine von Kopf bis Fuß tatauierte Person in ein lebendes ›Gesamtkunstwerk‹. Jede Linie und jedes Ornament hatten eine spezielle Bedeutung, einen Namen und einen vorgeschriebenen Platz. Die Ausführung durch hochangesehene und gutbezahlte Spezialisten *(tuhuna patu tiki – ›Bilderklopfer‹)* war an strenge Vorschriften gebunden und fand in eigens dafür errichteten Häusern statt.

Eine gelungene Tatauierung entsprach jedoch nicht nur dem geltenden Schönheitsideal, sondern bezeugte auch die Reife eines Menschen: Das von Zeremonien begleitete Ritual der Tatauierung bildete einen wesentlichen Bestandteil der Initiationsfeste für Jungen und Mädchen und stellte eine Probe der Mannbarkeit dar: Die in ganz Ozeanien übliche Methode der Stich- bzw. Farbtatauierung war schmerzhaft. Eine kammartige, an einem Holz- oder Bambusstab befestigte Klinge aus Schildpatt oder Knochen wurde in den Farbstoff getaucht und mit einem hölzernen Schlegel so tief in die Haut getrieben, daß die Farbe in die unteren Hautschichten eindrang. In zahlreichen Sitzungen wurden die Körperpartien nach und nach dieser Prozedur unterzogen. Die Wunden einer solchen Operation waren nach etwa vier Wochen verheilt. Männer von hohem Rang ließen sich selbst Zunge und Innenseiten der Nasenlöcher tatauieren. Nicht selten vergingen 30 oder 40 Jahre bis zur Vollendung einer Ganzkörpertatauierung.

(tohua) zeugen davon, daß die Marquesas in voreuropäischer Zeit dicht bevölkert waren. Schätzungen zufolge lebten hier zu Cooks Zeiten zwischen 50 000 und 100 000 Menschen. 1842 war die Einwohnerzahl auf 20 000 gefallen, 1926 erreichte sie einen Tiefststand von unter 2000. Von Weißen eingeschleppte Krankheiten, die Zerstörung ihrer Lebensgrundlagen und daraus resultierende Depressionen führten zu diesem Niedergang. Die sprachlichen Unterschiede zwischen den nördlichen und südlichen Inseln des Archipels deuten auf verschiedene Einwanderungswellen hin. Archäologischen Funden zufolge kamen die ersten Polynesier um 300 n. Chr. von Samoa oder Tonga auf die Marquesas. Von hier aus wurden die Osterinsel (400 n. Chr.), Hawai'i (500 n. Chr.) und die Gesellschafts-Inseln (600 n. Chr.) besiedelt. Anders als auf Tahiti, Hawai'i oder Tonga entwickelte sich auf den Marquesas eine weniger stark ausgeprägte Standesgesellschaft, die sich durch ein höheres Maß an sozialer Durchlässigkeit auszeichnete.

Der Name der Inselgruppe geht auf den spanischen Entdecker Alvaro de Mendaña zurück, der 1595 auf einige der südlich gelegenen Inseln stieß und sie nach dem damaligen Vizekönig von Peru ›Las Marquesas de Mendoza‹ benannte.

Die nördlichen Inseln

»Die Bäume wirkten von uns aus gesehen wie Haselnußsträucher, der Strand hätte irgendwo in Europa liegen, die Bergformen in kleinerem Maßstabe den Alpen nachgebildet sein können, und der an ihre Hänge geschmiegte Wald sah nicht viel größer aus als unser schottisches Heidekraut. (…) die ›Casco‹ begann, unter Wind in die Bucht von Anaho zu gleiten. Die Kokospalmen,

Fischer auf Tahaa

jene Giraffen unter den Pflanzen, die so anmutig und ungelenk zugleich und europäischen Augen so fremdartig erscheinen, konnten wir am Strande sich drängen und die steilen Berghänge hinaufklettern und umsäumen sehen. Rauhe, nackte Hügel umschlossen von beiden Seiten die Einfahrt; landeinwärts sperrte sie ein zerklüftetes Bergmassiv. In jeden Spalt jener Mauer hatte sich der Wald gezwängt, nistend und horstend wie Vögel in einer Ruine, und hoch droben umgrünte und umstrickte er die messerscharfe Klinge der Gipfel.« (Robert Louis Stevenson)

Felsiges und trockenes Terrain (La Terre Deserte) bedeckt den Westteil der Insel **Nuku Hiva** (330 km^2, 2100 Ew.). Hingegen gilt das im Osten von Nuku Hiva gelegene Tal bei Taipivai als eine der schönsten Gegenden auf den Marquesas. Herman Melvilles Roman »Typee« basiert auf den Eindrücken, die er während seines Aufenthalts 1842 in diesem Tal sammelte. Hier wie auch bei Hatiheu an der Nordküste sind noch zahlreiche *tiki* und Überreste von Kultstätten zu sehen. Das fruchtbare *Plateau de Toovii* im Zentrum der Insel wird landwirtschaftlich genutzt und ist Quellgebiet der beiden größten Flüsse. Bei Hakaui westlich von Taiohae führt ein Weg zu den Ahuii-Fällen. Bis zu tausend Meter hohe, fast senkrecht vom Flußufer aufragende Felswände bilden die Westseite dieser Schlucht. *Taiohae* am Fuße des Mt. Muake (660 m) ist das administrative und wirtschaftliche Zentrum. Geschnitzte Skulpturen von Künstlern aus allen Teilen des Archipels schmücken das Innere der 1974 erbauten Kirche Notre Dame. Reste des Fort Collets auf der Landzunge am Ostende der Baie de Taiohae zeugen von der Besetzung der Insel durch französisches Militär nach ihrer Annexion 1842.

Ua Huka (77 km^2, 539 Ew.) gilt als die ungezähmteste unter den nördlichen Inseln: Wilde Pferde, Rinder, Schafe und Ziegen durchstreifen die Hochebene und Täler. Nur die Südküste ist besiedelt. Archäologische Ausgrabungen bei Hane förderten die bisher ältesten Fundstücke in dieser Region zu Tage. Sie untermauern die Annahme, daß die polynesischen Navigatoren mit ihren hochseetüchtigen Doppelrumpfbooten zuerst die Gestade der Marquesas erreichten, bevor sie zu neuen Ufern in Ost-Polynesien aufbrachen.

Die wilde Schönheit von **Ua Pou** (105 km^2, 1918 Ew.) mit ihren Bergzinnen zog auch Robert Louis Stevenson in Bann: »… südwärts beleuchteten die ersten Sonnenstrahlen die Nadeln von Ua-Pou. Dort ragten sie wie die Türme einer monströsen, dekorativen Kirche und durchstachen den Horizont, und in dem funkelnden Morgenlicht waren sie wie passende Wegweiser zu einer Wunderwelt …«. Ein Weg führt rund um die Insel – eine Tour, die man auch zu Pferde unternehmen kann.

Motu Uta, eine vorgelagerte Insel im Süden von Ua Pou, ist wie Motohani in der südlichen Inselgruppe Naturschutzgebiet und Nistplatz für Tausende von Seevögeln.

Die südlichen Inseln

Hiva Oa (320 km^2, 1671 Ew.) ist die größte und bedeutendste Insel der südlichen Marquesas-Gruppe. Berühmt wurde sie durch Paul Gauguin, der die letzten beiden Jahre seines Lebens hier verbrachte. 1903 wurde er auf dem Friedhof bei Atuona beigesetzt. Anhand archäologischer Funde gelang es im Upeke-Tal, eine der vielen Ausgrabungsstätten auf Hiva Oa, ein uraltes

Auf den Spuren Gauguins

Gauguins Flucht vor der westlichen Zivilisation und seine Suche nach dem ursprünglichen Leben sind untrennbar mit dem Mythos Tahiti verbunden, den er in zahlreichen Bildern verewigte.

Voller Sehnsucht nach »dem Wilden, dem Ursprünglichen«, genährt von Reiseberichten über das paradiesische Inselleben, brach Gauguin 1891 nach Tahiti auf. Vor seiner Abreise hatte er geschrieben, er lebe «nur noch in der Hoffnung auf dieses gelobte Land … das gesundeste Land, das es gibt … Unter einem winterlosen Himmel, auf einem Boden von wunderbarer Fruchtbarkeit, braucht der Tahitianer nur den Arm zu heben, um seine Nahrung zu pflücken. Darum arbeitet er nie. Und während in Europa Männer und Frauen nur nach unablässigem Mühen zur Befriedigung ihrer Bedürfnisse gelangen, und während sie mit Kälte und Hunger in quälendem Kampf liegen, kennen die Tahitianer, glückliche Bewohner der unbekannten Paradiese Ozeaniens, nur die Annehmlichkeiten des Lebens. Für sie bedeutet Leben singen und lieben.«

In Papeete aber war die Kultur der ›glücklichen Wilden‹ unter dem jahrzehntelangen Einfluß von Missionaren, weißen Siedlern und Kolonialherren weitgehend zerstört worden, und auch in den ländlichen Regionen gehörten die *marae, tiki*-Figuren, traditionelle Kleidung und polynesische Bräuche

Paul Gauguin: »Nevermore«, 50 × 60 cm
Courtauld Institute Galleries, London

»Ich wollte noch einmal durch einen einfachen Akt einen gewissen barbarischen Glanz suggerieren. Das Ganze ist absichtlich in düstere und traurige Farben getaucht. Weder Samt noch Seide, weder Batist noch Gold können diesen Glanz schaffen, nur die Hand des Künstlers macht die Materie reich.«
(Paul Gauguin zu »Nevermore«)

zumeist der Vergangenheit an. In den unter dem Titel »Noa Noa« erschienenen Aufzeichnungen über seinen ersten Tahiti-Aufenthalt klagt Gauguin: »Das Leben in Papeete wurde mir rasch zur Last. Das war ja Europa – jenes Europa, von dem ich loszukommen geglaubt hatte –, dazu unter den erschwerenden Aspekten des kolonialen Snobismus, einer kindlichen und bis zur Karikatur grotesken Nachahmung unserer Sitten, Moden, Laster und Kulturlächerlichkeiten. Nicht um das anzutreffen, war ich so weit gereist.« Er zog aus der Stadt nach Mataiea an der Südküste der Insel, wo er bis zu seiner Rückkehr nach Frankreich 1893 mit einer jungen Tahitianerin zusammenlebte.

Bei seiner endgültigen Rückkehr nach Tahiti 1895 zwang ihn sein schlechter Gesundheitszustand, sich in Punaauia südlich von Papeete niederzulassen, anstatt wie geplant auf die Marquesas weiterzureisen. Hier verbrachte er die folgenden fünf Jahre, einsam, krank und von finanzieller Not geplagt.

Als Gauguin 1901 schließlich auf die Marquesas-Insel Hiva Oa kam, mußte er auch hier erkennen, daß Kultur und Traditionen der einheimischen Bevölkerung in Auflösung begriffen oder schon ganz von europäischen Einflüssen verdrängt worden waren. Und auch hier blieben ihm die ständigen Querelen mit Verwaltungsbeamten, der Gendarmerie und der Mission, die ihm seine lockere Lebensführung vorwarf, nicht erspart. Am 8. Mai 1903 starb Gauguin verarmt und enttäuscht.

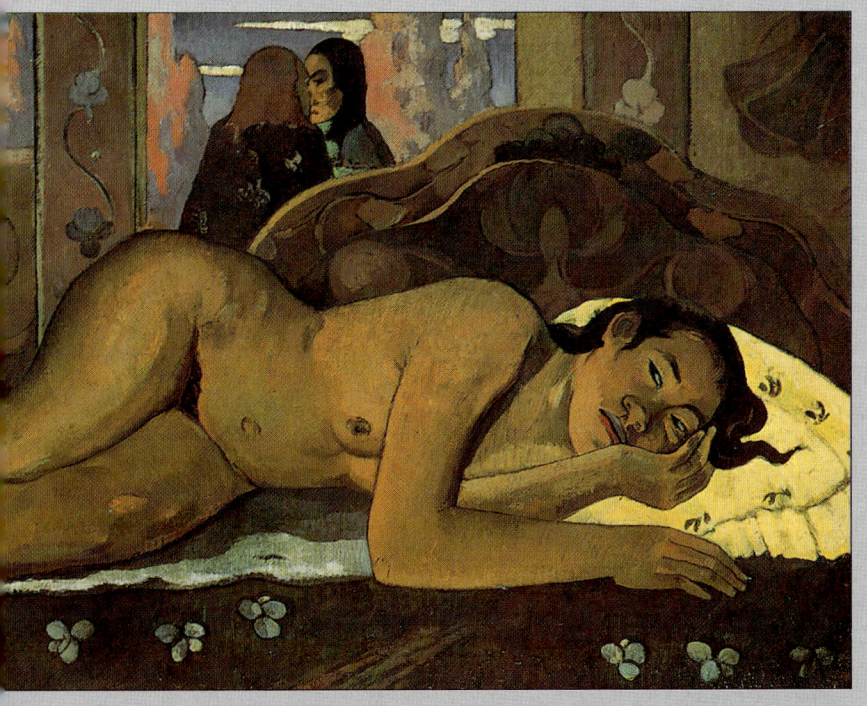

Dorf zu rekonstruieren. Bei Puamau im Nordosten der Insel stehen auf der Terrasse eines verfallenen *marae* zwei über 2 m große *tiki*-Figuren. Eine dritte liegt auf dem Boden und ist mit Moos bewachsen. Die Figuren sind die größten Exemplare auf den Marquesas.

Ein nach Süden hin steil abfallender Höhenzug kontrastiert mit den sanfteren Ausläufern im nördlichen Teil von **Tahuata** (50 km^2; 633 Ew.), der kleinsten bewohnten Insel. In der Bucht von Vaitahu gab Mendaña 1595 dem Archipel seinen Namen, und 1774 fand James Cook hier einen geschützten Ankerplatz. Die ersten protestantischen und katholischen Missionare wählten 1797 bzw. 1838 Vai-

tahu zum Ausgangspunkt ihrer Tätigkeit auf den Marquesas. Sehenswert sind die archäologischen Stätten im Vaitahu- und die Felsbilder im Hanatahua-Tal.

Fatu Hiva (80 km^2; 497 Ew.) liegt ganz im Süden des Archipels und ist die regenreichste der Marquesas-Inseln. Thor Heyerdahl inspirierte sein mehrmonatiger Aufenthalt auf dieser Insel zu seinem berühmten Werk »Fatu Hiva«. Bekannt für seine tropische Schönheit ist das Hanavave-Tal mit dem gleichnamigen Dorf an der Jungfrauenbucht (Baie des Vierges). Nur auf Fatu Hiva wird heute noch *tapa* aus der Rinde des Papiermaulbeerbaums hergestellt.

Die Austral-Inseln

Landfläche: 148 km^2, Einwohner: 6509, Hauptort: Mataura auf Tubuai

Die Inseln Tubuai, Rurutu, Rimatara, Raivavae und Rapa sind vulkanischen Ursprungs und bilden zusammen mit den beiden unbewohnten Atollen Marotiri (oder Bass Island) und Maria (oder Hull Island) den südlichsten Archipel in Französisch-Polynesien. Auf **Tubuai** (50 km^2, 1846 Ew.) landeten 1789 die Meuterer von der ›Bounty‹, um sich eine neue Existenz aufzubauen. Die ständigen Auseinandersetzungen mit der einheimischen Bevölkerung vereitelten jedoch ihr Vorhaben. Schließlich ließen sich die Engländer auf Pitcairn nieder.

In voreuropäischer Zeit erreichte die polynesische Schnitzkunst auf Tubuai

ihre höchste Vollendung. Vor allem die mit äußerst feinen geometrischen Ornamenten verzierten Zeremonial-Paddel, mit denen bei besonderen Anlässen das Boot des Häuptlings gesteuert wurde, waren einzigartige Meisterwerke. Auf **Rurutu** (1953 Ew.) werden bis in die Gegenwart Webarbeiten von höchster Qualität hergestellt.

Als eine der schönsten Inseln im östlichen Pazifik gilt **Raivavae** (1225 Ew.). Wie **Rapa** liegt sie südlich des Wendekreises und zeichnet sich durch ein relativ gemäßigtes Klima aus. Die meisten der steinernen Skulpturen, für die Raivavae bekannt war, wurden von den Tempelplätzen entfernt. Zwei der geretteten Exemplare sind im Gauguin-Museum auf Tahiti zu sehen.

Sonnenuntergang auf Tahiti ▷

Fidschi

Melting pot im Pazifik

Sitiveni Rabuka – gestern ›Südsee-Rambo‹, heute Premierminister

Eine recht ungewöhnliche Geschichte und dennoch politische Realität eines Inselstaates im Südpazifik: Da gibt es einen Oberstleutnant, der zwei Militärputsche anführt und fünf Jahre später – mit Zustimmung der von ihm zuvor gestürzten Partei – zum Premier ernannt wird.

Rückblende: Ratu Sir Kamisese Mara, der mit seiner konservativen Alliance Party (AP) all die Jahre seit der Unabhängigkeit das Land regiert hatte, war der große Verlierer der Wahl im April 1987. Die Mehrheit der abgegebenen Stimmen konnte die erst vier Monate vor der Wahl gegründete Koalition aus der überwiegend von Indern unterstützten National Federation Party (NFP) und der gewerkschaftsorientierten Fiji Labour Party (FLP) erringen. Der neue Regierungschef hieß Dr. Timoci Bavadra von der FLP.

Nun hatten die Inder nach ihrer zahlenmäßigen Überlegenheit und ihrer wirtschaftlichen Übermacht auch noch das politische Sagen in Fidschi erlangt, so die Meinung der nationalistischen Taukei-Anhänger (*Taukei:* die Menschen des Landes). Diese neugegründete politische Gruppierung von Fidschianern machte zunächst mit Straßenbarrikaden im Norden der Hauptinsel Viti Levu auf sich aufmerksam, anschließend forderte sie die Bevölkerung zum Sturz der Bavadra-Regierung auf.

Am 14. Mai, nach nur vierwöchiger Regierungszeit, war es dann so weit:

Oberstleutnant Sitiveni Rabuka marschierte mit zehn bewaffneten Soldaten ins Regierungsgebäude und verhaftete die amtierenden Minister und Parlamentsmitglieder der NFP/FLP-Koalition. Fidschi, das Ausstellungsstück der parlamentarischen Demokratie innerhalb der pazifischen Region, erlebte seinen ersten Staatsstreich.

In den Wochen und Monaten nach dem ersten großen Auftritt Rabukas überstürzten sich die Ereignisse: Eine Militärregierung wurde ein- und prompt wieder abgesetzt, ein Interimsministerrat ernannt und ein Verfassungs-Revisionskomitee einberufen. Eine Anzahl anderer Staaten und Organisationen protestierte, in Australien und Neuseeland dachte man sogar laut über eine Militärintervention zur Wiedereinsetzung der Bavadra-Regierung nach. Im Lande selbst herrschten bürgerkriegsähnliche Zustände. Die Opfer von Gewalt und Terror waren zumeist Inder. Aufgerufen zu diesen heftigsten Rassenunruhen, die Fidschi bislang erlebte, hatte die Taukei-Bewegung. Ihre Anhänger feierten Rabuka als Volkshelden. Der war mittlerweile zum Vorsitzenden des Verfassungskommitees, zum Regierungschef sowie, höchst offiziell, zum Generalmajor und amtierenden Kommandeur der Streitkräfte avanciert.

Rabuka, in der Presse zuweilen als ›Südsee-Rambo‹ tituliert, hatte eine Offiziersausbildung in Indien und Neuseeland absolviert, anschließend u. a. bei britischen Einheiten in Hongkong und bei den Ghurkas, einer britisch-indischen Elitetruppe gedient. Für kurze Zeit war er Befehlshaber des Fidschi-Kontingents der UN-Friedenstruppen im Libanon gewesen. Er ist methodistischer Laienprediger. Im nachhinein sehr aufschlußreich ist seine am Indian Defence College angefertigte Examensarbeit: »Theorie und Praxis von Staatsstreichen«.

Eine im September gegründete Übergangsregierung wurde von Rabuka gleichfalls mit Gewalt außer Kraft gesetzt. Rabuka ernannte sich selbst zum Staatschef. In einer mitternächtlichen Rundfunkansprache vom 7. auf den 8. Oktober proklamierte er die ›Republik Fidschi‹ und löste folgerichtig die englische Königin als Staatsoberhaupt ab. Tags darauf setzte er eine neue Militärregierung unter seinem Vorsitz ein. Ratu Ganilau trat offiziell vom Amt des Generalgouverneurs zurück und übernahm Anfang Dezember das Amt des Präsidenten der neuen Republik. Ratu Mara akzeptierte den Posten als Premierminister und bildete eine als Übergangslösung bezeichnete semi-zivile Regierung. Rabuka übernahm das Amt des Innen- und Verteidigungsministers.

Die Republik lernt laufen

Ratu Mara bemühte sich in den folgenden Monaten, den guten Ruf Fidschis wiederherzustellen. Ein nicht allzu schwieriges Unterfangen, wie sich sehr schnell herausstellen sollte: Der Ausschluß aus dem Commonwealth und die Proklamation der Republik hatte das Verhältnis zwischen London und Suva zwar abgekühlt, es war aber keineswegs feindselig. Vielmehr, so versicherte man wiederholt, erfolgte der Ausschluß Fidschis aus dem Commonwealth sogar gegen das ausdrückliche Votum Großbritanniens. Ein Ergebnis des ersten Gesprächs zwischen Ratu Mara und Margaret Thatcher nach dem zweiten Militärputsch war die Wiederaufnahme des militärischen Trainingsprogramms für fidschianische Offiziere in England.

Auch Australien und Neuseeland äußerten bereits im Jahre 1 der Republik Fidschi Sympathien für die Übergangsregierung. Im Februar 1988 hatten beide

Fidschi im Überblick

Lage:	Zw. 177° östlicher und 178° westlicher Länge und 15°–20° südlicher Breite
Landfläche:	18 376 km^2
Meeresfläche:	709 700 km^2
Anzahl der Inseln:	320
Einwohner:	772 655
Hauptstadt:	Suva auf Viti Levu
Bevölkerungsstruktur:	48,9 % Fidschianer, 46,2 % Inder, der Rest Europäer, Chinesen und Rotumaner
Religion:	53 % Christen, 38 % Hindus, 8 % Muslime
Staatsform:	Republik mit einem Zwei-Kammer-Parlament. Repräsentantenhaus mit 70, Senat mit 30 Mitgliedern
Parteien:	Fiji Labour Party/FLP, Fijian Association Party/FAP, Party of National Unity/PANU, Taukei Party
Wirtschaft:	Tourismus, Landwirtschaft, Bergbau, Industrie Hauptexportprodukte sind Zucker, Gold und Fischkonserven

»Erbarmt euch der canibalischen Fidschi!«

»Wir wollen Euch verschonen mit den Einzelheiten ihrer canibalischen Feste, wollen nichts sagen von vorhergehenden Mordscenen, von der Art, wie menschliche Wesen gekocht werden, – welche Scharen sich versammeln, von allen Klassen und Altern, von beiderlei Geschlecht, Häuptlinge und Volk, Männer, Weiber und Kinder, wie sie dem Feste mit schrecklichem Freudengeschrei zuvorkommen, – wie beim wirklichen Feste die Aufwärter gebratene Menschen auf den Platz bringen, – nicht nur einen oder zwei oder zehn, sondern zwanzig, dreißig, vierzig und fünfzig auf ein Fest!«

Mit diesen Worten riefen im Jahre 1836 die Missionare David Cargill und William Cross die Bevölkerung Englands zu Spendengeldern auf. Hohe Summen und die Entsendung weiterer Missionare waren ihrer Ansicht nach dringend erforderlich, um die »canibalischen Fidschi … vor dem ferneren buchstäblichen einander Beißen und Auffressen« zu retten. Mit eigenen Augen gesehen hatten diese beiden Missionare ein solches ›Festmahl‹ freilich nie. Voller Abscheu und in dem sicheren Gefühl christlicher Überlegenheit gegenüber diesen ›barbarischen Heiden‹ wurden Greuelmärchen weitergegeben oder tatsächlich praktizierte kannibalische Kulthandlungen schamlos übertrieben. Allein Ra Udreudre, ein Häuptling von Rakiraki auf Viti Levu, soll 872 Menschen verspeist haben, erfuhr ein anderer englischer Geistlicher Mitte des 19. Jahrhunderts.

Staaten – wie die USA und Kanada auch – ihre Wirtschaftshilfen wieder aufgetaut.

Außerdem gelang es Fidschi, ›neue Freunde‹ im südostasiatischen Raum zu finden: Indonesien, Singapur und Malaysia, China, Taiwan, Südkorea, vor allem aber Japan stehen nun ganz oben auf der Liste der Investoren.

Sitiveni Rabuka wird Staatsmann

1990 erreichte Rabuka sein erklärtes Ziel, eine Änderung der Verfassung. Von den 70 Sitzen des Unterhauses gehen seither 37 automatisch an Fidschianer, die Inder müssen sich mit nur 27 begnügen, und die verbleibenden Sitze werden für andere ethnische Gruppen reserviert. Darüber hinaus dürfen dem Oberhaus nur fidschianische Häuptlinge angehören, die Ämter des Präsidenten sowie des Premierministers sind ebenfalls Fidschianern vorbehalten. Weitere Privilegien für die Fidschianer sind u. a. die Bevorzugung bei Stipendien und günstigere Kredite.

Das Jahr 1990 wurde für Rabuka auch in anderer Hinsicht zu einem weiteren,

Wen wundert es da noch, daß man Fidschi im 19. Jahrhundert in Europa auch die ›Kannibalen-Inseln‹ nannte. »Glücklicher Weise«, beruhigten im Jahre 1873 die Autoren eines Werkes über Ozeanien ihre Leserschaft, »will das Fleisch der Weißen diesen Unmenschen im Ganzen nicht munden, da es einen salzigen, unangenehmen Geschmack besitzen und nach Tabak riechen und schmecken soll …«

Hintergründe und Bedeutung dieser auf alten Glaubensvorstellungen basierenden Kulthandlungen blieben den Berichterstattern des 19. und 20. Jahrhunderts zumeist verborgen. Daß es sich bei dem rituellen Kannibalismus um das symbolische Einverleiben der Lebenskraft eines Besiegten oder aber, wie in den meisten Fällen, um die bildhafte Wiederholung des Schöpfungsgeschehens handelte, interessierte weder Missionare, Kolonialbeamte noch Reiseschriftsteller. Die rituelle Tötung eines Menschen in Erinnerung an den Tod eines Urzeitgottes und das anschließende feierliche Kultmahl, bei dem das Fleisch

nicht mit den Fingern, sondern wie beispielsweise in Fidschi nur mit speziell hierfür angefertigten Holzgabeln berührt werden durfte, hätte schon früher Vergleiche zum christlichen Abendmahl aufkommen lassen können. Die sinnbildhafte Wandlung von Brot und Wein in Leib und Blut Christi, um sich die Gotteskraft einzuverleiben und an der Glaubensgemeinschaft teilzuhaben, ähnelt tendenziell den religiösen Vorstellungen der südpazifischen Völker, wonach durch das rituelle Mahl die Schöpfungskräfte erneuert und die Kultteilnehmer gestärkt werden sollten.

Bemerkenswerterweise war der Kannibalismus zum Zeitpunkt der europäischen Entdecker in weiten Teilen Ozeaniens nachweislich entweder längst aufgegeben oder aber häufig Menschen- durch Schweinefleisch ersetzt worden. Übriggeblieben waren oft nur noch Redensarten, Flüche und Beleidigungen der jeweiligen Nachbarn, die man gegenüber einem Dritten der ›barbarischen Unmenschlichkeit‹ bezichtigen wollte.

vorläufigen Höhepunkt seiner Laufbahn. Mehr als 20 000 Zuckerrohrfarmer boykottierten den Beginn der Ernte, woraufhin die Interimsregierung ein neues Gesetz erließ, nach dem Ermunterung zur Störung nationaler Industrien mit Gefängnisstrafen bis zu 14 Jahren und mit Geldstrafen bis zu F$ 10 000 geahndet wurden. Daraufhin rief der Gewerkschaftskongreß von Fidschi zu einem Generalstreik auf. Dieser wurde jedoch nach einem Gespräch zwischen Gewerkschaftlern, Präsident Ratu Ganilau und Rabuka abgesagt. Man einigte sich auf die Aufhebung des Gesetzes und auf

den Beginn der Zuckerrohrernte. Initiator dieses Treffens war Rabuka.

Gestern Putschführer, heute Friedensstifter in einem Arbeitkonflikt – geschickt nutzte er die Gunst der Stunde, um sich der Bevölkerung des Landes in einer neuen Rolle zu präsentieren.

Im folgenden Jahr gründete Rabuka die ›Politische Partei von Fidschi‹ (SVT). Im Juli übergab er sein Amt als Oberbefehlshaber der Armee an General Epeli Ganilau, Sohn des Präsidenten Ratu Ganilau und Schwiegersohn des Premierministers Ratu Sir Kamisese Mara. Als Gegenleistung wurde er zum stellvertre-

Traditionelles Dorf auf Viti Levu

tenden Premier und Innenminister ernannt. Von diesen Ämtern trat er im
Dezember wieder zurück, um bei den
nächsten Wahlen für das Amt des Premierministers zu kandidieren.

Aufgrund der diskriminierenden Verfassung drohte die Fiji Labour Party mo-
natelang mit Boykott, beteiligte sich
dann aber doch an den ersten Wahlen
der Republik Fidschi im Mai 1992, aus
denen die ›Politische Partei von Fidschi‹
unter Führung Rabukas als Siegerin her-
vorging. Neuer Premier wurde Sitiveni
Rabuka: Für die meisten wohl überraschend kam die notwendige Unterstützung – Rabukas Partei besaß nicht die
erforderliche Mehrheit im Parlament –
von Chaudhry, dem ehemaligen Finanz-
minister der Bavadra-Regierung und jet-
zigen Parteichef der FLP, derjenigen Partei also, die von Rabuka 1987 mit Gewalt
ihres Amtes enthoben worden war. Ausschlaggebend für Chaudhry war Rabu-

kas erfolgreiche Vermittlung zwischen
Gewerkschaften und Regierung beim
Zuckerrohrboykott 1990 sowie dessen
Versprechen, die neue, rassistische Verfassung zu reformieren und Landpacht-
verträge für indische Zuckerrohrfarmer
zu verlängern. Als sich jedoch zeigte,
daß diese Zusagen nur Worthülsen
waren, kündigte die FLP die Koalition
auf.

Noch größeren Schwierigkeiten sah
sich Rabuka gegenüber, als ihm das Parlament seine Zustimmung zum Haushalt 1994 verweigerte. Neben der Oppo-
sition votierten auch sieben Regierungsmitglieder gegen das vorgelegte
Budget. Folge dieser Regierungskrise
waren die Auflösung des Parlaments
und Ankündigung von Neuwahlen.
Überraschend eindeutig fiel das Wahler-
gebnis aus: 31 der 37 für Fidschianer re-
servierten Sitze gingen an Rabukas Politische Partei der Fidschianer. Fidschis

neuer Premierminister wurde der alte: Rabuka übernahm nun neben dem Posten des Regierungschefs auch das Außen- und Außenwirtschaftsministerium.

1987 Putschist, 1990 Friedensstifter, 1992 Premierminister, 1994 Premierminister, Außen- und Außenwirtschaftsminister: Man darf gespannt sein auf den weiteren Verlauf der Karriere des einstigen Oberstleutnants aus Drekeniwai, einem kleinen Dorf auf der Insel Vanua Levu.

»Die Macht der Häuptlinge ist ungebrochen«

»Die Macht der Häuptlinge ist ungebrochen«, so oder ähnlich resümieren ausländische Journalisten ihre Beobachtungen in Fidschi, und die älteren Fidschianer, vor allem natürlich die Häuptlinge, hören dies gern. Allein, es stimmt schon lange Zeit nicht mehr!

Angesichts euro-amerikanischer Lebensformen, vermittelt durch Popmusik, Spielfilme und Touristen, erscheint vielen Jugendlichen das Dorfleben als schlichtweg langweilig. Vor allem die Hauptstadt Suva bietet mit ihren zahlreichen Kinos und Diskotheken Fluchtmöglichkeiten aus dem täglichen ›Dorftrott‹. Andere sehen sich aufgrund unzureichender Landressourcen gezwungen, in den Städten nach Arbeit zu suchen. Doch mit der ständig wachsenden Einwohnerzahl verschlechtern sich die ohnehin geringen Chancen, dort einen Job zu finden. So lungern sie herum, permanent konfrontiert mit den Verlockungen der großen Stadt, denen sie selber nicht nachgeben können.

Die Jugendlichen, die scheinbar ›behütet‹ im Dorfverband leben, klagen oft über den Druck, der von den älteren Generationen ausgeübt wird. Man erwartet von ihnen, sich entsprechend den traditionellen Vorschriften zu verhalten, die doch in ihren Augen längst ihre Bedeutung verloren haben. Zu diesem Wandel ›von innen‹ tragen die bereits etablierten Städter bei, wenn sie ausgerüstet mit Jeans, T-Shirts, Uhren, Kassettenrecordern ihre ›armen‹, ›hinterwäldlerischen‹ Verwandten in den Dörfern besuchen. Ihre Berichte vom Leben in der Stadt, ihr selbstbewußtes Auftreten und der Besitz von Statussymbolen lassen der Dorfjugend das Stadtleben als überaus erstrebenswert erscheinen.

Diese Entwicklung war bereits zu Beginn der 80er Jahre zu einem Hauptproblem Fidschis geworden. Wer erkennt schon wortlos die traditionellen Autoritäten an, wenn er als 20jähriger der einzige in der Familie ist, der Geld verdient – als Hafenarbeiter, an der Bar im Hotel oder als UN-Soldat im fernen Südlibanon?

Der Sturz der demokratisch gewählten Koalitionsregierung durch den Mai-Putsch ist auch als Versuch zu werten, die konservativen Herrschaftsprinzipien wiederherzustellen. Timoci Bavadra, ein Arzt, wie auch die von ihm eingesetzten Minister gehörten nicht der traditionellen Führungsschicht des Landes an. Dieser Umstand hatte bereits Monate vorher zu öffentlichen Diskussionen geführt. Traditionalisten fragten, beispielsweise in Leserbriefen, ob überhaupt jemand Regierungschef von Fidschi werden könne, der nicht auch gleichzeitig ein hoher Häuptling sei. Die – nach den Maßstäben einer traditionell hierarchisch geordneten Gesellschaft – geringe Stellung Bavadras sowie seine Ankündigung, die Korruption in der alten Regierung offenzulegen und sich für die Interessen der weniger Privilegierten einzusetzen, bedrohten die tra-

Zwischen *lali* und Keyboard

Nach mehr als 30 Stunden Flug landen wir in Nadi. Uns steht eine mehrstündige Busfahrt in die Hauptstadt Suva bevor. Die Busgesellschaft ist indisch, der Fahrer Inder und die Musik, die er über die Kassettenanlage schickt, indische Popmusik. Für unsere Ohren ungewohnt und zu laut, durch die schlechten Lautsprecher stark verzerrt, stellt sie uns in unserem übermüdeten Zustand auf eine harte Probe und macht uns unmißverständlich klar, daß Musik in Fidschi noch lange nicht fidschianische Musik sein muß.

Was uns dann in der Stadt aus Hotelbars und Discos entgegentönt, unterscheidet sich nur wenig vom Einheitssound der internationalen Pop- und Rockmusik. Ein wenig kann man eine Vorliebe für weiche Melodien und Klänge heraushören: Anklänge an Country-Music und immer wieder Geigenklang vom Synthesizer.

Wir wohnen bei einer fidschianischen Familie in einem Dorf auf Viti Levu. Abends kommen Gäste: Jugendliche und junge Erwachsene aus der Nachbarschaft. Die Jungs bringen eine Gitarre mit, und dann geht es los. Sie singen populäre fidschianische Songs, häufig Lieder des bekanntesten fidschianischen Sängers Sakiusa, die sich mit eingängigen Melodien und einfachem harmonischem Aufbau gut zum Mitsingen eignen. Wenn dann die Rhythmen etwas schneller werden und die Stimmung im Raum steigt, werden die jungen Leute und besonders natürlich die weißen Gäste zum *taralala* aufgefordert, einem Tanz, der wie die fidschianische Variante eines englischen Country-Dance wirkt: Seinen Tanzpartner um die Taille fassend bewegt man sich Seite an Seite mit kleinen Schritten vorwärts, rückwärts oder drehend durch den Raum. Wichtig ist dabei die Bewegung der Hüften. Die Umsitzenden feuern die Tänzer mit breitem Lachen und blitzenden Augen zu Höchstleistungen im Hüftschwung an. Nach diesem Abend haben wir eine Ahnung von dem, was wichtig ist, wenn Fidschianer Musik machen: das Singen, das Tanzen und die Gemeinschaft.

Wir fragen nach alter, traditioneller Musik. Die Jungen reagieren kühl und verweisen auf die Alten. Ein paar Abende später sitzen wir mit mehreren alten Frauen zusammen, die uns einen *meke* zeigen. Zu einem mehrstimmig gesungenen Lied werden sitzend mit den Armen und dem Oberkörper Tanzbewegungen ausgeführt, die den Inhalt des Liedes symbolisieren. Es geht um Liebe, das Meer und Abschied. Aber schon nach wenigen Strophen werden die Frauen unsicher, wie das Lied weitergeht. Schließlich bekommen wir eine Kurzfassung der eigentlich in zahlreichen Strophen ablaufenden Geschichte zu hören und zu sehen.

Die Tradition des *meke*-Tanzes, die innerhalb einer Dorfgemeinschaft heute kaum noch Bedeutung hat, wird von semi-professionellen Tanzgruppen lebendig erhalten und weiterentwickelt. Im Cultural Centre in Pacific Harbour

Meke-Tänzer

zum Beispiel werden Touristen die unterschiedlichen *meke* im Rahmen einer Show gezeigt. Da gibt es u. a. den mit Keulen kraftvoll und kämpferisch getanzten *meke malugu* der Männer oder den grazilen, von Frauen getanzten *seasea*. Der *vakamalolo* wird von Frauen und Männern im Sitzen getanzt. Gesteigert wird der Ausdruck der schon durch die Kostüme und die präzise, synchrone Bewegung wirkungsvollen Tänze noch durch den Gesang und die rhythmische Begleitung. Mit Händeklatschen, *lali* (Holzschlitztrommel) und *derua* (Bambusstöcke) werden Metrum, Hauptakzente und Begleitrhythmus gespielt. Dabei werden die Strophen durch kurze rhythmische Pausen voneinander getrennt.

Der Gesang verläuft meistens dreistimmig, wobei eine Stimme die Strophe beginnt *(laga)*, eine zweite danach einsetzt *(tagi)* und erst später die Unterstimme dazukommt *(druku)*. Grundabstand zwischen den Stimmen ist die Terz, zuweilen verlaufen sie aber über längere Zeit im Abstand dissonanter Intervalle (Sekunden, Septimen). Um die Touristen bei solchen Shows nicht zu langweilen, sind die *meke* allerdings stark gekürzt, und die eher leise klingende Nasenflöte *(dulali)* wird gar nicht mehr gespielt.

Immer noch sind die *meke*-Tänze nicht wegzudenkender Bestandteil großer Feste und offizieller Zeremonien. Zu solchen Gelegenheiten werden neue Lieder und Tänze erfunden, die der Komponist auch heute noch in einer Art Inspiration durch die *veli* (Geistwesen) im Traum oder in Trance erfährt. Die besten Gelegenheiten, authentische *meke* zu erleben, sind u. a. das Bula-Fest im Juli und das Hibiskus-Fest im August.

Einem weiteren Teil des musikalischen Lebens in Fidschi begegnet man jeden Sonntag in allen Dörfern, Siedlungen und Städten. Glockengeläut, meist aber die Schläge einer großen, bis zu 2 m langen *lali* rufen zum Gottesdienst. Der Besuch zum Beispiel eines methodistischen Gottesdienstes gehört mit zu den eindringlichsten Erlebnissen in Fidschi. Die Gemeinde singt inbrünstig die alten Choräle der Wesleyan Church aus dem 18. und 19. Jh., vierstimmig ohne Instrumentalbegleitung. Die europäische Chormusik im Kontext des Gottesdienstes ist schon lange zur fidschianischen Musik geworden.

Auch über den Gottesdienst hinaus ist Chormusik beliebt. Die Chöre messen sich im jährlichen Chorwettbewerb. Neben europäischer Literatur (z. B. Händel, Mendelssohn mit englischer und fidschianischer Textierung) werden neue Liedkompositionen gesungen, die sich im Stil entweder an die europäische Klassik und Romantik oder die populäre Musik Fidschis anlehnen. Und die gibt es massenhaft in den unterschiedlichen Spielarten. Fidschianische Sänger und Sängerinnen touren mit ihren Bands durch die südpazifische Inselwelt und genießen große Popularität besonders bei der jungen Generation. Eine Ausnahme im recht seichten Fidschi-Pop bildet die Band Rootstrata. Musikalisch hat sie sich dem Reggae verschrieben und geht in ihren Texten kritisch gesellschaftliche Probleme im Lande an.

Filme, Videos, eine Flut von z. T. illegal kopierten Cassetten und allen voran das Radio bringen die internationalen Hitparaden auch in das entlegenste Dorf. Daran kann auch eine verordnete Rückbesinnung auf die alten Traditionen nicht viel ändern. Und so werden auch fidschianische Jugendliche ihre musikalische Tradition bald nur noch als Show erleben.

(Agnes Linke)

ditionellen Autoritäten. Rabuka hingegen versprach die Wiederbelebung der traditionellen Gesellschaft. Hinter ihm standen die Mitglieder der neugegründeten, nationalistischen Taukei-Bewegung – und die methodistische Kirche, der über 50 % der fidschianischen Bevölkerung angehören. Seit 1987 hat sie die Funktion einer Staatskirche. Rabuka, methodistischer Laienprediger, legitimierte seine Coups als ›gottgewollt‹ und verhängte den sogenannten ›Sonntagserlaß‹, der sämtliche Tätigkeiten, wie z. B. Sportveranstaltungen, Picknicks, Gartenarbeit usw. untersagte und verfügte, daß Geschäfte, Restaurants und Diskotheken geschlossen bleiben mußten.

Den Militärputschen folgte ein sogenannter ›Kirchencoup‹: Die fortschrittlichen Kräfte wurden ihrer Ämter enthoben und teilweise gewaltsam aus ihren Büros entfernt. Übrig blieben, bzw. neu in die Kirchenleitung eingesetzt wurden diejenigen, die aktiv die nationalistischen, konservativen Ziele der Militärputsche unterstützt hatten.

»Die Macht der Häuptlinge ist ungebrochen«: Heute stimmt dieser Satz wieder, doch die Frage bleibt, wann und in welcher Form sich der soziale Druck erneut entladen wird. Die Lücke zwischen

Arm und Reich vergrößert sich zusehends, wobei die Armen die traditionell Unterprivilegierten, Titel- und Ranglosen sind, während die alte Elite auch gleichzeitig die neue darstellt. Während die ›Häuptlinge‹ ihren Untertanen die Rückbesinnung auf traditionelle Werte per Gesetz auferlegen und wenn nötig mittels eines Militärputsches durchsetzen, haben sie selbst ein weitverzweigtes Netz der Macht in Politik, Kirche und moderner Marktwirtschaft geknüpft.

Die Inder in Fidschi

Unter britischer Kolonialherrschaft wurden zwischen 1879 und 1916 indische Arbeitskräfte für den Zuckerrohranbau auf Fidschi angeworben. Sir Arthur Gordon, britischer Gouverneur zu jener Zeit, wollte die von ihm geschätzten traditionellen Lebensformen der Fidschianer erhalten. Durch die von Weißen eingeschleppten Krankheiten bereits stark dezimiert, sollten ihnen nun die schlechten Arbeits- und Lebensbedingungen auf den Plantagen der Europäer erspart bleiben. Zudem waren die ›Gastarbeiter‹ fern ihrer Heimat besser zu kontrollieren als die Einheimischen.

Am 14. Mai 1879 erreichte die ›Leonidas‹ Levuka, die damalige Hauptstadt, an Bord die ersten 463 von über 60 000 indischen Kontraktarbeitern, die in den folgenden Jahren nach Fidschi kommen sollten. Während der ersten beiden Jahrzehnte waren es überwiegend Inder aus den Provinzen Bihar und Uttar Pradesh, später aus dem Punjab, aus Madras und den sogenannten ›Central Provinces‹. Angehörige der niederen Bauernkaste zumeist, aber auch verarmter Familien höherer Kasten. Anfang des 20. Jh. waren es vorwiegend Kaufleute und Handwerker aus Nordindien, die freiwillig ihre alte Heimat verließen.

Die Inder verpflichteten sich für fünf Jahre. Nach Ablauf ihrer Zeitverträge stand es ihnen frei, in Fidschi zu bleiben. Nur bei einer Vertragsverlängerung um fünf weitere Jahre wurden die Kosten für die Rückreise nach Indien von der britischen Kolonialregierung übernommen. Doch die meisten blieben trotz mieser Bezahlung, schlechter Arbeitsbedingungen, notdürftiger Massenunterbringung in Baracken und hoher Sterberate. Bereits im Jahre 1920 machten die Inder 38 % der Gesamtbevölkerung Fidschis aus. Und es wurden immer mehr. Sie heirateten früher und bekamen mehr Kinder als die einheimische Bevölkerung. Nach offizieller Schätzung aus dem Jahre 1987 waren von den 717 000 Einwohnern 46 % fidschianischer und 48 % indischer Abstammung. Rund 80 % der Inder sind Hindus, die übrigen Muslime und Sikhs.

Die Inder sind vor allem in der Zuckerproduktion beschäftigt. Darüber hinaus engagieren sich viele in anderen Wirtschaftsbereichen, drängen in die städtischen Berufe und in die Universität. Seit Jahren stellen sie in Fidschi den größten Anteil im mittleren öffentlichen Dienst, viele von ihnen sind Ärzte, Rechtsanwälte usw., sie dominieren den Einzelhandel, Bau- und Transportsektor.

Straßenszene in Nadi

Kerekere – das soziale Netz der Fidschianer

Innerhalb der traditionellen, bis heute geltenden Wertvorstellungen der Fidschianer nimmt das *kerekere*-Prinzip eine zentrale Rolle ein. *Kerekere* bedeutet »um etwas bitten« und kann sich auf Gegenstände, aber auch auf Hilfeleistungen jeglicher Art beziehen. Wenn es die Situation und der Status der angesprochenen Person erfordern sollten, kann *kerekere* auch mit der Überreichung von *yaqona*-Wurzeln (s. S. 186), in besonderen Fällen eines oder mehrerer *tabua* (Zahn eines Pottwales, s. S. 182) einhergehen, um so die Dringlichkeit der vorgebrachten Bitte zu unterstreichen. Im Alltag jedoch genügt es, *kerekere* zu sagen, wenn man von einem Verwandten beispielsweise etwas Zucker, Tee oder Geld haben möchte. Der Angesprochene hat die Pflicht, das Verlangte zu geben und erwirbt auf diese Weise Prestige. Jemand, der selten von seinem Recht auf *kerekere* Gebrauch macht, andererseits jedoch in nahezu allen Fällen gibt, ist innerhalb der Gemeinschaft hoch angesehen. In einer Gesellschaft, die traditionell auf dem Prinzip »Eigentum ist Kollektiveigentum« basiert, wird der einzelne durch das ständige Teilen und Umverteilen von Gütern sowie gegenseitiger Hilfestellungen innerhalb der Verwandtschaft vor Armut bewahrt.

In diesem Zusammenhang ist eine weitere Lebenseinstellung der Fidschianer, das *loloma,* zu sehen. *Loloma* bedeutet ›sich kümmern, Sorge tragen, sich verantwortlich fühlen für den anderen‹ und wird auf jeden Fidschianer, aber auch auf jeden Gast angewendet. Wer bei einem Dorfaufenthalt die Fidschianer näher kennenlernt, wird *loloma* in Form einer umfassenden Gastfreundlichkeit erleben, die auf seiten der Fidschianer an den Rand eigener Existenzgefährdung gehen kann. An unseren Maßstäben gemessen ist die einheimische Bevölkerung arm. Ihr Aufenthalt bei einer fidschianischen Dorffamilie bedeutet unter Umständen für Ihren Gastgeber, daß er häufiger als sonst üblich den *kerekere*-Brauch anwenden muß, um Sie bewirten zu können. Es gibt Familien, die, nachdem ihre ›teuren‹ europäischen Gäste abgereist waren, das Schulgeld für ihre Kinder nicht mehr bezahlen konnten. Sie hatten nicht nur all die ihnen zur Verfügung stehenden finanziellen Mittel für die Besucher ausgegeben, sondern waren auch bei ihren Verwandten ›unten durch‹, weil sie ständig etwas verlangt hatten, ohne selbst geben zu können. Ein Bündel *yaqona*-Wurzeln als Zeichen Ihres Respekts für fidschianische Traditionen, angemessenes, rücksichtsvolles Verhalten während Ihres Dorfaufenthaltes, aber auch finanzielle Unterstützung Ihrer Gastfamilie als Dank für das *loloma,* das Ihnen vorgelebt wird, sind eine Form von *kerekere* und Ausdruck von Höflichkeit im fidschianischen Sinne.

Die Geschäftstüchtigkeit vieler Inder, das zielstrebig verfolgte Ziel, zu Wohlstand zu gelangen, steht im Widerspruch zur traditionellen fidschianischen Lebensweise. So ist die Verpflichtung des Einzelnen gegenüber seiner Familie und der Gemeinschaft, in der er lebt, immer noch ein zentraler Wert. Das bedeutet: Soziale und finanzielle Verantwortung gegenüber denjenigen, die weniger haben. Initiativen zur individuellen Kapitalanhäufung werden von der Gemeinschaft abgelehnt. Wer im Dorfverband ein angesehenes Mitglied werden bzw. bleiben möchte, hält sich an diese Regeln der gegenseitigen Hilfe.

In offiziellen Reden wurde die indische Bevölkerung jahrelang als »fleißig, energisch, sparsam und innovativ« gelobt. Sie war die anerkannt treibende wirtschaftliche Kraft des Landes, ohne die der bisher erzielte Fortschritt nicht möglich gewesen wäre. Doch bei informellen Gesprächen verhehlte man selten, daß man von der jeweils anderen Bevölkerungsgruppe wenig hielt. Für die Fidschianer waren die Inder ›geldhungrig‹ und ›boro gaga‹, ›reife Chilies, schön anzusehen, jedoch unanständig scharf, wenn man hineinbeißt‹. Die Inder wiederum sprachen von ›junglees‹, von ›Buschleuten‹, wenn sie die Fischianer meinten, ›zu dumm, um Geschäfte zu machen und unzuverlässig bei der Arbeit‹.

Ressentiments ja, aber zu offenen Konfliktsituationen war es bis 1987 nie gekommen. Während der Militärputsche aber wurden viele Inder Opfer der gewaltsamen Auseinandersetzungen zwischen den Bevölkerungsgruppen. Der kleine Inselstaat im Meer des Friedens, in dem Menschen unterschiedlicher Abstammung, Kultur und Tradition jahrzehntelang relativ friedlich nebeneinander gelebt hatten, verlor in kurzer Zeit seinen Modellcharakter. Rund 40 000 Inder verließen das Land, um in Australien oder Kanada ein neues Zuhause und eine bessere Zukunft für sich und ihre Kinder aufzubauen. Zurück blieben die finanziell Schwächeren, die sich nun mit den neuen politischen Verhältnissen arrangieren müssen. Zurück blieb aber auch die Trauer darüber, daß Fidschi nie wieder das sein kann, was es vorher einmal war: Ein »Idealbild des Zusammenlebens verschiedener Völker und Religionen« und eine »Hoffnung für die Welt«, wie es Papst Johannes Paul II. während seines Besuches im November 1986 formulierte.

Daten zur Geschichte

ca. 1500 v. Chr. Vermutlich erste Migrationswelle mit melaniden Einwanderern. Spätere Besiedlung durch Polynesier.

1643 Der Holländer Abel Janszoon Tasman sichtet einen Teil der Ostküste Vanua Levus sowie die Insel Cikobia und nennt sie ›Prinz Wilhelms-Inseln‹.

1774 Landung von James Cook auf Vatoa in der südlichen Lau-Gruppe.

1789 Nach der berühmten Meuterei auf der ›Bounty‹ manövriert William Bligh mit dem Rest seiner Mannschaft durch die Inselgruppe. Er kartographiert 39 Inseln.

1792 William Bligh überprüft seine Aufzeichnungen während einer zweiten Reise durch die Fidschi-Gruppe. In England wird Fidschi daraufhin einige Zeit ›Bligh Islands‹ genannt.

1804–1809 Handel mit Sandelholz bis zur fast vollständigen Abholzung der Bestände.

1829 Handel mit *bêche-de-mer,* einer Seegurkenart, beginnt.

1835 Die ersten europäischen Missionare, David Cargill und William

Häuptling Cakobau trat sein Reich an die Briten ab, zeitgenössischer Stich

Cross von der Wesleyan Missionary Society, kommen von Tonga aus nach Lakeba, einre zur Lau-Gruppe gehörenden Insel.

1840 Erste Expedition unter dem Amerikaner Charles Wilkes. Fidschi erhält den Namen ›Cannibal Island‹.

1854 Cakobau, Häuptling von Bau und selbsternannter Herrscher Fidschis, konvertiert zum christlichen Glauben.

1860 Der Ansturm europäischer Siedler beginnt. Sie gründen die Stadt Levuke auf der Insel Ovalau. Zunächst pflanzen die Europäer Baumwolle, später Zuckerrohr an.

1874 Fidschi wird britische Kolonie. Großbritannien sichert die Unveräußerlichkeit fidschianischen Landes zu.

1875 Etwa 40 000 Fidschianer sterben an einer von Europäern eingeschleppten Masernepidemie.

1877 Suva wird Hauptstadt.

1879 Ankunft der ersten indischen Vertragsarbeiter, die auf den Zuckerrohrfeldern der Europäer arbeiten müssen.

1916 Verbot der Arbeitskontrakte mit Indern.

1945 Die Inder stellen die größe Bevölkerungsgruppe.

1959 Gewalttätige Auseinandersetzungen zw. Fidschianern und Indern.

1963 Die fidschianischen Frauen erhalten das Wahlrecht.

1965 Londoner Konferenz gewährt Fidschi größere innere Autonomie.

1966 Die überwiegend von Fidschianern unterstützte Alliance Party unter Ratu Sir Kamisese Mara gewinnt die ersten allgemeinen Wahlen.

1970 Erlangung der Unabhängigkeit mit der Regierungsform einer parlamentarischen Demokratie. Das Land ist Mitglied des Commonwealth of Nations mit der britischen Königin als Staatsoberhaupt. Sie wird durch einen Generalgouverneur vertreten.

1977 Die National Federation Party (NFP) der Inder gewinnt die Parlamentswahlen, doch der Generalgouverneur betraut die Alliance Party unter Ratu Mara mit der Regierungsbildung.

1986 Gründung der Fiji Labour Party.

1987 Die FLP/NFP-Koalition gewinnt die Parlamentswahlen. Dr.Timoci Bavadra wird Premierminister.

1987 Mai: Militärputsch von Sitiveni Rabuka. Rassenunruhen zwischen Fidschianern und Indern.

Oktober: Erneuter Militärputsch durch Rabuka und Einsetzung einer Militärregierung. Aufhebung der Verfassung, Absetzung des Generalgouverneurs durch Rabuka. Er ernennt sich selbst zum Staatsoberhaupt und proklamiert die Republik Fidschi; Ausschluß Fidschis aus dem Commonwealth.

1990 Verabschiedung einer neuen Verfassung, die die politische Vorherrschaft der Fidschianer garantiert.

1992 Erste Parlamentswahlen; Rabuka wird Premierminister.

1993 Tod von Staatspräsident Sir Ratu Penaia Ganilau.

1996 Eine Kommission zur Überprüfung der Verfassung fordert die Abschaffung der Diskriminierung der indischen Bevölkerung.

1997 Die neue Verfassung tritt in Kraft.

1999 Mit Mahendra Chaudhry wird erstmals ein indischstämmiger Fidschianer Premierminister des Landes.

Unterwegs in Fidschi

Fidschi – das sind etwa 300, einige zählen mehr als 800, Inseln. Es scheint Geschmackssache zu sein, ob man jede von Wasser umgebene Landmasse als Insel bezeichnet, also auch kleinste Inseln in Flüssen, Felsen im Meer, winzige Koralleninseln und Atolle. Fidschianer kennen mehr als 1000 Inselnamen. 100 Inseln sind permanent bewohnt. Faszinierend ist die Vielfalt der Landschaften: Regenwälder, schäumende Wasserfälle, schroffe Gebirge, eindrucksvolle Höhlen, tropische Blütenpracht, von Palmen umsäumte, einsame Strände. Moderne Städte, aber auch kleine, traditionsverbundene Dörfer, lebendige Kulturvielfalt der pazifischen, indischen, chinesischen und europäischen Inselbewohner hat das Land zu bieten. Eine große Auswahl an Unterkünften wird unterschiedlichsten Ansprüchen und finanziellen Möglichkeiten gerecht: Exquisite Ferienanlagen, Hotels von internationalem Standard, einfache Pensionen und Zeltplätze. Die Gastfreundschaft ist zurecht berühmt, und das *bula* (ausgesprochen: *mbula*) der Fidschianer und ihr Lachen wird Ihnen lange in Erinnerung bleiben.

Viti Levu

Landfläche: 10 389 km^2, Einwohner: ca. 500 000, Hauptstadt: Suva, höchste Erhebung: Tomaniivi (Mt. Victoria), 1324 m (S. 324 ff.).

Viti Levu (›großes Fidschi‹) ist die Hauptinsel des Archipels. In Ost-West-Richtung beträgt die größte Ausdehnung rund 145 km, in Nord-Süd-Richtung etwa 100 km. Charakteristisch sind die eindrucksvollen Gebirgslandschaften im Landesinneren mit 29 auf über 900 m

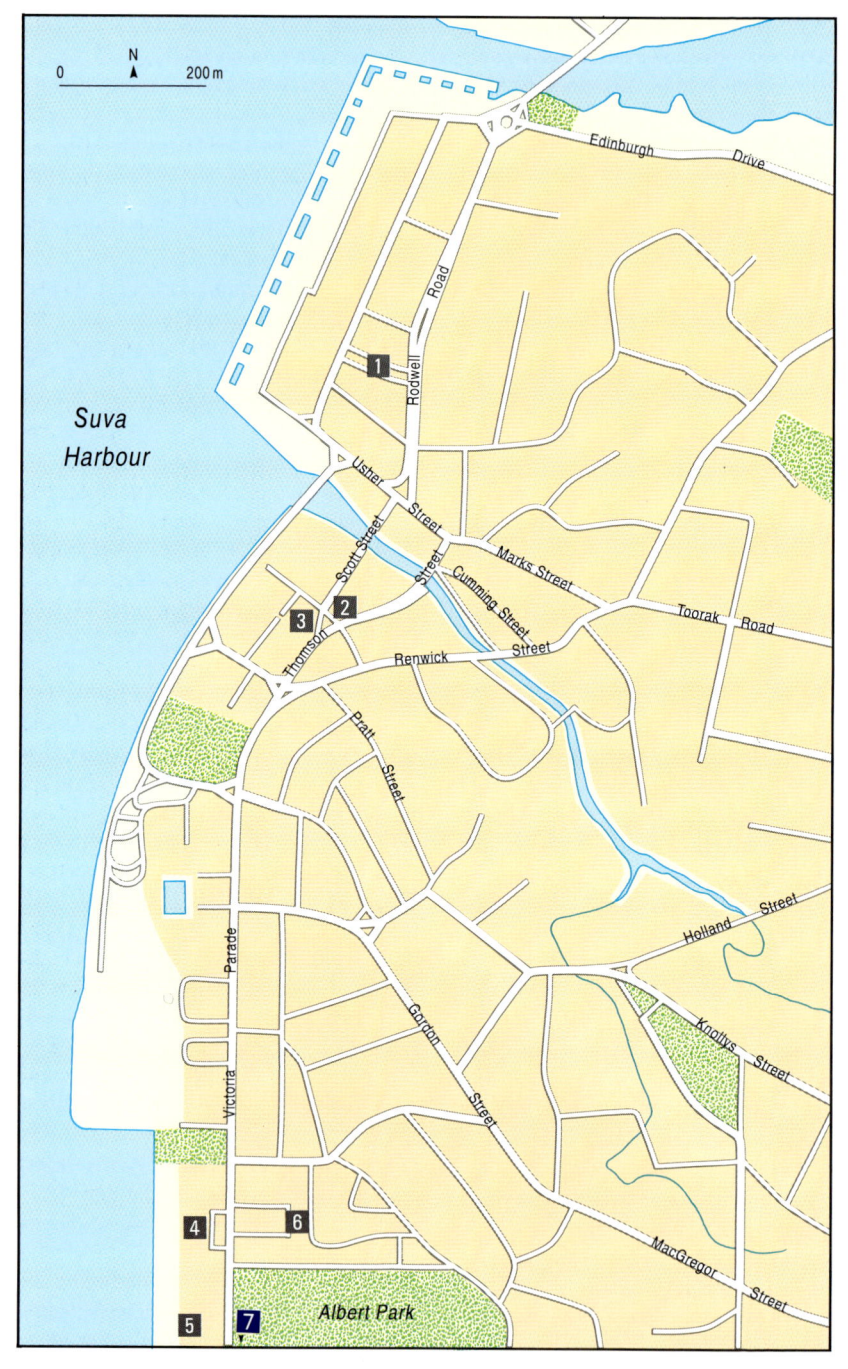

N

0   200 m

Suva
Harbour

Edinburgh   Drive

Rodwell   Road

1

Usher   Street

Scott Street

Marks   Street

Street

Cumming Street

Street

2

3

Toorak   Road

Thomson

Renwick   Street

Pratt   Street

Parade

Holland   Street

Knollys   Street

Victoria

Gordon   Street

4   **6**

MacGregor   Street

5   **7**   Albert Park

ansteigenden Vulkanbergen und die schmalen, dichtbesiedelten Küstenstreifen. Die beiden größten Flüsse sind der Rewa und der Sigatoka.

Der Südostpassat bestimmt das Klima. So regnet es auf den Luvseiten im Südosten Viti Levus wesentlich mehr (durchschnittlich 5000–6000 mm Niederschlag pro Jahr) als auf den Leeseiten im Nordwesten (durchschnittlich 2500 mm pro Jahr). In den regenreichen Gebieten dominiert tropischer Regenwald mit Palmen, Farnen, Bambus, Orchideen und Scitameen. Die Leeseiten bedeckt Savanne mit Kasuarien- und Akazienbeständen. In den Küstengebieten und an den Flußmündungen bilden sich Mangrovensümpfe. Auf dem Trans Highland Track oder auf einer Wanderung durch die grasbedeckten Nausori Highlands im Westen kann man das Landesinnere zu Fuß erkunden.

Suva

Die Hauptstadt mit rund 150 000 Einwohnern liegt auf einer kleinen Halbinsel im Südosten Viti Levus. Am deutlichsten spürt man den kosmopolitischen Flair der größten und – gemessen an pazifischen Verhältnissen – recht hektischen Stadt im Südpazifik an einem Samstagvormittag, wenn Fidschianer, Inder, Chinesen, Europäer und Menschen aus anderen Inselstaaten auf dem Markt ihre Einkäufe für das Wochenende tätigen. Angenehm ruhig ist Fidschis Hauptstadt nur bei Sonnenaufgang. Zu dieser frühen Tageszeit trifft man allenfalls auf Jogger, die vor Arbeitsbeginn ihre Runden in den leergefegten Straßen drehen.

Noch Mitte des 19. Jh. war Levuka auf der kleinen Insel Ovalau die Hauptstadt Fidschis. Doch bald schon erkannten die europäischen Kolonialherren, daß sie nach einer Alternative suchen mußten: Der kleine Ort Levuka, auf einem schmalen Streifen Land zwischen Bergen und Meer gelegen, konnte sich nicht weiter ausdehnen. Nadi, Galoa auf der Insel Kadavu und Savusavu auf Vanua Levu standen ebenfalls zur Wahl, doch die kleine Ansiedlung Suva erhielt 1877 den Zuschlag. Gegen diesen Beschluß der Kolonialverwaltung wetterte die ›Fiji Times‹ noch Jahre später. Wie hatte man einen übelriechenden Mangrovensumpf als Standort für die neue Hauptstadt wählen können? Trotzdem entwickelte sich Suva zu einem urbanen Zentrum für den gesamten Südpazifik. Die Stadt ist heute Sitz der 1968 eröffneten University of the South Pacific, die von elf Pazifikstaaten unterhalten wird, des Pacific Theological College, der Fiji School of Medicine und des Fiji Institute of Technology. An die koloniale Vergangenheit erinnern heute nur noch die Straßennamen und einige Gebäude im Zentrum der Stadt.

Der Bus nach Suva hält schräg gegenüber dem zentralen **Markt** **1**. In südlicher Richtung gelangt man über die kleine Brücke zum Fiji Visitors Bureau **2** an der ›The Triangle‹ genannten Ecke Renwick/Thomson Street. Hier beginnt die Victoria Parade, die Hauptstraße Suvas, gesäumt von Geschäften, Banken, Reisebüros, Kinos, Restaurants und Cafés. Vorbei an der im viktorianischen Stil erbauten **Old Town Hall,** in der sich heute ein chinesisches Restaurant befindet, gelangt man zum schönsten Teil Suvas. Hinter dem modernen Centre Suva Hotel **4** erhebt sich das impo-

Suva 1 *Markt und Busbahnhof* 2 *Fiji Visitors Bureau* 3 *Post* 4 *Centre Suva Hotel* 5 *Grand Pacific Hotel* 6 *Regierungsgebäude* 7 *Thurston Gardens und Fiji Museum*

Tabua – eine ehrenvolle Gabe

Der an beiden Seiten durchbohrte und an einer gedrehten oder geflochtenen Schnur hängende Zahn eines Pottwales war im vorkolonialen, ist aber auch im modernen Fidschi ein zeremonielles Tauschgeschenk. Seine Überreichung wird als Zeichen höchster Ehrerbietung gewertet, seine Annahme verpflichtet u. a. zu Hilfeleistungen und Gewährung der während der Zeremonie vorgebrachten Bitte oder Entschuldigung. Die Beilegung von Konflikten, Vertragsabschlüsse, Begrüßung hochrangiger Gäste, Geburten, Eheschließungen, Beerdigungen usw. sind Anlässe, bei denen *tabua* getauscht werden. Die Ausfuhr von Walzähnen ist verboten.

sante, im Jahre 1914 erbaute **Grand Pacific Hotel** 5, das GPH, wie es in Fidschi auch genannt wird. Im Film »Weißer Herrscher über Tonga« betritt der Held der Geschichte, gespielt von dem jungen Burt Lancaster, mit seiner Braut eine Hotelhalle. Diese Szene wurde im GPH gedreht. Seit einigen Jahren geschlossen, harrt es seiner Restaurierung. William Somerset Maugham hat hier oft Quartier genommen. Vom Hotelgarten bietet sich ein wundervoller Blick auf den südöstlichen Küstenstreifen Viti Levus und die nahegelegene Bergkette mit dem Joske's Thumb, ihrer höchsten Erhebung, die einst von Sir Edmund Hillary erklommen wurde.

Auf der gegenüberliegenden Seite der Victoria Parade erheben sich die 1937 erbauten und 1967 erweiterten **Regierungsgebäude** 6. Den Haupteingang flankieren Statuen der beiden großen historischen Persönlichkeiten Fidschis: Cakobau war selbsternannter König und Mitunterzeichner der Abtretungsurkunde, die das Land zur britischen Kolonie erklärte, Ratu Sir Lala Sukuna gründete

den modernen Staat Fidschi. Im Albert Park, einem Sportgelände, wird allabendlich Rugby, Fußball oder Kricket gespielt. Hier zelebrierte Papst Johannes Paul II. 1986 eine Messe, gestört von sintflutartigem Regen und der Turmuhr des Regierungsgebäudes, deren Big Ben-Glockenschlag alle 15 Minuten herübertönte. Der Albert Park ist auch Hauptschauplatz des Hibiskus-Festivals. Die Zuschauertribüne wurde nach Charles Kingsford Smith benannt, der hier im Jahre 1928 auf seinem Transpazifikflug zwischenlandete. In den benachbarten Thurston Gardens, einem Botanischen Garten, benannt nach seinem Schöpfer Sir John Bates Thurston, befindet sich das 1904 eröffnete **Fiji Museum** 7. Seine große Sammlung bietet einen ausgezeichneten Überblick über die Geschichte des Landes. Zu sehen sind u. a. Speere, Keulen, Kannibalen-Gabeln. Besonders interessant sind die Auslegerboote, der Nachbau eines katamaranartigen Kanus *(arua)* und das Ruder der ›Bounty‹. Die *tapa*-Ausstellung des Museums gehört zu den besten der Welt.

Fidschi

182

Ein Bummel durch die vielen kleinen Nebenstraßen macht mit weiteren interessanten Gesichtern der Stadt bekannt. Malerisch, venezianisch anmutend der Blick von der Thomson Street, die über den Nabukalov Creek führt. An der rechten Uferseite erblickt man die Arkaden des Morris Hedstrom-Gebäudes, dem größten Kaufhaus der Stadt, am gegenüberliegenden Flußufer verkaufen fidschianische Frauen Matten und preiswerte Souvenirs. Wenige Schritte entfernt beginnt die geschäftige Cumming Street mit ihren Duty-Free-Läden.

Im **Colo-i-Suva Forestry Park** kann man einen ganzen Tag verbringen. Der etwa 13 km außerhalb Suvas gelegene schöne Naturpark mit Wäldern, Wasserfällen und Badestellen ist über die Princess Road mit einem der in Richtung Saweni stündlich abfahrenden Busse zu erreichen. Vergnüglich sind

auch eine Fahrt mit dem Glasbodenboot zu den Korallenbänken der Insel Nukulau oder ein Ausflug zu dem etwa 10 km entfernten **Orchid Island Cultural Centre.** Zu diesem Freilichtmuseum gehören ein nachgebautes fidschianisches Dorf (Vorführungen traditionellen Handwerks, Zeremonien und Darbietungen traditioneller Tänze), ein kleiner Zoo und ein tropischer Garten.

Inselrundfahrt

Eine fast 500 km lange, nahezu durchgehend asphaltierte Küstenstraße führt rumd um Viti Levu. Der nördliche, 289 km lange Teilabschnitt von Suva nach Nadi heißt Kings Road. Dieses teilweise nichtasphaltierte Stück durchquert eine herrliche, abwechslungsreiche Landschaft. Das erste, zur Regenzeit schwer zu befahrende Teilstück führt von Suva in nördlicher Richtung nach Rakiraki.

Suva – am Nabukalov Creek

Die rund 14 000 Einwohner zählende Kleinstadt **Nausori** am Rewa-Fluß gehört noch zum Einzugsgebiet Suvas. Besonders in den Morgen- und Abendstunden gerät man auf der 20 km langen Ausfallstraße, die nach Nausori führt, leicht in einen Verkehrsstau. Gegen Ende des 19. Jahrhunderts wurde in dieser Stadt die erste große Zuckermühle in Betrieb genommen. Den klimatischen Bedingungen besser angepaßt, wird heute jedoch im Rewa-Tal Reis angebaut. Bei der kleinen Stadt **Korovou**

(*koro* bedeutet Dorf und *vou* neu) teilt sich die Kings Road. Nach rechts führt die Straße nach Natovi. Von dort legen die Boote zu den Inseln Naigani und Ovalau ab. Auf der nach links abzweigenden Kings Road fährt man entlang dem Fluß Wainibuka bis nach Rakiraki.

In **Rakiraki** mit seinen etwa 3000 Einwohnern gibt es einige Geschäfte, einen Markt, eine Zuckerfabrik, ein Kino und einen Grabstein mit der Aufschrift ›Udre Udre‹. Der hohe Häuptling Ra Udreudre, der hier gegen Ende des letzten 19. Jahr-

Jean Charlot 1962/63 geschaffene Altarbild vereint fidschianische, indische und europäische Elemente.

Westlich von Rakiraki erstreckt sich die Yaqara Cattle Farm, die mit einer Fläche von rund 7000 ha größte Rinderfarm des Landes.

Überwiegend aus Holz gebaute Häuser und Geschäfte reihen sich entlang der einzigen Straße der am gleichnamigen Fluß gelegenen Kleinstadt **Tavua** (ca. 2000 Einwohner). Wichtig ist sie nur als Ausgangspunkt der Busse zur Goldmine in Vatukoula, zum Monasavu-Staudamm und nach Nadarivatu ins Landesinnere.

Von **Ba,** einer kleinen, indisch geprägten Stadt, deren Einwohner zumeist Zuckerrohrfarmer oder Angestellte der Rarawai-Zuckerfabrik sind, führt eine schmale Straße zum in Fidschi berühmten Dorf **Navala 1**, dessen Häuser ausschließlich im traditionellen Stil gebaut sind.

Lautoka ist mit rund 40 000 Einwohnern zweitgrößte Stadt des Landes. »Welcome to Sugar City« – Zuckerrohr spielt in der Stadt und der ganzen Region seit des 20. Jahrhunderts die wirtschaftliche Hauptrolle. Im September findet in der von Königspalmen gesäumten Hauptstraße das Sugar Festival statt. Der Hafen von Lautoka ist der größte Exporthafen Fidschis und Ausgangspunkt für die vielen Fähren, die die Touristen zu den Hotelanlagen auf der Mamanuca- und Yasawa-Gruppe bringen.

Auf dem großen internationalen Flughafen bei **Nadi** im regenarmen Westen der Insel landet der überwiegende Teil der Touristen. Die zumeist nach vielen Flugstunden übermüdeten Neuan-

hunderts begraben wurde, soll, so die Berichte der ersten Missionare, ein herausragender Verfechter des Kannibalismus gewesen sein. Die meisten Touristen legen in der Kleinstadt nur einen Zwischenstopp auf der Reise zur schönen **Insel Nananu-i-Ra** ein.

Die Mythologie berichtet, daß von der kleinen **Insel Navatu** vor der Küste Rakirakis die Seelen der Verstorbenen in ihr Reich gelangen. Etwa 25 km südöstlich ragt auf einem Hügel die katholische Kirche von **Naiserelagi** auf. Das von

Yaqona – Nationalgetränk der Fidschianer

Yaqona, auch *kava* oder *grog* genannt, ist das traditionelle Getränk Fidschis. *Yaqona* wird aus den getrockneten und zerkleinerten Wurzel- oder Stammstücken des Pfefferstrauches unter Wasseraufguß gewonnen. Durften in voreuropäischer Zeit nur Häuptlinge, deren Sprecher und die traditionellen Priester *yaqona* genießen, so sind heute Versammlungen, Familienfeste oder alltägliche Dorfabende ohne das Getränk undenkbar. Auch bei Staatsbesuchen wird es gereicht: Königin Elisabeth II., Prinz Charles, Papst Johannes Paul II. beispielsweise tranken ein Schälchen. Bei großen Anlässen sind Zubereitung und Anbieten der *yaqona* strengen protokollarischen Verhaltensregeln unterworfen. Meist aber wird *yaqona* in zwangloser Form getrunken. Auf Märkten sieht man häufig Männer und Frauen um eine Schüssel sitzen, in Banken und Büros wird *yaqona* als Erfrischungsgetränk gereicht. Wer bei Fidschianern eingeladen ist oder einen Dorfaufenthalt plant, bringt ein Bündel *yaqona*-Wurzeln *(waka)* als Gastgeschenk *(sevusevu)* mit sowie einige Tüten bereits pulverisierten *yaqona,* beides kann man auf dem Markt kaufen.

Zubereitet wird das Getränk in einer runden, großen Holzschale *(tanoa),* überreicht in einer halben, bearbeiteten Kokosnußschale *(bilo).* Klatschen Sie einmal mit hohler Hand und leeren Sie das Schälchen, anschließend klatschen Sie dreimal. Auch wenn Ihnen Ihre erste *yaqona* nicht schmecken sollte, man gewöhnt sich an die ockerfarbene Flüssigkeit. Vielleicht werden Sie später zu einem wahren Fan, zu einem

kömmlinge nutzen Nadis Hotels nur als Zwischenstation vor ihrer Weiterreise (oft auf eine der vielen vorgelagerten Inseln) oder um in einem der zahlreichen Duty-Free-Shops einzukaufen. Die Mehrzahl der rund 8000 Einwohner sind Inder. Indisch ist das Angebot auf dem Markt, in den Restaurants und Snackbars oder im einzigen Kino, das ausschließlich indische Filme zeigt.

Etwa 7 km nördlich des Flughafens kann man sich im **Garden of the Sleeping Giant** 2 an einer herrlichen Orchideensammlung erfreuen, die 1977 von dem amerikanischen Schauspieler Raymond Burr angelegt wurde.

Die 183 km lange Küstenstraße von Nadi bis Suva wird Queens Road genannt. Etwa 15 km hinter Nadi zweigt rechts eine Schotterstraße ab zu einem während des Zweiten Weltkrieges von Neuseeländern errichteten Artillerie-Stützpunkt **(Momi Guns)** 3. Zwei Kanonen, die aus Furcht vor einer eventuellen japanischen Invasion aufgestellt wurden, sind zu sehen.

Yaqona-Zeremonie auf Viti Levu

Viti Levu

187

›yaqona-Killer‹, der die unterschiedliche Qualität der verschiedenen Anbaugebiete mühelos erkennen kann. Seien Sie unbesorgt, der Genuß der alkoholfreien *yaqona* hat keine negativen Begleiterscheinungen oder Nachwirkungen, im Gegenteil, er ist erfrischend, beruhigend und entspannend. Allenfalls haben Sie nach der ersten *bilo* einen etwas pelzigen Geschmack auf der Zunge, der jedoch rasch vergeht. Die Atmosphäre einer *yaqona*-Runde während eines Dorfbesuches gehört vielleicht zu den eindrucksvollsten und schönsten Erlebnissen in Fidschi.

Etwa 35 km südlich von Nadi führt die kleine Maro Road zu einem der schönsten Strände Viti Levus. **Natadola Beach** 4 ist in den letzten Jahren zu einem beliebten Treffpunkt für Surfer geworden.

An der Südküste Viti Levus, der Coral Coast, rund 70 km von Nadi entfernt, befindet sich die reizvoll am gleichnamigen Fluß gelegene, kleine Stadt **Sigatoka.** Sie ist idealer Ausgangspunkt für Fahrten ins Landesinnere. Das fruchtbare Tal des 136 km langen Sigatoka-Flusses wird im ersten Abschnitt auch die ›Salatschüssel‹ Fidschis genannt. Eine landwirtschaftliche Versuchsstation mit ihrem Gemüse- und Obstanbau kann von Touristen besichtigt werden. Darüber hinaus ist das Sigatoka-Tal für die hier hergestellten Töpferwaren bekannt. Beeindruckend ist eine Wanderung durch die **Sanddünen** 5 bei Sigatoka. Das auch archäologisch bedeutsame Gebiet erstreckt sich bis zur Küste und wurde 1989 zum ersten Nationalpark des Inselstaates erklärt. Ein Infor-

Rugby und Fußball in Fidschi

Die Sportbegeisterten sollten sich auf Fidschi ein Rugby- oder Fußballspiel anschauen. Rugby ist der Nationalsport der Fidschianer, Fußball wird überwiegend von Indern gespielt. Die ausgelassene Stimmung, die entsteht, wenn ein ganzes Dorf – alt und jung, Männer und Frauen – seine Mannschaft anfeuert, wird auch Sie mitreißen.

Noch ein Hinweis für Fußballfans: Rudi Gutendorf, Weltenbummler in Sachen rundes Leder, bereitete 1983 die Nationalmannschaft Fidschis auf die South Pacific Games vor und zog mit der Mannschaft ins Finale gegen Tahiti ein. Nach Ablauf der 90 Minuten stand es 0:0. Wegen der tumultartigen Auseinandersetzungen während des Spiels (nach einer Fehlentscheidung schlugen fidschianische Spieler den französischen Linienrichter krankenhausreif) wurde die Mannschaft Fidschis zunächst disqualifiziert, dann aber vom Schiedsgericht doch noch zum zweiten Sieger erklärt. Die Silbermedaille bei den South Pacific Games! Immerhin etwas im Vergleich zu all den anderen fidschianischen Sportlern, die bei olympischen Wettbewerben häufig schon in den Vorrunden ausscheiden.

mationszentrum am Eingang an der Queens Road heißt die Besucher willkommen. Der **Kula Bird Park** 6, in dem seltene Papageienarten, Honigfresser und viele andere Vogelarten zu sehen sind, ist einzigartig in Fidschi. Etwa 10 km westlich von Sigatoka befindet sich das **Kalevu Cultural Centre** 7, ein nachgebautes fidschianisches Dorf, in dem traditionelle Handwerkskünste sowie Tänze vorgeführt werden.

Auch der Hotel- und Villenkomplex **Pacific Harbour (Deuba),** etwa 50 km vor Suva, besitzt ein Kulturzentrum 8. Hier werden die Besucher in einem Boot von ›Kriegern‹ um das nachgebaute fidschianische Dorf auf einer kleinen Insel gestakt. Während der Rundfahrt wird traditionelles Handwerk vorgeführt. Restaurants, Souvenirgeschäfte und ein winziges historisches Museum gehören ebenfalls zur Anlage. Besonders die Vorführungen des Dance Theatre of Fiji und der *firewalkers* (s. S. 192) lohnen den Besuch.

Rund 3000 Einwohner leben in der kleinen Stadt **Navua** am gleichnamigen Fluß. Früher wurde in der Umgebung Zuckerrohr angebaut und in der Stadt weiterverarbeitet, heute pflanzen die Farmer Reis.

Weitere lohnenswerte Ausflugsziele im Landesinneren

Entweder von Suva oder von Tavua im Norden Viti Levus aus führt eine Schotterstraße durch üppig-grüne Landschaft zum **Staudamm von Monasavu.** Er liegt mitten im dichten Regenwald, dessen meterhohe Baumfarne zu den beeindruckendsten Vertretern der artenreichen Vegetation gehören. Das 1983 in Betrieb genommene, unterhalb des 17 km langen Stausees liegende Kraftwerk versorgt die Städte und bereits angeschlossene Ortschaften der Insel Viti Levu durch Überlandleitungen mit Strom.

Unterwegs passiert man den etwa 900 m hoch gelegenen Ort **Nadarivatu.** Die Fahrt geht durch Fichtenwälder, die einen fast vergessen lassen, daß man sich auf einer Südsee-Insel befindet. Nadarivatu ist Ausgangspunkt für Wanderungen, beispielsweise auf den mit 1324 m höchsten Berg Fidschis, den Mt. Tomaniivi, oder auf den Mt. Lomalagi sowie für den Sigatoka River Treck, eine etwa dreitägige, sehr schöne Tour.

Vanua Levu

Landfläche: 5556 km², Einwohner: 12 500, Hauptorte: Labasa und Savusavu, höchste Erhebung: Nasoro Levu mit 1032 m (S. 323 f.)

Die zweitgrößte Insel Fidschis, Vanua Levu (*vanua* bedeutet ›Land‹ und *levu* ›groß‹), ist wie ihre Schwesterinsel vulkanischen Ursprungs. Ausgedehnte Zuckerrohrfelder bedecken den Nordwesten, Kokosplantagen den regenrei-

Orchideen aus dem Garden of the Sleeping Giant

chen Südosten, das Inselinnere durchzieht eine Bergkette. Die Insel ist im Vergleich zu Viti Levu nur dünn besiedelt und touristisch bislang kaum erschlossen.

Der überwiegende Teil der rund 5000 Einwohner von **Labasa** an der Nordküste Vanua Levus ist indischer Abstammung. Viele von ihnen arbeiten in der Labasa Sugar Mill, die seit 1894 das in der Umgebung angebaute Zuckerrohr weiterverarbeitet. An touristischen Sehenswürdigkeiten hat Labasa nur wenig zu bieten: einen Markt, zwei Hindu-Tempel und eine Moschee. Sehr lohnend ist die 75 km lange Busfahrt von Labasa nach Savusavu auf einer Schotterstraße durch das schöne, gebirgige, Landesinnere.

Savusavu **1** ist zweifellos einer der schönsten Orte Fidschis. Die kleine Stadt mit ihren rund 2000 Einwohnern liegt an der malerischen Savusavu Bay.

In der Nähe des Hot Springs Hotels sprudelt eine heiße Quelle, die von Fidschianerinnen gern zum Kochen genutzt wird. Eine der wenigen Sehenswürdigkeiten Savusavus ist die neue Kopra-Mühle **2** ca. 5 km außerhalb der Stadt. Etwa 6 km in südwestlicher Richtung von Savusavu entfernt befindet sich Lesiaceva Point **3** mit einem herrlichen Strand. Die vorgelagerte Insel Naviavia kann man bei Ebbe von hier aus zu Fuß erreichen, ebenso wie von Savusavu aus die kleine Insel Nawi. Von Savusavu führt eine Schotterstraße, der Hibiscus Highway, entlang der Küste durch Kokosplantagen bis nach Napuka. Von dem kleinen an der Buca Bay gelegenen Ort **Natuvu** legen die Fährschiffe ab, mit denen man die Insel Taveuni erreicht.

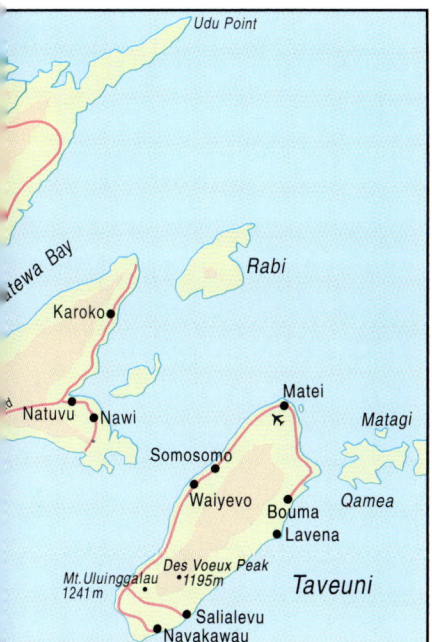

Taveuni

Landfläche: 470 km², höchste Erhebung:
Mt. Uluinggalau, 1241 m (S. 323)

Die kleine, sehr schöne Insel vulkanischen Ursprungs wird auch die ›Garteninsel‹ genannt, denn sie ist überaus fruchtbar und regenreich. Durch sie verläuft der 180. Längengrad. Die Datumsgrenze ist aber für dieses Gebiet etwas nach Osten verschoben, so daß in ganz Fidschi die gleiche Zeit gilt.

Auf mehr oder weniger anstrengenden Touren können Wanderer die Naturschönheiten Taveunis erleben. Keine halbe Stunde von Waiyevo entfernt ergießt sich ein Bach in Kaskaden ins Tal. Die ausgewaschenen Felsen der **Waterslides von Waitalava** bilden natürliche Wasserrutschen und Bassins. Ein beliebter Bade- und Picknickplatz sind die **Tavoro Falls** an der Ostküste bei

Bouma, wo der unterste Wasserfall 15 m tief in einen kleinen See stürzt. Weiter südlich führt von Lavena der gleichnamige **Coastal Walk** durch ein Naturschutzgebiet mit Pandanuswald die strandgesäumte Küste entlang. Wer es sich zutraut, folgt schließlich auf einem schmalen Urwaldpfad dem **Wainibau River** landeinwärts und kommt nach mehrmaligem Durchqueren des Flusses zu einem Wasserfall. Die Mühe lohnt sich! Für Ambitionierte eine gute Tagestour ist die – am besten organisiert unternommene – Wanderung auf den mit 1195 m zweithöchsten Berg Taveunis, den **Des Voeux Peak,** oder zum 900 m hoch gelegenen Kratersee Lake **Tagimaucia.** Hier wächst die Nationalblume Fidschis, die *tagimoucia,* eine Kletterpflanze mit roten, innen weißen Blüten, die Mitte Dezember erscheinen. Der Legende nach verkörpern sie die Tränen eines jungen Mädchens. Eine der zahlreichen Kokosplantagen oder der Prince Charles Beach an der Nordwestküste sind weitere Ausflugsziele. Die Gewässer um Taveuni gehören zu den schönsten Tauchgebieten der Welt.

Lomaiviti-Gruppe

Zu dieser im Zentrum des Archipels gelegenen Inselgruppe (S. 321 f.) gehören sieben größere und mehrere kleinste Inseln mit einer Landfläche von insgesamt 410 km².

Ovalau
Wer sich für Kolonialgeschichte interessiert, ist auf Ovalau genau richtig. Heute ist es kaum noch vorstellbar, daß Le-

›Firewalking‹

D as ›Feuergehen‹ ist ein mit einigen Unterschieden sowohl von Fidschianern als auch von Indern praktiziertes Ritual, das auf fidschianisch *vilavilairevo* (›in-den-Ofen-springen‹) heißt. Ein *firewalker* besitzt die Kraft, über glühende Steine zu gehen – schmerzfrei und ohne sich die Fußsohlen zu verbrennen. Der Legende nach erwarb der Krieger Tui na Iviqalita aus dem Sawau-Clan von der Insel Beqa als erster diese Fähigkeit. Beim Fischen begegnete dem Krieger das übernatürliche Wesen Tui Namoliwai in Gestalt eines Aales. Zum Dank dafür, daß er ihn am Leben ließ, übertrug Tui Namoliwai dem Krieger und all seinen damaligen wie zukünftigen männlichen Clanmitgliedern die Macht über das Feuer.

Während das Ritual ursprünglich nur bei besonderen Anlässen praktiziert wurde, ist seit Ende der 50er Jahre eine zunehmende Kommerzialisierung zu beobachten. *Firewalking* ist heute ein

vuka, ein von alten Zeiten träumendes Nest, Schauplatz des Booms war, den Fidschi Mitte des 19. Jh. erlebte. Mehr als 50 Hotels und Kneipen reihten sich damals entlang der heute so geruhsamen Beach Street. In jenen Tagen, heißt es, brauchten die Kapitäne keinen Lotsen, um Levukas Hafen zu finden, sie folgten einfach den im Wasser treibenden Schnapsflaschen, und schon hatten sie den richtigen Kurs.

Ein Spaziergang entlang der Uferpromenade führt an den 100 Jahre alten Lagerhäusern vorbei. Im Norden Levukas entdeckt man an der Küstenstraße eine im Jahre 1869 erbaute Kirche mit einem Friedhof, auf dem sich neben einigen Gräbern deutscher Siedler des 19. Jh. auch die Grabstätte des ersten amerikanischen Konsuls in Fidschi, John Brown Williams, befindet. Die Straße führt weiter zu einem Felsen, wegen der Kano-

wichtiger Bestandteil von Hotelshows an der Südküste Viti Levus; zweimal wöchentlich findet im Kulturzentrum von Pacific Harbour eine Vorführung statt. Selbstverständlich können die *firewalkers* bei der Häufigkeit der

Auftritte die traditionell strengen Tabuvorschriften nicht mehr befolgen – Fasten und sexuelle Enthaltsamkeit galten ursprünglich als notwendige Bedingungen für den Erfolg der Zeremonie.

neneinschläge aus den Jahren 1849 und 1874 auch ›Gun Rock‹ genannt. Erstere wurden von einem amerikanischen, letztere von einem britischen Schiff abgefeuert. Im Ortskern spaziert man vorbei an einem Kriegerdenkmal zum Royal Hotel, dem einzigen Überbleibsel der vielen Etablissements des 19. Jahrhunderts.

Der schmale Weg entlang des Totoga Creek führt am 1875 gebauten Freimau-

rertempel und am Rathaus vorbei zum Ovalau Club, über dessen Bar ein gerahmtes Dankesschreiben von Felix Graf von Luckner hängt. Sein berühmtberüchtigtes Kaperschiff ›Seeadler‹ war im Juli 1917 vor Maupihaa, einer kleinen Insel westlich von Tahiti, von einer Flutwelle erfaßt und auf das Riff geschmettert worden. Der ›Seeteufel‹, wie der kaiserliche Marineoffizier des Ersten Weltkrieges auch genannt wurde, segelte danach mit fünf seiner Leute in einem kleinen, offenen Rettungsboot viele Seemeilen durch den Südpazifik. Schließlich erreichten sie Katafaga, eine kleine Insel der nördlichen Lau-Gruppe. Auf einer Plantage, die dem deutschen Siedler Gus Hennings gehörte, versorgten sie sich mit Proviant. In einem Brief bedankte sich der Graf für die entwendeten Lebensmittel und hinterlegte, ganz Gentleman, hierfür den entsprechenden Geldbetrag. Die Ironie des Schicksals will es, daß er mit dieser Geste zu seiner späteren Verhaftung durch den damaligen Kriegsgegner England beitragen sollte. Zwar unterzeichnete Luckner mit ›Max Pemberton‹, doch verriet er seine Herkunft in diesem Schreiben durch die Verwendung des altdeutschen S.

Vom Ovalau Club erreicht man nach wenigen Schritten die älteste, im Jahre 1879 gegründete Schule des Landes. Auf der nach Hennings benannten engen Straße gelangt man wieder zur Uferpromenade zurück.

Schräg gegenüber der Vulcan Lane steht das im Jahre 1878 eröffnete Morris-Hedstrom-Geschäft. In dem Gebäude sind heute ein kleines Museum und eine Bibliothek untergebracht. Vorbei an der Thunfischfabrik, dem größten Arbeitgeber der Stadt, erreicht man nach etwa einem Kilometer Nasova. Hier markiert ein Denkmal die Stelle, an der König Cakobau und andere hohe Häuptlinge die Urkunde unterzeichneten, die Fidschi zur britischen Kolonie erklärte, und an der Sir Hercules Robinson im Auftrage seiner Majestät, Queen Victoria, die englische Flagge hißte.

Auf dem Friedhof in Draiba, 2 km südlich Levukas, liegen Seefahrer, Abenteurer und Siedler des 19. Jahrhunderts begraben, unter ihnen auch einige Deutsche.

Für ›Robinsone‹ empfehlenswert sind Ausflüge auf die Inseln **Yanuca Lailai, Leluvia** und **Naigani,** auch ›Mystery Island‹ genannt.

Kadavu

Landfläche: 411 km^2, Einwohner: 8745, Hauptort: Vunisea, höchste Erhebung: Mt. Washington mit 838 m (S. 321)

Die südlich Viti Levus gelegene Insel ist die viertgrößte des Archipels. Zu Kadavu gehören die kleine Insel Ono im Nordosten sowie mehrere kleinste Eilande.

Unter den herrlichen Tauchgebieten vor Kadavu ist das Great Astrolabe Reef im Nordosten besonders hervorzuheben. Aber auch über Wasser hat die zerklüftete Insel landschaftliche Schönheiten zu bieten. Teils mehrtägige Wandertouren führen quer durch das gebirgige Landesinnere. Weiße Sandstrände säumen den Küstenstreifen, das Prädikat ›paradiesisch‹ verdienen die Strände nahe **Drue** und beim **Hideaway Resort.**

Auf Kadavu gibt es weder eine Bank noch Busse. Alle Wegstrecken werden zu Fuß oder mit dem Boot zurückgelegt.

Die Mamanuca-, Yasawa- und Lau-Gruppe

Der Westküste Viti Levus vorgelagert erstreckt sich die Inselkette der **Mamanucas** (S. 322 f.) – 16 kleine Eilande vulkanischen Ursprungs. Einige, wie etwa die Insel Tai, hat man in wenigen Minuten umlaufen. Alle Inseln besitzen traumhafte, weiße Sandstrände und herrliche Tauchgebiete. Auf neun der Mamanuca-Inseln befinden sich Ferienanlagen.

Strand auf den Yasawa-Inseln

Nördlich der Mamanucas liegt die etwa 80 km lange bergige Inselkette der **Yasawas** (S. 328). Sie besteht aus sieben größeren und einer Vielzahl kleinster Eilande. Ein Urlaubsziel für Besserverdienende, die entweder in einem der Insel-Resorts entspannen oder während einer mehrtägigen exklusiven Kreuzfahrt von Lautoka aus die paradiesisch schönen Inseln erkunden.

Die rund 50 Eilande der **Lau-Gruppe** (S. 321) im äußersten Südosten Fidschis verteilen sich auf eine über 100 000 km^2 große Wasserfläche. Die mit ihren etwa 54 km^2 größte Insel Lakeba gehört zur zentralen Lau-Gruppe. Hier wurde der heutige Präsident und frühere Premierminister Ratu Sir Kamisese Mara geboren. Touristisch ist die Inselgruppe kaum erschlossen. Zwar existieren Flug- und Schiffsverbindungen, doch sollte man ohne eine bestätigte Buchung der Unterkunft nicht auf eine der Lau-Inseln reisen.

Maskentänzer aus Malakula ▷

Vanuatu

»Unser Land, das immerwährenden Bestand hat«

Insgesamt 83 Inseln erstrecken sich in Form eines Ypsilons 800 km westlich von Fidschi in südwestlicher Richtung über eine Länge von 1200 Kilometern. An der Südküste von Efate, rund 2500 km nordöstlich von Sydney, liegt die Hauptstadt Port Vila. Knapp 300 km nordwestlich von ihr entfernt erhebt sich auf Espiritu Santo der höchste Gipfel der Inselgruppe. Seiner Lage auf dem pazifischen ›Ring of Fire‹, der Nahtstelle zwischen Indo-Australischer und Pazifischer Platte, verdankt der Archipel mehrere aktive Vulkane und heiße Quellen. Täglich registrieren die Seismographen geringe Erdbeben, und jedes Jahr erheben sich die Vulkaninseln um einen weiteren Millimeter über den Meeresspiegel. Noch sind die bergigen Inseln zu weiten Teilen von dichtem Urwald überzogen, der jedoch in seinem Bestand durch die expandierende Holzindustrie gebietsweise – wie etwa auf Malakula – akut bedroht ist. Insbesondere auf Tanna und Erromango südlich von Efate hinterließen Rodung und intensive landwirtschaftliche Nutzung über viele Generationen grasbewachsene Ebenen. Heute weiden dort Herden wilder Pferde, die im 19. Jahrhundert von europäischen Einwanderern auf die Inseln gebracht wurden. Zu den Besonderheiten der Tier- und Vogelwelt gehören die Krokodile auf einigen der nördlichen Inseln wie etwa Espiritu Santo und Vanua Lava in der Banks-Gruppe. Allerdings besteht nur eine

Vanuatu im Überblick

Geographische Lage:	13°–22° südlicher Breite, 166°–172° östlicher Länge
Landfläche/Meeresfläche:	12 190 km²/680 000 km²
Anzahl der Inseln:	83
Einwohner:	142 944; 12 Ew./km²
Hauptstadt:	Port Vila auf Efate/19 311 Ew.
Bevölkerungsstruktur:	91 % ni-Vanuatu, 3,5 % Europäer, 3 % Polynesier, 1,3 % Chinesen
Religion:	32 % Presbyterianer, 14 % Katholiken, 11 % Anglikaner; Siebenten-Tags-Adventisten, ca. 5 % Custom-Religionen
Staatsform:	Republik; Parlament mit 52 Mitgliedern. National Council of Chiefs (Malvatumauri) als beratendes Organ. Staatsoberhaupt: Präsident John Bani
Parteien:	Vanua'aku Pati/VP, Union of Moderate Parties/UMP, National United Party/NUP, Melanesian Progressive Party/MPP, People's Democratic Party/PDP, Vanuatu Labour Party/VLP
Wirtschaft:	Landwirtschaft, Kleinindustrie, Tourismus. Hauptexportprodukte: Kopra, Rindfleisch, Kakao, Holz

geringe Chance, die seltenen Reptilien zu Gesicht zu bekommen. Die nordöstlichsten Inseln bilden mit durchschnittlich 4000 mm Jahresniederschlag die regenreichste Gegend in Vanuatu; die südlichen Inseln sind bei einem Jahresmittel von etwa 2000 mm trockener und haben ein angenehmeres Klima.

So klein Matthew und Hunter Island im äußersten Süden von Vanuatu auch sein mögen, sie spielen doch insofern eine wichtige Rolle, als sie das Staatsgebiet und damit Vanuatus marine Wirtschaftszone erheblich vergrößern. Bis heute ist der Streit mit Frankreich, das die Meeresressourcen in der Nachbarschaft von Neukaledonien gerne unter seinem Namen gesichert sähe und ebenfalls Anspruch auf diese beiden felsigen Eilande erhebt, nicht entschieden.

80 % der Bevölkerung Vanuatus leben in ländlichen Gebieten auf subsistenz-

Vanuatu: die Inseln

wirtschaftlicher Basis. Von Tanna einmal abgesehen, sind heute meist nur noch die Küstengebiete der Inseln besiedelt, so daß die ursprüngliche Unterscheidung zwischen *man solwota* (Küstenbewohner) und *man bus* (Inlandsbewohner) nahezu gegenstandslos geworden ist. Im Gegensatz zu den ni-Vanuatu, wie sich die melanesischen Einwohner nennen, trifft man Europäer und Chinesen fast ausschließlich in den urbanen Zentren des Landes, d. h. in der Hauptstadt Port Vila und in Luganville auf Espiritu Santo. Über hundert gesprochene Sprachen zeugen von der enormen kulturellen Heterogenität der melanesischen Bevölkerung. Viele ni-Vanuatu leben nach wie vor traditionsbewußt. Sie reden von *kastom* (Bislama für das englische *custom*), wenn es um ihre überlieferten Bräuche, Riten und Zeremonien geht, die von Insel zu Insel, ja von Dorf zu Dorf variieren. Wie auch in einigen anderen Teilen Melanesiens gibt es in Vanuatu noch Gegenden, wo sich das Christentum nicht durchsetzen konnte und die Menschen an überlieferten Glaubensvorstellungen und religiösen Praktiken festhalten.

Als die Neuen Hebriden 1980 unabhängig wurden, nannte sich die junge Nation mit ihren elf Provinzen ›Vanuatu‹ – »unser Land, das immerwährenden Bestand hat«. Der Name verweist auf die grundlegende Bedeutung, die das Land in wirtschaftlicher, sozialer und politischer Hinsicht im Leben der Melanesier bis heute besitzt – nicht nur als wichtigste ökonomische Ressource, sondern auch als bestimmendes Moment für die Identität und den Status eines Clans und seiner Mitglieder.

Glücklich, wer viele Schweine hat

Neben dem Land und seinen Früchten, die auch als Gaben beim rituellen Geschenkaustausch eine wichtige Rolle spielten, waren Schweine der wertvollste Besitz der Inselbewohner und anders als das nur regional gebräuchliche Stein-, Muschel-, Feder- oder Mattengeld eine fast überall in Vanuatu gültige Währung. Je mehr Schweine ein Mann besaß, desto wohlhabender und angesehener war er. Mit ihnen bezahlte er die Dienstleistungen von Handwerkern oder Zauberern ebenso wie den Brautpreis für seine Frauen. Bei den anläßlich bestimmter Zeremonien dargebrachten Schweineopfern wurden nicht selten bis zu hundert Tiere geschlachtet.

Der Wert eines Ebers bemaß sich an der Größe und Entwicklung seiner Hauer: Indem man die oberen Eckzähne ausbrach, wuchsen sie kreisförmig weiter und bildeten manchmal sogar eine Doppelkrümmung aus. Reichtum qualifizierte für leitende Positionen: Wer innerhalb einer Gemeinschaft die üppigsten Vorräte an Matten, Yams und Schweinen besaß, errang den Status eines *big man.* Als Clan-Oberhaupt zeichnete er sich darüber hinaus durch seine besonders zahlreichen Ehefrauen aus.

Von größter Bedeutung war der Besitz von Schweinen für die Mitglieder von Männerbünden wie der *tamate* und *suque* auf den nördlichen Inseln Vanuatus. Die Angehörigen dieser Vereinigungen, in denen der Ahnenkult eine zentrale Rolle spielte, versammelten sich in Männerhäusern und auf Kultplätzen; ihre Tanzmasken verkörperten die Geisterwesen, mit denen sie kommunizierten. Üblicherweise traten die Männer im jungen Alter oder schon als Knaben einem solchen Bund bei, sobald sie die dazu erforderlichen Aufnahmeleistungen erbracht hatten. Als Mitglieder waren sie bestrebt, ihren gesellschaftlichen Status und ihr Ansehen zu mehren, indem sie die Rangstufen durchliefen, in die sich die Männerbünde gliederten. Mit Erreichen der obersten Grade erwarben sich die Männer die Stellung von Häuptlingen. Um von einer Stufe zur nächsten aufzusteigen, mußte der Aspirant ein Opferfest veranstalten: Je höher der angestrebte Grad, desto mehr Schweine mußten geschlachtet werden. Die Aufzucht und Mehrung von Borstenvieh, das unter anderem auf regelrechten ›Schweinebörsen‹ gehandelt wurde, nahmen einen bedeutenden Platz im Leben der ni-Vanuatu ein.

Geheimbünde, wie sie die soziale Ordnung auf den nördlichen Inseln bestimmten, gab es in den Gebieten südlich von Epi nicht. Hier wurden Häuptlingstitel vom Vater auf den Sohn vererbt, ohne daß sich jedoch eine ausgeprägte Klassengesellschaft wie in Polynesien entwickelt hätte. Der Einfluß der Oberhäupter beschränkte sich auf die Dorfebene.

Christentum und Cargo-Kulte – die John-Frum-Bewegung

In White Sands an der Ostküste von Tanna liegt am Fuße des Mt. Yasur das John Frum Village. Die Bewohner dieses Dorfes sind Anhänger eines Cargo-Kultes, der 1940 entstand und im Gegensatz zu einigen anderen, die kurzzeitig auflebten, überdauert hat. *Cargo* bezeichnet die materiellen Güter der weißen Zivilisation. Die mythische Gestalt John Frum rief die Bewohner Tannas dazu auf, von den Missionen unterdrückte Gebräuche wieder zu pflegen und for-

derte, die Weißen sollten die Insel verlassen, um ihre Bewohner von Fremdbestimmung und Krankheiten zu befreien.

Charakteristisch für die Cargo-Kulte Melanesiens, deren Entstehung in den Kontakten der einheimischen Bevölkerung mit Europäern und ihren Erfahrungen unter kolonialer Herrschaft wurzelt, ist die Vermischung von traditionellen Kulturelementen mit dem Christentum entlehnten Vorstellungen. Gerade die zum Christentum bekehrten Einheimischen wurden Anhänger John Frums. Unter der dünnen Schicht des aufgezwungenen Christentums lebten die alten melanesischen Vorstellungen weiter. Sie fügten sich zum Entwurf einer idealen Welt, die zu einem vorausgesagten Zeitpunkt Wirklichkeit werden würde. Der Prophet würde reich beladen mit Gütern zurückkehren und für den verheißenen Reichtum sorgen.

Zu den unfreiwilligen Wegbereitern der John-Frum-Bewegung zählten die presbyterianischen Missionare, die Tannesen unentgeltlich für die Mission arbeiten ließen, ihre Bräuche und Kultur verdammten und ihnen materielle Besitztümer vorenthielten. Unter Sandelholzhändlern und Arbeitsanwerbern *(blackbirders)* hatten die Tannesen besonders zu leiden. Vor allem aber »die Distanz zu den Europäern und die fehlende Möglichkeit, deren Welt zu begreifen, waren für die Bildung von Cargo-Kulten entscheidend« (Werner Kreisel). Selbst nach jahrzehntelangem Kulturkontakt blieben neben anderen Erscheinungen der westlichen Zivilisation der Produktionsprozeß von Gütern, der ja meistens nicht in den Kolonien stattfand, sowie der Ursprung des Geldes den Einheimischen verborgen.

Weder der Bruch mit der Mission noch die Verhaftung oder Verbannung

Hausbau im John Frum Village

von Führern und Mitgliedern der Bewegung auf andere Inseln durch die Kolonialverwaltung konnte die John-Frum-Leute entmutigen. Im Gegenteil, sammelten sie doch auf anderen Inseln des Archipels Anhänger, so daß die Bewegung immer stärker wurde. Als im Zweiten Weltkrieg US-amerikanische Truppen auf den Neuen Hebriden stationiert wurden, erlebte die Bewegung ihre Blütezeit. Die ungeahnten Reichtümer der Armee und die Erfahrung, daß sie von den Amerikanern, die überdies zum Teil wie sie dunkelhäutig waren, mit mehr Respekt behandelt wurden als von den englischen und französischen Kolonialherren, ließ bei den John-Frum-Anhängern die Überzeugung entstehen, daß ihr Prophet aus diesem Land stammen und in nicht allzuferner Zukunft zurückkommen müsse.

Jeden Morgen wird im John Frum Village die US-amerikanische Flagge gehißt, wozu die Ausführenden des Zeremoniells amerikanische Armeehosen anlegen. Neben dem Kreuz auf dem Altar zieren Gemälde von einigen prominenten Sektenmitgliedern – Darstellungen ihrer Visionen über John-Frum – die kleine Kirche. Zwar weigern sich die Dorfbewohner bis heute, Steuern zu bezahlen und ihre Kinder auf staatliche Schulen zu schicken, von ihrer Feindschaft gegenüber Europäern ist jedoch nichts mehr zu spüren, wie man bei einem Besuch im Dorf leicht feststellen kann.

Kondominium oder Pandämonium?
Zur Kolonialgeschichte der Neuen Hebriden

Nach den skrupellosen Sandelholz- und Sklavenhändlern sahen sich die Bewohner Vanuatus Mitte des 19. Jahrhunderts mit landhungrigen Siedlern konfrontiert. Anfang der 80er Jahre machten zwar nicht wenige der überwiegend britischen Pflanzer infolge gesunkener Weltmarktpreise für Baumwolle bankrott, aber schon 1882 brachte der französische Bodenspekulant und Gründer der ›Compagnie Calédonienne des Nouvelles-Hébrides‹, John Higginson, ein Fünftel des wirtschaftlich nutzbaren Landes in seinen Besitz, knapp 20 Jahre später gehörten der Gesellschaft rund 55 % des gesamten Ackerlandes auf den Inseln.

Nachdem Frankreich 1853 Neukaledonien annektiert und im Anschluß daran britische Missionare ihre Regierung vergeblich dazu aufgerufen hatten, entsprechend zu handeln und die Neuen Hebriden in Besitz zu nehmen, einigten sich Großbritannien und Frankreich schließlich 1906 auf die Gründung eines britisch-französischen Kondominiums. Mit ausschlaggebend mag gewesen sein, daß das Deutsche Reich 1905 ebenfalls sein Interesse an den Inseln bekundet hatte und sich England und Frankreich zum Handeln genötigt sahen.

Bis zur Unabhängigkeit Vanuatus im Jahre 1980 konnte sich diese Form der

Kawa – in Vanuatu Männersache

Seit der Unabhängigkeit erlebte das Kawatrinken in Vanuatu eine Renaissance, und Kawa avancierte zum Nationalgetränk. Von dieser Entwicklung zeugen die zahlreichen *nakamal,* die es heute auch in der Stadt gibt. *Nakamal* ist die Bezeichnung in Bislama für ein traditionelles Männerhaus und wird als ›Ort, an dem man Kawa trinkt‹ übersetzt. Von Ausnahmen in Port Vila, Luganville und bestimmten Gegenden auf anderen Inseln abgesehen, sind auch heute die Männer beim Kawatrinken unter sich. Das gilt insbesondere für Tanna, wo sich Frauen dem *nakamal* fernhalten müssen. Ursprünglich war Kawa ein Zeremonialgetränk und durfte in Anwesenheit von Frauen weder zubereitet noch getrunken werden.

Im Unterschied zu polynesischen Ländern und Fidschi (s. S. 186), wo man Kawa üblicherweise in geselliger Runde trinkt, herrscht in den *nakamal* eine gedämpfte Atmosphäre. Die Anwesenden unterhalten sich allenfalls mit leiser Stimme, lautstarkes oder gar aggressives Gebaren ist tabu. Der Kawa in Vanuatu ist äußerst stark und bekannt für seine gute Qualität.

kolonialen Administration behaupten. Jede der beiden Mächte verfügte über einen eigenen Verwaltungsapparat: Sie unterhielten separate Einrichtungen im Schul- und Gesundheitswesen, in der Rechtsprechung, der Sicherheit und dem Währungssystem. Darüber hinaus hatten sie Vertreter in einem dritten Verwaltungsgremium, das für allgemeine Belange wie das Postwesen und den *Joint Court* zuständig war. Während Engländer und Franzosen ihren nationalen Status behielten, wurden die Ureinwohner zu Staatenlosen im eigenen Land. Der Aufwand der Doppeladministration stand nicht im entferntesten im Verhältnis zu ihrer Effizienz. Zeitgenössische Beobachter sprachen angesichts der herrschenden Zustände statt vom Kondominium von einem ›Pandämonium‹. Von seinen Folgen hat sich auch die heutige Republik Vanuatu noch nicht vollständig erholt.

Jimmy Stevens und das Na-Griamel Movement

In den 60er Jahren entstand mit dem Na-Griamel Movement unter der Führung von Jimmy Tupou Patuntun Stevens die erste politische Bewegung in Vanuatu. Stevens war eine charismatische Persönlichkeit. Innerhalb weniger Jahre soll er 10 000 Anhänger gewonnen haben, die sich hauptsächlich aus der Bevölkerung der nördlichen Inseln rekrutierten. Ihr Zentrum hatte die Bewegung in Vanafo auf Espiritu Santo, einem Dorf nördlich von Luganville, in dem Stevens und seine Familie lebten.

Zündstoff für die Initiative lieferte die Landfrage. Die Inselbewohner wehrten sich gegen den expandierenden Grundbesitz der Europäer und forderten die Kontrolle über ihren Grund und Boden. 1971 setzte sich Stevens in einer Petition an die Vereinten Nationen für eine baldige Unabhängigkeit der Inselgruppe ein. Keiner der beiden Kolonialmächte mochte sich auf eine Diskussion zu diesem Thema einlassen, doch gelang es Frankreich, nach einem Empfang von Jimmy Stevens bei Giscard d'Estaing in Paris, die Na-Griamel-Bewegung für seine eigenen Interessen einzuspannen. Jener propagierte von nun an ein unabhängiges Espiritu Santo und den Rückzug Großbritanniens von den Neuen Hebriden. Mit Unterstützung seiner ehemaligen Gegner, den französischen Plantagenbesitzern, Frankreich-treuen Parteien (modérés) und der ominösen amerikanischen ›Phoenix Foundation‹, die Land erwerben wollte, entwickelte sich das nunmehr frankophone Na-Griamel Movement zum Gegenspieler der Unabhängigkeitsbewegung, die 1971 unter Führung des anglikanischen Priesters und späteren Premierministers Walter Lini die politische Bühne betreten hatte.

Kurz bevor Vanuatu am 30. Juli 1980 unabhängig wurde und die anglophone ›Vanuaaku Pati‹ unter Lini als stärkste Partei in das Parlament einzog, zettelte Jimmy Stevens mit der Ausrufung einer unabhängigen Republik ›Vemarana‹ auf Espiritu Santo und der Besetzung von Luganville einen Aufstand an. Über zweitausend Gegner der Na-Griamel-Bewegung mußten im ›Coconut War‹, wie diese Episode auch genannt wurde, die Insel verlassen. Unter Einsatz von mehreren hundert Soldaten aus Papua-Neuguinea, die Walter Lini nach seiner offiziellen Amtsübernahme um Hilfe ge-

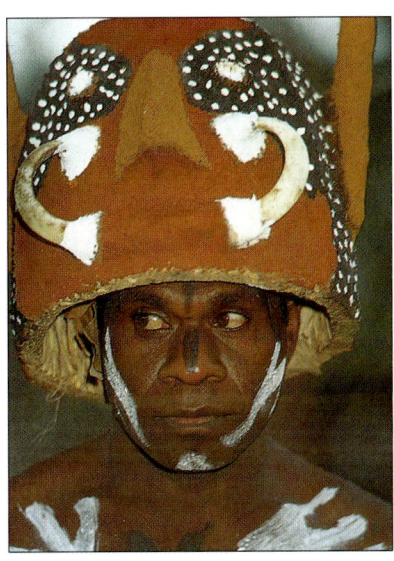

Kleiner Namba aus Malakula

beten hatte, ließ er den Aufstand weitgehend unblutig niederschlagen. Ein Sohn von Jimmy Stevens kam bei den Auseinandersetzungen jedoch ums Leben. Über hundert französische Siedler wurden ausgewiesen, Stevens und über zweihundert weitere Rebellen zu Haftstrafen verurteilt. Ein Jahr nach seiner Entlassung aus dem Gefängnis 1992 starb er – eine der schillerndsten Persönlichkeiten des Inselstaates.

Vanuatu seit der Unabhängigkeit

Bei der französischen Regierung machte sich Premierminister Walter Lini unbeliebt, weil er die Unabhängigkeitsbewegung der Kanaken in Neukaledonien politisch unterstützte und immer wieder die Atomversuche in Französisch-Polynesien kritisch zur Sprache brachte. Als er 1986 Beziehungen zu Libyen aufnahm und mit der Sowjetunion ein Fischereiabkommen unterzeichnete, geriet er bei den Westmächten als Sozialist in Verruf. Insbesondere die USA und Australien reagierten auf Linis Außenpolitik mit Unverständnis und vehementem Mißtrauen.

Im Hinblick auf die postkoloniale Entwicklung in Vanuatu unter Walter Lini und seiner Partei war häufig vom Konzept eines ›melanischen Sozialismus‹ die Rede – nicht zuletzt in wirtschaftlicher Hinsicht eine unzutreffende Beurteilung. Immerhin ist der Inselstaat Steuerparadies und Freihandelszone zugleich, in der internationale Banken weltweite Devisengeschäfte abwickeln. Angesichts einer seit den 70er Jahren zunehmend defizitären Außenhandelsbilanz setzt Vanuatu wie andere pazifische Inselstaaten auch auf ausländische Investoren und den Ausbau des Tourismus. In der Landfrage, die auch zukünftig einen vorderen Platz auf der politischen Tagesordnung einnehmen wird, entschied die Regierung mit Erreichen der Unabhängigkeit für das Volk: Die französischen Landbesitzer wurden enteignet und der Grund und Boden an die Clans als traditionelle Eigentümer zurückgegeben, so daß heute über 90 % der Landfläche sogenanntes *kastom*-Land sind.

Daten zur Geschichte

Ca. 3000 v. Chr. Ankunft der ersten proto-melanesischen Siedler.

Um 1400–500 v. Chr. Die Lapita-Kultur erreicht Vanuatu und verbreitet sich über den Archipel.

1000–1400 Polynesier lassen sich auf einigen Inseln nieder.

1606–1850 Europäer entdecken die Inseln. 1606 Quirós (Banks-Inseln, Maewo, Espiritu Santo), 1768 Bougainville (Ambae, Pentecost, Malakula), 1774 Cook (Efate, Shepherd-Inseln, Tanna, Er-

romango, Futuna), 1793 d'Entrecasteaux (Anatom), 1850 Erskine (Torres-Inseln).

1825 Der Ire Peter Dillon kommt nach Aufenthalten in Fidschi und den Gesellschafts-Inseln nach Tanna und Erromango und ›entdeckt‹ Sandelholz.

1839 Ermordung von John Williams und James Harris, die als erste Missionare nach Erromango kamen.

1859 Bischof George Augustus Selwyn erreicht von Neuseeland aus die Neuen Hebriden und gründet die ›Melanesian Mission‹ auf Mota (Banks-Inseln).

1864 Die Epoche des *blackbirding* (Sklavenhandel) beginnt: Die ersten 65 Männer von Tanna und Erromango werden nach Australien verfrachtet.

1907 Die Neuen Hebriden werden britisch-französisches Kondominium.

1914 Aus Vietnam treffen die ersten Plantagenarbeiter für französische Grundbesitzer ein. Engländer durften keine asiatischen Kontraktarbeiter beschäftigen.

1936 Insgesamt leben nur noch 41 000 Menschen auf den Inseln des Archipels. Auf Anatom und Erromango beträgt der Bevölkerungsrückgang 95 %.

1940/41 Entstehung des John Frum Movement auf Tanna.

1942 Die Amerikaner errichten Militärbasen auf Espiritu Santo und Efate. Bis zu 100 000 Soldaten sind in der Umgebung von Luganville stationiert.

1943 10 000 ni-Vanuatu werden für die Arbeit in den Militärlagern rekrutiert.

1957 Das Advisory Council mit beratender Funktion des Regierungsbevollmächtigten wird ins Leben gerufen. Ein Viertel der Mitglieder sind ni-Vanuatu.

1961–1978 Manganabbau bei Forari auf Efate.

1965 Jimmy Stevens gründet das Na-Griamel Movement auf Espiritu Santo.

1971 Gründung der New Hebrides Cultural Association, der Vorläuferin der

New Hebrides National Party (NHNP) und späteren Vanua'aku Pati.

1974 Walter Lini wird zum Präsidenten der NHNP gewählt und fordert in einer Petition an die Vereinten Nationen die Unabhängigkeit der Neuen Hebriden.

1975 Bei den allgemeinen Wahlen für die gesetzgebende Representative Assembly, die das bisherige Advisory Council ersetzt, gewinnt Linis Partei (NHNP) die Mehrheit der Sitze.

1979 Die Vanua'aku Pati unter Lini gewinnt die allgemeinen Wahlen.

1980 Am 27. Mai kommt es auf Espiritu Santo zum sog. Coconut War. Am 30. Juli werden die Neuen Hebriden zur unabhängigen Republik Vanuatu.

1981 Vanuatu wird Mitglied der Vereinten Nationen.

1983 Erste allgemeine Wahlen seit der Unabhängigkeit. Die Vanua'aku Pati behauptet sich als stärkste Partei, Walter Lini als Premierminister. 1987 bestätigen sich die Wahlergebnisse.

1991 Lini wird durch ein Mißtrauensvotum gestürzt. Er gründet die ›National United Party‹. Die frankophone ›Union of Moderate Parties‹ gewinnt die Wahlen, Maxime Carlot Korman wird Regierungschef.

1994 Im Zuge einer Verwaltungsreform treten an die Stelle von 11 Local Government Councils sechs neue Provinzen. Damit soll die Selbstbestimmung auf regionaler und kommunaler Basis gestärkt werden. Jean-Marie Leyé (UMP) löst Fred Timakata im Amt des Staatspräsidenten ab.

1996 Chirac-Freund Kormann ist nach Rücktritt des kurzzeitig amtierenden Serge Vohor (UMP) wieder Premierminister.

1998 Donald Kalpokas (VP) wird Regierungschef. Anfang des Jahres kommt es in Port Vila zu Unruhen, als bekannt wird, daß Regierungsmitglieder wiederholt hohe Summen an öffentlichen Geldern veruntreut haben.

1999 Im Februar stirbt Walter Lini, der ›Vater der Unabhängigkeit‹. Der anglikanische Priester John Bani wird neuer Staatsräsident.

Unterwegs in Vanuatu

Efate

Landfläche: 887 km^2, Einwohner: 30 442; Hauptstadt: Port Vila, 19 311 Ew.; höchste Erhebung: Mt. Macdonald, 647 m (S. 339 ff.)

Efate ist die drittgrößte Insel von Vanuatu. Zwei Drittel ihrer Bevölkerung leben in Port Vila, der Rest verteilt sich auf Küstendörfer und vorgelagerte Inseln. Zwei geschützte Hafenbuchten prädesti-

nierten Efate schon im 19. Jh. zum bedeutendsten Umschlagplatz des Archipels. Bis 1880 war Havannah Harbour an der Nordküste der wichtigste Handelshafen. Dann aber gewann Port Vila zunehmend an Bedeutung und wurde 1906 Hauptstadt des Kondominiums.

Die zahlreichen Inselchen vor der zerklüfteten Küste sind mit ihren strandgesäumten Buchten und prachtvollen Korallenriffen reizvolle Ausflugsziele und bieten exzellente Tauchgründe.

Port Vila

Dank seiner malerischen Lage, umgeben von Buchten und Lagunen, gehört Port Vila zu den schönsten Städten in der südpazifischen Inselwelt. Lange Zeit französische Provinz, entwickelte sich das Städtchen in der zweiten Hälfte des 20. Jahrhunderts zu einem modernen urbanen Zentrum. Die Geschichte der Stadt spiegelt sich in der architektonischen Struktur des Stadtkerns wider: Gebäude im Kolonialstil behaupten sich gegen nüchterne Geschäfts- und Bürohäuser aus den ersten Nachkriegsjahrzehnten. Neuere Architekturen wie beispielsweise das Universitätsgebäude kombinieren wirkungsvoll moderne und traditionelle Stilelemente. Für etwas französisches Flair sorgen die Straßennamen, aber auch Boutiquen, Parfümerien und Cafés am Kumul Highway, der Hauptstraße. In einigen Nebenstraßen konzentrieren sich die Chinesenläden mit ihrem bunten Warenangebot.

Unübersehbar schmücken die Mauerreliefs des Künstlers Alois Pilioko das **Pilioko House** 1, das Postamt 12 und ein weiteres Geschäftshaus am Kumul Highway. Im Pilioko House befindet sich auch das Fremdenverkehrsamt 2. Bis

Port Vila 1 Pilioko House 2 Fremdenverkehrsbüro 3 Constitution Building 4 Independence Park 5 John Paton Memorial Church 6 Rathaus 7 Kathedrale Sacre Cœur 8 Porte du Ciel 9 Old Court House 10 Council of Chiefs (nakamal) 11 Cultural Centre 12 Post 13 Michoutouchkine & Pilioko Foundation Art Gallery 14 Parlament

zur Fertigstellung des neuen Parlaments 1992 tagten die Abgeordneten im **Constitution Building**  3, in dem zuvor schon die Kolonialregierung ihren Sitz hatte. Die ländlichen Szenen, die seine Front zieren, wurden von Schülern gemalt. Bevor man den Weg zum **Independence Park** 4 einschlägt, noch ein Blick auf die Bucht: Im Vordergrund liegt **Iririki** mit dem gleichnamigen Resort. Ebenso wie ein großer Teil des Landes, auf dem die Stadt gebaut ist, gehört das Eiland den Bewohnern der benachbarten Insel **Fira.**

Im Viertel um den Independence Park wohnten überwiegend englische Kolonialbeamte. Das stattliche Gebäude, das den Park überblickt, war der Amtssitz der britischen Administration. Heute befinden sich hier Ministerien sowie die private Residenz des Premierministers. Auf der gegenüberliegenden Seite des Parks erinnert die **John Paton Memorial Church** 5 an den presbyterianischen Missionar, der 1862 vor revoltierenden Tannesen fliehen mußte. Sie mochten sein fanatisches Vorgehen nicht länger dulden. Die Engländer rächten sich bitter, indem sie zahlreiche Dörfer auf Tanna zerstörten.

Das **Rathaus** (Mairie) 6 von Port Vila liegt im ehemals französischen Teil der Stadt, dem Gebiet entlang der Rue du Général de Gaulle. Vom Kriegerdenkmal in der Rue Emile Mercet bietet sich eine herrliche Aussicht auf Vila Bay. Nicht weit von der modernen **Kathedrale Sacre-Cœur** 7 entfernt steht die **Porte du Ciel** 8, ein ungewöhnlicher Kirchenbau der katholisch-vietnamesischen Gemeinde aus dem Jahre 1954. Zwei Straßen weiter stößt man auf das ehemalige **Gericht** 9 des Kondominiums, ein stattliches Gebäude aus Holz. Diese Institution wurde von einem ehemaligen Gerichtsdolmetscher folgendermaßen

Relief von Pilioko an seinem Galeriehaus in Port Vila

beschrieben: »Das Gericht setzt sich zusammen aus einem englischen und französischen Richter sowie einem spanischen Präsidenten. Der Staatsanwalt ist ebenfalls Spanier. Der Pflichtverteidiger ist Holländer. Die Zeugen sind überwiegend Eingeborene, die Pidgin sprechen. Bei den Angeklagten handelt es sich meist um französische Händler. Können Sie sich das Babel vorstellen?« Nicht nur in seiner Aufgabe, die Einheimischen vor kolonialem Landhunger zu schützen, versagt das Gericht kläglich.

Gegenüber dem **Parlament** in der Rue D'Artois bereichert das ganz im traditionellen Stil gehaltene Versammlungshaus des **Council of Chiefs** 10 das architektonische Bild der Stadt. Eine hohe, aus Holz geschnitzte Ahnenfigur und ein großer Banyanbaum flankieren den Nakamal. Auf dem benachbarten Areal steht das 1996 eröffnete **Cultural**

Centre **11**. Neben der ständigen Sammlung zeigt das Museum auch Ausstellungen zeitgenössischer Künstler.

Nur Hotelgäste und Besucher bevölkern heute **Erakor Island**. Seine ehemaligen Bewohner ließen sich nach einem verheerenden Wirbelsturm im Jahre 1959 am gegenüberliegenden Ufer auf Efate nieder. Ein Kirchplatz und die Grabstätten einer protestantischen Missionarsfamilie zeugen von der Missionsstation, die im 19. Jh auf dieser idyllischen kleinen Insel gegründet wurde.

Das Anwesen der **Michoutouchkine & Pilioko Foundation Art Gallery 13** findet man inmitten eines tropischen Gartens direkt an der Erakor-Lagune. Neben den Werken der beiden Künstler sind hier auch Artefakte aus verschiedenen Teilen Ozeaniens ausgestellt. Piliokos gestickte Wandteppiche mit den stilisierten, mandeläugigen Figuren und farbenprächtigen Motiven gehören zu den beeindruckendsten Werken zeitgenössischer Kunst im Pazifik.

Rund um Efate

Eine rund 150 km lange, zumeist ungeteerte Straße führt um die Insel. Umfährt man Efate von der Hauptstadt aus entgegen dem Uhrzeigersinn, lädt schon bald der Club Hippique zum Reiten ein, den man inmitten einer bewirtschafteten Kokosplantage findet. In einer reizvollen strandgesäumten Küstenlandschaft mit Pandanus-Palmen liegt 15 km südöstlich von Port Vila der White Sands Country Club, eine Hotelanlage mit Bungalows und einem Golfplatz. Der schönste Strand auf Efate ist **Eton Beach 1** – von einem Riff geschützt und hervorragend zum Schwimmen geeignet. Die Dorfbewohner aus dem benachbarten Eton erheben eine Gebühr, wenn man in der malerischen

Bucht rasten möchte. Nördlich von Eton überquert die Straße den Ewor River mit seinen Kaskaden (La Cressonnière Cascades) und passiert eine Rinderfarm – der wichtigste Frischfleischlieferant auf Efate.

Westlich des Manuro Point ragt der stählerne Arm eines Förderbandes aus dem satten Grün, das sich sein Terrain auf dem Gelände der **Forari Mine** weitgehend zurückerobert hat. Die Arbeiter, die zwischen 1961 und 1978 in der Manganmine beschäftigt waren, sind längst abgewandert. Manche schöne Bucht und gewaltige Banyanbäume sind auf der Strecke nach **Onesua** zu entdecken. In Onesua befindet sich eine angesehene Schule – ein Vermächtnis der großen britischen Gemeinde, die hier einmal ansässig war.

Bei **Takara** an der Nordküste weitet sich der Blick zum Panorama auf die Inseln Emao, Pele und Nguna mit ihrem 600 m hohen erloschenen Vulkan. **Undine Bay** hat einen schönen Sandstrand und gewährt noch einmal eine herrliche Sicht auf die vorgelagerten Eilande. Für einen Abstecher nach Siviri fährt man durch Kokosplantagen. Im Ort ist die Valefa-Höhle zu besichtigen, die ein natürliches Wasserbassin birgt. Ulei am **Havanna Harbour** stand einst als wichtigster Hafenort auf Efate im Zentrum des Geschehens. Geschützt durch die beiden Inseln Moso und Lelepa, bot die Bucht ideale Ankerplätze. Eine Dürreperiode und der Preisverfall für Baumwolle auf dem Weltmarkt in den 70er Jahren des 19. Jh. trugen dazu bei, daß die europäischen Händler und Plantagenbesitzer aus dem malaria-verseuchten Gebiet um Havannah Harbour abwanderten und Port Vila zum bevorzugten Hafen avancierte. Im Zweiten Weltkrieg diente die Bucht als Flottenbasis der US-amerikanischen Marine.

Efate

Vor allem die bildschönen Sandstrände und prächtigen Korallengärten machen die Inseln **Moso** und **Lelepa** zu attraktiven Ausflugszielen. An den Wänden der Feles Cave an der Südspitze von Lelepa sind Felsbilder aus vorgeschichtlicher Zeit zu erkennen. Die Höhle ist von unzähligen kleinen Fledermäusen bewohnt.

Eretoka, die westlichste der vorgelagerten Inseln, wird angesichts ihrer Form treffend auch Hat Island genannt. Hier fand der legendäre Häuptling Roymata nach seinem Tod um das Jahr 1265 die letzte Ruhestätte. Mit ihm wur-

den seine zahlreichen Ehefrauen und mehrere Untergebene lebendigen Leibes begraben. Die Überlieferung besagt, daß Roymata um 1250 Nord-Efate samt den vorgelagerten Inseln sowie die Shepherd-Gruppe eroberte und während seiner Regentschaft für eine lange Friedensphase in dieser Region gesorgt habe.

Südlich von Lelepa Landing führt die Straße landeinwärts zum Aussichtspunkt auf **Klem's Hill** (200 m). Der Hügel ist nach dem US-amerikanischen Piloten benannt, der hier im Zweiten Weltkrieg den Absturz seiner Maschine überlebte. Schließlich gelangt man bei **Mele-Maat** wieder an die Südküste, wo ein Weg unweit der Ortschaft zu den Wasserfällen (Les Cascades) abzweigt. **Mele,** das größte Dorf auf Efate, wirkt wie eine dichtbevölkerte Vorstadtsiedlung. Seine Bewohner stammen von der Insel Mele (Hideaway Island) und sprechen eine polynesische Sprache – das Erbe ihrer tonganischen Vorväter, die Mitte des 19. Jahrhunderts auf Mele landeten.

Bevor man am Golfplatz und Flughafen vorbei Kurs auf Port Vila nimmt, bieten die Küste mit einem wunderschönen, langen Sandstrand und das vorgelagerte Hideaway Island ideale Ausflugsziele. Mit einem ständig pendelnden Boot kann man zur Insel und dem dortigen Resort übersetzen, das gute Wassersportmöglichkeiten bietet.

Die Shepherd-Inseln

Polynesische und melanesische Elemente haben sich in Sprache und Kultur der Bewohner dieser kleinen Inselgruppe (86 km², 3975 Einw.) verbunden. Tongoa ist die Hauptinsel der neun vulkanischen Eilande. Nach der Überlieferung bildete sie zusammen mit Tongariki und drei weiteren Inselchen eine einzige größere Landmasse. Sie hieß Kuwae und brach im 15. Jh. infolge mehrerer Eruptionen und Erdbeben auseinander.

Im Durchzugsgebiet von Wirbelstürmen zu Hause, schützten sich die Bewohner der Shepherd-Inseln mit besonders stabilen, windsicher gebauten Häusern. Jedoch gerät diese angepaßte Form der Architektur immer mehr in Vergessenheit.

Espiritu Santo

Landfläche: 4010 km², Einwohner: 21 117, Hauptort: Luganville, 6983 Ew., höchste Erhebung: Mt. Tabwemasana, 1879 m (S. 341 f.)

Espiritu Santo ist die größte Insel von Vanuatu. Im Westen erstrecken sich über die gesamte Halbinsel die regenwaldbedeckten Höhenzüge der Cumberland Ranges. Weiter südlich ragen die Gipfel der vier höchsten Berge des Archipels empor. Die Siedlungen in dieser wilden und abgeschiedenen Region verteilen sich weiträumig entlang der Westküste. Hier liegen auch **Wusi** und **Linduri,** die beiden einzigen Dörfer, in denen heutzutage noch traditionelle Töpferwaren hergestellt werden.

Nur der flachere Ostteil der Insel ist durch Straßen erschlossen, die überwiegend von den im Zweiten Weltkrieg auf Santo stationierten amerikanischen Truppen angelegt wurden. Schöne Buchten und Sandstrände markieren die Ostküste. Ausgedehnte Kokosplantagen und unter Palmen weidende Rinderherden bestimmen das Landschaftsbild in der weiteren Umgebung.

Verglichen mit Port Vila ist **Luganville** am Südostzipfel der Insel nicht mehr als ein verträumter Provinzort. Allgegenwärtig sind die Überreste aus dem Zweiten Weltkrieg wie die zu Werkstätten und Garagen umfunktionierten Nissenhütten. Das Zentrum des Städtchens liegt östlich des Sarakata-Flusses, Banken, Handel, Verwaltung, Hotels oder Gastronomie sind an der Hauptstraße ansässig. Gemischtwarenläden und Restaurants haben vielfach chinesische oder vietnamesische Besitzer. Im ›Entdeckerviertel‹ zwischen Bougainville und Dumont d'Urville Street trifft man auf ein gutes halbes Dutzend Kirchen

Espiritu Santo

verschiedener Konfessionen – Zeugnis nachhaltiger Missionstätigkeit.

Wenige Kilometer westlich der Stadt liegt malerisch auf einer Anhöhe die 1912 erbaute katholische **Mission St. Michel.** Der Ort bietet einen schönen Blick auf den Segond Channel, die Meerenge zwischen Espiritu Santo und Aore Island. Auf halber Strecke nach Tasiriki,

wo die südliche Küstenstraße endet, gelangt man nach **Tangoa Landing,** so benannt nach der gegenüberliegenden Insel. Entlang des Sandstrandes parken die Bewohner von Tangoa ihre Outrigger-Kanus, wenn sie nach Santo herüberkommen.

Während des Zweiten Weltkrieges errichteten die Amerikaner auf Espiritu

Santo eine ihrer größten Militärbasen im Pazifik. Zwischen 1942 und 1945 waren hier 100 000 US-Soldaten stationiert. Bevor die Truppen nach Kriegsende von Espiritu Santo abzogen, wurde ein großer Teil der Armeeausstattung – Tausende von Tonnen völlig intakten Ausrüstungsmaterials – an der Landspitze östlich von Luganville im Meer versenkt: Angesichts der im Meer liegenden Werte nannte man den Ort **Million Dollar Point.** Bei Ebbe sieht man rostendes Kriegsgerät aus dem Wasser ragen, der Strand ist übersät mit Relikten von Gebrauchsgegenständen verschiedenster Art; Glasscherben haben sich mit Korallenkalkstein zu einer unzertrennlichen Masse verbunden.

Nicht weit vom Million Dollar Point fuhr die ›President Coolidge‹, ein zum Truppentransporter umgerüsteter Luxusdampfer, im Oktober 1942 auf eine Mine und sank. Heute stellt das über 200 m lange Wrack eines der attraktivsten Tauchobjekte in der Umgebung von Santo dar.

Inmitten tropischer Vegetation liegt ein natürliches Felsbassin mit kristallklarem Wasser und Schulen bunter Fische – als Swimmingpool ist **Blue Hole** kaum zu überbieten.

Die Bucht bei **Hog Harbour,** einem 600-Seelen-Dorf an der Nordostküste, zählt vor allem angesichts der bildschönen Sandstrände zu den landschaftlichen Höhepunkten der Insel. Kurz vor dem Ort führt eine Straße rechts ab zum berühmten **Champagne Beach** 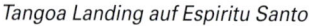. Der wunderschöne palmengesäumte Strand mit Blick auf Elephant Island trägt seinen Namen wegen der vielen feuchtfröhlichen Feten, die die Franzosen in den Hochzeiten des Kondominiums hier gefeiert haben. Der benachbarte **Lonnoc Beach** ist zwar nicht in aller Munde, aber ein ebenso lohnendes Ziel.

Das etwa 20 km nördlich von Luganville gelegene **Vanafo Village** 2 er-

Tangoa Landing auf Espiritu Santo

reicht man von Süden her über die ›Munitionsstraße‹ – benannt nach den allseits über das Gelände verstreut stehenden Bunkern und Geschützständen aus dem Zweiten Weltkrieg. Vanafo war das Zentrum der von Jimmy Stevens mitbegründeten Na-Griamel-Bewegung (s. S. 204). Ihre Mitglieder versammelten sich unter dem mächtigen Banyanbaum außerhalb des Dorfes. Seine Bewohner, darunter auch Familienangehörige von Jimmy Stevens, leben ganz zurückgezogen und haben mit der Rückbesinnung auf Werte ihrer eigenen Kultur selbst den Gebrauch von eisernen Werkzeugen weitgehend aufgegeben.

Malakula

Landfläche: 2024 km², Einwohner: 15 085, Hauptorte: Lakatoro, Norsup, höchste Erhebung: Mt. Laimbele, 863 m (S. 342)

Der überwiegende Teil der Bevölkerung dieser zweitgrößten Insel Vanuatus lebt an der Ostküste. Mehr als 30 Sprachen werden auf Malakula gesprochen.

Während **Lakatoro** das administrative Zentrum bildet und auch schon Sitz der britischen Verwaltung war, ist **Norsup** wirtschaftlicher Mittelpunkt. Die riesigen Kokosplantagen, die hier zu Zeiten des Kondominiums angelegt wurden, befanden sich in französischer Hand. Heute gehören die ausgedehnten Ländereien zu den Plantations Réunies de Vanuatu, dem größten Kopraproduzenten des Landes.

Ein interessantes Beispiel traditioneller Architektur stellt das **Cultural Centre** 1 in Lakatoro dar. Die Fassaden und den Eingangsbereich schmücken bunt bemalte holzgeschnitzte Reliefs, Skulpturen und Schlitztrommeln. Das Centre

Cultural Centre auf Malakula

wurde erst vor wenigen Jahren gegründet und ist im Aufbau begriffen. Als seine wichtigste Aufgabe begreift es die Dokumentation und Archivierung von kulturellem Wissen, über das meist nur noch alte Clan-Mitglieder verfügen.

Aop Beach mit seinem goldfarbenen Sand säumt eine kleine Bucht bei Norsup, doch sind die Küstengewässer vor Malakula wegen der vielen Haie berüchtigt. Zu den kleinen nordwestwärts vorgelagerten Inseln bestehen gute Bootsverbindungen, da die Gärten der Bewohner auf Malakula liegen und so ein häufiges Pendeln erforderlich ist. Vor allem **Vao** zog aufgrund seiner kulturellen Besonderheiten das Interesse einiger Ethnologen auf sich. Bemerkenswert waren die verschiedenen Formen von Schlitztrommeln, die zusammen als *drum orchestra* bei den Zeremonien der Männerbünde eine wichtige Rolle spielten.

Malakula

Am Eingang zu **Port Sandwich** 2 im äußersten Südosten von Malakula liegt **Lamap.** Der einstige Sitz der französischen Distriktverwaltung ist heute ein verträumter Ort. Tief ins Land eingeschnitten und von James Cook benannt, gehört Port Sandwich zu den schönsten Buchten der Insel. Ebenfalls von großer landschaftlicher Schönheit sind die **Maskelynes-Inseln** 3 mit ihren schmucken Dörfern. Von herrlichen Korallenriffen umgeben, gruppieren sie sich um die Südspitze von Malakula.

Das bergige, zerklüftete Inland war ursprünglich von den Nambas besiedelt, die im Laufe der letzten zwei Jahrzehnte an die Küste abgewandert sind. Hier im Landesinneren lebt nur noch eine kleine Gruppe überwiegend schon betagter Clan-Mitglieder. Die Big Nambas waren bei Amokh im Nordosten, die Small Nambas im Süden von Malakula ansässig. Abgesehen vom Namen, der sich auf die großen bzw. kleinen Penishüllen *(namba)* der Männer bezieht, handelt es sich um zwei kulturell unabhängige

Clans. Außer den Nambas gehört auch die Bevölkerung der South West Bay zu den besonders auf ihre Tradition bedachten Inselbewohnern. Eindrucksvoll zeigen zeremonielle Masken und Kopfschmuck die reiche Kultur Malakulas. Einige dieser Artefakte sind im Cultural Centre in Port Vila zu sehen.

Ambrym –
Insel der Zauberer

Landfläche: 666 km², Einwohner: 7191; Hauptort: Eas, höchste Erhebung: Mt. Marum, 1270 m (S. 338 f.)

Ein von Aschefeldern bedecktes Hochplateau mit den beiden aktiven Vulkanen Mt. Marum und Mt. Benbow (1159 m) nimmt den Großteil der Inselmitte ein. Die beiden Vulkane haben das Leben der Menschen auf Ambrym nachhaltig und nicht selten auf dramatische Weise geprägt. Allein im 20. Jahrhundert kam es zu sechs gewaltigen Eruptionen. In

Schlitztrommeln und Rangstatuen

Eindrucksvolle Zeugnisse der Schnitzkunst Vanuatus sind die großen Schlitztrommeln von Ambrym *(tam tam,* im Norden der Insel *atingting* genannt). Häufig aus dem Stamm des Brotfruchtbaums geschnitzt, werden diese figürlich gestalteten Trommeln von bis zu fünf übereinandersitzenden maskenhaften Gesichtern gekrönt. Auf Tanzplätzen oder bei Männerhäusern symbolisieren sie die Rangstufe, die ihr Besitzer innerhalb der Hierarchie seines Bundes erreicht hat. Gleichzeitig fungieren sie als Signalinstrumente. Am jeweiligen Trommelzeichen ist der Übermittler der Nachricht zu erkennen. Im Süden der Insel gibt es Dörfer, wo die alten Meister der Schnitzkunst bemüht sind, ihr Wissen an die nächste Generation weiterzugeben.

Charakteristisch für die aus dem schwärzlichen Stamm der Baumfarne geschnitzten Rangstatuen ist der überproportionierte Kopf mit den rund und flach geschnittenen Augen. Diese Statuen verkörpern die Wohnstätten der Ahnengeister und werden zur Ehrung verstorbener Mitglieder der Männerbünde auf Kultplätzen oder bei Männerhäusern aufgestellt.

Vergänglich, aber nicht minder interessant sind die auch auf Pentecost oder Ambae ausgeführten Sandzeichnungen. Heute werden sie nur noch auf Ambrym praktiziert, wo rund 180 verschiedene Kombinationen aus geschwungenen und geraden Linien bekannt sind. Selbst die komplexesten Muster werden von dem Zeichner, ohne auch nur einmal den Finger abzusetzen, in den Sand gezogen. Sie können der Übermittlung von Nachrichten dienen, sich aber auch auf Lieder, Tänze oder Mythen beziehen. Die Bedeutung der Symbole ist jedoch nicht mehr in jedem Fall bekannt.

den Jahren 1913, 1929 und 1950 wurden mehrere Dörfer von Lavaströmen zerstört. Die Einwohner von Maat gründeten nach der Katastrophe im Jahre 1950 nordwestlich von Port Vila auf Efate ihr neues Dorf Mele Maat. Seit der letzten Eruption im Jahre 1979 sind die Vulkane kaum mehr aktiv, gelegentlich gehen Ascheregen nieder. Eine Wandertour in das Vulkangebiet gehört zu den Höhepunkten eines Aufenthaltes.

Inseln mit aktivem Vulkanismus werden in Vanuatu teilweise bis in die Gegenwart für Zentren von Zauberei und

Magie gehalten. Als Teil der natürlichen Umgebung glaubt man bis heute die Vulkane von Geisterwesen bewohnt, die es zu besänftigen gilt.

Die besonders machtvollen und bedrohlichen Kräfte, über die die Zauberer *(man blong majik)* vor allem im Norden von Ambrym in den Augen der ni-Vanuatu verfügen, halten viele Bewohner anderer Landesteile davon ab, die Insel jemals zu betreten. Auch die *maghe*-Zeremonie wird auf Ambrym noch durchgeführt. Sie ordnet den Aufstieg der Männer zu einer jeweils nächsthöheren

Rangstufe. Wesentlicher Bestandteil dieser Zeremonie sind das Schweineopfer und der rom-Tanz, ein besonders beeindruckendes Beispiel der melanesischen Kultur auf Ambrym. Das bedeutendste *kastom*-Dorf ist **Fanla.**

Pentecost

Landfläche: 499 km^2, Einwohner: 11 341, Hauptort: Loltong, höchste Erhebung: Mt. Vulmat, 946 m (S. 342)

Ein über die gesamte Länge der Insel verlaufender Höhenzug trennt die schroffe, dünner besiedelte Ostseite von der etwas sanfteren und fruchtbaren Westseite. Einige Dörfer im Norden der Insel und **Ranputor** im Südwesten zählen zu den schönsten im ganzen Land.

Im tiefen Süden und Südosten der Insel, wo die Küstenstraße endet und nur noch Fußwege die Siedlungen verbinden, leben traditionsverbundene Menschen. Sie haben sich dem christlichen Einfluß entzogen, tragen keine europäische Kleidung und leben in niedrigen Grashütten, die sich in herkömmlicher Weise um die Tanzplattformen und das Männerhaus *(nakamal)* gruppieren.

Auch die Tradition des **Turmspringens** *(land diving)* ist hier noch lebendig – ein Brauch, der die Insel über die Landesgrenzen hinaus berühmt gemacht hat. Dieses Ereignis lockt jedes Jahr Schaulustige in Scharen nach Pentecost – eine Gegend, der im übrigen so gut wie jede touristische Infrastruktur fehlt. Einer der Orte, in denen das Turmspringen stattfindet, ist Bunlap. Laut einer Überlieferung geht die *gol*-Zeremonie auf folgende Begebenheit zurück: Ein junges Mädchen, das von seinem Gefährten Tamalie mißhandelt wird, besinnt sich auf eine List, um sich seiner für immer zu entledigen. Eines Tages klettert sie auf der Flucht vor Tamalie auf einen hohen Banyan-Baum. Als er im Begriff ist, sie zu fangen, stürzt sie sich in die Tiefe, wo sie unverletzt landet – dank der zwei Lianen, die sie sich fest um ihre Knöchel gebunden hat. Tamalie folgt ihr in blinder Hast und stürzt sich zu Tode.

Zum Gedenken an den tragischen Tod ihres Vorfahren wird seitdem alle fünf Jahre – heutzutage jedes Jahr – das Turmspringen veranstaltet. Gleichzeitig ist es auch ein Initiationsritus. Beschnittene Jungen werden nach ihrem ersten Sprung in die Gemeinschaft der Männer aufgenommen.

Die *gol*-Zeremonie fällt in die Zeit der Yams-Ernte im April und Mai und soll für reiche Erträge im folgenden Jahr sorgen. Auf einem mit großer Sorgfalt gewählten Platz werden bis zu 30 m hohe Türme errichtet – aus Hunderten von Baumstämmen, Ästen und Lianen. Sie sind in zwölf Ebenen unterteilt, die die Partien des menschlichen Körpers repräsentieren von den Knöcheln über die Schenkel bis zum Kopf. Jeder Springer konstruiert sich seine eigene Plattform in einer von ihm selbst bestimmten Höhe des Turmes. Angespornt vom rhythmischen Gesang und Stampfen der Umstehenden, stürzen sich die Männer kopfüber in die Tiefe. Die Jüngsten beginnen auf den unteren Ebenen, als letzter springt der Erfahrenste von der höchsten Plattform an der Spitze des Turms. Die Lianen, die an den Knöcheln und am Turm befestigt werden, sind in ihrer Länge und Elastizität so beschaffen, daß sie die Springer unmittelbar vor dem drohenden Aufprall abfangen. Ein atemberaubendes Schauspiel: Oftmals fehlt nicht mehr als eine Haaresbreite zur Berührung des Bodens.

Wasserfall bei Isangel auf Tanna ▷

Kastom villages – lebendige Traditionen

Bei der letzten Volkszählung 1989 gaben 27 % der befragten Tannesen an, keine Christen zu sein. Insbesondere in *kastom*-Dörfern wie Yakel oder Yaohnanen führten die Menschen ein von alten Traditionen bestimmtes Leben. Die Jungen besuchen die Clan-Schule, während die Mädchen zur Arbeit im Haushalt herangezogen werden. Zauberei und Magie sind ebenso lebendig wie Zeremonien und Riten beispielsweise der Initiation. Traditionelle Heilverfahren werden einer modernen medizinischen Behandlung häufig vorgezogen.

Nicht nur an Festtagen, sondern auch im Alltag tragen die Frauen im Dorf Baströcke, während die Männer nur mit Penishüllen *(namba)* bekleidet sind.

Yaohnanen ist das berühmteste *kastom*-Dorf auf Tanna, seit es sich dem Tourismus geöffnet hat. Durch Eintrittsgelder und den Verkauf von Kunsthandwerk verdienen die Bewohner an den Besuchern, die täglich ins Dorf kommen. Man sollte sich vor dem Besuch eines *kastom*-Dorfes erkundigen, ob dieser erwünscht ist. Bei organisierten Touren ist dies natürlich gewährleistet.

Ambae und Maewo

Ambae (399 km^2, 8583 Ew.) (S. 338) und Maewo (300 km^2, 2360 Ew.) gehören zu den niederschlagsreichsten Inseln in Vanuatu. Mt. Lombenben (1496 m) im Zentrum von Ambae ist ein schlafender Vulkan und für viele Inselbewohner ein heiliger Ort. Im März 1995 versetzten Schwefelgeruch sowie dicke Asche- und Rauchwolken die Inselbevölkerung in Alarmbereitschaft. – Vom Devils Rock vor der Südspitze der Insel springen, so heißt es, die Seelen der Verstorbenen ins Meer und verwandeln sich in Haie.

Epi

Landfläche: 446 km^2, Einwohner: 3628, Hauptort: Ringdove, höchste Erhebung: Mt. Pomare, 833 m

Fruchtbare Küstenniederungen und schöne Sandstrände zeichnen diese wasserreiche Insel aus. Von vielen Europäern im 19. Jahrhundert als eine der schönsten und friedvollsten Inseln des Archipels gepriesen, war es insbesondere der fruchtbare Boden, der sie schon früh in Scharen anlockte. Sie kauften Land, legten ausgedehnte Plantagen an oder betrieben Rinderfarmen. Während der kolonialen Blütezeit in den 20er Jahren lebte mancher der Grundbesitzer in Saus und Braus. Sogar private Pferderennbahnen wurden angelegt. Die Weltwirtschaftskrise und eine Serie von verheerenden Wirbelstürmen bereiteten dem Luxusleben ein jähes Ende.

Die Kapitel über die Geschichte der einheimischen Bevölkerung lesen sich ganz anders. Angesichts der elenden Lage, in der sich die Inselbewohner infolge von Landverlust, Krankheiten und Sklavenhandel befanden, sprach ein Missionar im 19. Jh. von den Menschen auf Epi als dem verlorenen Volk, das aus schierer Verzweiflung zu sterben schien.

Die Banks- und Torres-Inseln

Landfläche: 882 km^2, Einwohner: ca. 6000, Hauptort: Sola auf Vanua Lava, höchste Erhebung: Mt. Tola, 946 m

Der auf beiden Inselgruppen erkennbare polynesische Kultureinfluß manifestiert sich unter anderem in die Sprache. Bis in die 50er Jahre des 20. Jahrhunderts standen die Bewohner in Kontakt mit Polynesiern von Tikopia, einer 180 km entfernt gelegenen Insel der Salomonen. Ein sehr feuchtheißes Klima herrscht auf den schönen Insel-Gruppen.

William Bligh hat die Banks-Inseln nach dem Botaniker Joseph Banks benannt, der Cook auf seinen Reisen begleitete. Die zwei größten der neun vulkanischen und sehr fruchtbaren Inseln sind **Vanua Lava** und **Gaua**. Ein knapp 800 m hoher aktiver Vulkan erhebt sich im Zentrum von Gaua. Zum letzten großen Ausbruch kam es 1965. Am Ufer des Kratersees nisten Großfußhühner (Megapoden). Neben der auf Vanua Lava zahlreich vorkommenden pazifischen Boa sind hier auch Krokodile heimisch.

Auf dem Vanua Lava vorgelagerten Eiland **Kwakea** wurden Bruchstücke von Lapita-Keramik gefunden, die über 3000 Jahre alt sind. Vermutlich haben sich die ersten Siedler der Banks-Gruppe auf dieser kleinen Insel niedergelassen.

Herrliche weiße Sandstrände umgeben die sechs niedrigen Eilande der **Torres-Inseln.** Kokosnußkrabben sind hier verbreitet und gehören zu den Grundnahrungsmitteln der Inselbewohner. Hier wird Kawa getrunken und Betel gekaut – Bräuche, die sich fast überall sonst in Ozeanien gegenseitig ausschließen.

Tanna

Landfläche: 561 km^2, Einwohner: 19 825, Hauptorte: Isangel, Lenakel, höchste Erhebung: Mt. Tukosmera, 1084 m (S. 342)

Tanna ist das administrative, wirtschaftliche und touristische Zentrum der Inseln südlich von Efate, die sich durch ein angenehmes Klima auszeichnen. Es gibt vergleichsweise gut ausgebaute Verkehrswege, Flugverbindungen bestehen zu allen bewohnten Inseln der Provinz.

»The lighthouse of the South Seas« – so beschrieb James Cook den glühendroten Lichtschein am Nachthimmel, den er im Jahre 1774 über Tanna wahrnahm. Der feuerspeiende **Mt. Yasur** bildet die Hauptattraktion dieser landschaftlich und kulturell interessanten Insel. Der 361 m hohe Vulkan ist leicht zugänglich, so daß man vom Kraterrand in den brodelnden Schlund hinabsehen kann. Am Rande der ausgedehnten Aschefelder liegt der Isiwi-See, der den Charakter der mondartigen Vulkanlandschaft unterstreicht. Der bisher letzte große Ausbruch des Mt. Yasur datiert auf das Jahr 1878. Für die Tannesen war er ein heiliger Berg, weshalb sie Cooks Besatzung den Aufstieg auf den Vulkan verboten. **Ipeukel** oder John Frum Village ist das Zentrum der John-Frum-Bewegung, die

Tanna – Blick vom Mt. Yasur

in den 40er Jahren entstand und den Namen ihres ersten Propheten trägt (s. S. 201).

Port Resolution war Cooks Ankerplatz, als er 1774 an der Ostküste landete. 1847 wurde in der Bucht eine Handelsstation zum Export von Sandelholz errichtet. Man kann hier die seltenen Seekühe beobachten. Die Säugetiere ernähren sich von Seegras und sind vor allem im Indischen Ozean verbreitet. Kinder aus dem Dorf können die Tiere anlocken.

Verwaltungs- und Wirtschaftszentrum der Insel bilden **Isangel** bzw. **Lenakel** an der Westküste. An Markttagen wird neben Kawa auch Tabak verkauft, der seit dem 19. Jh. ein verbreitetes Genußmittel beider Geschlechter ist. Zu den Sehenswürdigkeiten in diesem Teil der Insel gehören der schwarze Strand bei **Imalo,** die **Yapilmai-Fälle** sowie die *kastom villages* **Yakel** und **Yaohnanen.** Nach der Führung werden auf dem von mächtigen Banyanbäumen umgebenen Dorfplatz Tänze dargeboten.

Nördlich von Isangel erstrecken sich die **White Grass Plains,** eine savannenartige Ebene mit Herden wilder Pferde. Ostwärts schließt sich das Gebiet um **Middle Bush** an, wo unter anderem Kaffee angebaut wird.

Einen kulturellen Höhepunkt stellt die **Nekowiar-** oder **Toka-Zeremonie** dar, die einmal im Jahr auf Tanna stattfindet. Im Mittelpunkt des Festes stehen Tänze – der Napen-Napen, der Toka und der Nao –, die der Erneuerung freundschaftlicher Beziehungen zwischen verschiedenen Dörfern dienen. Den Höhepunkt bildet am dritten und letzten Tag die Präsentation großer Mengen von Kawawurzeln, Laplap, Matten und Schweinen. Letztere werden anschließend zeremoniell getötet. Sind sie gar, beginnt das Festmahl.

Erromango – die Märtyrerinsel

Landfläche: 887 km², Einwohner: 1254, Hauptort: Upongkor (Dillon's Bay), höchste Erhebung: Santop Peak, 886 m (S. 341)

Buchten mit weißen und schwarzen Sandstränden unterbrechen die überwiegend felsige Küstenlinie, deren steile Klippen manchmal fast senkrecht ins Meer stürzen. Dichter Regenwald überzieht den größten Teil der Insel. Gebietsweise erstreckt sich savannenähnliches Grasland, das Herden wilder Pferde durchstreifen.

Die Einwohner dieser dünnbesiedelten Insel verteilen sich auf ein gutes Dutzend Küstendörfer. **Upongkor** an der Westküste von Erromango liegt an der Mündung des Williams River in **Dillon's Bay,** einer malerischen Bucht. Das tiefe, im Norden von steilen Felswänden flankierte Flußtal weitet sich hier zur Küste hin und bietet Raum für Siedlungen und Gärten. Bevor sich die Straße von Norden her ins Tal windet, gibt sie den Blick auf diesen schönen Ort frei. Die Bucht ist nach dem Iren Peter Dillon benannt, der 1825 auf Tanna und Erromango die größten Sandelholzbaumbestände Vanuatus entdeckte. Innerhalb weniger Jahrzehnte wurden sie restlos ausgebeutet.

Die kleine Kirche in Upongkor und Grabstätten auf der gegenüberliegenden Seite des Flusses erinnern an die Geschehnisse, die Erromango die Bezeichnung ›Märtyrerinsel‹ einbrachten: die Ermordung der vier Missionare, die zwischen 1839 und 1872 in Dillon's Bay Pionierarbeit leisteten. Unter ihnen befand sich John Williams, der zuvor in Polynesien erfolgreich missioniert hatte. Die leidvollen Erfahrungen der Inselbewohner mit Sandelholzhändlern und *blackbirders* verschärfte ihr Ressentiment auch gegenüber Missionaren. Als im Jahre 1861 etwa 2000 Inselbewohner an Masern starben und wenig später ein Wirbelsturm Verheerungen anrichtete, bezichtigten sie die Missionare der Zauberei.

Der äußerst redselige Besitzer des Gästehauses in Dillon's Bay organisiert Bootsausflüge, Dorfbesuche und Exkursionen. Eine abwechslungsreiche Tour führt über grasbewachsene Plateaus und durch Kauriwälder zur **Elizabeth Bay,** einer malerischen kleinen Bucht an der Nordwestküste.

Am Fuße des 837 m hohen Mt. Rantop liegt **Port Narvin,** ein freundliches Dorf an der Ostküste von Erromango. Die Waldstraße zwischen West- und Ostküste wurde von dem hier operierenden Holzunternehmen geschlagen. Erromango gehört zu den verkehrsmäßig unerschlossenen Inseln Vanuatus, auf denen das Boot das wichtigste Transportmittel darstellt.

Anatom

Landfläche: 160 km^2, Einwohner: 543, Hauptort: Anelghowhat, höchste Erhebung: Mt. Inrerow Atahein, 852 m

Auf dieser südlichsten bewohnten Insel des Archipels gründete die presbyterianische Kirche 1848 ihr erstes Missionszentrum, das bald auch auf anderen Inseln Einfluß gewann. Darüber hinaus war Anatom als Station für Walfänger und wegen seiner Sandelholzvorkommen von Bedeutung. Heute bildet der Export von Kauriholz die wichtigste Einkommensquelle. Die schönen Buchten sind bevorzugte Anlaufpunkte für Yachten und Kreuzfahrtschiffe.

Dorf bei Auki auf Malaita ▷

Die Salomonen

›König Salomons Inseln‹

Im Jahre 1567 stach Alvaro de Mendaña mit zwei Schiffen von Südamerika aus in See und machte sich westwärts auf die Suche nach den sagenhaften ›Inseln des Königs Salomon‹. Reich an Schätzen sollten sie sein – so verhieß es eine Legende der Inkas, auf die sich die Spanier in Peru bei ihrem Vorhaben stützten. Aber weder auf Guadalcanal noch auf Malaita, Santa Isabel oder San Christobal fand Mendaña irgendeine Spur von den erträumten Reichtümern. Fast 30 Jahre später setzte er seine Suche fort: 1595 brach er erneut zu einer Exkursion in den Pazifik auf. Eines seiner vier Segelschiffe kam nahe des immer noch rauchenden und Feuer speienden Inselvulkans Tinakula vom Kurs ab. Über das Schicksal der Seeleute, deren Spuren auf San Christobal entdeckt wurden, ist nichts bekannt. Mendañas Versuch, auf Santa Cruz eine Kolonie zu gründen, schlug fehl; er selbst und viele seiner Besatzungsmitglieder starben an Krankheiten wie Malaria und Ruhr. Der Weg war den Nachrückenden geebnet: Den Entdeckern Abel Tasman und Louis Antoine de Bougainville folgten Walfänger, europäische Händler und Siedler, Missionare und Menschenjäger, die in den Jahrzehnten des *blackbirding* rund 30 000 junge Männer ›anwarben‹ und nach Australien abtransportierten. Großbritannien erklärte die südlichen Inseln des Archipels 1893 zum Protektorat, das schließlich im Jahre 1900 den gesamten Archipel (außer Bougainville) umfaßte.

Die Inselgruppe bildet einen der größten Archipele Ozeaniens. Etwa 1860 km

Die Salomonen im Überblick

Geographische Lage: 154°–170° östlicher Länge, 5°–12° südlicher Breite
Landfläche/Meeresfläche: 28 896 km^2/rund 900 000 km^2
Anzahl der Inseln: 992
Einwohner: 325 000
Hauptstadt: Honiara auf Guadalcanal
Bevölkerungsstruktur: 94,2 % Melanesier, 3,7 % Polynesier, 1,4 % Mikronesier, 0,4 % Europäer, 0,1 % Chinesen
Religion: 34 % Anglikaner, 19 % Katholiken, 17 % South Seas Evangelical Church, 11 % United Church, 10 % Siebenten-Tags-Adventisten, 3 % traditionelle Religionen
Staatsform: Konstitutionelle Monarchie im Commonwealth, Ein-Kammer-Parlament mit 50 Abgeordneten. Staatsoberhaupt: britische Königin, vertreten durch den einheimischen Generalgouverneu Father John Lapli
Parteien: Liberal Party (SILP), Group for National Unity and Reconciliation, People's Alliance Party (PAP), National Action Party, United Party (SIUPA), Labour Party
Wirtschaft: Landwirtschaft, Industrie, Dienstleistungen. Hauptexportprodukte: Fisch, Holz, Kopra, Palmöl

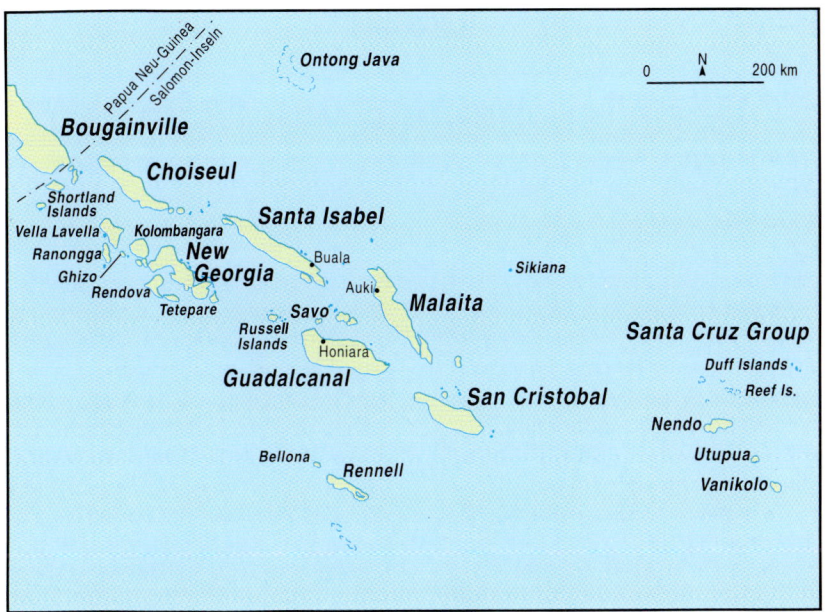

Salomonen: die Inseln

von Australien entfernt und aus zwei parallelen Ketten von fast 1000 Inseln bestehend, erstreckt er sich über eine Länge von ca. 1400 km von Nordwesten nach Südosten. Die nordwestlichen Ausläufer, die Shortland- und Treasury-Inseln, grenzen unmittelbar an Bougainville, das geographisch gesehen zu den Salomonen gehört, im Zuge der kolonialen Aufteilung der pazifischen Region jedoch dem Territorium des heutigen Papua-Neuguinea einverleibt wurde.

Sowohl landschaftlich als auch kulturell gehören die Salomonen zu den abwechslungsreichsten Regionen im Pazifik. Hier sind alle in der Südsee vorkommenden Inseltypen zu finden.

Auf den größeren vulkanischen Inseln fließen dank ihrer relativ mächtigen Landmassen, der hohen Gebirge und der reichlichen Niederschläge zahlreiche Flüsse und Bäche. Die jährlichen Niederschlagsmengen, die durchschnittlich bei 3000–3500 mm liegen, variieren örtlich stark: Auf den Luvseiten hoher Bergmassive wie beispielsweise im Südteil von Guadalcanal regnet es gelegentlich bis zu 8000 mm, vereinzelt sogar bis zu 11 000 mm im Jahr, während in Honiara das Jahresmittel bei 2250 mm liegt. Von außerordentlich dichtem Wald bedeckt und von Tälern und Schluchten durchzogen, sind die Inseln schwer zugänglich.

Aus einer großen Zahl flacher Riffinseln setzt sich insbesondere die Santa-Cruz-Gruppe im äußersten Südosten des Archipels zusammen, Ontong Java weit im Norden ist eines der größten Atolle der Erde, Rennell südlich von Guadalcanal gilt als Musterbeispiel einer gehobenen Koralleninsel. Auf eine in der Südsee einmalige Inselform trifft man in den zwei großen Lagunen vor

Das Muschelgeld von Malaita

Die Herstellung von Muschelgeld ist eine alte, einst auf Guadalcanal und Makira verbreitete Tradition. Die Menschen von Langa Langa und die Küstenbewohner im Westen von Malaita sind heute noch Experten auf diesem Gebiet. Sowohl auf den Salomonen als auch im Bismarck-Archipel und einigen anderen jetzt zu Papua-Neuguinea gehörenden Inseln war das Muschelgeld eine handelsübliche Währung.

Es ist Aufgabe der Frauen, Bruchstücke von Schalen der Stachel-Auster *(Spondylus varius)* in langwieriger Kleinarbeit zu dünnen Scheibchen zu verarbeiten. Von Männerhand bekommen sie den letzten Schliff. Die Farbe der feinen Plättchen bestimmt ihren Wert: Am kostbarsten sind die roten bis rosaroten, gefolgt von den orangefarbenen, weißen und schwarzen. Ein Strang von zehn etwa 2 bis 3 m langen Ketten *(tafuliae)* stellt die Grundeinheit dieser Währung dar. Obwohl man seinen Gegenwert heute in Dollars berechnet, wird das Muschelgeld nach wie vor auch in traditioneller Weise gebraucht: beispielsweise im Rahmen von Landverkäufen, für Kompensationszahlungen und zum Entrichten des Brautpreises.

der West- und Nordostküste von Malaita: Es handelt sich um künstliche, von Menschen aus Korallenkalkstein erbaute Inseln, wobei die ältesten unter diesen Bauwerken über Hunderte von Jahren den Naturgewalten widerstanden haben.

An der Nordküste von Guadalcanal, der größten und seit dem Kampf zwischen Japan und den Vereinigten Staaten im Zweiten Weltkrieg auch bekanntesten Insel der Salomonen, liegt die Hauptstadt Honiara. Östlich davon bilden die ausgedehnten Ebenen mit ihren Kokos- und Ölpalmenhainen die einzigen ergiebigen Küstenniederungen des Archipels.

Zu den bevölkerungsreichsten Gebieten des Landes, das in neun regional verwaltete Provinzen aufgeteilt ist, gehören außer der Hauptinsel insbesondere Malaita und die Western Province. Der weitaus größte Teil der Inselbewohner lebt trotz einer wachsenden Abwanderung in die Stadt auf subsistenzwirtschaftlicher Basis in ländlichen Gegenden. Neben den Melanesiern, deren kulturelle Heterogenität sich in den über 80 gebräuchlichen Sprachen manifestiert, sind noch zwei andere pazifische Bevölkerungsgruppen vertreten. Eine kleine Zahl von Polynesiern lebt über verschiedene Inseln verstreut am Rande des Archipels: auf Rennell und Bellona, Ontong Java, Sikaiana, Anuta und Tikopia. Ihre Besiedlung erfolgte im Zuge mehrerer Migrationswellen: Vermutlich kamen die ersten polynesischen Einwanderer vor etwa ein- bis zweitausend Jahren nach Rennell und Bellona, die letzten wahrscheinlich zu Beginn des 16. Jh. nach Anuta.

Zwischen 1955 und 1963 siedelten etwa 2500 Mikronesier von den ehemaligen Gilbert-Inseln – dem heutigen Kiribati – auf die Salomonen über. Auf ihren kleinen Heimatinseln von Überbevölkerung und wiederholten Dürreperioden bedroht, erhielten die Atollbewohner vor allem auf Ghizo und Wagina südlich von Choiseul von der britischen Kolonialverwaltung Land zugesprochen. Im Gegensatz zu den Ackerbau betreibenden Melanesiern spielt der Fischfang für die Mikronesier wie auch für die Polynesier eine wichtige Rolle.

Der Zweite Weltkrieg und seine Folgen

Die Ruhe der britischen Kolonialbeamten fand mit dem Einmarsch der Japaner und der Besetzung von Tulaghi, dem Sitz der Administration, im Mai 1942 ein abruptes Ende. Drei Monate nach dem Einmarsch konterten die Amerikaner zusammen mit australischen, neuseeländischen und fidschianischen Einheiten mit einem Angriff auf die Insel und landeten ihre Truppen auf Guadalcanal. Nach einem 15 Monate dauernden Kampf zwischen Japan und den Alliierten, bei dem es zu den schrecklichsten Schlachten des Zweiten Weltkrieges im Pazifik kam, kapitulierten die Japaner. Sie ließen 24 000 gefallene Soldaten zurück – mehr als zwei Drittel ihrer Truppen, die auf den Salomonen im Einsatz waren. Aufgrund der gesunkenen Schiffe und Flugzeuge, die seither auf dem Grund des Meeres liegen, heißt das Gebiet zwischen Guadalcanal und Savo ›Iron Bottom Sound‹.

Außer der ›Solomon Islands Defence Force‹, einem 400 Mann starken Kontingent, das neben den alliierten Verbänden kämpfte, spielten die sogenannten

Frau aus Honiara

coastwatchers eine bedeutende Rolle in diesem Krieg. Ortskundig und dschungelerfahren, leisteten sie als Pfadfinder und Späher den Amerikanern unschätzbare Dienste. Über Radiosender meldeten sie die Truppenbewegungen des Feindes, darüber hinaus spionierten sie in japanischen Militärlagern.

The big fight, wie dieses Ereignis von den Inselbewohnern genannt wurde, bildet ein wichtiges identitätsstiftendes Moment in der Geschichte der Salomonen. Mit hohen Auszeichnungen geehrte Veteranen, aber auch weniger bekannt gewordene Kriegsteilnehmer trugen in ihrer Rolle als *local heroes* über alle Stammesgrenzen hinweg zur Entstehung eines nationalen Bewußtseins bei. Gleichzeitig setzte das Kriegsgeschehen eine Zäsur, die richtungweisend war für die allmähliche Auflösung kolonialer Herrschaftsstrukturen und für die politische Unabhängigkeit des melanesischen Inselstaates.

Widerstand gegen die Kolonialherren

Seit Anfang des 20. Jahrhunderts entstanden politische Bewegungen, die sich gegen die Kolonialherrschaft zu wehren versuchten und die Autonomie ihrer Inseln forderten. Fast ausnahmslos gingen die Engländer gegen Rebellen mit Verbannung der Rädelsführer, Massenverhaftungen unter der Anhängerschaft und Strafexpeditionen in die betreffenden Dörfer vor.

Die Einheimischen protestierten gegen ihre miserable Bezahlung und begannen in den 30er Jahren insbesondere auf Malaita, wo rund 40 000 der insgesamt 94 000 Inselbewohner lebten, die Arbeit auf den Plantagen der Europäer niederzulegen. Vielfach wurden sie nur mit Decken, Moskitonetzen, Tabak und Seife entlohnt. Ihre Forderungen nach höheren Löhnen sowie einer besseren Versorgung mit Schulen und Krankenstationen lehnte die Regierung stets ab. Erst in den 60er Jahren begann die Kolonialadministration – im Hinblick auf die sich abzeichnende Unabhängigkeit – in die infrastrukturelle Entwicklung des Landes zu investieren.

Wiederholt kam es zu blutigen Zusammenstößen zwischen Inselbewohnern und Kolonialbeamten. Im Jahre 1930 sah sich die Administration durch Unruhen auf Santa Isabel provoziert, wo der britische Missionar Richard Fallowes, unterstützt von der Bevölkerung, die Einrichtung eines Parlaments mit einheimischen Vertretern forderte. Fallowes wurde deportiert. In dieser als

›Chair and Rule Movement‹ in die Geschichte eingegangenen Bewegung manifestierte sich der Konflikt zwischen Kolonialregierung und Missionen. Obwohl die Inselbewohner auch den christlichen Kirchenvertretern vielfach mißtrauten, zogen es nicht wenige vor, ihren Obulus an die Missionen abzugeben, statt Kopfsteuern an die Kolonialverwaltung zu entrichten – abgesehen davon hätten sie das Geld für beides oft gar nicht aufbringen können. Immerhin waren es die Missionare, die im Gegensatz zu den Kolonialbeamten die Sprache der Insulaner gelernt hatten und in direktem Kontakt zu ihnen standen.

Die Kräfte, die gegen die britische Kolonialadministration aufbegehrten, sahen sich während der Kriegsjahre erheblich gestärkt. 1945 entstand auf Malaita mit dem Maasina Ruru Movement die bedeutendste nationale Bewegung der Salomonen. Zu den Initiatoren gehörten neben ehemaligen Mitstreitern von Richard Fallowes vor allem auch die Männer, die für die Amerikaner gearbeitet und dabei ganz andere Eindrücke von Weißen hatten sammeln können, als sie es von den britischen Kolonialherren her gewohnt waren: Schwarze und weiße Soldaten kämpften Seite an Seite, trugen die gleiche Kleidung, aßen das gleiche Essen, und sie verteilten großzügig Nahrungsmittel an die Inselbewohner. Das Ziel des Maasina Ruru Movement – *Maasina* ist ein Ausdruck der 'Are'Are und bedeutet Bruderschaft – bestand in der Selbstverwaltung ihrer Inseln.

Ebenfalls großen Zulauf fand in den 50er Jahren eine Unabhängigkeitsbewegung, die sich um Moro gruppierte: Der Sohn eines *big man* aus Makaruka, einem Dorf an der ›Wetterküste‹ im Süden von Guadalcanal, rief dazu auf, sich auf die alten Bräuche zu besinnen, und versuchte zugleich, die finanziellen

Der Betelbissen

Auf den Salomonen und einigen anderen Archipelen Melanesiens ist das Betelnußkauen Brauch. *Bia blong Salomon* wird dieses traditionelle Genußmittel auch genannt, das Männer wie Frauen konsumieren. Die alkaloid- und gerbstoffhaltigen Früchte der Betelpalme wirken stimulierend und verdauungsfördernd. Stücke der Betelnuß werden zusammen mit Kalk in die aromatischen Blätter des Betelpfeffers gewickelt und langsam zerkaut. Ein Gerbstoff, das Areca-Rot, ruft dabei die typische Rotfärbung von Speichel und Zunge hervor. Die dauernde Reizung der Mundschleimhäute durch den häufigen Genuß von Betelbissen kann zur Bildung von gutartigen Tumoren und schließlich von Karzinomen führen.

Mittel für den Bau von Schulen und die wirtschaftliche Entwicklung zu beschaffen. Mitte der 60er Jahre konnte die ›Moro Custom Company‹ schätzungsweise 50 % der Bevölkerung von Guadalcanal zu ihrer Anhängerschaft rechnen. 1965 boten die Moro-Leute der Regierung in Honiara einen Betrag in Höhe von umgerechnet DM 20 000 für die Unabhängigkeit ihrer Insel.

Seit Ende der 50er Jahre zeichnete sich angesichts schrittweiser Reformen – der Wahl von einheimischen Vertretern in legislative und exekutive Organe sowie der Gründung von politischen Parteien – der Weg hin zur internen Selbstbestimmung ab. Am 7. Juli 1978 wurden die Salomonen unabhängig.

So heftig wie in Vanuatu hat sich der Unmut von Inselbewohnern gegenüber der politischen Struktur des unabhängigen Staates nicht geäußert. Jedoch stieß auch auf den Salomonen die Schaffung einer zentralen Regierung nicht überall auf Zustimmung, denn viele sahen sich in ihr ungenügend repräsentiert. Separatistische Bestrebungen gab es insbesondere in der Western Province, wo es örtlich zum Boykott der Unabhängigkeitsfeierlichkeiten kam. Mit der Einrichtung von dezentralen Provinzverwaltungen, die über einen eigenen Haushalt verfügen, konnten Mißstimmungen teilweise aufgefangen werden.

Aktuelles aus Wirtschaft und Politik

1998 feierten die Salomonen den 20. Jahrestag ihrer Unabhängigkeit. Doch die Festtagsstimmung war überschattet von den politischen, wirtschaftlichen und sozialen Problemen, mit denen das Land und seine Menschen zu kämpfen haben. Vor allem der ökonomische Niedergang, der den Staat nahezu in den Bankrott geführt hat, enthält politischen Zündstoff. Denn der Grund dafür wird vor allem in der Korruptheit der Regie-

Ein Flammenbaum spendet Schatten in einem Dorf auf Malaita ▷

rung gesehen, die bis 1997 an der Macht war, mit asiatischen, insbesondere malaysischen Holz- und Fischereiunternehmen kooperierte und damit die beinahe schrankenlose Ausbeutung der Ressourcen zuließ. Wie in anderen pazifischen Staaten, bilden die agrarwirtschaftlichen Ausfuhrprodukte aufgrund der schwankenden Weltmarktpreise kein verläßliches Standbein, zumal vernichtende Wirbelstürme in Abständen von nur wenigen Jahren zu gravierenden Ernterückgängen führen. Der Tourismus steckt noch verhältnismäßig in den Anfängen. Zu den wichtigsten Devisenquellen gehört der Holzexport. Doch hat der unkontrollierte Raubbau den Urwäldern derart zugesetzt, daß mittlerweile selbst die Zentralbank der Salomonen eine weitreichende Reduzierung des Holzeinschlags für dringend erforderlich hält, wenn der Waldbestand am Anfang des Jahrtausends nicht unwiederbringlich zerstört sein soll. Der seit August 1997 amtierende Premierminister Bartholomew Ulufa'alu gibt Anlaß zur Hoffnung, nicht nur bei der Bevölkerung. Auch Gelder von Hilfsprogrammen, die unter Ulufa'alus Vorgänger von den Geberländern eingefroren worden waren, begannen schon bald nach seiner Amtsübernahme wieder zu fließen. Jetzt bleibt abzuwarten, was die Regierung zum Aufbau des herabgewirtschafteten Staates unternimmt und inwieweit es ihr gelingt, ihre Konzepte umzusetzen. Es sollten schon bestehende Alternativen zur nachhaltigen Nutzung der Urwälder gefördert werden, durch die die betroffenen Clans und Gemeinden direkt und in viel größerem Umfang am Gewinn beteiligt sind. Um der Armut unter der Bevölkerung entgegenzuwirken, sollen die Lizenzen der Spielkasinos nicht mehr verlängert werden. Die sozialen Probleme werden sich in den kommenden Jahren durch mangelnde Ausbildungs- und Arbeitsplätze noch weiter verschärfen.

Konflikt im Nordwesten

Geographisch und kulturell zählt das nur wenige Kilometer von den Shortland-Inseln entfernt gelegene Bougainville zu den Salomonen. Doch die Insel gehört heute zum Staatsgebiet von Papua-Neuginea. Mit dem Ausbruch der Rebellion auf Bougainville 1988 wurde auch die Grenze zwischen dem Nachbarstaat Papua-Neuguinea und den Salomonen zum Krisenherd, der die Beziehungen zwischen den beiden Ländern überschattete.

Aus dem Protest von Landbesitzern gegen das Panguna-Kupferbergwerk entwickelte sich ein Krieg, in dem Tausende von Menschen starben. Die Aufständischen, deren Bewegung sich Bougainville Revolutionary Army (BRA) nennt, forderten von den Betreibern der Kupfermine eine größere Gewinnbeteiligung für die betroffenen Landbesitzer, Kompensation für die entstandenen Umweltschäden sowie ein von Papua-Neuguinea unabhängiges Bougainville. Infolge von Anschlägen auf die Mine und anhaltenden Unruhen wurde der Kupferabbau 1989 eingestellt. Die Kämpfe zwischen Rebellen und Soldaten der Regierungsarmee weiteten sich aus, die BRA gewann die Kontrolle über weite Teile der Insel und gleichzeitig auch die Solidarität vieler Inselbewohner.

Als die BRA im Mai 1990 die Republik Bougainville ausrief, reagierte man in Port Moresby mit einer Wirtschaftsblockade, die jedoch nicht zu dem gewünschten Zusammenbruch der Interimsregierung der neuen Republik führte. Schätzungsweise 5000 bis 10 000

Tänzer von Malaita

Menschen, vor allem Kinder und alte Menschen aber starben aufgrund fehlender Medikamente.

Gleichzeitig beschuldigte Papua-Neuguinea Dorfbewohner auf den Shortland-Inseln, daß sie die Rebellen auf Bougainville unterstützten. Tatsächlich sympathisierten Teile der Bevölkerung auf den Salomonen, darunter führende Politiker, mit den aufständischen Nachbarn und billigten deren Versorgung mit Nahrungsmitteln und Medikamenten, obgleich die Regierung in Honiara die Rebellion offiziell verurteilte. Militärschiffe aus Papua-Neuguinea drangen wiederholt in Gewässer der Salomonen vor, beim Angriff auf ein Dorf wurden zwei Menschen erschossen, die im Verdacht standen, Treibstoff nach Bougainville geliefert zu haben.

Doch 1993 erklärte der neue Regierungschef der Salomonen, Francis Billy Hilly, den Konflikt zur inneren Angelegenheit des Nachbarstaates, das Büro der Separatisten in Honiara mußte schließen.

Im September 1994 unterzeichneten der Regierungschef von Papua-Neuguinea, Sir Julius Chan, und der Kommandant der BRA ein Waffenstillstandsabkommen. Mittlerweile einigten sich auch Papua-Neuguinea und die Salomonen darauf, bei der Beilegung des Bougainville-Konflikts zusammenzuarbeiten.

Daten zur Geschichte

3000 v. Chr. Die ersten Austronesier besiedelten die Insel. Vermutlich waren schon viele Jahrtausende zuvor Menschen, die den Papua-Völkern zuzuordnen sind, von Neuguinea auf die nördlichen Salomonen vorgestoßen.
1500 v. Chr. Lapita-Töpfer erreichen die Inseln.
1568–1793 Entdeckung der Inseln durch die Europäer: 1568 Guadalcanal, Santa Isabel, Malaita, 1595 Santa Cruz-Inseln (Mendaña), 1606 Duff Islands (Quirós), 1643 Ontong Java (Tasman), 1768 Choiseul, Vella Lavella (Bougainville), 1793 Rennell, Bellona (Boyd).
1845–1848 Die erste Mission auf San Cristobal endet mit der Ermordung von Bischof Epalle.
1886 England und Deutschland teilen die Inseln untereinander auf.
1893 England erklärt die südlichen Inseln zum britischen Protektorat.
1899 Deutsch-Britisches Abkommen: Das Deutsche Reich überläßt Santa Isabel, Choiseul, die Shortlands und Ontong Java den Engländern, die auf Ansprüche in Samoa verzichten. Buka und Bougainville bleiben deutsch.
1905 Lever's Pacific Plantations Ltd. kaufen große Ländereien auf. 1949 umfassen die Plantagen 8000 ha.

1910 Die ersten Chinesen lassen sich nieder.

1930er Jahre Das Chair and Rule Movement auf Santa Isabel fordert die Selbstbestimmung der Inselbewohner.

1942–1945 Pazifischer Krieg zwischen Japan und den Vereinigten Staaten.

1944–52 Maasina Ruru Movement.

1965 Erstmalig Wahlen des Legislative Council.

1966 Todesstrafe wird abgeschafft.

1976 Die Salomonen erhalten interne Selbstverwaltung.

1978 Am 7. Juli werden die Salomon Islands unabhängig. Peter Kenilorea von Malaita wird Premierminister.

1981 Solomon Mamaloni tritt die Nachfolge als Premierminister an.

1984 Keniloreas zweite Amtsperiode.

1986 Ezekiel Alebua wird Premierminister.

1987 Unterzeichnung des Vertrages von Rarotonga über die Schaffung einer atomwaffenfreien Zone im Pazifik.

1989 Solomon Mamaloni wird zum zweiten Mal Premierminister.

1993 Francis Billy Hilly (Western Province) wird Regierungschef.

1994 Der Generalgouverneur Sir Moses Pitakaka entläßt Francis Billy Hilly, Nachfolger wird dessen Amtsvorgänger Solomon Mamaloni.

1997 Parlamentswahlen: Die neugegründete Koalition Alliance for Change erringt die Mehrheit der Stimmen. Bartholomew Ulufa'alu wird Premierminister.

1999 Der anglikanische Priester Father John Lapli wird zum vierten Generalgouverneur des Landes gewählt.

Unterwegs auf den Salomonen

Guadalcanal

Landfläche: 5336 km², Einwohner: 88 800, Hauptstadt: Honiara, 30 499 Ew., höchste Erhebung: Mt. Makarakombu, 2447 m (S. 350 f.)

Guadalcanal ist bergig, zerklüftet und überwiegend von Regenwald bedeckt. Auf dieser größten Insel des Archipels erheben sich die höchsten Gipfel des Landes, die meist steil zur Südküste, der ›Weather Coast‹, abfallen. Starke Strömungen und hohe Brandung, Flüsse, die während heftiger Regenfälle schnell zu reißenden Strömen anschwellen können, machen den Süden der Insel zu einer unwegsamen und unwirtlichen Gegend. Sie ist dem Südostpassat und damit hohen Niederschlägen ausgesetzt. Der Norden liegt im Windschatten und weist ein deutlich niederschlagsärmeres Klima auf. Nach Westen und Norden gehen die Höhenzüge in Hügelland und schließlich in eine Küstenebene über, die östlich von Honiara weite Kokos- und Ölpalmenplantagen bedecken. Beim Anflug auf Honiara heben sich die rechteckigen Areale mit den auffallend dunkelgrünen, gedrungenen Ölpalmen deutlich gegen das hellere Grün der schlanken Kokospalmen ab.

Über ein Drittel der Inselbevölkerung lebt in Honiara und seinen Vororten. Der restliche Teil bewohnt Küstendörfer oder das bergige Inland.

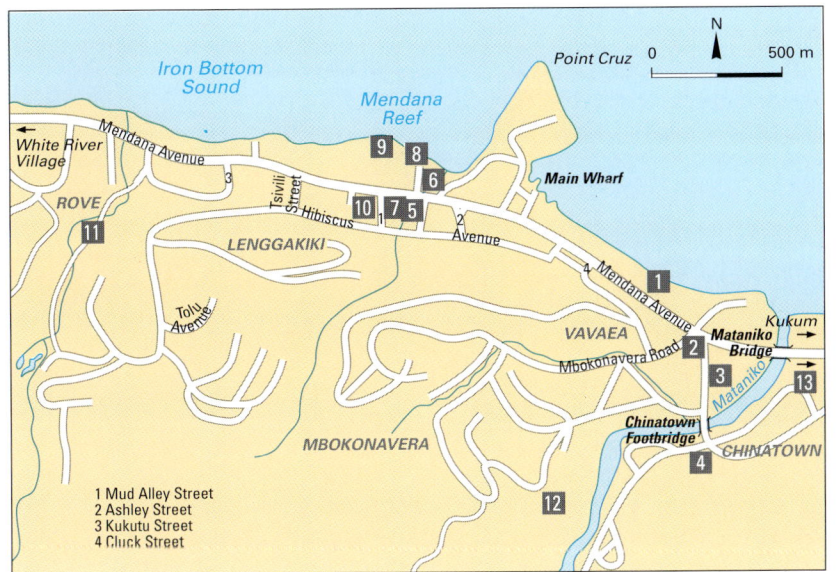

Honiara *1 Markt 2 Holy Cross Cathedral 3 Bibliothek 4 Independence Arch 5 National Museum und Cultural Centre 6 Solomon Islands Tourist Authority (SITA) 7 Central Bank 8 Kitano Mendaña-Hotel 9 National Art Gallery 10 Post 11 Botanischer Garten 12 Skyline War Memorial 13 zum Solomon's Peace Memorial Park*

Honiara und Umgebung

Seit dem Ende des Zweiten Weltkrieges ist Honiara an der Nordküste von Guadalcanal Hauptstadt und wirtschaftliches Zentrum der Salomonen. Der ›Ort des Windes‹ – das bedeutet der von ›Nahoniara‹ abgeleitete Name – erstreckt sich westlich und östlich von Point Cruz, dem Ankerplatz Mendañas im Jahre 1568. Heute ist der Hafen von Honiara der wichtigste des Landes. Hier legen die Fracht- und Passagierschiffe ab, die so gut wie jede bewohnte Insel des Archipels anlaufen.

Bis zum Ausbruch des Pazifischen Krieges war Tulaghi die Hauptstadt des Protektorats. Nach seiner fast vollständigen Zerstörung wurde Honiara Sitz der Kolonialverwaltung. Dort hatten die Amerikaner mit dem Bau von Straßen, Gebäuden, Hafenanlagen, einem Krankenhaus und einem Flughafen eine grundlegende Infrastruktur geschaffen. Die überall in Honiara und auch in Städten wie Gizo oder Auki anzutreffenden Nissenhütten sind die auffälligsten Überbleibsel aus den 40er Jahren. Für den Henderson Airport, den internationalen Flughafen 11 km östlich von Honiara, wurden die Rollfelder ausgebaut, die im Zweiten Weltkrieg von Japanern und Amerikanern angelegt worden waren.

Nach dem Krieg avancierte **Chinatown** zu einem prosperierenden Geschäftsbezirk. Das Flair dieses Stadtteils östlich des Mataniko River ist wohl einmalig in der pazifischen Inselwelt. Die pittoreske Einkaufszeile mit ihren farbig gestrichenen Holzhäusern, die Ladentü-

Das Mandarin Chinese Restaurant in Honiara

ren zurückgesetzt unter Veranden, bildet den Kern des alten Chinesenviertels. Abends spiegeln sich die Lichter des Mandarin Chinese Restaurants in den stillen Wassern des Mataniko River.

Am besten erlebt man den **Central Market** 1 am frühen Morgen. Obst und Gemüse aller Art, Fisch, Betelnüsse, Brennholz sowie gelegentlich auch Muschelgeld von Malaita werden hier feilgeboten. Zweihundert Meter weiter steht auf einer Anhöhe die römisch-katholische Holy Cross Cathedral 2. An der nächsten Querstraße liegt die Bibliothek 3.

Der **Independence Arch** 4 in der Mitte des Friendship Parks wurde anläßlich der Unabhängigkeitsfeier 1978 von der chinesischen Gemeinde gestiftet. Etwas abgelegen, in einer Nebenstraße der Chinatown Avenue, findet man den kleinen Campus der University of the South Pacific. Wieder auf der Hauptstraße, sieht man dort das Central Hos-

pital, das landläufig als *Nambanaen* bezeichnet wird: der Pidgin-Ausdruck für die ›9th Station‹, das ehemalige amerikanische Militärhospital.

Das **National Museum** 5 gegenüber der Solomon Islands Tourist Authority (SITA) 6 bietet eine interessante Sammlung von Exponaten aus allen Teilen des Inselstaates. Hinter dem Museum befindet sich das **Cultural Centre** mit Musterhäusern, die die typischen Baustile der verschiedenen Provinzen demonstrieren. Einen Überblick über die verschiedenen traditionellen Währungen, die auf den Salomon-Inseln gebräuchlich waren oder immer noch sind, gibt auch die Ausstellung in der benachbarten **Central Bank** 7: rotes Federgeld von Santa Cruz oder Muschelgeld von Malaita, Choiseul und Ghizo. Das *bakiha* der beiden letztgenannten Inseln – Ringe aus Muschelschalen der *giant clams* – zählte zu den wertvollsten Währungen des Archipels.

Zum Ausruhen müder Beine bietet sich das Terrassencafé im Kitano Mendaña Hotel **8** an. Nicht weit davon zeigt im ehemaligen Government House auf einem Grundstück zur Meerseite hin die **National Art Gallery 9** zeitgenössische Kunst und traditionelles Kunsthandwerk.

Vorbei an dem Gartengrundstück der Residenz des Generalgouverneurs neben dem Hotel zweigt etwa einen Kilometer weiter westlich die Straße zum **Botanischen Garten 11** ab. Das 15 ha große Areal mit einem überwiegend einheimischen Artenbestand liegt am Eingang zu einem kleinen Tal. Mückenschutzmittel und lange Hosen zur Abwehr der Moskitos sind zu empfehlen. Auf dem Rückweg bietet sich der Besuch des 1993 eröffneten Parlaments an, das über dem Stadtzentrum steht. Nach Vereinbarung gibt es eine Besichtigungstour durch das Gebäude. Einen schönen Blick auf den Iron Bottom Sound hat man vom US-amerikanischen **Skyline War Memorial 12** westlich des Mataniko.

Von Kukum aus führt die Straße auf den 410 m hohen Mt. Austen. Auf halber Strecke befindet sich der **Solomon's Peace Memorial Park 13**. Das große weiße Monument für die Gefallenen der Schlacht um Guadalcanal wurde 1981 von japanischen Kriegsveteranen in Auftrag gegeben. Von der Gedenkstätte reicht der Blick über Honiara und Savo bis zu den Nggela-Inseln. Die Wanderung zu den **Mataniko Falls** am gleichnamigen Fluß ist ohne Führer nur schwer zu bewältigen.

Von Honiara zur Lambi Bay

In westlicher Richtung hat man eine schöne und vielgestaltige Landschaft vor sich: Kokoshaine und Küstenebenen wechseln mit hügeligem Grasland, untermalt von Flußtälern und Dörfern. Die **Poha-Höhle 1** im gleichnamigen Tal, 6

In einem Dorf an der Nordküste von Gualdalcanal

km westlich von Honiara, gilt als älteste vorgeschichtliche Siedlungsstätte auf den Salomonen. Die jüngsten Funde werden auf das 4. Jt. v. Chr. datiert. Die Fülle der Felsbilder – Ritzzeichnungen stilisierter menschlicher Figuren und Tiere – an den Wänden der Höhle ist in Melanesien einmalig. Wer die prähistorische Stätte besuchen möchte, setzt sich mit dem Museum in Honiara in Verbindung.

Im International Centre for Living Aquatic Ressources Management bei **Aruligo** 2 experimentieren Wissenschaftler seit 1988 mit der Zucht von Riesenmuscheln *(Giant Clams)*. Die Tiere können ein Alter von 50 Jahren und ein Gewicht von 200 kg erreichen. Durch die Sonneneinstrahlung auf das Tier wer-

den von einer Algenart photosynthetische Substanzen produziert, die die Nahrungsbedürfnisse der Muscheln gänzlich erfüllen. Doch die *Giant Clam*, deren Verbreitungsgebiet von Tonga bis nach Indonesien reicht, ist vom Aussterben bedroht. Nun testet man, inwieweit sich die Riesenmuscheln zur Zucht auf Farmen eignen. Eine Informationstafel am Eingang zur Station dokumentiert das Projekt, und einige, wenn auch nicht ausgewachsene Exemplare der Riesenmuschel *(Tridacna gigas)* kann man in Bassins auf dem Gelände begutachten.

Einige Kilometer weiter zweigt eine Seitenstraße zum **Vilu War Museum** 3 ab – eine private Sammlung von Flugzeugwracks, alten Kanonen und ähnlichen Gerätschaften japanischer und

amerikanischer Provenienz, die der Zweite Weltkrieg hinterlassen hat. Ein schwarzer Sandstrand säumt die schöne Bucht bei **Tambea.** Das dortige Resort organisiert Bootsausflüge zur Insel Savo.

Von Honiara nach Aola

Der Kukum Highway führt nach Osten aus der Stadt hinaus und passiert jenseits des Mataniko zunächst den Vorort Kukum, den Golfplatz sowie das King George VI College. Vor der großen Brücke über den Lungga River zweigt eine Straße rechts nach **Betikama** 4 zur Adventistenmission ab. Die dort ausgestellten und zum Verkauf angebotenen Schnitzarbeiten der Schüler gelten als hochwertiges Kunsthandwerk.

Das Gebiet östlich des Lungga River ebenso wie Henderson Field und Umgebung waren im Zweiten Weltkrieg Schauplätze erbitterter Schlachten zwischen Japanern und Amerikanern. Die Namen der Schlachtfelder wie Bloody Ridge – ein Höhenzug südlich des internationalen Flughafens – oder Hell's Point an der Küste sprechen für sich. Am Red Beach landete im August 1942 die US-Marine.

Am Ende der Stichstraße, die kurz vor dem Tenaru River von der Hauptstraße landeinwärts führt, beginnt der Wanderweg zu den **Tenaru Falls,** dem man nur mit Führer folgen sollte. An der Straße passiert man die Kirchen St. Joseph und St. Martin, letztere ist in traditioneller Bauweise errichtet.

An der Küstenstraße erstrecken sich nun kilometerlange Kokos- und Ölpalmenhaine, unterbrochen von Kakaoplantagen und Reisfeldern. Die Plantagen heißen heute immer noch CDC 1, 2 und 3 nach der britischen Commonwealth Development Corporation, die in den 70er Jahren mehrere landwirtschaftliche Entwicklungsprogramme initiiert hat. Ende der 80er Jahre wurden die Projekte von der Solomon Islands Plantation Ltd. übernommen. Ihr gehört auch die Ölmühle bei **Tetere,** die Früchte der Ölpalmen verarbeitet. Bei **Ruavatu** erreicht die Straße die Küste und einen der schönsten schwarzen Sandstrände im Norden von Guadalcanal. Malerische Dörfer säumen den Weg in Richtung **Aola.** Von dort führt nur noch ein Fußweg weiter die Küste entlang bis zum Südostzipfel von Guadalcanal, den man jedoch besser per Flugzeug erreicht. Die riffgeschützte Lagune des **Marau Sound** ist exzellentes

Gualdalcanal

Schnorchelgebiet. Ein exklusives Ferienparadies findet man dort auf Tavanipupu Island.

Wanderungen

Wer auf ein außergewöhnliches Erlebnis
aus ist, kann sich zu Fuß in Begleitung
eines einheimischen Fremdenführers
aufmachen und die faszinierende ›Weather Coast‹ erwandern. Acht bis zehn
Tage muß man für die Küstenstrecke an-
setzen. Startpunkte können beispielsweise die Flugplätze am Marau Sound,
bei Avu Avu oder Mbambanikira sein.
Schiffe laufen auf ihrer wöchentlichen
Tour unter anderem Lambi Bay, Kopau
Harbour und die Wanderer Bay an.

Auf verschiedenen Routen kann man
Guadalcanal von Norden nach Süden
durchqueren. Sie führen zu Wasserfällen und zu einigen Gipfeln im Innern der
bis zu 45 km breiten Insel. Derartige Exkursionen können nur nach eingehen-
der Vorbereitung und mit Führer unter-
nommen werden.

Ausflug nach Savo

Im Nordwesten von Guadalcanal ragt
35 km von Honiara entfernt der schlafende Vulkan von Savo auf. Außer heißen Quellen sind hier Kolonien von
Großfußhühnern *(Megapodius pritchardis)* zu besichtigen. Gruben im warmen
Sand dienen als Brutkammern, in denen
die Eier ohne Zutun der Elternvögel aus-
gebrütet werden. Die Küken schlüpfen
im vollen Federkleid und sorgen sofort
für sich selbst. Die Nistplätze bei Balola
an der Nordküste der Insel werden
wegen der begehrten Eier von den Dorfbewohnern streng gehütet.

Dorf auf Santa Ana

Nggela Islands

Landfläche: 354 km², Einwohner: 10 151, höchste Erhebung: 400 m, auf Nggela Sule (S. 353)

Wie die 80 km weiter westlich gelegenen Russell Islands zeichnen sich die Inseln der Nggela-Gruppe durch zerklüftete, buchtenreiche Küsten aus. Die nördlichen Gestade der beiden größten Inseln säumen weiße Sandstrände. Bei Taroniara im Südosten von Nggela Sule gibt es zwei Tropfsteinhöhlen, die jedoch ebenso unerforscht sind wie das Höhlensystem im Nordosten von Nggela Pile.

Wegen ihrer zentralen Lage innerhalb des Archipels und ihres natürlichen Tiefseehafens hatten die Briten die Insel **Tulaghi** zum Sitz der Protektoratsverwaltung erkoren. Anfang des 20. Jahrhunderts gründete Burns Philp, damals wie heute eine der größten Handelsgesellschaften des insularen Pazifiks, eine Niederlassung im Hauptort Tulagi. Das Städtchen blühte auf. 1927 lebten etwa 1000 Menschen auf der kleinen Insel. Basiana, ein Rädelsführer des Kwaio-Aufstandes auf Malaita, prophezeite kurz vor seiner Hinrichtung 1928 den Untergang Tulagis. Die Voraussage wurde wahr. Nach der japanischen Okkupation im Jahre 1942 und der Rückeroberung durch die Amerikaner blieb von dem Ort nicht viel übrig.

Auf einem Hügel liegt das ›Nambawan Haos‹, die ehemalige Residenz des ersten ständigen Kommissars der britischen Regierung, C. M. Woodford. Ein Inselrundgang dauert drei Stunden.

Rennell und Bellona

Landfläche: 671 km², Einwohner: 1808

Die Bewohner dieser beiden Inseln sind Polynesier und hatten bis zum Beginn des 20. Jahrhunderts wenig Kontakt zur Außenwelt. Erst 1939 wurden sie christianisiert. Das traditionelle *tapa* wich europäischer Kleidung, die Tatauierkunst geriet in Vergessenheit. Erhalten haben sich die Inselbewohner jedoch ihr ausgeprägtes Autonomiebewußtsein. Mit ihrem kulturellen Erbe, das auch in sprachlicher Hinsicht auf gemeinsame Wurzeln mit den Maori in Neuseeland deutet, fühlen sie sich der übrigen Bevölkerung der Salomonen nicht zugehörig.

Rennell (650 km²) (S. 353) ist die weitaus größere der beiden Inseln. Nur an wenigen Stellen ist die Steilküste dieses gehobenen Korallenatolls unterbrochen und erlaubt das Anlegen von Schiffen. **Lake Te Nggano** (155 km²) ist das größte Binnengewässer auf den pazifischen Inseln. Der von hohen Klippen umgebene See im Südosten der Insel liegt auf Meereshöhe. Bevor sich das Land hob, bildete er die Lagune des Atolls. Ein Blick auf den Seegrund läßt erkennen, daß er aus Korallengeröll des einstigen Riffs besteht. Aufgrund seiner einzigartigen Beschaffenheit wurde Rennell zum Nationalpark erklärt. Bis auf die subsistenzwirtschaftlich genutzten Anbauflächen der rund 1000 Einwohner ist die Insel ein unberührtes Fleckchen Land. Rund 80 % der Inselfläche sind von Regenwald bedeckt; die Zahl endemischer Vogel- und Tierarten ist größer als auf jeder anderen Insel der Salomonen.

Eine 25 km lange, holprige Straße führt über die Insel. Den See erreicht man von Tuhungganggo aus über einen zunächst steil ansteigenden Pfad.

Bellona (21 km²) (S. 350) – Potuhenua ist der Hafenort der Insel, die fast vollständig von Steilküste umgeben ist. Über das Eiland verstreut liegen zahlreiche Höhlen, die teilweise bis ins 20. Jahrhundert hinein von Menschen bewohnt waren. Viele sind sagenumwobene Orte, von denen in der Überlieferung der Inselbewohner berichtet wird.

Western Province

Landfläche: 5475 km², Einwohner: 41 775, Provinzhauptstadt: Gizo, höchste Erhebung: auf Kolombangara, 1768 m

Die ausgedehnten Lagunen, gespickt mit Hunderten von kleinen und winzigen Eilanden, gehören zu den faszinierendsten Landschaften der Salomonen. Insbesondere die Marovo- und Roviana-Lagunen nördlich bzw. südlich von New Georgia sind berühmt für ihre einzigartige Schönheit. Ungezählte Inselchen, Riffe und Korallengärten machen die Western Province zum Paradies für Taucher.

Neben dem wachsenden Fremdenverkehr spielen die Fisch- und Holzindustrie in diesem Teil der Salomonen eine bedeutende wirtschaftliche Rolle.

Im 19. Jahrhundert machten sich die Bewohner der West-Salomonen, insbesondere auf New Georgia, einen Namen als gefürchtete Kopfjäger. Auf ihren Streifzügen legten sie beträchtliche Distanzen zurück, selbst die Bewohner von Santa Isabel und Choiseul waren vor Überfällen nicht sicher. Nachdem die Kopfjäger in den Besitz europäischer Feuerwaffen gekommen waren, nahm die Zahl ihrer Opfer erheblich zu. Nicht selten hatten die Übergriffe die Entvölkerung ganzer Küstenstriche zur Folge. Die Überlebenden zogen sich ins Innere der Inseln zurück. Vielerorts stehen noch die starken Mauern, die zum Schutz vor Überfällen gebaut wurden. In der Vorstellung der Kopfjäger war der Kopf das Zentrum menschlicher Lebenskraft, die sich auf denjenigen übertrug, der des Schädels einer anderen Person habhaft wurde.

Im Zusammenhang damit sind die beeindruckenden und reich mit Intarsien verzierten Stevenfiguren *(nguzunguzu)* zu sehen. Die Kraft, die diesen Figuren nach traditioneller Überzeugung innewohnte, vermochte die Bootsinsassen vor Dämonen zu schützen und den Erfolg ihrer Unternehmungen zu sichern. Auch die Seiten der traditionellen Kriegskanus *(tomoko)* schmückten Schnitzwerk und Einlegearbeiten aus Perlmutt. Ein Exemplar davon ist im Museum in Honiara zu besichtigen. Auf den New Georgia-Inseln war eine besondere Art des Muschelgeldes in Gebrauch. Die kräftigen Ringe, aus den weißen Schalen der Riesenmuschel gearbeitet, maßen bis zu 25 cm im Durchmesser und wurden als Zeichen von Status und Prestige auch um den Hals getragen.

Ghizo

Landfläche: 37 km², Einwohner: ca. 6000, Hauptort: Gizo, 4500 Ew., höchste Erhebung: Maringe Hill, 180 m (S. 352 f., New-Georgia-Inseln)

Die kleine Insel ist das administrative und touristische Zentrum der Provinz. Sämtliche Geschäfte, Banken und Restaurants reihen sich an der Hauptstraße des Städtchens **Gizo** entlang der Hafenbucht. Bunte Holzhäuser verleihen dem Ortszentrum malerisches Flair. Täglich kommen Bewohner von den umliegenden Inseln in die Stadt und bieten auf dem Markt frisches Obst und Ge-

In Gizo

müse feil. Am nordwestlichen Ufer der Hafenbucht erkennt man die über dem Wasser stehenden Pfahlbauten eines Fischerdorfes. In der Ferne ragt der über 1700 m hohe Vulkankegel von Kolombangara auf.

Im Zweiten Weltkrieg lag Ghizo im Frontgebiet der Kriegshandlungen und wurde dabei stark zerstört. Unter den amerikanischen Soldaten, die hier im Einsatz waren, befand sich auch John F. Kennedy, späterer Präsident der Vereinigten Staaten. Eine kleine Insel vor Ghizo wurde nach ihm benannt. Er und seine Kameraden hatten sich dorthin gerettet, nachdem ihr Patrouillenboot im August 1943 von einem japanischen Zerstörer in zwei Hälften gerissen worden war.

Ein schöner Spaziergang führt auf der südlichen Küstenstraße nach Westen zu den beiden Dörfern **New Manra** und **Titiana**. Ihre Bewohner stammen aus Mikronesien. New Manra entstand 1955, als die ersten i-Kiribati von ihrer überbevölkerten Heimatinsel auf die Salomonen übersiedelten. In die Flaschen, die man mitunter in Palmen hängen sieht, wird der fermentierte Saft der Kokospalme abgezapft. Sein natürlicher Hefegehalt läßt ihn innerhalb eines Tages zu Palmwein *(toddy)* vergären. Durch kurzes oder längeres Aufkochen kann man den *toddy* zu einem Sirup bzw. Bonbons weiterverarbeiten.

Vor **Saeraghi** erstreckt sich einer der schönsten Strände der Insel. Wer das Dorf an der Nordküste besuchen und z. B. den Frauen des Dorfes beim Flechten von Pandanusmatten zusehen möchte, kann sich einer der informativen Touren anschließen, die Ron Parkinson von Barava Tours anbietet.

New Georgia

Landfläche: 2145 km², Einwohner: 19 000, Hauptort: Munda, höchste Erhebung: Mt. Vinarori, 1006 m (S. 352 f.)

Dichtbewaldete und zerklüftete Bergkämme prägen das Innere der Insel, die vor ihrer Entdeckung durch die Europäer Roviana hieß. Im Südosten herrschen ausgedehnte Sumpfgebiete vor. Auf New Georgia scheint die Suche nach dem Paradies auf Erden erfolgversprechend. Ob Paradise Village an der Nordwestküste der Insel hält, was der Name verspricht? Auch in biblischen Ortsnamen wie Jericho oder Bethlehem manifestiert sich die erfolgte Christianisierung. Vier Sprachen werden hier gesprochen, Roviana und Marovo sind die gebräuchlichsten. Munda und Seghe sind die beiden Anlauf- und Ablegestellen für Touristen. Resorts und Gästehäuser befinden sich überwiegend auf den kleinen vorgelagerten Inseln in den Lagunen.

Munda am Südwestzipfel von New Georgia ist die größte Siedlung auf der Insel und setzt sich aus mehreren Dörfern östlich und westlich der Landungsbrücke zusammen. Der Flugplatz wurde 1942 von den Japanern angelegt und später samt dem umliegenden Straßennetz von den Amerikanern ausgebaut. Um ihn gruppieren sich Verwaltungsgebäude, kleine Läden, ein Krankenhaus und das Hotel.

Malerische Ortschaften mit Häusern im traditionellen Stil, blühende Gärten mit Orchideen, klare Quellen und Bäche machen den Reiz der Küstenlandschaft von Munda aus. Es bedarf keines sonderlich geschärften Blicks, um die Vielfalt an Schmetterlingen, Spinnen, Käfern, Grashüpfern und anderer kleiner Lebewesen am Wegesrand zu entdecken.

In **Noro** beschäftigt eine Fischkonservenfabrik der Taiyo Corporation mehrere hundert Leute. Das Unternehmen gilt als einer der größten Umweltverschmutzer in der Region. Außerdem ist es für die übermäßige Ausbeutung der Küstengewässer mitverantwortlich, denn die zum Fang von Thunfischen benötigten Köderfische werden in großen Mengen aus den Lagunen gefischt.

Am südöstlichen Ende von New Georgia gelegen, ist **Seghe** der Ausgangspunkt für Ausflüge in die über 100 km lange Marovo Lagoon. Der bekannte Autor James Michener bezeichnete sie einmal als das achte Weltwunder.

Uepi Island, eine kleine strandgesäumte Insel etwa vierzig Bootsminuten vom Flugplatz in Seghe entfernt, wird hauptsächlich von Tauchern frequentiert. Mehrere Orchideenarten bereichern die mannigfaltige Vegetation an Land, und Kakadus, Papageien, Honigfresser, Nashornvögel und Seeadler beleben die Lüfte.

Wer Ruhe und Abgeschiedenheit auf einem kleinen Eiland sucht, findet sie auf **Matikuri** in der Nono-Lagune. Das Gästehaus gehört einer einheimischen Familie, die sich intensiv um den Erhalt und Schutz ihres zum großen Teil bewaldeten Clan-Landes bemüht. Die Abholzung des Urwaldes auf den Salomonen schreitet unaufhaltsam voran: Läßt man den Unternehmen, die unter anderem in Viru Harbour nordwestlich von Seghe ein Sägewerk betreiben, freie Hand, werden in 20 Jahren die Waldflächen weitgehend verschwunden sein. Aufforstungsprogramme bestehen nur für etwa 10 % der gerodeten Areale.

Kolombangara

Landfläche: 685 km^2, Einwohner: 4500 Hauptort: Ringgi, höchste Erhebung: Mt. Veve, 1768 m

Der Vulkankegel dieser Insel bildet den höchsten Punkt der Western Province. In den 90er Jahren des 19. Jh. lebten hier nur noch etwa 150 Menschen. Die Kolonialherren stellten dem britischen Holzunternehmen Lever eine Lizenz aus, die es zur Rodung von zwei Dritteln der Waldfläche berechtigte. Bis 1968 wurden diese Holzbestände dann fast vollständig ausgebeutet. Rechtsstreitigkeiten mit den Landeseigentümern über die verschonten Areale endeten 1986 schließlich damit, daß Lever seinen Betrieb einstellte. Kolombangara Forestry Project Ltd. in Ringgi bewirtschaftet gegenwärtig Forste mit Nutzholz. Der noch verbliebene Regenwald soll davon unberührt bleiben.

Von der Westküste aus führt eine rund achtstündige Wanderung zum Krater des aktiven Vulkans.

Choiseul

Landfläche: 3837 km^2, Einwohner: 13 597, Sitz der Provinzverwaltung: Taro (Island), höchste Erhebung: Mt. Maetambe, 1067 m

Choiseul ist die jüngste Provinz der Salomonen und wurde erst 1991 ein eigenständiger Verwaltungsbezirk. Bis dahin gehörte sie zur Western Province. Etwa 2000 Mikronesier leben auf **Vaghena,** einer flachen Koralleninsel im Südosten von Choiseul. Anfang der 60er Jahre mußten sie ihre übervölkerte Heimatinsel Phoenix in Kiribati verlassen und wurden hier ansässig. Im 19. Jh. war Vaghena von Kopfjägern entvölkert worden. Alte Grabstätten zeugen von den ursprünglich melanesischen Inselbewohnern.

Die Gegend um Choiseul Bay und Chirovanga auf **Choiseul** sind die einzigen Orte auf den Salomonen, in denen das Töpferhandwerk noch ausgeübt wird. Im Nordwesten der Insel existieren steinerne Grabkammern (ndolo), in denen die Gebeine der Häuptlinge aufbewahrt wurden. In Choiseul Bay bzw. auf Taro Island hat die Provinzverwaltung ihren Sitz. Ausflugsziele sind die Parasi-Fälle des Sui River und Poroporo, ein schönes Dorf am nördlichen Ende von Choiseul Bay. Sasamungga ist der größte Ort auf Choiseul und liegt an der einzigen Straße der Insel. Entlang des Küstenstreifens erstrecken sich ausgedehnte Kokosplantagen. Für die Wanderung von Luty Bay auf den Mt. Maetambe ist ein Fremdenführer erforderlich.

Santa Isabel

Landfläche: 4136 km^2, Einwohner: 14 564, Sitz der Provinzverwaltung: Buala, 2300 Ew., höchste Erhebung: Mt. Kubonitu, 1219 m (s. S. 353)

Santa Isabel und rund zwei Dutzend kleine, in unmittelbarer Nachbarschaft gelegene Inseln gehören zu dieser Provinz. **San Jorge** vor der Südwestküste ist das größte der um die Nordwestspitze von Santa Isabel gruppierten Eilande.

Ein zumeist steil abfallender und von tiefen Tälern durchfurchter Gebirgszug geht in Ebenen über, die auf der windabgewandten Seite von Kokosplantagen überzogen sind. Mangrovensümpfe erstrecken sich vielfach in den Niederungen der Küstengebiete. Drei Viertel der Bevölkerung von Santa Isabel leben im Südosten der Insel, wo sich auch die Provinzhauptstadt befindet. Wöchentlich legt hier das Versorgungsschiff zu seiner routinemäßigen Rundreise um die Insel ab. **Buala** mit dem angrenzenden Verwaltungsviertel (Buala Station) liegt am Fuße des 800 m hohen Tiro-

Die Kunst, Inseln zu bauen

Seit Generationen lebt ein Teil der Bevölkerung von Malaita auf künstlichen Inseln, die die Langa Langa- und Lau-Lagunen durchsetzen. Viele davon sind schon mehrere hundert Jahre alt. Ihre Sockel aus Steinblöcken und aufgeschüttetem Korallengeröll ruhen auf Sand- oder Riffbänken. Die bis zu 3 m hohen Steinfundamente wurden mit einer Sandschicht aufgeschüttet, die zum Anpflanzen von Kokospalmen ausreichte. Im übrigen ernähren sich die Bewohner künstlicher Inseln vom Fischfang und dem Ertrag ihrer Gärten auf dem ›Festland‹.

Mit dem Bau künstlicher Inseln schufen sich die Küstenbewohner *(saltwater people)* Rückzugsmöglichkeiten vor den Überfällen der *bush people,* die im Inneren der Insel lebten.

Die bekannteste unter den künstlichen Inseln ist **Laulasi**. Sie stammt aus dem frühen 17. Jh. Die Geisterhäuser, in denen sie die Schädel ihrer Ahnen und besiegten Feinde aufbewahren, sind bis heute für Frauen und Außenstehende tabu.

Auf über 60 künstliche Inseln verteilt leben die annähernd 12 000 Menschen der Lau-Lagune vor der Nordküste Malaitas. Vor etwa 500 Jahren wurde der Grundstein für **Sulufou** gelegt, der ältesten und größten von Menschenhand erbauten Insel. Die traditionellen Wohnhäuser gruppieren sich um die Dorfkirche, einem imposanten Gebäude aus Stein. Auch in der Lau-Lagune werden althergebrachte Zeremonien und animistische Gebräuche örtlich noch immer praktiziert.

Haupteinnahmequellen der Inselbewohner bilden die Herstellung von Muschelgeld und der Bootsbau. Auf Laulasi erzielen sie mit kulturellen Darbietungen für Touristen zusätzliche Einkünfte.

tonga Hill. Sehenswert sind die mit Perlmuttintarsien verzierten Altäre der beiden Kirchen. **Kubolota** und **Sorusitana** sind zwei bemerkenswert schöne Dörfer nordwestlich von Buala. Nur ein einziger Pfad führt quer über die Insel. Nach beschwerlicher Wanderung gelangt man auf ihm zur Westküste. Die geschützte Thousand Ships Bay war im 19. Jahrhundert ein frequentierter Ankerplatz für Handelsschiffe.

Kia im äußersten Nordwesten ist der zweitgrößte Ort auf Santa Isabel. Die Menschen hier verbindet eine sprachliche Verwandtschaft mit den Anwohnern der Roviana-Lagune (Western Province), zu denen sie in voreuropäischer Zeit intensive Handelsbeziehungen unterhielten. **Allardyce** südöstlich von Kia war das Zentrum der Holzindustrie auf den Salomonen, bis ein verheerender Wirbelsturm im Jahre 1972 die Baumbestände zerstörte.

Malaita

Landfläche: 3840 km², Hauptort: Auki,
höchste Erhebung: Mt. Kolovrat, 1303 m
(S. 351 f.)

Malaita und seine Schwesterinsel Mara-
masike bilden die bevölkerungsreichste
Provinz der Salomonen. Zu ihren Besonderheiten zählen die künstlichen Inseln
der Lau- und Langa Langa-Lagune und
das bis heute gebräuchliche Muschelgeld. Bemerkenswert ist der vergleichsweise hohe Prozentsatz an Melanesiern,
die sich nicht zum Christentum bekehren ließen. Das gilt insbesondere für die
Kwaio, von denen noch etwa 10 % weitgehend abgeschottet von westlichen
Einflüssen in abgeschiedenen Dörfern
leben und ihrem Ahnenkult treugeblie-
ben sind. Sie weigern sich bis heute,
Steuern zu bezahlen. Vergehen werden
mit Zahlungen von Muschelgeld und
Schweinen wiedergutgemacht. Die beiden Atolle Sikaiana und Ontong Java
liegen weit vom restlichen Teil der Provinz entfernt und sind von etwa 2000 Polynesiern bewohnt.

Wie auf den meisten anderen melanesischen Inseln bildeten auch auf Malaita
hohe Bergrücken und breite Flüsse natürliche Grenzen, die die kulturelle und
sprachliche Differenzierung der Inselbewohner förderten. Zu den größten der
zehn Sprachgruppen gehören North
Malaita (13 500), Kwara'ae (12 500), 'Are
are (9000) im Süden der Insel sowie
Kwaio (7000) in Zentralmalaita. Die
Kwaio waren einst als kriegerische *bush
people* gefürchtet. Später wehrten sie
sich hartnäckig gegen Missionare und
Kolonialisten. Ihr Widerstand gipfelte
1927 in der ›Kwaio Rebellion‹. Bei dem

Vorfall wurden zwei Distriktbeamte, die
Kopfsteuern eintrieben sowie mehrere
Polizisten getötet. Die Engländer rächten sich an den Kwaio, indem sie Dörfer
und Gärten zerstörten. Mehr als 100
Menschen verhungerten. Die Hälfte der
200 verhafteten Männer kam im Kerker
um oder wurde von Polizisten getötet,
sechs starben durch den Strang. Nach
Angaben der Kwaio waren das Ausmaß
der Verwüstungen und die Zahl der To-
desopfer weit höher als die offiziellen
Statistiken vorgaben. Ihr Mißtrauen und
Ressentiment richtet sich heute auch

gegen die Regierung in Honiara, die Forderungen der Kwaio nach Wiedergut-
machung wiederholt abgelehnt hat. Im
Jahre 1984 reagierte der Wahlbezirk
East Kwaio mit einem Wahlboykott.

Auki ist das städtische und wirtschaftliche Zentrum von Malaita. Die
Hafenbucht mit einer kleinen künstlichen Insel (Auki Island) wird von malerischen Dörfern flankiert. Eines davon ist
das Fischerdorf **Lilisiana,** nur wenige
Kilometer von Auki entfernt am Westu-
fer der Bucht, wo auch heute noch von
Frauen Muschelgeld hergestellt wird.

Die Santa Cruz-Inseln

Landfläche: 586 km², Einwohner: 7166,
Hauptort: Lata, 1500 Ew., höchste Erhebung: Mt. Banie auf Vanikolo, 923 m (S.
353)

Nendo ist das größte Eiland dieser
Inselgruppe. Am westlichen Ufer von
Graciosa Bay, dem Haupthafen, liegt
die Provinzhauptstadt Lata. Zwei schöne
Sandbuchten 6 km südlich sind ein
leicht zu erreichendes Ausflugsziel.

Das Federgeld der Santa Cruz-Inseln

D as rote Federgeld gehört zweifellos zu den prachtvollsten Währungen der Salomonen. Nendo hatte das ›Monopol‹ der Geldproduktion. Die zwischen 9 und 11 m langen Geldwülste setzten sich aus rund 1800 rechteckigen, dachziegelartig übereinandergeschichteten Einzelteilen zusammen. Ein fertiges, zu einer Doppelrolle gewickeltes ›Geldstück‹ war mit mehr als 50 000 leuchtend roten Federn des Nektarvogels besetzt. Gegen Federgeld wurden Nahrungsmittel, Gebrauchsgüter, Schmuck und Webarbeiten oder besondere Wertobjekte wie große Schildkröten, Prachtschweine oder Boote von Taumako eingehandelt. Auch der Brautpreis wurde damit entrichtet. Im Museum in Honiara ist eine Federgeldrolle ausgestellt.

Einer der aktivsten Vulkane der Salomonen ist der 850 m hohe Tinakula, der sich 40 km nördlich von Nendo erhebt. Bis zum letzten großen Ausbruch im Jahre 1971 lebten etwa hundert Menschen in einem Dorf am Fuße des feuerspeienden Berges. Als Folge der mächtigen Eruption kam es zu mehreren Beben und Flutwellen, die auch die Küsten von Nendo überspülten.

Die kleine Insel **Tikopia** mit ganzen 4 km² Landfläche und rund 1200 Einwohnern wurde durch den britischen Anthropologen Raymond Firth berühmt, der 1928 nach Tikopia kam und mehrere Jahrzehnte über die Inselgesellschaft

forschte. Sein Werk »We, the Tikopia«, erschien im Jahre 1936.

Kulturell sind die Santa Cruz-Inseln bemerkenswert, denn in dieser Region trafen Einflüsse aus dem weiteren Melanesien, aus Mikronesien und aus Polynesien zusammen. **Nendo** wurde in mehreren Etappen von Einwanderern aus unterschiedlichen Teilen des melanesischen Raums besiedelt. Die auf Nendo gefundene Lapita-Keramik zählt zu den frühesten Spuren menschlicher Ansiedlung auf den Salomonen. Die Inselbewohner sprechen keine austronesische, sondern eine Papua-Sprache. Hingegen ist die Bevölkerung der kar-

Gästehaus auf Matikuri, New Georgia-Inseln

gen nördlichen **Riff-Inseln** (Outer Reef Islands) polynesischer Herkunft. In ihrer Kultur verbinden sich melanesische Elemente, die sie von ihren Nachbarn übernahmen, und polynesische Elemente. So besitzen sie die in Melanesien seltene Fähigkeiten, hervorragende Boote zu bauen. Die Bewohner dieser Inselgruppen betrieben intensi-

ven Handel und durchkreuzten mit hochseetüchtigen Auslegerbooten den gesamten Archipel. Die Boote wurden auf **Taumako** (Duff-Inseln), dem damaligen Bootshandelszentrum, gebaut und waren mit einem ›Krebsscherensegel‹ ausgestattet. Ihre Takelung glich der mikronesischer Ausleger-Segelboote.

Atoll in Französisch-Polynesien ▷

Information

Unterkunft

Verkehrsverbindungen

Mietwagen

Restaurants

Sightseeing

Aktivitäten

Einkaufen

Abends

Serviceteil

Serviceteil

So nutzen Sie den Serviceteil richtig

▼ Das erste Kapitel, **Reiseplanung Südsee von A–Z,** bietet von A wie ›Anreise‹ bis Z wie ›Zollbestimmungen‹ eine Fülle von nützlichen Hinweisen – Antworten auf Fragen, die sich vor der Reise stellen und alle Länder betreffen.

▼ In zweiten Kapitel erhalten Sie spezifische Länderinformationen: **Adressen und Tips von Insel zu Insel** listen die im Reiseteil beschriebenen Inseln eines Landes in alphabetischer Reihenfolge auf. Zu jeder Insel finden Sie hier Empfehlungen für Unterkünfte und Restaurants sowie Hinweise zu Verkehrsverbindungen, zu den Öffnungszeiten von Museen und anderen Sehenswürdigkeiten, zu Festen, Unterhaltungsangeboten etc. Piktogramme helfen Ihnen bei der schnellen Orientierung. Die **Reiseinformationen von A–Z** bieten anschließend Wissenswertes zu den einzelnen Ländern, inklusive Sprachführer, um in gängigen Reise- und Alltagssituationen zurechtzukommen.

Bitte, schreiben Sie uns, wenn sich etwas geändert hat!
Alle in diesem Buch enthaltenen Angaben wurden von den Autorinnen nach bestem Wissen erstellt und von ihnen und dem Verlag mit größtmöglicher Sorgfalt überprüft. Gleichwohl sind – wie wir im Sinne des Produkthaftungsrechts betonen müssen – inhaltliche Fehler nicht vollständig auszuschließen. Daher erfolgen die Angaben ohne jegliche Verpflichtung oder Garantie des Verlages oder der Autorinnen. Beide übernehmen keinerlei Verantwortung und Haftung für etwaige inhaltliche Unstimmigkeiten. Wir bitten um Verständnis und werden Korrekturhinweise gerne aufgreifen:
DuMont Buchverlag, Postfach 10 10 45, 50450 Köln
E-mail: reise@dumontverlag.de

Inhalt

Reiseziel Pazifik

Einige der pazifischen Inselstaaten verfügen über eine gute touristische Infrastruktur und sind Resiziel für Hunderttausende von Besuchern. In anderen Südseestaaten gewinnt der Tourismus zwar an wirtschaftlicher Bedeutung, die Zahl der Urlauber, die dorthin kommen, ist jedoch vergleichsweise gering. 1997 wurden in Fidschi rund 359 000, in Französisch-Polynesien 180 000, in Samoa 68 000, in Tonga 26 000, in Vanuatu und auf den Cook-Inseln 50 000 und auf den Salomonen 16 000 Besucher registriert. Während die Franzosen – wie die Amerikaner in Hawai'i – den Tourismus in Französisch-Polynesien seit Anfang der 60er Jahre fördern, stand in unabhängigen Staaten wie etwa Samoa, Tonga oder den Salomonen nach dem Ende der kolonialen Ära die politische und kulturelle Selbstbestimmung im Vordergrund, der ein äußerst vorsichtiges Herangehen an den Tourismus entsprach. Erst in den letzten Jahren setzten diese Länder stärker auf den Ausbau einer touristischen Infrastruktur. Französisch-Polynesien, gefolgt von Vanuatu, gehört zu den teuersten Urlaubszielen dieser Region, während Tonga und Fidschi im unteren Bereich der Skala rangieren. Vor allem in Fidschi richtet sich das Angebot vermehrt an Rucksackreisende – der jüngste Trend in der Branche, die überwiegend auf Pauschaltouristen aus Neuseeland, Australien und den Vereinigten Staaten eingestellt ist. Die Zahl der europäischen Urlauber in der Südsee steigt seit Jahren stetig an.

Reiseplanung Südsee von A–Z

Ärztliche Versorgung

Das (zahn)medizinische Versorgungsnetz ist in den pazifischen Ländern nicht sehr dicht. Üblicherweise gibt es neben dem zentralen Krankenhaus und einigen gut ausgestatteten Apotheken in den Hauptstädten kleinere Provinzhospitäler, in denen Fachärzte und mitunter auch Zahnärzte praktizieren. Private Kliniken und Praxen stehen in geringer Zahl in den Städten zur Verfügung. Kleine Inseln und entlegene Gebiete werden von Sanitätern und Krankenschwestern versorgt. Der Standard der Krankenhäuser variiert von Land zu Land; gegebenenfalls werden Patienten – wenn ihr Zustand oder ein schwerer Eingriff es erforderlich machen – in eine Klinik nach Neuseeland oder Australien überwiesen.

Aktivitäten

Segeln und Tauchen gehören zu den Favoriten unter den Wassersportmöglichkeiten. Die Tauchgebiete im Pazifik sind bei Amateuren wie Profis gleichermaßen beliebt. In Vanuatu und auf den Salomonen stellen Schiffswracks aus dem Zweiten Weltkrieg besondere Attraktionen für Taucher dar. Bei Sichtweiten zwischen 15 und 45 m und Wassertemperaturen zwischen 24 und 27 °C kann man das ganze Jahr über tauchen. In jedem Land bieten professionelle Tauchschulen Kurse (Naui/Padi), Training, Charter und geführte Tauchgänge an. »Look but do not touch!« – das Angeln und Sammeln lebender Korallen und Schalentiere ist in ausgewiesenen Meeresreservaten ausdrücklich untersagt und steht unter Strafe.

Internationale Yacht-Charter-Unternehmen gibt es in Fidschi, Tonga und Tahiti. Anbieter in Deutschland sind u. a.: **KH + P yachtcharter,** Kopp, Holtmann + Partner GmbH, Ludwigstr. 112, D-70197 Stuttgart, ✆ 07 11/63 82 82/83. **Scansail Yachts International,** Palmaille 124B, D-22767 Hamburg, ✆ 0 40/38 84 22. **Moorings Deutschland,** Kaiser-Ludwig-Str. 17, D-82027 Grünwald, ✆ 0 89/69 35 08-0.

Fürs ›organisierte Abenteuer‹ sorgen Tourunternehmen, die Inselrundfahrten, Trekking, Wanderungen, Bootstouren sowie Ausflüge zu kulturellen Sehenswürdigkeiten organisieren. Große Hotels und Resorts bieten ihren Gästen unter anderem Tennisplätze, Kanus, Katamarane sowie Schnorchel- und Tauchausrüstung.

Auf vielen Inseln kann man wandern – entlang sandiger oder felsiger Küsten, durch dichten Urwald, zerklüftetes Bergland, tiefe Täler und auf feuerspeiende Vulkane. Auf den schwierigen Strecken durch unwegsames Terrain oder aber den überwiegend traditionellen Verkehrsrouten, die seit alters her die Dörfer untereinander verbinden und durch Clan-Land *(kastom land)* gehen, sind häufig einheimische Führer erforderlich. Ausgewiesene Wanderwege gibt es nur selten (Informationen erteilen die Fremdenverkehrsämter, Hotels und Gästehäuser).

Anreise

Mehrere der pazifischen und darunter fast alle polynesischen Inselstaaten sind heute in das interkontinentale Streckennetz einer Reihe von Fluggesellschaften eingebunden und auch von Europa aus gut zu erreichen. Die harte Konkurrenz hat in den letzten Jahren zu einem erheblichen Verfall der Preise geführt.

Flugverbindungen

Von Europa führen mehrere Flugrouten in die Südsee: über Nordamerika, Südamerika, Asien und Australien oder im Rahmen einer Rund-um-die-Welt-Reise. Die Strecke über Nordamerika mit Zwischenstopp in Los Angelos ist die schnellste und meist auch preisgünstigste. Fast alle Linien, die zwischen Kanada/USA und Australien/Neuseeland verkehren, fliegen Hawai'i und Fidschi an. Von Nadi (Fidschi) gehen Flüge in die meisten anderen Länder im Pazifik. Das Streckennetz von verschiedenen in dieser Region operierenden Fluggesellschaften verbindet die Inselstaaten sowohl untereinander als auch mit den Anrainerstaaten Neuseeland und Australien.

Von Deutschland: Mit **Air New Zealand** (Friedrichstr. 10–12, 60323 Frankfurt am Main) betreibt das dichteste Streckennetz im pazifischen Raum mit folgenden Routen: Frankfurt–Los Angeles–Honolulu (Hawai'i)–Nadi (Fidschi)–Rarotonga (Cook-Inseln)–Papeete (Französisch-Polynesien)–Los Angeles–Frankfurt (oder im Uhrzeigersinn

Los Angeles–Papeete–Rarotonga–Nadi–Honululu–Los Angeles). Alternativ kann man fliegen: Los Angeles–Honululu–Apia (Samoa)/Nuku'alofa (Tonga). Von jeder Etappe aus hat man Anschluß nach Auckland (Neuseeland). Anfragen und Reservierungen unter den gebührenfreien Nummern: ✆ 01 30/81 77 78 (Deutschland); 1 55 77 78 (Schweiz); 06 60 58 38 (Österreich).

Air France (Friedensstr. 11, 60311 Frankfurt am Main, ✆ 0 69/23 05 01) fliegt ab Paris über Los Angeles oder San Francisco nach Papeete und weiter nach Noumea (Neukaledonien).

Von Neuseeland und Australien: Mehrmals wöchentlich gibt es Direktflüge auf die pazifischen Inseln:
Air New Zealand: Auckland–Nadi/Tonga/Apia/Rarotonga/Papeete.
Qantas/Air Pacific: Auckland/Sydney/Melbourne/Brisbane–Nadi.
Polynesian Airlines: Auckland/Wellington/Christchurch/Sydney/Brisbane/Melbourne–Tonga/Rarotonga/Apia/Pago Pago (Amerikanisch-Samoa).
Royal Tongan Airlines: Auckland–Tonga.
Air Vanuatu: Auckland/Sydney/Brisbane–Port Vila (Vanuatu).
Salomon Airlines: Auckland/Brisbane/Cairns–Honiara (Salomonen). Siehe auch S. 266 f.

Schiffsverbindungen

Anbieter für Schiffsreisen in die Südsee sind u.a. **Hanseatic Tours Reisedienst GmbH,** Nagelsweg 55, 20079 Hamburg, ✆ 0 40/2 39 11 01; **Transocean Passagierdienst GmbH,** Bredenstr. 11, 28195 Bremen, ✆ 04 21/3 33 61 4; **Frachtschiff-Reisezentrum Hamburg,** Ost-West-Str. 59-61, 20457 Hamburg, ✆ 0 40/3 70 51 55.

Auskünfte

Zentrale Auskunftsstelle für die Inselstaaten (außer Amerikanisch-Samoa) ist die deutsche Vertretung des:
Tourism Council of the South Pacific (TCSP), Petersburger Str. 94, D-10247 Berlin, ✆ 0 30/42 25 60 26, Fax 030/42 25 62 87.
Dort ist nicht nur Informationsmaterial über die einzelnen Inselstaaten erhältlich, sondern auch eine Übersicht über die Veranstalter von Südseereisen in Deutschland, Österreich und der Schweiz. Sie enthalten Angaben darüber, auf welche Länder und besonderen Angebote (Kreuzfahrten, Hochzeitsreisen, Segeln/Yachtcharter, Tauchen, Abenteuer & Trekking, Rund- und Studienreisen) sie spezialisiert sind.

Vertretung des Tahitischen Fremdenverkehrsamtes in Deutschland:
Tahiti Tourisme, Bockenheimer Landstr. 45, 60325 Frankfurt/Main, ✆ 0 69/9 71 48 40, Fax 0 69/72 92 75.

Pazifik-Informationsstelle, Hauptstraße 2, 91564 Neuendettelsau, ✆ 0 98 74/92 99 (deutschsprachige Publikationen mit kritischen Beiträgen zu ökologischen, politischen und wirtschaftlichen Themen).

Bei den Fremdenverkehrsämtern in den Haupt- und einigen Provinzstädten der Inselstaaten sind unter anderem Karten, Hotel- und Restaurantverzeichnisse sowie Informationsbroschüren mit Hinweisen auf kulturelle Veranstaltungen und Sehenswürdigkeiten erhältlich. Zweigstellen gibt es am jeweiligen internationalen Flughafen.

Das TCSP sowie die einzelnen Länder sind auch mit z. T. sehr schönen Web-Seiten im **Internet** vertreten und bieten auf diesem Wege aktuellste Informationen und Nachrichten.

Banken und Geldwechsel

Reiseschecks von US-Dollar, australischen und neuseeländischen Dollar sowie DM-Reiseschecks können auf allen Banken eingelöst werden. Dollar-Schecks sind neben Bargeld in der jeweiligen Landeswährung auch in ländlichen Regionen ein akzeptiertes Zahlungsmittel. Von Kreditkarten hingegen kann man nur in den Hauptstädten und den größeren Unternehmen der Touristikbranche Gebrauch machen.

Diplomatische Vertretungen

Außer in Vanuatu, Amerikanisch-Samoa und auf den Cook-Inseln ist die Bundesrepublik Deutschland durch ein Honorarkonsulat vertreten. Die zuständigen Botschaften für Deutschland, Österreich und die Schweiz befinden sich in Frankreich, Neuseeland, Australien und Papua-Neuguinea.

Deutsche Botschaften: Embassy of the Federal Republic of Germany, P. O. Box 1687, 90–92 Hobson Street, Thorndon, Wellington, Neuseeland, ✆ 00 64/4/473 60 63 (Amtsbereich in Ozeanien: Fidschi, Samoa, Amerikanisch-Samoa, Tonga, Cook-Inseln)
P. O. Box 3631, Pacific View Apts., Pruth St., 3 Mile Hill, Port Moresby, Papua Neuguinea, ✆ 0 06 75/5 29 71 (Amtsbereich in Ozeanien: Vanuatu, Salomonen)
Ambassade de la République fédérale d'Allmagne, 13/15 Ave.

Franklin D. Roosevelt, F-75008 Paris, ✆ 00 33/1/53 83 45 00 (Amtsbereich: u. a. Französisch-Polynesien)

Österreichische Botschaft: 12 Talbot Street, Forrest, Canberra, ACT 2603, Australien, ✆ 00 61/2/62 95 13 76 (Amtsbereich: u. a. Fidschi, Samoa, Tonga, Vanuatu, Salomonen)

Österreichisches Generalkonsulat: Los Angeles, 11859 Wilshire Blvd., Suite 501, CA 90025, ✆ 001/310/ 4 44 93 10 (Amtsbereich: u. a. Amerikanisch-Samoa, Pazifische Inseln unter US-Verwaltung)

Österreichisches Konsulat: Blvd. Pomare, Papeete, Tahiti, ✆ 0 06 89/ 43 21 22. (Amtsbereich: u. a. Französisch-Polynesien, Neukaledonien)

Schweizer Botschaften: P. O. Box 386, 22–24 Panama Street, Panama House, Wellington, Neuseeland, ✆ 00 64/4/4 72 15 93 (Amtsbereich in Ozeanien: u.a. Fidschi, Tonga, Samoa, Amerikanisch-Samoa, Cook-Inseln)
7 Melbourne Ave., Forrest, Canberra, ACT 2603, Australien, ✆ 0 06 12/2/ 62 73 39 77 (Amtsbereich: u.a. Vanuatu)
142, rue de Grenelle, F-75007 Paris, ✆ 00 33/1/49 55 67 00 (Amtsbereich: u. a. Französisch-Polynesien, Französische Überseegebiete)

Schweizer Generalkonsulat, P. O. Box 282, Bondi Junction, NSW 1355, Sydney, ✆ 00 61/2/93 69 42 44 (Konsularbezirk: u. a. Salomonen)

Einreisebestimmungen

Deutsche, schweizer und österreichische Staatsbürger benötigen bei Aufenthalten bis zu 30 Tagen in keinem der Länder ein Visum. Es genügt die Vorlage eines gültigen Reisepasses und eines Flugscheins zur Weiter- oder Rückreise. Zusätzliche Informationen sind den Kapiteln über die einzelnen Länder zu entnehmen.

Essen und Trinken

Küche der Südsee

Zu den traditionellen Grundnahrungsmitteln gehören Taro, Yams, Kassava (Tapioka, Maniok), Kochbananen, Brotfrucht und natürlich Kokosnüsse. Schwein, Rind, Huhn, Fisch und Schalentiere werden gekocht, gebraten oder zusammen mit dem Gemüse im Erdofen gegart. In Bananenblätter gewickelt, kommen sie in eine Erdmulde mit heißen Steinen, werden mit Blättern, Palmwedeln und Matten aufgeschichtet und schließlich mit Erde bedeckt. Nach zwei bis drei Stunden ist das Mahl fertig. Das Kochen im Erdofen ist ebenso Männersache wie die Zubereitung von Spanferkeln, die bei besonderen Anlässen die Festtafel bereichern. Junge gedünstete Taroblätter in Kokosmilch sind eine typische Beilage. Für die Zubereitung von *palusami* nimmt man Corned beef, wickelt es mit kleingeschnittenen Taroblättern und Kokosmilch in Bananen- oder Brotfruchtbaumblätter und gart das Ganze im Erdofen. Eine delikate und erfrischende Vorspeise ist roher und mit Zitronensaft marinierter Fisch in Kokosmilch mit Paprika- oder Tomatenstückchen. In Fidschi heißt diese Köstlichkeit *kokoda* (kokonda gesprochen). Fritierte Brotfrucht- oder Yamsscheibchen (Chips) werden mit Saucen oder Dips gereicht und sind eine leckere Knabberei. Kräuter und

Gewürze finden kaum Anwendung in der herkömmlichen Küche. Zur Verfeinerung der Speisen dient aus frischen Kokosraspeln gepreßte Kokosmilch – die Sahne der Südsee.

Restaurants

In den Hauptstädten der Inselstaaten gibt es Restaurants unterschiedlicher Preisklassen, und auch Gourmets kommen nicht zu kurz. Zahlreich und überall verbreitet sind die chinesischen Restaurants, darüber hinaus wird französische, italienische, dann und wann japanische und in Fidschi zusätzlich indische Küche geboten. Die Inder führen üblicherweise kleine Gaststätten mit einfachen und preiswerten Gerichten. Fisch, Muscheln, Krabben, Garnelen und Hummer gehören selbstredend zu den Rennern, typische Südseegerichte sucht man auf den Speisekarten der Restaurants hingegen meist vergeblich. Die Möglichkeit, traditionelle und im Erdofen zubereitete Spezialitäten zu kosten, haben Touristen anläßlich der sog. *island nights* oder *feasts*. Sie finden zusammen mit Vorführungen traditioneller Tänze regelmäßig in den großen Hotels statt.

Außerhalb der Städte ist man oftmals auf Hotelrestaurants angewiesen, deren Speisekarten sich im allgemeinen am Geschmack von Amerikanern und Europäern orientieren.

Gut und preiswert ißt man vielerorts in Pensionen und Gästehäusern – in ländlichen Gegenden mangels Restaurants oft die einzige Alternative zur Selbstverpflegung.

Fast food und Lebensmittel

Neben Cafés und kleinen Eßlokalen bieten Snackbars und Imbißstände Fish &

Chips, Hamburger, Hot dogs, Sandwiches und Coca Cola, und auch McDonald's hat jetzt diesen Teil der Welt erobert (in Apia und Nadi).

Auf dem Markt in den Städten wird feilgeboten, was auf den Inseln an frischem Obst und Gemüse gedeiht: erntefrische Ananas, Melonen, Bananen, Mangos oder Papayas, Tomaten, Paprika, Karotten und Gurken. Im Gegensatz zu den Supermärkten mit ihrem importierten Warensortiment kann man auf den Märkten günstig einkaufen.

Das Angebot der Dorfläden beschränkt sich meist auf das, was von der sich weitgehend selbst versorgenden Landbevölkerung benötigt oder neben den eigenen Erzeugnissen gerne gegessen wird: z. B. Reis, Nudeln, Mehl, Corned beef, Dosenfisch, Marmelade, Kekse, Milchpulver, Beuteltee und Pulverkaffee. Frische Molkereiprodukte erhält man nur in den Städten.

Getränke

Der kühle, wohlschmeckende Saft einer jungen grünen Kokosnuß oder Fruchtsäfte aus teilweise landeseigener Herstellung sind die besten Durstlöscher in der tropischen Hitze. In Form von Cocktails und Punsch werden sie in Hotels und Restaurants serviert.

Neben importierten Weinen und Bieren gibt es Bier aus einheimischen Brauereien. Ob Fiji Bitter, Royal Tongan oder samoanisches Vailima, sie können mit einem Forster's durchaus konkurrieren. Fruchtweine und sehr gute Liköre wie etwa Kaffee- oder Kokoslikör sind in einigen Inselstaaten direkt beim Produzenten erhältlich. Eine Lizenz zum Ausschank von Alkohol haben meist nur Hotels und die besseren Restaurants.

Trinkwasserversorgung: Auf bergigen Inseln mit hohen Niederschlagsmengen ist in der Regel für gutes Trinkwasser gesorgt. Mit Ausnahme von Honiara (Salomonen) kann man das Leitungswasser in den Hauptstädten trinken. Ansonsten empfiehlt sich das Abkochen.

Feiertage und Feste

Außer den nationalen Feiertagen und Festen (s. Reiseinformationen von A–Z in den Länderkapiteln) gibt es regionale Veranstaltungen, die turnusgemäß in einem der Länder abgehalten werden. Alle vier Jahre findet das **South Pacific Festival of Arts** statt: Treffpunkt von Künstlerinnen und Künstlern aus ganz Ozeanien, wobei Musik, Tanz, Theater und Kunst im Mittelpunkt dieses multikulturellen Ereignisses stehen. Im Jahr 2000 findet das Fest in Neukaledonien statt.

Während der dreijährlich stattfindenden **South Pacific Games** werden Sportwettkämpfe in unterschiedlichen Disziplinen ausgetragen.

Die Inselbewohner sind ebenso begeisterte Tänzer wie Sportler. Rugby, Fußball, Volleyball, Basketball und Rudern sind bevorzugte Sportarten. Jugendliche treffen sich zum abendlichen Match auf dem Dorfplatz, Hotelangestellte nutzen ihre Freistunden zu einem Spiel am Strand. Samstags finden auf Sportplätzen Mannschaftsturniere statt.

Fotografieren

Ungeachtet der Tatsache, daß sich die Menschen und vor allem die Kinder im allgemeinen gerne fotografieren lassen, sollte man sich vor einer Nahaufnahme vergewissern, ob die betreffende Person einverstanden ist. Das gleiche gilt für den Fall, daß man bestimmte Gebäude wie etwa das Haus eines hochrangigen Dorfbewohners, ein Versammlungshaus oder Objekte aufnehmen möchte, die möglicherweise tabu sind.

Fotomaterial

Es ist ratsam, einen ausreichenden Vorrat an Filmmaterial mitzunehmen. Das dortige Angebot ist relativ begrenzt und meist teurer als hierzulande. Dia-Filme sind nur in den Hauptstädten der Inselstaaten erhältlich. Auch das Angebot an Farb-Negativfilmen ist begrenzt und – wie die Filmentwicklung – wesentlich teurer als in Deutschland.

Gesundheit

Vorsorge

Impfungen sind für Reisende derzeit in keinem der Länder vorgeschrieben, es sei denn, die Einreise erfolgt nach einem Aufenthalt in Cholera- oder Gelbfieber-Gebieten. Eine Erst- bzw. Nachimpfung gegen Poliomyelitis (Kinderlähmung) und Tetanus empfehlen wir in jedem Fall. Gegen Hepatitis A (infektiöse Gelbsucht) gibt es eine aktive Schutzimpfung. Sie ist wesentlich wirksamer als das lange gebräuchliche Immunglobulin und hält mehrere Jahre vor. Um einer Infizierung mit Hepatitis B oder AIDS vorzubeugen, ist darauf zu achten, daß Injektionen unter Verwendung neuer Nadeln und Spritzen verabreicht werden. Auch in diesen Ländern steigt die Rate der HIV-Positiven. Die Wahrscheinlichkeit, in der Südsee an Typhus zu erkranken, ist eher gering. Erkundigen Sie sich vor Reiseantritt beim Gesundheitsamt, ob eine Impfung empfohlen wird.

Tropenkrankheiten

Die Malaria ist eine weitverbreitete Tropenkrankheit, deren Erreger durch den Stich der weiblichen Anopheles-Mücke übertragen werden. Bei einer Infizierung mit Malariaerregern kommt es manchmal erst nach Monaten zum Ausbruch der Krankheit, die bei unzureichender medikamentöser Therapie zu Rückfällen führt. Die schwerste Form der Malaria (Malaria Tropica) kann unter Umständen tödlich verlaufen.

Vanuatu und die Salomonen sind Malariagebiete, weshalb wir rechtzeitig vor der Einreise ein Beratungsgespräch mit einem Tropenarzt empfehlen. Zur Prophylaxe für die Malariagebiete der Zone C, zu der auch Teile Ozeaniens gehören, empfahl die WHO 1997 die Medikamente Mefloquin (Lariam) oder, als zweite Wahl, eine Kombination von Chloroquin (Resochin) und Proguanil (Paludrine) oder Halofandrine (Halfan). Man beginnt mit der Einnahme der Tabletten eine Woche vor Betreten des Malariagebietes und setzt sie nach der Ausreise noch vier Wochen fort. Auf eine regelmäßige Einnahme der Medikamente ist zu achten. Ein vollständiger Schutz vor der Krankheit ist damit jedoch nicht gewährleistet, denn es gibt zunehmend resistente Anopheles-Stämme. Um so mehr gehört auch die sorgfältige Anwendung von Mückenschutzmitteln zu den vorbeugenden Maßnahmen. Insbesondere bei Anbruch der Dunkelheit schützen lange Hosen und langärmelige Hemden vor den gefährlichen Blutsaugern. Ein feinmaschiges Moskitonetz ist in jedem Fall zu empfehlen.

Frühestens 6 Tage nach einer möglichen Infizierung können grippeähnliche Symptome wie Kopf- und Gliederschmerzen, hohes Fieber und Schüttelfrost auf eine Malariaerkrankung hindeuten. In diesem Fall ist umgehend ein Arzt aufzusuchen oder mit einer Notfallmedikation über 7 Tage einzusetzen (Chinin oder eine Kombination von Chinin und Doxycyclin/Tetracyclin). Tropenmedizinische Institute gibt es in Deutschland in Berlin, Dresden, Göttingen, Hamburg, Heidelberg, Leipzig, München, Rostock, Tübingen, Ulm und Würzburg.

Um eine weitere von einer Mücke (Aedes) übertragene Tropenkrankheit handelt es sich beim Dengue- oder Siebentagefieber, das überall in Ozeanien vorkommt. Es dauert etwa eine Woche an und wird von schweren grippeähnlichen Symptomen begleitet, gefolgt von einer langen Phase der Genesung. Eine medikamentöse Behandlung ist nicht möglich – allenfalls kann man die Beschwerden mit fiebersenkenden Mitteln lindern.

In dem feuchtheißen Klima der Tropen besteht die Gefahr, daß sich selbst eine geringfügige Hautverletzung wie z. B. ein aufgekratzter Mückenstich entzünden und über eine schlecht heilende Wunde zu einem Tropengeschwür entwickeln kann. Beim Schwimmen und Schnorcheln schützen am besten Bade- oder Turnschuhe vor messerscharfen Korallen sowie stacheligen und giftigen Lebewesen.

Reiseapotheke

In die Reiseapotheke gehören: ein ausreichender Vorrat an Medikamenten, die schon zu Hause benötigt werden, je nach Reiseziel der Impfausweis und Malaria-Tabletten, Medikamente gegen Erkrankungen des Magen-Darm-Traktes, schmerzstillende und fiebersenkende Mittel, eine entzündungshemmende Salbe, ein Mittel zur Wunddesinfektion (Jodtinktur), Augentropfen, die Reizungen lindern, Arznei gegen Übelkeit (Seekrankheit), Brand- und Zugsalbe, ein Mittel gegen Insektenstiche, Juckreiz und allergische Reaktionen, Verbandsmaterial (Pflaster, Kompressen, elastische und Mullbinden, Verbandsklammern, Sicherheitsnadeln), Schere, Pinzette, Fieberthermometer, sterile Spritzen und Nadeln, evtl. entkeimende Tabletten, Mücken- und Sonnenschutzmittel. Aufgrund der extremen Sonneneinstrahlung schützen nur Lotionen und Öle mit hohem Lichtschutzfaktor oder UVA- und UVB-Blokkern vor Sonnenbrand. Darüber hinaus bildet ein T-Shirt beim Schnorcheln und leichte, die Arme und Beine bedeckende Baumwollkleidung insbesondere beim Wandern und Fahrradfahren einen angemessenen Sonnenschutz.

Krankenversicherung

Da die Krankenkassen in außereuropäischen Ländern entstandene Kosten nicht übernehmen, empfehlen wir eine Reisekrankenversicherung. Wichtig ist, daß die Leistungen nicht nur ambulante und stationäre Behandlungen, sondern auch einen Rücktransport einschließen, denn die medizinischen Einrichtungen in diesen Ländern sind nicht überall für jeden Notfall ausgerüstet. Während viele Reisekrankenversicherungen die Kosten für einen Rücktransport nur dann tragen, wenn die nötige medizinische Versorgung vor Ort nicht gewährleistet ist, erkennen Versicherungen, die sogenannte Schutzbriefe anbieten, meist auch einen längeren Klinikaufenthalt oder eine bessere Versorgung zu Hause als Grund für einen Krankentransport an und kommen für den Heimflug auf.

Bei medizinischen Notfällen im Ausland berät und hilft die Deutsche Rettungsflugwacht, wenn vor Ort die Behandlung nicht möglich oder unzulänglich ist. Mit der Entrichtung des geringen Jahresbeitrages ist ein Rechtsanspruch auf Versicherungsschutz verbunden. Mitgliedern entstehen damit im Falle eines medizinisch notwendigen und ärztlich angeordneten Flugzeugtransportes oder einer notwendigen Verlegung in eine Klinik mit einer besseren Versorgungsstufe keine Kosten.
Information: Deutsche Rettungsflugwacht e. V., Echterdinger Straße 89, 70794 Filderstadt (Bernhausen), ✆ 07 11/7 00 70.
Einsatzzentrale: Deutsche Zentrale für Luftrettung am Stuttgarter Flughafen, ✆ 07 11/70 10 70, Fax 7 00 72 22.

Kleidung

Leichte und legere Baumwollkleidung sowie ein Sweatshirt für kühlere Nächte sind zu jeder Jahreszeit angemessen. Regenjacken eignen sich bei dem feuchtheißen Klima nicht; vor tropischen Regengüssen schützt man sich am besten mit einem großen Regenschirm. Eine zu knappe Bekleidung bei Frauen verstößt gegen die Anstandsregeln, insbesondere außerhalb der Städte oder Hotels. Auch Shorts werden vielfach als unangemessen empfunden. In Polynesien und Melanesien gehen die einheimischen Frauen in *lavalava* und T-Shirt gekleidet schwimmen. Infolge des stärkeren westlichen Einflusses gelten diese Vorschriften für

Frauen auf Tahiti und Rarotonga nicht mehr in dem Maße. Männer können sich in der Öffentlichkeit in kurzen Hosen, nicht aber ohne Hemd zeigen. Strand-Look ist nur an Hotelstränden und am Swimmingpool angebracht.

Post

Postlagernde Sendungen (poste restante) an die Postämter werden einen Monat lang aufbewahrt. Holt man sie nicht ab, gehen sie an den Absender zurück. Da es allenfalls in den Hauptstädten einen Zustelldienst gibt, ist die Angabe des Postfaches (Post Office Box/P. O. Box oder Boîte Postale/B. P.) auch bei Privatadressen wichtig.

Luftpostbriefe sind 8 bis 12 Tage unterwegs, Pakete auf dem Seeweg nach Europa 2 bis 3 Monate.

Wer etwas für schöne Briefmarken übrig hat, ist bei den Philatelistenbüros (Philatelic Bureau) an der richtigen Adresse.

Radio und Fernsehen

Alle Länder haben eine staatliche Radiostation, Fernsehprogramme werden in den meisten Hauptstädten ausgestrahlt.

Reisen im Pazifik

Zwischen den Inselstaaten

Flugverbindungen: Neben den oben schon erwähnten Möglichkeiten des ›island hopping‹ beispielsweise mit Air New Zealand (s. Anreise) sorgen die Fluggesellschaften verschiedener Inselstaaten für gute Verbindungen:

Air Pacific: Nadi (Fidschi)–Tonga/ Apia (Samoa)/Port Vila (Vanuatu)/ Honiara (Salomonen).
Polynesian Airlines: Apia–Nadi/Tonga/Rarotonga (Cook-Inseln)/Pago Pago (Amerikanisch-Samoa)/Niue.
Royal Tongan Airlines: Tonga–Nadi/Apia/Niue.
Air Vanuatu: Port Vila–Nadi/Noumea.
Solomon Airlines: Honiara–Nadi/Port Vila/Port Moresby (Papua-Neuguinea).
Hawaiian Airlines: Apia–Tonga/Pago Pago/Honululu.

Flugpässe: Der Polypass von Polynesian Airlines ist 30 Tage und auf allen Strecken dieser Fluggesellschaft gültig. Folgende Ziele lassen sich kombinieren: Apia, Tonga, Nadi, Rarotonga, Pago Pago, Honululu, Sydney/ Melbourne, Auckland/Wellington.

Für das Dreieck Fidschi–Tonga–Samoa gibt es das Pacific Triangle Tikket von Air Pacific und Polynesian Airlines. Startpunkt kann jedes der Länder sein.

Der Paradise Pass von Air Vanuatu gilt für zwei beliebige Routen des Streckennetzes dieser Fluglinie. Diesen wie auch den nachfolgend aufgeführten Flugpaß kann man nur in Europa, Amerika und Asien buchen (s. auch S. 347).

Der Discovery-Pacific Pass (Solomon Airlines) ist 30 Tage auf 2, 3 oder 4 beliebigen Strecken der Fluggesellschaft gültig.

Air Pacific, Air Vanuatu und Quantas Airways/Air Caledonie bieten Australia–Fiji–Vanuatu bzw. Fiji–Vanuatu–New Caledonia–Circle Excursions an. Mit dem Visit South Pacific Air Pass kann man mindestens zwei Flugstrecken zwischen Inselstaaten in Polynesien, Melanesien und Mikronesien einschließlich Neuseeland und Australien kombinieren. Gültigkeitsdauer: max. 6 Monate.

Reservierung: **Polynesian Airlines,** Vohenburgerstr. 28, D-86156 Augsburg, ✆ 08 21/40 30 32 (informiert auch über Flugverbindungen aller anderen in Ozeanien operierenden Fluggesellschaften). **Air Vanuatu,** vertreten durch **Aviation & Tourism International GmbH,** Postfach 13 30, D-63755 Alzenau, ✆ 0 60 23/3 00 24. **Qantas Airways,** Bethmannstr. 56, D-60311 Frankfurt am Main, ✆ 0 69/23 00 41, 2 99 00 20, gebührenfrei ✆ 01 30/74 70.

Reisegepäck: Während auf den Strecken über die USA und Kanada zwei Gepäckstücke à 30 kg pro Person zugelassen sind, gelten bei Flügen zwischen den Inselstaaten mit den genannten Fluggesellschaften die üblichen IATA-Konditionen (20 kg pro Person).

Schiffsverbindungen: Auskünfte über Verbindungen und Preise erteilen verschiedene Reedereien in den einzelnen Ländern. Warner Pacific Line ist eine der größten und in mehreren Inselstaaten vertreten. Wer an einer Reise mit dem Segelschiff Interesse hat, kann bei privaten Jachtbesitzern anfragen, ob ein weiteres Crew-Mitglied willkommen ist.

Binnenverkehr

Flugverbindungen: Jedes Land hat eine staatliche Fluggesellschaft, die alle wichtigen Inseln anfliegt und einen weitgehend zuverlässigen Service bietet. Die kleineren Propellermaschinen sind häufig ausgebucht; am besten läßt man sich den Weiterflug rechtzeitig bestätigen und erfragt am Tag der Abreise erneut die Startzeit.

Schiffsverbindungen: Fracht- und Passagierschiffe bilden das Hauptverkehrs- und Transportmittel der Inselbewohner und sind dementsprechend preiswert. Auch viele der kleinen und weit abgelegenen Inseln werden von Frachtern mit Deck- und/oder Kabinenplätzen in regelmäßigen Abständen angelaufen. Meist sind die Schiffe ohne jeden Komfort und voll bepackt. Matten, Körbe mit Früchten oder auch Hühner und Schweine reisen mit, wenn die Einheimischen ihre Verwandtschaft auf den anderen Inseln besuchen. Machen die Frachter unterwegs Station und liegen zum Be- und Entladen im Hafen, hat man Gelegenheit, sich an Land umzusehen. Die Ankunft des Schiffes ist für die Inselbewohner immer ein besonderes Ereignis und lockt eine bunte Schar zur Anlegestelle.

Auf die Fahrpläne der Reedereien sollte man sich nur bedingt verlassen. Wichtig ist, sich bei den zuständigen Stellen genau nach den Abfahrtszeiten zu erkundigen und darüber hinaus sehr zeitig am Hafen zu sein. Es kommt durchaus vor, daß ein Schiff ablegt, wenn die Arbeiter mit dem Beladen fertig sind und sich genügend Passagiere an Bord befinden.

Straßenverkehr: Die Haupt- und einige Nebeninseln werden überwiegend von Küstenstraßen erschlossen. Auf den bergigen Inseln führen meist Stichstraßen durch Plantagen und ins Landesinnere. Der Umfang des Verkehrsnetzes und die Qualität der Straßen variieren jedoch von Land zu Land beträchtlich. Fidschi und die polynesischen Inselstaaten verfügen im allgemeinen über ein verhältnismäßig größeres oder besser ausgebautes Streckennetz als Vanuatu und die Salomonen, wo es fast nur Schotterstraßen gibt.

Bus: Auf den Haupt- und den wichtigsten äußeren Inseln verkehren öffentliche Busse zwischen den Städten und ländlichen Regionen. Jedoch sind Verbindungen ins Hinterland meist spärlich und am Bedarf der Inselbewohner orientiert. Auf ein Handzeichen hin halten die Busse an jeder Stelle.

Taxi: An allen internationalen Flughäfen und in den Städten stehen Taxis zur Verfügung. In der Regel ohne Taxameter. Bei den Fremdenverkehrsämtern sind die staatlich festgelegten Tarife zu erfahren. Um Mißverständnissen vorzubeugen, sollte man sich vor Antritt der Fahrt mit dem Fahrer über den Preis verständigen. Mit Ausnahme von Tahiti ist das Taxifahren in den Inselstaaten wesentlich preiswerter als in Europa.

Mietwagen: Autoverleihfirmen gibt es an den internationalen Flughäfen, in den Hauptstädten und Touristenzentren. Für eine Fahrt in die weniger erschlossenen Gebiete oder auf bergigen Inlandstrecken ist man mitunter auf einen Geländewagen angewiesen. Nach heftigen Regenfällen werden manche Straßen unpassierbar. Die Vorlage des nationalen oder internationalen Führerscheins und das Mindestalter von 21 Jahren sind erforderlich.

Mopeds und Fahrräder: Insbesondere auf den kleineren Inseln sind Moped, Vespa oder Fahrrad geeignete Fortbewegungsmittel.

Autostopp: Obwohl in diesen Ländern unüblich, ist hitchhiking grundsätzlich möglich: gegen ein Entgelt, das den ortsüblichen Bustarifen entspricht oder mit dem Fahrer vereinbart wird. Tramper finden oft noch Platz auf der Ladefläche von Kleinlastern oder Pick-ups.

Reiseveranstalter

Eine Vielzahl von Reiseveranstaltern in der Bundesrepublik Deutschland, Österreich und der Schweiz bietet Flug- und Seereisen in verschiedene Regionen des Pazifiks: unter anderem Studienreisen, Kreuzfahrten und Segeltörns. Nachfolgend die Adressen einiger Reiseveranstalter mit eigenständigem Südpazifik-Programm:

Australian Tourconsult GmbH, Kaiser-Wilhelm-Straße 115, D-20355 Hamburg, ✆ 0 40/3 48 03 48 (Zweigstellen in München, Frankfurt/M., Köln, Freiburg und Stuttgart)
Boomerang Reisen, Innere Laufer Gasse 33, D 90403 Nürnberg, ✆ 09 11/22 66 16 (Zweigstelle in Trier)
Dorothee's Flug-Service GmbH, Calwer Str. 20, D-75385 Bad Teinach, ✆ 0 74 56/93 92 11
Dr. Düdder Reisen GmbH, Korneliusmarkt 10, D-52076 Aachen, ✆ 0 24 08/20 48
Eest Reisen, Vohenburger Str. 28, D-86156 Augsburg, ✆ 08 21/40 30 32
EXPLORER-Fernreisen, Hüttenstr. 17, D-40215 Düsseldorf, ✆ 0211/99 49 02 (Zweigstellen in Hamburg, Essen, Hannover, Stuttgart, Nürnberg)
Pacific Travel House, Bayerstraße 95, D-80335 München, ✆ 0 89/5 30 92 93
Travel House, Im Hainchen 18, D-61455 Königstein, ✆ 0 61 74/2 20 29
World Tours International, Blumenstr. 20, D-72127 Kusterdingen, ✆ 0 70 71/3 23 50
Windrose Fernreisen GmbH, Neue Grünstr. 28, D-10179 Berlin, ✆ 0 30/20 17 21-0
COCO Weltweit Reisen, Handelskai 265, A-1020 Wien, ✆ 01/7 26 21 03 (Zweigstelle in Innsbruck)

Jet Reise- und Touristik GmbH Maria-Theresien-Straße 21/5, A-6020 Innsbruck, ✆ 05 12/58 17 77
Meyer's Weltreisen AG, Zweierstr. 35, CH-8036 Zürich, ✆ 01/2 41 61 31
Ozeania Reise AG, Badener Str. 12, CH-5442 Fislisbach, ✆ 064/25 33 22

Reisezeiten

Verglichen mit dem Jahreszeitenklima in Mitteleuropa, ändert sich die Wetterlage in den tropischen Zonen des Pazifiks übers Jahr nur geringfügig. Die Tagestemperaturen bewegen sich zwischen 23 und 32 °C, nachts fällt das Thermometer auf Meereshöhe selten unter 18 °C. Im Durchschnitt beträgt die Luftfeuchtigkeit zwischen 70 und 80 %. Jedoch herrscht auf äquatornahen Inselgruppen ein feuchtheißeres Klima als auf den südlicher gelegenen Archipelen. Die beste Reisezeit bilden die kühleren und trockeneren Monate von Mai bis Oktober. Ab November nehmen Niederschläge und Luftfeuchtigkeit zu, bis in den April muß man mit Wirbelstürmen rechnen.

Religion

Der christliche Missionseifer hat nachhaltig gewirkt: Die Kirche spielt im Leben der überaus religiösen Menschen eine wichtige Rolle. Die meisten Konfessionen sind in den Inselstaaten vertreten. Auf lokaler Ebene gibt es zahlreiche Splittergruppen und Sekten.

Sonntag morgens gehen die Familien festlich gekleidet in die Kirche, anschließend geht es zum gemeinsamen Mittagessen. Allein der Gesang mancher Kirchenchöre ist Grund genug für den Besuch eines Gottesdienstes.

Die Geschäfte bleiben sonntags mit wenigen Ausnahmen geschlossen, die öffentlichen Verkehrsmittel fahren eingeschränkt oder gar nicht.

Sicherheit

Die hier beschriebenen Inseln gehören zu den Ländern, in denen sich Reisende zu Recht sicher fühlen können – zumindest solange man durch unbeaufsichtigte Wertgegenstände einen Diebstahl nicht gerade provoziert. Frauen sollten nicht allein an einsamen Stränden baden, dunkle und unbelebte Straßen in den Städten meiden und zu vorgerückter Stunde ein Taxi nehmen. Das gilt vor allem am Wochenende, wenn viele Männer vermehrt Alkohol konsumieren.

Hunde

Wer nicht eine der äußerst seltenen Giftschlangen oder einen Hundertfüßler aufschreckt, wird auf den Inseln kaum einer gefährlichen Kreatur begegnen – es sei denn, man kommt auf den Hund. Rudel freilaufender Hunde sind besonders unangenehme Wegelagerer und belästigen Passanten mit Gebell und unverkennbaren Drohgebärden. Die sicherste Methode, sie sich vom Leibe zu halten oder sie zu verjagen, besteht darin, sich nach einem Stein oder ähnlichem zu bücken. Allein diese Geste veranlaßt die Hunde meist zur Umkehr, so daß sich ein gezielter Wurf meist erübrigt.

Sprache

Außer den einheimischen Sprachen wird in diesen Ländern Englisch (Fidschi, Tonga, Samoa und Amerikanisch-

Samoa, Cook-Inseln, Vanuatu, Salomonen), Französisch (Vanuatu, Französisch-Polynesien) und Pidgin-Englisch (Vanuatu, Salomonen) gesprochen. In Tahiti kann man sich in der Stadt und in den großen Hotels auch auf Englisch verständigen, in den ländlichen Regionen und auf kleinen Inseln sind französische Sprachkenntnisse jedoch unerläßlich.

Pidgin-Englisch

Wie auch in anderen Teilen Melanesiens ist auf den Salomonen und in Vanuatu Pidgin-Englisch die Verkehrssprache. Es bildet die Verständigungsbasis auf diesen Inseln, wo landesweit jeweils rund 100 (in Neuguinea sogar etwa 700) verschiedene Sprachen gebräuchlich sind. Das Pidgin entwickelte sich im 19. Jh. aus dem Kontakt zwischen Europäern und den Inselbewohnern. Plantagenbesitzer und Anwerber rekrutierten in Melanesien Tausende von billigen Arbeitskräften für die Baumwoll- und Zuckerrohrplantagen in Samoa, Fidschi und Australien. Mit ihren Aufsehern, aber auch untereinander verständigten sich die Melanesier mittels des ›gebrochenen Englisch‹. Als die Plantagenarbeiter auf ihre Inseln zurückgekehrt waren, verbreitete sich das Pidgin-Englisch über die Archipele Melanesiens. Sein Wortschatz basiert auf dem englischen Vokabular, Grammatik, Schrift und Aussprache folgen eigenen Regeln. Im Laufe der Zeit haben sich regionale Unterschiede herausgebildet.

Strände

Sie sind in der Inselwelt des Pazifiks sicherlich ebenso ungezählt wie die strandgesäumten Koralleninselchen *(motu)* im Schutz der Lagunen. Aber – auch wenn die Prospekte das gerne suggerieren – ›Bilderbuchstrände‹ gibt es nicht wie Sand am Meer. Vor allem auf den hohen vulkanischen Inseln werden Küstenlandschaften oft weithin von Klippen, Sümpfen, Mangrovendickicht oder Urwald bestimmt. Und nicht immer eignen sich die vor allem bei Ebbe seichten Lagunen zum Schwimmen und Schnorcheln. In der Nähe von Städten und Dörfern ist das Baden nicht unbedingt zu empfehlen, denn Abwässer gelangen meist ungeklärt ins Meer.

Stromversorgung

Üblicherweise beträgt die Frequenz 50 Hz, die Stromspannung 220/240 V. Ausgenommen sind Französisch-Polynesien (110/220/230 V) und Amerikanisch-Samoa (110 V). Für die Anschlüsse braucht man dreipolige Stekker. Mit einem Filter kann man empfindliche Geräte vor Spannungsschwankungen schützen.

Telefonieren

Vorwahlnummern der einzelnen Länder: Tonga: ✆ 0 06 76; Samoa: ✆ 0 06 85; Amerikanisch-Samoa: ✆ 0 06 84; Cook-Inseln: ✆ 0 06 82; Franz. Polynesien: ✆ 0 06 89; Fidschi: ✆ 0 06 79; Vanuatu: ✆ 0 06 78; Salomonen: ✆ 0 06 77.

Innerhalb der Länder gibt es keine weiteren Vorwahlnummern.

Trinkgeld und Handeln

Trinkgelder sind in den Ländern der Südsee offiziell unerwünscht und ebenso wie das Handeln nicht üblich.

Unterkunft

Hotels und Resorts

Auf den Inseln gibt es Übernachtungsmöglichkeiten aller Preisklassen und Kategorien.

Zum Standard der teuren Hotels und Resorts gehören vollklimatisierte Zimmer mit Bad, WC, Kühlschrank, Telefon, Video oder Fernsehen sowie Tennisplätze, Bar und Restaurant. Das reichhaltige Frühstücksbuffet ist nicht immer im Übernachtungspreis inbegriffen. Vor allem in den Resorts der exklusivsten Kategorie wohnen die Gäste in luxuriösen Bungalows im traditionellen Stil des polynesischen *fale* (in Fidschi *bure*). Im Gegensatz zu den großen Hotels sind sie für maximal 20 bis 30 Gäste ausgelegt.

Auch Hotels der mittleren Preisklassen und Motels haben Zimmer mit Klimaanlage und Kühlschrank. Deckenventilatoren sind bei den preiswerten Unterkünften Teil des Inventars.

Der Preisunterschied zwischen Einzel- und Doppelzimmern in Resorts und Hotels ist gewöhnlich gering. Nicht selten sind die Zimmer und Bungalows so geräumig, daß eine weitere Person gegen einen verhältnismäßig kleinen Aufpreis mitübernachten kann.

Pensionen und Gästehäuser

Pensionen und Gästehäuser sind überwiegend preiswertere Unterkünfte mit einfachen Zimmern oder *fale*. In manchen hat man die Wahl zwischen Zimmern mit oder ohne Dusche/WC. Die Atmosphäre ist familiärer als in den Hotels und das Essen im allgemeinen gut.

Billigunterkünfte

Sog. budget accommodations bieten neben Einzel- und Doppelzimmern oftmals Schlafsäle (dormitories) für Rucksacktouristen an. Ausgestattet mit Gemeinschaftsduschen und einer Küche für Selbstversorger haben sie den Charakter einer Jugendherberge. Für Alleinreisende bildet das ›dormitory‹ die billigste Übernachtungsmöglichkeit. Außer in den Schlafsälen wird gewöhnlich auch in den preiswerten Unterkünften die Bettwäsche gestellt. Auf seinen eigenen Schlafsack sowie ein Moskitonetz sollte man jedoch nicht verzichten.

Wohnen im Dorf

Alternativ besteht die Möglichkeit, in einem Dorf mit Kost und Logis bei einer Gastfamilie zu wohnen. Solche Unterkünfte werden über das betreffende Fremdenverkehrsamt vermittelt.

Camping

Für Camping-Urlaub ist die Südsee kaum geeignet. Nur in einigen Ländern und auch dort nur vereinzelt gibt es Zeltplätze. So z. B. in Französisch-Polynesien (u. a. auf Bora Bora) und in Fidschi. Dort und auch in Tonga kann man mitunter im Garten eines Gästehauses sein Zelt aufschlagen. In den anderen Ländern ist das Zelten entweder ausdrücklich verboten oder nur weitab von Siedlungen und nach Absprache mit dem Fremdenverkehrsamt oder den Landeignern geduldet.

Verhalten als Tourist

Angesichts der vielen unterschiedlichen Kulturen und vor allem außerhalb der Städte meist traditionsbestimmten Lebensweisen wird man in bestimmten Situationen unweigerlich gegen Anstandsregeln verstoßen. Andererseits besteht immer die Möglichkeit, beispielsweise vor dem Besuch eines Dorfes oder anläßlich eines Aufenthalts in einer Familie zu erfragen, was es besonders zu beachten gilt.

Gastfreundschaft

Damals wie heute rühmen Südseereisende die Gastfreundschaft der Inselbewohner. Häufig wird in diesem Zusammenhang aber vergessen, daß dieser Brauch festen Regeln unterworfen ist. Eine entscheidende Rolle spielt dabei das Prinzip der Gegenseitigkeit. Das bedeutet, daß eine Einladung, Bewirtung oder jede andere Form der Zuwendung mit einer entsprechenden Gegenleistung honoriert und beglichen wird. Reisende können sich beispielsweise mit Lebensmitteln, Kawa-Wurzeln, Bekleidung, Stoffen, unter Umständen auch mit Geld revanchieren.

Dörfer

Ohne Einladung oder Absprache hat man kein Recht, sich in einem Dorf aufzuhalten. Dies gilt ebenso für Gärten und Plantagen. Bei Wanderungen durch besiedeltes Gebiet ist daran zu denken, daß das Land auf den Inseln überwiegend Familien bzw. Dorfgemeinden gehört. Wer unterwegs übernachten möchte, sollte bei Ankunft im Ort mit einer verantwortlichen Person über die Möglichkeit eines Aufenthaltes sprechen. Männer mit nacktem Oberkörper und Frauen in kurzen Hosen erregen in einem Dorf Anstoß. Ein *lava-lava (sulu, pareu),* um die Hüfte gewickelt, gilt überall als korrektes Kleidungsstück, das auch von Männern getragen wird.

Generell legen die Südseebewohner Wert auf Etikette, auch im Hinblick auf die Kleidung. Vor allem für besondere Anlässe sollte man sich angemessen kleiden, um die Gastgeber oder Begleitpersonen nicht in Verlegenheit zu bringen.

Zeit

Der Zeitunterschied bezogen auf MEZ (in Stunden) beträgt in: Amerikanisch-Samoa –12, Sydney +9, Cook-Inseln –11, Fidschi +11, Neuseeland +11, Salomonen +10, Tahiti -11, Tonga +12, Vanuatu +10, West-Samoa 12. Die Datumsgrenze verläuft östlich von Tonga.

Zeitungen und Zeitschriften

Neben den Lokalblättern und Tageszeitungen erscheinen mehrere überregionale Monatszeitschriften mit Nachrichten aus den pazifischen Ländern. Die Beiträge im ›Pacific Islands Monthly‹, ›Islands Business‹ und ›Pacific Magazine‹ vermitteln einen Einblick in das aktuelle Geschehen in diesem Teil der Welt, über den in der europäischen Presse so gut wie gar nicht berichtet wird.

Zollbestimmungen

In allen beschriebenen Inselstaaten ist die Einfuhr von Pflanzen, Tieren und Nahrungsmitteln grundsätzlich untersagt. Dieses streng gehandhabte Verbot dient dem Schutz der heimischen Natur; eingeführte Schädlinge könnten schwerwiegende ökologische und landwirtschaftliche Probleme verursachen. Üblicherweise werden deshalb im Flugzeug unmittelbar nach der Landung, bevor die Passagiere von Bord gehen, Insektizide versprüht – unter Hinweis auf die gesetzlichen Bestimmungen der Weltgesundheitsorganisation.

Tonga: Adressen und Tips von Insel zu Insel

Die Preise der Unterkünfte gelten, soweit nicht anders angegeben, für eine Übernachtung in einem Doppelzimmer. Hinzugerechnet werden müssen 5 % Mehrwertsteuer. Die Preiskürzel bedeuten: $ = 20–30 Pa'anga, $$ = 31–50 Pa'anga, $$$ = 51–100 Pa'anga, $$$$ = über 100 Pa'anga (100 Pa'anga = 121 DM; Stand Herbst 1999).

'Eua

Verkehrsverbindungen: Täglich geht ein **Flug** von Kaufana nach Tongatapu. Eine kleine **Fähre** geht regelmäßig nach Tongatapu (ca. 2 Std.). Es gibt keine öffentlichen Verkehrsmittel auf 'Eua.

Unterkunft: Setaita's Guesthouse, ✆ 5 01 24; in 'Esia; Restaurant; bei Anmeldung Transfer vom Flughafen, $.

Ha'apai-Gruppe

 Touristeninformation: Tonga Visitors Bureau, P.O. Box 60, Pangai, ✆ 6 07 33.

 **Verkehrsverbindungen:** Täglich **Flug** von Lifuka nach Tongatapu und Vava'u (Neiafu). Einmal wöchentlich geht die **Fähre** ›M. V. Olovaha‹ nach Tongatapu (ca. 11 Std.) und Vava'u. Nur gelegentlich **Bus** von Pangai nach Foa.

 Unterkunft: Fonongava'inga Guest House, Pangai, Lifuka, ✆ 6 00 38; etwas außerhalb von Pangai, einfache Unterkunft mit Gemeinschaftsdusche und -küche, $.
Resort at Billy's Place, P.O. Box 66, Lifuka, Fax 6 02 00; Strandlage, Bungalows, Wassersportmöglichkeiten, $$.
Sandy Beach Resort, P.O. Box 61, Pangai, ✆ 6 06 00; sehr schönes, von Deutschen geleitetes Resort auf Foa mit ausgezeichneter Küche, $$$$.

 Einkaufen: In Pangai eher bescheidenes Angebot an frischem Obst und Gemüse.

Niuas

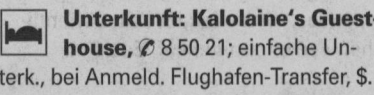 **Verkehrsverbindungen:** Wöchentlich von Niuatoputapu (Lavinia), alle zwei Wochen von Niuafo'ou (Mata'aho) **Flug** nach Tongatapu.

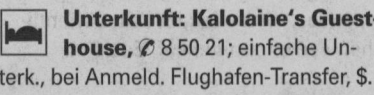 **Unterkunft: Kalolaine's Guesthouse,** ✆ 8 50 21; einfache Unterk., bei Anmeld. Flughafen-Transfer, $.

Tongatapu

 **Touristeninformation:** Tonga Visitors Bureau, P.O. Box 37, Vuna Rd., Nuku'alofa, ✆ 2 53 02, 2 53 34, Fax 2 35 07.

Verkehrsverbindungen: Vom internationalen Flughafen ca. 20 km von Nuku'alofa entfernt im Südosten der Hauptinsel gehen mehrmals täglich **Flüge** zur Vava'u-Gruppe (Lupepau'u), täglich nach 'Eua (Kaufana) und zur Ha'apai-Gruppe (Salote Pilolevu), wöchentlich nach Niuatoputapu (Lavinia) sowie alle zwei Wochen nach Niuafo'ou (Mata'aho). Einmal wöchentlich geht die **Fähre** ›M. V. Olovaha‹ von der Queen Salote Wharf aus zur Ha'apai-Gruppe (ca. 11 Std.) und weiter zur Vava'u-Gruppe (20 Std.). Nach 'Eua geht es mit der kleinen Fähre ›Ngaluta'ane‹ (ca. 2 Std.). Auf der Hauptinsel ist das **Busnetz** gut ausgebaut, der zentrale Busbahnhof befindet sich in Nuku'alofa an der Kreuzung Railway/Salote Rd. Auf Tongatapu gibt es ein gut ausgebautes Straßennetz.

 Mietwagen: In Nuku'alofa: Makalita Rental Cars, Salote Rd., ✆ 2 60 15, 2 48 23; Budget, ✆ 2 35 10; Avis, ✆ 2 33 44.

Unterkunft: Good Samaritan Inn, P.O. Box 214, Kolovai Beach, ✆ 4 10 22; an der Westküste Tongatapus am Kolovai-Strand, etwa 18 km von Nuku'alofa entfernt, Doppelzimmer $, Bungalow $$–$$$.
Harbour View Motel, P.O. Box 83, Nuku'alofa, ✆ 2 54 88; in der Vuna Rd., Blick auf den Hafen, $$–$$$.
Heilala Holiday Lodge, P.O. Box 1698, Nuku'alofa, ✆ 2 99 10; Campingmöglichkeit, deutschsprachige Touren, $$.

International Dateline Hotel, P.O. Box 39, Nuku'alofa, ✆ 2 34 11; am Hafenkai, größtes Hotel Tongas, dreimal wöchentlich tonganisches Fest mit Floorshow und Tanz, $$$–$$$$.

Kahana Lagoon Resort, P.O. Box 137, Nuku'alofa, ✆ 2 49 67; etwa 5 km außerhalb der Stadt an der Fanga Kakau Lagune gelegen, Bungalows mit Küche, Restaurant und Bar, $$$–$$$$.

Keleti Beach Resort, P.O. Box 3116, ✆ 2 46 54; etwa 10 km von Nuku'alofa entfernt am Keleti Strand, Restaurant und Bar, Schlafsaal mit Gemeinschaftsdusche $, Bungalow $$.

Pacific Royale Hotel, P.O. Box 74, Nuku'alofa, ✆ 2 33 44; zweitgrößtes Hotel der Stadt, zentral, Doppelzimmer $$$, Apartment $$$$.

Paradise Shores Resort, P.O. Box 976, Nuku'alofa, ✆ 4 11 58; am Ha'atafu Beach, *fale* oder Luxuszelt, Gemeinschaftsduschen, $$–$$$.

The Friendly Islander Hotel, P.O. Box 142, Nuku'alofa, ✆ 2 38 10; 3 km vom Zentrum, Zimmer, Bungalows, $$$.

Villa McKenzie, P.O. Box 1892, Nuku'alofa, ✆ 2 49 98; schön renovierte Villa in der Vuna Rd. nahe Hafen, $$$$.

Winnie's Guest House, P.O. Box 3049, Nuku'alofa, ✆ 2 52 15; 5 Min. per Bus vom Stadtzentrum, freundlich, gutes Essen, $$.

Auf den vorgelagerten Inseln:

Fafá Island Resort, P.O. Box 1444, Nuku'alofa, ✆ 2 28 00; auf der Insel Fafá, etwa 6 km nördlich von Nuku'alofa, kleines, sehr schönes, von Deutschen geleitetes Inselresort, ideal, um ›die Seele baumeln‹ zu lassen, 10 Bungalows (*fale* im traditionellen Stil gebaut), Restaurant mit ausgezeichneter Küche, zweimal tägl. Bootstransfer zur Hauptinsel Tongatapu, Bungalow $$$–$$$$, Vollpension $$.

Royal Sunset Island Resort, P.O. Box 960, Nuku'alofa, ✆ 2 12 54; auf der Insel 'Atata, größtes Inselresort, etwa 10 km von Nuku'alofa entfernt, Bungalows *(fale)* für 4 Personen, je 2 Räume und Kochgelegenheit, div. Wassersportmöglichkeiten im Preis inbegriffen, jeden Samstag findet ein tonganisches Fest statt, Bungalow $$$–$$$$.

Sun Island Resort, P.B. 44, Nuku'alofa, ✆ 2 33 35; auf Makaha'a Island, 5 km von Nuku'alofa, Restaurant, *fale*, Camping, $$.

Restaurants: Die meisten empfehlenswerten Restaurants in Nuku'alofa findet man entlang der Vuna Rd.: Chinesische Küche bieten **Kimiko's** und das **Fakalato** (Wellington Rd). Italienische Pizza und Pasta bekommt man im **Little Italy** und im Italian Garden Restaurant. Fisch und Meeresfrüchte ißt man am besten im **Davina's** oder dem von Deutschen geleiteten **Seaview Restaurant** westlich des Königspalastes. Wer Lust auf typische Südseegerichte hat, kann sie in **Rudi's Pacific Cuisine** (Salote Rd.) finden. Besonders empfohlen wird auch das **Love Boat** an der Lagune in Tofoa, (beim Ambassador Club), wo man neben anderem gut Fisch, Hummer und Muscheln essen kann.

Sehenswürdigkeiten: Tongan National Centre, Vaiola, ✆ 2 30 22. Mo–Fr 8.30–16.30 Uhr; Ausstellung, Führungen, Shows. **Tonga Wildlife Centre** (Vogelpark, Botanischer Garten), Veitongo, ✆ 2 35 61.

Verschiedene Unternehmen und Hotels bieten Bootsausflüge zu vorgelagerten Inseln und Touren zu den geschichtlichen und kulturellen Sehenswürdigkeiten Tongas an. Teta Tours, Wellington/Railway St., Nuku'alofa,

⌀ 2 16 88. Island and Cultural Tours, Tongan National Centre, ⌀ 2 30 22. Quick Tours, Nuku'alofa, ⌀ 2 99 10.

Aktivitäten: Ein 9-Loch-**Golfplatz** (Manamo'ui) befindet sich etwa 8 km von der Hauptstadt Nuku'alofa entfernt. **Hochseeangeln:** 'Atiu, ⌀ 2 60 10, 2 24 89. Royal Sunset Sport Fishing, ⌀ 2 12 54. **Kajaktouren:** Sea Adventures, ⌀ 2 48 23. Für **Taucher** sind besonders hervorzuheben das Hakaumama'o Riff ca. 14 km nördlich der Hauptstadt sowie die vor der Insel Malinoa gelegene Rifformation. Beluga Diving, ⌀ 2 35 76. Coral Head Diving, ⌀ 2 21 76. Deep Blue Dive Center, ⌀ 2 53 92. **Wassersportmöglichkeiten** und die Ausrüstung fürs Tauchen und Segeln bieten auch die Resorts auf den Inseln Fafa und 'Atata. **Segeltouren** unternehmen auch die Gebrüder Bollam mit ihrem Katamaran Hakula, ⌀ 2 37 59.

Abends: Zu den empfohlenen Diskotheken in Nuku'alofa gehören der Ambassador Club, Tofoa, Mo–Sa, ⌀ 2 39 06. Little Orphan Annie, Hihifo Rd., Do–Sa. Blue Pacific, 'Umusi Rd., Mi–Sa, ⌀ 2 59 94.
Live Music: Billfish Bar, Garden Bar und Waterfront Café (Do, Fr Jazz/Blues) in der Vuna Rd.

Einkaufen: In der Hauptstadt gibt es Supermärkte und einen Markt, auf dem man reichlich frisches Obst und Gemüse kaufen kann.

Vava'u-Gruppe

Touristeninformation: Tonga Visitors Bureau, P.O. Box 18, Neiafu, Vava'u, ⌀ 7 01 15.

 **Verkehrsverbindungen:** Mehrmals täglich **Flüge** von Vava'u (Lupepau'u) nach Tongatapu und Lifuka (Ha'apai). Einmal wöchentlich geht die **Fähre** ›M. V. Olovaha‹ nach Tongatapu (ca. 20 Std.).

 Mietwagen: In Neiafu: Coral Rental Cars, ⌀ 7 05 65; Vava'u Rental Cars, ⌀ 7 02 29.

Unterkunft: Garden Bay Village, P.O. Box 102, Neiafu, ⌀ 7 01 37; befindet sich am alten Hafen Neiafus, Bungalow *(fale)* $$.
Hill Top Motel, Neiafu, ⌀ 7 02 09; etwas außerhalb von Neiafu, schöner Blick auf den Port of Refuge, $.
Mounu Island Resort, ⌀ 7 07 47; Möglichkeit zum Segeln, $$$$.
Papao Village Resort, Vaka'eitu Island , ⌀ 7 03 08; ca. 40 Min. per Boot von Neiafu, Restaurant, Bäckerei, $–$$.
Paradise Hotel, P.O. Box 11, Neiafu, ⌀ 7 02 11, Fax ; schönstes Hotel Tongas, etwas außerhalb von Neiafu, herrlicher Blick auf den Port of Refuge, sehr gutes Restaurant, $$$–$$$$.
Tongan Beach Resort, P.O. Box 104, Neiafu, ⌀ 7 03 80; auf der Insel 'Utungake, empfehlenswert, $$$$.
Vava'u Guest House, P.O. Box 148, Neiafu, ⌀ 7 03 00; etwas außerhalb von Neiafu, gutes Restaurant, Doppelzimmer $, Bungalow *(fale)* $.

Restaurants: Zu den empfehlenswerten Lokalitäten zählen das **Mermaid, Ocean Breeze** und das Restaurant im **Paradise Hotel** bzw. im **Tongan Beach Resort.** Ein gutes Buffet bietet das **Hinakaueau** anläßlich der kulturellen Abendveranstaltungen.

 Sehenswürdigkeiten: Bootsausflüge zu den vorgelagerten

Inseln und Touren zu den geschichtlichen und kulturellen Sehenswürdigkeiten Tongas bietet Teta Tours, P.O. Box 113, Neiafu, ✆ 7 04 88.

Aktivitäten: Hochseeangeln: Del Ray Charters, Tongan Beach Resort, ✆ 7 03 80. Hook-Up Vava'u, ✆ 7 05 41, und Kiwi Magic, ✆ 7 04 41, Paradise Hotel. Target One, ✆ 7 06 47. **Kajaktouren:** Friendly Islands Kayak Company, Tongan Beach Resort, ✆ 7 01 73. **Segeln:** The Moorings, ✆ 7 00 16, und Sunsail, ✆ 7 06 46, Neiafu. Orion, Paradise Hotel, ✆ 7 02 11.

Für **Taucher** ist das Wrack des 1917 gesunkenen Kopradampfers ›Glen McWilliam‹ interessant. Beluga Diving, Paradise Hotel, ✆ 7 03 27. Dolphin Pacific, Tongan Beach Resort, ✆ 7 02 92. Touren zu den **Buckelwalen:** Whale Watch Vava'u, ✆ 7 05 76.

Abends: Live-Musik gibt es u.a. im Paradise Hotel und im Garden Bay Village in Neiafu.

Einkaufen: In Neiafu eher bescheidenes Angebot an frischem Obst und Gemüse.

Tonga: Reiseinformationen von A–Z

Ärztliche Versorgung

Auf allen drei Inselgruppen bestehen größere und kleinere Einrichtungen zur ärztlichen und zahnärztlichen Versorgung.
Ha'apai: Niu'ui-Krankenhaus, ✆ 6 02 03.
Tongatapu: Vaiola-Krankenhaus, Nuku'alofa, ✆ 2 32 00, 2 12 00. Private Praxis des deutschen Allgemeinmediziners und Gynäkologen Dr. Heinz Betz (German Clinic), Wellington Rd., Nuku'alofa, ✆ 2 27 36. The Town Clinic & Pharmacy, Dr. Lei Saafi (Allgemein u. HNO), Wellington Rd., Nuku'alofa, ✆ 2 56 56, So 2 36 95.
Vava'u: Ngu-Krankenhaus, ✆ 7 02 01.
Apotheken: Fasi Pharmacy and Clinic, Salote Rd., Nuku'alofa, ✆ 2 29 55. Nuku'alofa Pharmacy and Clinic, Salote Rd., Nuku'alofa, ✆ 2 10 07. Chinese Clinic, ✆ 2 52 17.

Aktivitäten

Ein Urlaub in Tonga ist ideal für Wassersportler oder für diejenigen, die Ruhe und Erholung auf einer Insel mitten im Südpazifik suchen. Als Abwechslung bieten sich Tagesausflüge der Tourunternehmen an, die Sie zu den Sehenswürdigkeiten Tongas bringen.

Hochseeangeln

Die tiefen Gewässer Tongas bieten den Sportanglern ein nahezu unvergleichliches Fanggebiet. Zu den Prachtstücken zählt sicherlich ein großer Marlin.

Schiffstouren/Segeln

Ob mit Segelboot oder Motoryacht, ein- oder mehrtägige Touren gehören zu den Highlights eines Tonga-Aufenthaltes. Insbesondere die wunderschöne Inselwelt von Vava'u im Norden Tongas ist eine Hochburg für Segler. Es gibt zahlreiche Anbieter, und jeder wird dabei die richtige Tour für sich finden.

Sightseeing

Verschiedene Unternehmen und Hotels bieten Bootsausflüge zu den vorgelagerten Inseln und Touren zu den geschichtlichen und kulturellen Sehenswürdigkeiten auf allen drei Inselgruppen Tongas an.

Tauchen

Tonga bietet ausgezeichnete Tauchmöglichkeiten, die Wassertemperatur beträgt durchschnittlich 25 °C. Zu den schönsten Tauchgebieten um Tongatapu zählt das Hakaumama'o Riff mit seinen unzähligen Papageienfischen, etwa 14 km nördlich der Hauptstadt Nuku'alofa, sowie die vor der Insel Malinoa gelegene Rifformation. Beide Riffe gehören zu den fünf Meeresschutzgebieten Tongas. Das Abbrechen und Entfernen von Korallen, Muscheln usw. wird mit hohen Geldbußen geahndet. Zu den interessantesten Tauchgängen, die die Vava'u-Gruppe bietet, gehört der zum Wrack des 1917 gesunkenen Kopradampfers ›Glen McWilliam‹.

Auf Tongatapu, der Ha'apai-Gruppe, vor allem aber auf Vava'u ist das Angebot für Taucher gut.

Auskünfte

Beim Fremdenverkehrsamt in Nuku'alofa und seinen Zweigstellen in Neiafu (Vava'u) und Pangai (Ha'apai) sind Broschüren, informative Faltblätter, Stadtpläne sowie ein kleiner Sprachführer kostenlos erhältlich (Adressen s. Tips von Insel zu Insel).

Hier bekommt man auch Informationen und Tips über aktuelle Übernachtungspreise der Hotels, Touren, Autoverleihfirmen, Restaurants usw. Nützliche Touristenzeitungen sind: ›Visitors Information Guide‹, ›What's on in Tonga‹.

Banken und Geldwechsel

Bei den drei Banken in Tonga, der Bank of Tonga, der ANZ Bank und der MBF (Malaysia Borneo-Finance) in Nuku'alofa können die wichtigsten Währungen eingetauscht und Reiseschecks eingelöst werden. Mit Visa oder Mastercard kann man Bargeld bekommen. Neben einer Zweigstelle am internationalen Flughafen Fua'amotu auf Tongatapu hat die Bank of Tonga Niederlassungen in Neiafu (Vava'u), Pangai (Ha'apai) und auf 'Eua. Die MBF hat eine Zweigstelle auf Vava'u.

Bibliotheken

University of the South Pacific Centre, Nuku'alofa, ✆ 2 15 40 (Mo–Fr 8.30–12.30 Uhr, 13.30–16.30 Uhr). 'Ute'a Public Library, Nuku'alofa, Taufa'ahau/ Laifone Rd., im Erdgeschoß der katholischen Basilika des Heiligen Antonius von Padua (Mo–Do 15–21 Uhr).

Bücher und Karten

Touristenkarten sind sowohl beim Tonga Visitors Bureau als auch in Buch- und Souvenirläden in Nuku'alofa erhältlich. Die größte Auswahl an Karten und Büchern hat Friendly Islander Bookshop (Taufa'ahau Rd.). Gute topographische Karten der drei Inselgruppen bekommt man beim Ministry of Lands,

Survey and Natural Resources in der Vuna Rd. in Nuku'alofa.

Diplomatische Vertretungen

Deutsches Honorarkonsulat Ralph Sanft

P.O. Box 32, Taufa'ahau Rd., Nuku'alofa, Kingdom of Tonga, ✆ 2 34 77

Botschaften s. Reiseplanung von A–Z, S. 261.

Einreisebestimmungen

Bei einem Aufenthalt bis zu 30 Tagen ist kein Visum erforderlich, es reicht die Vorlage eines gültigen Reisepasses, ein Weiter- bzw. Rückflugticket sowie ausreichende Geldmittel. Eine Verlängerung der Aufenthaltserlaubnis kann jeweils für einen weiteren Monat bis höchstens sechs Monate beantragt werden beim Immigration Office in Nuku'alofa, Mo–Fr 8.30–12.30 Uhr und 13.30–15.30 Uhr.

Essen und Trinken

Restaurants und Snackbars

Die größeren Hotels verfügen über akzeptable bis gute Restaurants. Außerdem finden sich in beiden Städten Restaurants und kleine Snackbars mit chinesischer, japanischer, deutscher, französischer und italienischer Küche. In einigen Hotels und Resorts stehen wöchentlich Musik- und Tanzdarbietungen sowie Abendessen mit einheimischen Spezialitäten auf dem Programm.

Getränke

Das in Tonga hergestellte Royal Beer schmeckt zwar nicht königlich, aber gut.

Trinkwasserversorgung: Nicht ratsam ist das Trinken unabgekochten Leitungswassers, trotz anderslautender offizieller Angaben. Die Wasserqualität auf Tongatapu hat sich durch ins Grundwasser versickernde Düngemittel stark verschlechtert. Auf der Vava'u- und der Ha'apai-Gruppe wird nur Regenwasser als Trinkwasser genutzt, weil das Grundwasser einen zu hohen Salzgehalt aufweist.

Feiertage und Feste

Gesetzliche Feiertage

1. Januar (Neujahrstag)
Karfreitag
Ostermontag
25. April (Anzac Day, Militärparade und Kranzniederlegung)
4. Mai (Geburtstag des Kronprinzen Tupouto'a)
4. Juni (Emancipation Day, Tag der nationalen Einheit)
4. Juli (Geburts- und Krönungstag des Königs Taufa'ahau Tupou IV)
4. November (Constitution Day, Tag der Verfassung)
4. Dezember (Gedenktag für König George Tupou I)
25. und 26. Dezember (Weihnachten)

Feste

Vava'u Festival Week (Tourism Festival) (erste Maiwoche)
Eröffnung des Parlaments mit Zeremonien, Umzügen, Parade der Schulkinder und Salutschüssen (Anfang Juni)

Welcome Festival anläßlich der Segelregatta von Neuseeland nach Tonga (Juni)

Ha'apai Tourism Festival (erste Juniwoche)

Music Festival, Wettbewerb von Musikgruppen und Solisten (Ende Juni/Anfang Juli)

Heilala Festival mit Paraden, Sportveranstaltungen und Schönheitswettbewerb (Ende Juni/Anfang Juli)

Royal Agricultural and Industrial Show, landwirtschaftliche Ausstellungen auf allen drei Inselgruppen (Ende September/Anfang Oktober)

Closing of Parliament mit Militärparaden und Schülerumzügen (letzte Okoberwoche)

Notruf

Allgemeiner Notruf für Polizei, Feuerwehr, Ambulanz ✆ **9 11**

Öffnungszeiten

Banken: Bank of Tonga Mo–Fr 9.30–16.30 Uhr, Sa 8.30–11.30 Uhr; ANZ: Mo–Fr 9–16 Uhr, Sa 8.30–11.30 Uhr; MBF: 9–15.30 Uhr, Sa 9–11.30 Uhr.
Post: Mo–Fr 8.30–16.30 Uhr.
Ämter/Behörden: Mo–Fr 8.30–12.30 Uhr und 13.30–15.30 Uhr.
Geschäfte: in der Regel Mo–Sa 9–17 Uhr, **Supermärkte:** die großen in Nuku'alofa Mo–Fr 8–19 bzw. 21 Uhr (Morris Hedstrom), Sa 7/7.30–14 Uhr.

Post und Telekommunikation

Für Ferngespräche, Telegramme, Telexe und Telefaxe: Telecom, Nuku'alofa, Salote Rd., Mo–Fr 8.30–17 Uhr, Sa 9–12.30 Uhr.

Das Hauptpostamt befindet sich in Nuku'alofa, Taufa'ahau Rd., weitere Zweigstellen existieren auf der Ha'apai- und der Vava'u-Gruppe. Im Philatelistischen Büro (Philatelic Bureau im Hauptpostamt) können Sammler die überaus beliebten, sehr außergewöhnlichen Briefmarken Tongas erhalten.

Radio und Fernsehen

Radio Tonga, A3z, sendet in tonganischer und englischer Sprache, Nachrichten in englischer Sprache werden Mo–Sa um 7 Uhr von der BBC London und um 20 Uhr von Radio Australia ausgestrahlt.

In Nuku'alofa auf Tongatapu gibt es zwei Fernsehstationen (Kanal 3 und 4). CNN-Nachrichten können täglich aktuell über Satellit empfangen werden.

Reisen im Land

Eine lokale Fluggesellschaft und eine Reederei verbinden die Hauptinsel Tongas mit den äußeren Inselgruppen. Auf Tongatapu existiert ein gut ausgebautes Straßennetz. Allerdings ist darauf zu achten, daß Tonga am Sonntag ›geschlossen‹ hat, d. h. es fährt kein Bus, kein Flugzeug startet oder landet und kein Schiff legt an oder ab, mit Ausnahme der Ausflugsboote ab Faua Wharf. Nur einige Taxi-Unternehmen arbeiten auch am Sonntag.

Flugverbindungen

Der internationale Flughafen Fua'amotu liegt ca. 20 km von der Hauptstadt Nuku'alofa entfernt im Südosten der

Insel Tongatapu. In dem neuen Flughafengebäude finden sich Geldwechselschalter, Touristeninformation, Autovermietung, Tour- und Taxiunternehmen, Snackbars, Duty-Free Shops, Buch- und Souvenirläden, eine Gepäckaufbewahrung fehlt allerdings.

Tongas einzige nationale Fluggesellschaft, die Royal Tongan Airlines, bietet gute Verbindungen von Tongatapu zu den anderen Inseln an:
Royal Tongan Airlines, Royco Building, Fatafehi Rd., Private Bag 9, Nuku'alofa, ✆ 2 34 14.

Auf allen nationalen Flugstrecken dürfen maximal 10 kg Gepäck pro Person mitgenommen werden. Es ist ratsam, sich die Reservierung 24 Stunden vor dem geplanten Abflug bestätigen zu lassen. Die Abfluggebühr beträgt 20 TOP.
Internationale Fluggesellschaften:
Air New Zealand, P.O. Box 4, Taufa'ahau Rd., Nuku'alofa, ✆ 2 38 28.
Air Pacific, P.O. Box 34, Taufa'ahau Rd., Nuku'alofa, ✆ 2 34 23.
Polynesian Airlines, P.O. Box 1175, Salote Rd., Nuku'alofa, ✆ 2 45 66 u. 2 15 66.
Samoa Air, Neiafu, Vava'u, ✆ 7 06 44.

Schiffsverbindungen

Zwischen den Inselgruppen bestehen regelmäßige Fährverbindungen. Trotz vorhandener Fahrpläne empfiehlt es sich, bei der Reederei erneut Erkundigungen über genaue Abfahrtzeiten der Schiffe einzuholen. Informationen über weitere Verbindungen und Tarife sind beim Tonga Visitors Bureau zu erhalten oder direkt bei:
Shipping Corporation of Polynesia Ltd., Queen Salote Wharf, Nuku'alofa, ✆ 2 16 99.

Bus

Auf der Hauptinsel Tongatapu ist das Streckennetz gut ausgebaut, dagegen sind die Busverbindungen auf den äußeren Inselgruppen eher begrenzt. Da keine Fahrpläne existieren, erkundigt man sich am besten beim Busfahrer, wann der letzte Bus in die Stadt zurückfährt (meistens nachmittags zwischen 15.30 und 16.30 Uhr). In Tonga gibt es keine Haltestellen, der Fahrer stoppt den Bus auf Ihr Handzeichen hin auch auf freier Strecke. Bezahlt wird beim Aussteigen, möglichst mit passendem Kleingeld.

Taxi

Taxifahrten sind auf allen Inselgruppen Tongas relativ preiswert. Einige Firmen auf der Hauptinsel betreiben einen 24-Stunden-Service, mitunter auch sonntags. Die Preise sind staatlich festgesetzt (aktuelle Informationen sind beim Tonga Visitors Bureau zu erfragen).

Mietwagen

Sowohl in Nuku'alofa als auch in Neiafu besteht die Möglichkeit, ein Auto zu mieten. Gegen Vorlage des Passes und eines gültigen Führerscheins wird beim Police Traffic Department in der Salote Rd. in Nuku'alofa für 10 TOP ein tonganischer Führerschein ausgestellt. Wochenendtarife bzw. Rabatte bei längeren Leihfristen bieten alle Firmen an.

Souvenirs

Die beste Adresse für kunsthandwerkliche Erzeugnisse ist in Nuku'alofa das Langafonua Centre, Cocker-Haus (Nähe Post), ✆ 2 10 14. Eine gute Auswahl findet man ebenfalls im ersten Stock des neuen Talamahu Markts (tägl. außer So) in Nuku'alofa. Die Qualität der Rindenbaststoffe *(tapa)* ist hervorragend, und sie sind in Tonga preiswerter zu erstehen als in anderen Inselstaaten des Südpazifiks. Weitere kunsthandwerkliche Produkte sind geflochtene Matten, Holzschnitzereien und Schmuck aus schwarzer Koralle. Die Flechtarbeiten von Vava'u gelten als qualitativ besonders hochwertiges Kunsthandwerk.

Sprache

Verkehrssprachen sind Tonganisch und Englisch. Im Fremdenverkehrsamt ist das Faltblatt ›Some useful Tongan words and phrases‹ kostenlos erhältlich. Nachstehend nur eine kleine Auswahl der wichtigsten Wörter und Redewendungen.

Die Aussprache des Tonganischen ähnelt prinzipiell der deutschen Aussprache. Ausnahme: das g gibt es nur in Verbindung mit n und wird wie im Deutschen ›singen‹ ausgesprochen.

Wörter und Wendungen

Guten Tag – malo e lelei
Guten Morgen – malo e lelei ki he pongipongi'ni
Guten Abend – malo e lelei ki he efiafi'ni
Willkommen – talitali fiefia
Auf Wiedersehen – 'alu a (der, der geht)
Auf Wiedersehen – nofoa (antwortet der, der bleibt)
danke – malo
danke sehr – malo 'aupito
tonganische Lebensweise – faka-Tonga
König, Herrscher – tu'i
Adlige, Häuptlinge – hou'eiki
Sprecher eines Häuptlings – matapule
Adliger – nopele

Person ohne oder niederen Ranges – tu'a
Europäer, Weißer – palangi
ja – 'io
nein – 'ikai
ich – koau
Du, Sie – ko koe
Wie geht es? – fefe hake?
Danke, gut – sai pe, malo
Ich heiße … – ko hoku hingoa ko …
Wo ist das Hotel …? – 'oku tu'u 'i fe 'a e hotele' …?
Das Essen schmeckt sehr gut – 'oku sai 'aupito 'a e me'akai

Stromversorgung

240 Volt/50 Hertz.

Unterkunft

Die überwiegende Zahl der Hotels und preisgünstigen Gästehäuser befindet sich auf Tongatapu. Auf den Tongatapu vorgelagerten Inseln gibt es jedoch Ferienanlagen (Resorts) mit mehr Südsee-Flair als in der Hauptstadt. Das Angebot der Unterkünfte auf den anderen Inselgruppen ist eher begrenzt. Auf Vava'u ist besonders das Paradise Hotel zu empfehlen. Große Hotels und Resorts verfügen über Restaurant, Bar, Swimmingpool und bieten Wassersportmöglichkeiten. Außerdem verleihen einige Hotels und Gästehäuser auf allen drei Inselgruppen auch Fahrräder.

Campingmöglichkeiten: Tongatapu: Good Samaritan Inn, Heilala Holiday Lodge, Paradise Shores Resort am Ha'atafu Beach. Vava'u: Garden Bay Village.

Kreditkarten werden nur in großen Hotels und Resorts akzeptiert.

Währung

Die Landeswährung ist der Pa'anga, auch Tonganischer Dollar genannt (TOP). Es gibt Banknoten zu 1, 2, 5, 10, 20, 50 Pa'anga sowie Münzen zu 1, 2, 5, 10, 20, 50 Seniti. 100 TOP = ca. 125 DM/890ÖS/103 SFr (Ende 1999).

Zeit

MEZ plus 12 Stunden. »Tonga: Where time begins«.

Zeitungen

Es erscheinen wöchentlich der ›Taimi Tonga‹ in tonganischer Sprache, der regierungsnahe ›Tonga Chronicle‹ (donnerstags in tonganischer, freitags in englischer Sprache) und ›The Times of Tonga‹ in englischer Sprache. Alle drei Monate gibt es das zweisprachige Nachrichtenmagazin ›Matangi Tonga‹. Dessen Beilage 'Eva informiert u.a. über die neuesten Entwicklungen und Ereignisse in der Tourismusbranche. Überwiegend in tonganischer Sprache erscheint alle zwei Monate die regierungsunabhängige Zeitung ›Ko e Kele'a‹.

Zollbestimmungen

Pro Person über 18 Jahre dürfen zollfrei mitgeführt werden: 200 Zigaretten oder 200 g Tabak sowie 1 l Spirituosen oder Wein.

Samoa und Amerikanisch-Samoa
Adressen und Tips von Insel zu Insel

Die Preise der Unterkünfte gelten, soweit nicht anders angegeben, für eine Übernachtung in einem Doppelzimmer. Hinzugerechnet werden müssen in Samoa 10 % Mehrwertsteuer, die bei den meisten preiswerteren Gästehäusern allerdings schon im Preis inbegriffen ist. Die Preiskürzel (US $ = amerikanischer Dollar) bedeuten: $ = bis 25 US $, $$ = 26–50 US $, $$$ = 51–100 US $, $$$$ = über 100 US $.

Manu'a-Gruppe

Verkehrsverbindungen: Regelmäßiger **Flugverkehr,** jedoch keine Fähren.

Unterkunft: Don & Ilaisa's Motel, P.O. Box 932, Pago Pago, American Samoa 95799, ✆ 6 55 12 12; auf der Insel Olosega gelegene, einfache Unterkunft mit 6 Zimmern, $$.
Fitiuta Lodge, P.O. Box 1858, Manu'a, American Samoa 96799, ✆ 6 33 58 41, 6 77 35 01; auf der Insel Ta'u gelegene, einfache Unterkunft mit 10 Zimmern, $$.

Vaoto Lodge, Manu'a, American Samoa 96799, ✆ 6 99 96 28, 6 55 11 20; auf der Insel Ofu, $$.

Savai'i

 Verkehrsverbindungen: Von den beiden lokalen Flughäfen, nahe Asau im Norden sowie in Maota nahe Salelologa im Südosten der Insel, mehrmals täglich **Flüge** nach 'Upolu. Bis zu viermal täglich **Fähre** nach 'Upolu. Anlegestelle ist etwa 1,5 km von dem Ort Salelologa entfernt im Südosten der Insel (Salelologa Wharf). Die Überfahrt dauert ca. 90 Min. Gute **Busverbindung** zwischen dem Hafen und Salelologa. Gute Küstenstraße zwischen Asau im Nordwesten und Sasina im Nordosten. Straße entlang der Nordküste z. T. in schlechtem Zustand.

 Mietwagen: Savai'i Car Rental, ✆ 5 12 06, und West End Rentals, ✆ 5 14 15, in Salelologa.

Unterkunft: Safua Hotel, Private Bag, Salelologa, ✆ 5 12 71; Schon allein wegen der Besitzerin Moelagi Jackson und ihrem überaus reichen Wissen über Samoa ist dieses nette Hotel in Lalomalava ca. 5 km nordöstlich von Salelologa empfehlenswert. Am Wochenende *fiafia*-Abende. Bungalows *(fale)* $$–$$$, Zeltplatz $.
Savai'ian Hotel, P.O. Box 5082, Lalomalava, ✆ 5 12 06; Restaurant mit Live-Musik am Wochenende, Zimmer und *fale*, $$–$$$.
Si'ufaga Beach Resort, P.O. Box 8002, Tuasivi, ✆ 5 35 18; in Faga jenseits eines sehr schönen Strandes, *fale* mit Kochmöglichkeit $$, Zeltplatz $.
Stevenson's at Manase, P.O. Box 210, ✆ 5 82 19; in dem schönen Dorf

Manase an der Nordküste gelegen, auch *beach fale*, $$–$$$.
Vaisala Beach Hotel, P.O. Box 570, ✆ 5 80 16; nahe Asau an der Nordwestküste Savai'is gelegen, 18 Wohneinheiten mit Kochgelegenheit, $$.

 Sehenswürdigkeiten: Das Safua Hotel und das Si'ufaga Beach Resort bieten ganz- oder halbtägige Ausflüge zu den Sehenswürdigkeiten der Insel an.

 Aktivitäten: Ein gutes Tauchgebiet befindet sich vor der Südostküste von Savai'i. Ausflüge organisiert Samoa Marine, P.O. Box 4700, Matautuuta, Apia, ✆ 2 27 21.

 **Einkaufen:** In den Geschäften auf Savai'i ist das Lebensmittelangebot bescheiden.

Tutuila

Touristeninformation: Office of Tourism, P.O. Box 1147, Pago Pago, American Samoa 96799, ✆ 6 33 10 91/92.

Verkehrsverbindungen: Täglich **Flug** zur Manu'a-Gruppe (Ta'u und Ofu), mehrmals täglich Flugverbindung nach Samoa sowie jeweils zweimal wöchentlich nach Tonga und Niue. Der internationale Flughafen bei Tafuna liegt ca. 15 km außerhalb des Stadtzentrums. Regelmäßige Überfahrten mit der **Fähre** ›Queen Salamasina‹ nach Apia auf 'Upolu (Samoa) vom Anleger in Fagatogo/Pago Pago (ca. 8 Std.). Relativ gut entwickelter öffentlicher **Busverkehr.** Zentrale Busstation am Markt in Fagatogo.

Mietwagen: Avis Rent-A-Car, ✆ 6 99 27 46, und Pavitt's U Drive, ✆ 6 99 14 56, am Flughafen; Royal Samoan Rent-a-Car, ✆ 6 33 45 45, und Thrifty Car Rental, ✆ 6 33 74 82, Rainmaker Hotel.

 Unterkunft: Apiolefaga Inn, P.O. Box 336, Pago Pago, ✆ 6 99 91 24; in Mesepa nahe dem internationalen Flughafen gelegen, Swimmingpool, Bar und Restaurant, $$$.
Barry's B & B, P.O. Box 5572, Pago Pago, ✆ 6 99 51 13; in schöner ruhiger Umgebung bei Leone, der Besitzer bietet Touren und Wanderungen an, $$.
Rainmaker Hotel, P.O. Box 996, Pago Pago, ✆ 6 33 42 41; am Hafen von Pago Pago, trotz des etwas heruntergekommenen Zustandes immer noch das Hotel am Platze, $$$–$$$$.
Ta'alolo Lodge & Golf Resort, P.O. Box 783, Pago Pago, ✆ 6 88 73 11; schönes Haus gegenüber dem Golfplatz, Swimmingpool, $$$.

🍴 **Restaurants:** Die Restaurants konzentrieren sich in Pago Pago und Fagatogo. Das teuerste und berühmteste ist **Sadie's Restaurant,** das schon allein des Interieurs wegen einen Besuch wert ist, aber auch exzellente Küche, insbesondere Fisch und Meeresfrüchte bietet. Mit Blick über den Hafen ißt man im **Pago Pago Bay Restaurant,** das auch gute asiatische Gerichte serivert. Unter den zahlreichen asiatischen Restaurants sind u.a. das **Hong Kong, Pacific** (koreanische Küche) und **Taima's Garden** (auch samoanische Gerichte) empfehlenswert. Darüber gibt es in diversen Restaurants und Cafès italienische, mexikanische und amerikanische Speisen und Snacks.

 Sehenswürdigkeiten: Das **Jean P. Haydon Museum** am Hafen von Fagatogo bietet mit seiner kunsthandwerklichen und kunsthistorischen Sammlung einen guten Einblick in die Geschichte des Landes, Mo–Fr 10–15 Uhr. Stadtbesichtigungen und Ausflüge zu den Sehenswürdigkeiten Tutuilas bieten Sadie's Travel, P.O. Box 1858, Pago Pago, ✆ 6 33 12 76, und Samoa Tours & Travel, P.O. Box 727, Pago Pago, ✆ 6 33 58 84.

🚶 **Aktivitäten:** Ein sehr schön gelegener 18-Loch-**Golfplatz** befindet sich nahe dem internationalen Flughafen bei 'Ili'ili an der Südküste von Tutuila. Wer Interesse am **Hochseeangeln** oder **Sportfischen** hat, wende sich an die American Samoa Game Fishing Association, P.O. Box 191, Pago Pago, ✆ 6 33 45 98. Aufgrund der mitunter gefährlichen Strömungen an den Küsten Tutuilas sollte man vor dem **Schwimmen** oder **Schnorcheln** bei Ortskundigen nach den jeweiligen Bedingungen fragen. **Surfer** kommen auf Tutuila voll auf ihre Kosten. Über die besten Spots zum Surfen und Tauchen informieren Dive Samoa, P.O. Box 3927, Pago Pago, ✆ 6 33 221 83; Tutuila Dive Shop, ✆ 6 99 28 42. Öffentliche **Tennisplätze** befinden sich im Pago Park sowie in Tafuna nahe dem internationalen Flughafen. Für **Wanderer** gibt es sowohl auf Tutuila als auch auf Ta'u (Manu'a-Gruppe) im Nationalpark einige interessante Wegstrecken. Informationen: National Park Visitor Information Center, Pago Pago, ✆ 6 33 70 82.

🍸 **Abends:** Das Rainmaker Hotel veranstaltet wöchentliche *fiafia*-Abende mit einheimischer Küche und traditionellen Tanz- und Gesangsdarbietungen. Live-Musik gibt es in der Sadie Thompson Lounge im Rainmaker, gelegentlich auch in der Bar von Sadie's Restaurant. Eine beliebte Diskothek ist das Silver Bros an der Küstenstraße Richtung Flughafen. Oder man trifft sich in Tisa's Barefoot Bar am Alega-Strand ca. 10 km östlich der Hauptstadt. Im Kino in Nu'uuli stehen die laufenden Kassenschlager auf dem Programm.

'Upolu

Touristeninformation: Samoa Visitors Bureau, P.O. Box 2272, Beach Rd., Apia, ✆ 2 23 71.

Verkehrsverbindungen: Der internationale Flughafen Faleolo liegt 35 km von Apia entfernt im Nordwesten der Insel. Von dort sowie vom kleinen Flugplatz Fagali'i östlich von Apia gehen mehrmals täglich **Flüge** auf die Insel Savai'i. Bis zu viermal täglich **Fähre** von der Mulifanua Wharf im Nordwesten der Insel nach Savai'i, Überfahrt ca. 90 Min. Gute **Busverbindungen** zwischen Apia und dem Mulifanua-Kai.

Mietwagen: Aus der langen Liste von Verleihfirmen in Apia seien genannt: Avis, ✆ 2 42 44; Budget Rentals, ✆ 2 05 61; G & J Rentals, ✆ 2 10 78; Pavitt's-U-Drive, ✆ 2 17 66. Mofas vermietet Lima-Oueni Enterprise, ✆ 2 54 95, Fahrräder das Seaside Inn, Beach Rd.

Unterkunft: Aggie Grey's Hotel: P.O. Box 67, ✆ 2 28 80; an der Beach Rd., größtes und berühmtestes Hotel in Samoa, Zimmer, Bungalow *(fale)* $$$$.
Hotel Insel Fehmarn, P.O. Box 2272, Apia, ✆ 2 33 01; in der Falealili St., Zimmer mit Balkon und Kochmöglichkeit, Swimmingpool, $$$.
Kitano Tusitala Hotel, P.O. Box 101, ✆ 2 11 22; im westlichen Teil Apias an der Mulinu'u St., $$$–$$$$.
Pasefika Inn, P.O. Box 4213, Apia, ✆ 2 09 71; Mata'utu Street unweit der Beach Road, Zimmer mit Balkon, Schlafsaal, Gemeinschaftsküche, empfehlenswert, $$.
Samoan Outrigger Hotel, P.O. Box 4074, Apia, ✆ 2 00 42; schön gelegenes, renoviertes Holzhaus im Kolonialstil in Viala, Preis für bestes Billig-Hotel im Pazifik, Zwei- und Mehrbettzimmer, Kochmöglichkeit, $–$$.
Samoan Village Resort, P.O. Box 3495, ✆ 4 60 28; ca. 4 km vom internationalen Flughafen Faleolo entfernte Luxusanlage, $$$–$$$$.
Seaside Inn, P.O. Box 3019, Apia, ✆ 2 25 78; in der Beach Road unweit vom Hafen, Zimmer, Schlafsaal, Gemeinschaftsküche, $.
Sinalei Reef Resort, P.O. Box 1510, ✆ 2 51 91; Luxusunterkunft in Siumu an der Südküste mit schönem Strand, $$$$.
Vaiala Beach Cottages, P.O. Box 2025, ✆ 2 22 02; ca. 2 km östlich Apias, Bungalows mit Kochgelegenheit und Kühlschrank, $$$.
Valentine Parker's Accommodation, P.O. Box 395, ✆ 2 21 58; etwas außerhalb in Fugalei, südwestlich Apias gelegene empfehlenswerte, einfache Unterkunft, Gemeinschaftsdusche und -toilette, $.

Restaurants: Zu den besten Restaurants der Stadt zählen **Le Tamarina** (Aggie Grey's, ✆ 2 28 80), das **Rainforest Cafe & Restaurant, Belle Ile** (französische und samoanische Gerichte, ✆ 2 10 10) und **Sails Restaurant & Bar** (✆ 2 06 28) in der Beach Rd., das **Gourmet Seafood & Grill,**

Siva und ma'ulu'ulu
Tanz in Samoa

Die traditionellen, oft sehr erotischen Tänze Samoas wurden von den europäischen Missionaren im 19. Jahrhundert verboten. Der *siva* und der *ma'ulu'ulu* sind keine traditionellen Tänze im eigentlichen Sinne sondern neueren Datums. Der *ma'ulu'ulu* ist ein synchron aufgeführter Gruppentanz, bei dem die Teilnehmer sitzend den Liedtext illustrieren, der *siva* ist ein Solotanz, bei dem die Tänzerin stehend, mit anmutigen, langsamen Körperbewegungen den mehrstimmigen Gesang begleitet. Die besten Gelegenheiten, samoanische Tänze zu erleben, bieten sich bei einem *fiafia*-Abend in einem der größeren Hotels oder bei den Feierlichkeiten anläßlich des Unabhängigkeitstages Anfang Juni.

Ecke Convent St/Post Office St., sowie **Lesina's Lounge & Restaurant** (u.a. japanische und samoanische Küche, ✆ 2 08 36) mit Blick über Apia (Apaula Heights). Chinesisch und gut ißt man im **Oriental Restaurant** (✆ 2 68 33) gegenüber dem Mormonentempel in Pesega, im **Wong Kee's** (✆ 67 78) in der Beach Rd. und im **Canton** (✆ 2 28 18), Matautu-Uta, unweit vom Pasefika Inn. **Giordano's Pizzeria & Cafe** (✆ 2 59 85) gegenüber dem Hotel Insel Fehmarn ist der beste Italiener der Stadt. Im **Fale Restaurant** (Aggie's) und **Stevensons** (Kitano Tusitala Hotel) gibt es an den *fiafia*-Abenden üppige Büffets.

Sehenswürdigkeiten: Touren zu den Sehenswürdigkeiten der Inseln organisieren u.a. Eco-Tour Samoa (Rainforest Ecolodge, Tanumapua), ✆ 2 21 44; Oceania Travel & Tours, ✆ 2 44 43; Outrigger Adventure Tours (Samoa Outrigger Hotel), ✆ 2 00 42; Samoa Scenic Tours (Aggie's), ✆ 2 69 81.

Aktivitäten: Der 18-Loch-**Golfplatz** des Royal Samoan Country Club befindet sich nahe dem lokalen Flugplatz Fagali'i. Informationen unter ✆ 2 01 20. Speziell ausgerüstete Boote zum **Hochseeangeln** sind zu chartern bei Samoa Marine, P.O. Box 4700, Matautu-uta, Apia, ✆ 2 27 21. **Kanu- und Kajaktouren:** Eco-Tour Samoa, ✆ 2 21 44. Als einer der besten Strände zum **Surfen** gilt Solosolo Beach. Informationen: Samoa Outer Limits, Maagiagi, ✆ 2 23 94; Third World Surf, Vaisigano, ✆ 2 66 93. **Tauchexkursionen** unternehmen SQVama Divers (PADI, IDEA), Matautu-Uta, ✆ 2 48 58; Pacific Quest Dive, Beach Rd., ✆ 2 47 28. Im Apia Park gibt es **Tennisplätze:** Public Courts, Mo–Sa bis 22 Uhr, So 16–22 Uhr.

Abends: *Fiafias* mit großem Buffet und samoanischen Tänzen veranstalten mehrere Hotels und Resorts an verschiedenen Abenden: Aggie Grey's (Mi), Kitano Tusitala (Do), Sinalei Reef Resort (Fr) und Coconuts Beach Resort (Sa) in Siumu. Buchungen sind zu empfehlen. An den restlichen Abenden gibt es in den dortigen Bars (Live-)Musik, teilweise mit modernen oder traditonellen polynesischen Klängen und Rhythmen. Auch außerhalb der Hotels sorgen zahlreiche Diskotheken und Bars mit Live-Musik für ein abwechslungsreiches Nachtleben in der Hauptstadt. In der Beach Rd. gibt es gute Cocktails im Don't Drink the Water (✆ 2 00 93), ein kühles Bier im Otto's Reef (✆ 2 26 91) oder Magrey Ta's (✆ 2 53 95). Ein Erlebnis ist dort Cindy's wöchentliche *fa'afafine*-Show. Zu den beliebtesten Discos gehören die Peninsula Bar (Mulinu'u, ✆ 2 43 75) und der Mount Vaea Nite Club (✆ 2 16 27).

Einkaufen: Die drei großen Supermärkte der Hauptstadt verfügen über ein großes Angebot von Lebensmitteln. Frisches Obst und Gemüse erhält man am besten auf dem Markt in der Fugalei Street. Kunsthandwerk und Souvenirs findet man in einer Reihe von Geschäften sowie auf dem Markt in der Beach Road. In Apia und auf dem internationalen Flughafen gibt es Duty Free Shops.

Samoa
Reiseinformationen von A–Z

Ärztliche Versorgung

In Apia gibt es das größte Krankenhaus des Landes (Motootua, Ifiifi St., ✆ 2 12 12). Weiterhin existiert eine Reihe von kleineren Einrichtungen zur ärztlichen Versorgung in allen Teilen Samoas.
Private Kliniken und Praxen: Apia Medical Clinic, ✆ 2 09 42; Faletoese Clinic, ✆ 2 33 44; T&T Medical Centre, ✆ 2 49 46; Dr. John Atherton, ✆ 2 61 13; Dr. Kome Kuresa, ✆ 2 03 65; So'onalole Dental Surgery, Alamagoto, ✆ 2 11 45. Darüber hinaus gibt es mehrere Apotheken.

Aktivitäten

Hochseeangeln

Es gibt nur ein Unternehmen, das Exkursionen für Sportangler anbietet. Da Riffe und Fischereirechte im Besitz der Dörfer sind, ist Angeln nicht ohne Erlaubnis möglich. In der ersten Augustwoche findet das Samoa International Gamefishing Tournament statt.

Sightseeing

Verschiedene Tourunternehmen und Hotels bieten Ausflüge zu den Sehenswürdigkeiten der Inseln an. Informationen beim Fremdenverkehrsamt oder direkt bei den Veranstaltern (Adressen s. Von Insel zu Insel).

Tauchen

Die Tauchgründe in Samoa sind nicht ganz so spektakulär wie in anderen pazifischen Inselstaaten. Es gibt mehrere Anbieter von Tauchkursen und -exkursionen. Beliebte Ziele sind die Riffe Faleula (westlich von Apia), Apolima und Aleipata sowie entlang der Südküste.

Auskünfte

Bcim Fremdenverkehrsamt in der Beach Road in Apia sind Informationen, Broschüren und Landkarten erhältlich (Adresse s. Tips von Insel zu Insel).

Banken und Geldwechsel

Bei allen drei Banken in Apia (Beach Road), der Bank of Samoa (✆ 2 24 22), der National Bank of Samoa (✆ 2 30 76) und der Pacific Commercial Bank (✆ 2 00 00), können die wichtigsten Währungen und Reiseschecks eingewechselt bzw. eingelöst werden. Die gebräuchlichsten Kreditkarten (American Express, Diners Club, Mastercard und Visa) werden in den großen Hotels, von Restaurants, Autoverleihfirmen etc. akzeptiert. Reiseschecks können auch bei den großen Hotels eingelöst werden. Bargeld bekommt man bei der Bank of Samoa auf Visa und Mastercard, bei der Pacific Commercial Bank nur auf Mastercard.

Bibliotheken

University of the South Pacific Center, Apia, ✆ 2 09 75, 2 19 41 (Mo–Fr 8–16.30 Uhr). Nelson Memorial Library, Apia, Beach Rd. (Mo–Do 9–16.30 Uhr, Fr 8–16 Uhr). Der Lesesaal der New Zealand High Commission in der Beach Rd. bietet eine gute Auswahl an Literatur über Neuseeland und Polynesien.

Bücher und Karten

Die beste Auswahl an Büchern über Samoa und den Pazifik haben der Wesley Bookshop (Beach Rd.) und der Educational Bookshop (Mt. Vaea/Vaitele St.). Detaillierte topographische Karten sind beim Department of Lands and Survey erhältlich (Apia, Beach Rd., ✆ 2 24 81).

Diplomatische Vertretungen

Deutsches Honorarkonsulat William A. Keil
P.O. Box 473, NPF-Building, Beach Rd., Apia, Samoa, ✆ 0 06 85/2 26 95.

Botschaften s. Reiseplanung von A–Z, S. 261.

Einreisebestimmungen

Bei einem Aufenthalt bis zu 30 Tagen ist kein Visum erforderlich, es reicht die Vorlage eines gültigen Reisepasses, ein Weiter- bzw. Rückflugticket sowie eine Kontaktadresse bzw. Hotelbuchung. Eine Verlängerung der Aufenthaltserlaubnis muß beim Department of Immigration (Apia, Beach Rd.) beantragt werden.

Essen und Trinken

Restaurants und Snackbars

In der Hauptstadt Apia gibt es einige gute bis sehr gute Restaurants mit internationaler Küche, akzeptable Snackbars und kleinere Cafés. Außerhalb Apias und auf Savai'i ist man auf das Hotelrestaurant bzw. auf Selbstversorgung angewiesen.

In einigen Hotels stehen einmal wöchentlich *fiafia*-Abende mit einheimischen Spezialitäten sowie samoanischen Musik- und Tanzdarbietungen auf dem Programm.

Getränke

Das Nationalgetränk ist *kava*, in der samoanischen Sprache *'ava* genannt. Das in Samoa gebraute Bier, das Vailima, schmeckt ausgezeichnet. Andere alkoholische Getränke sind aufgrund der extremen Einfuhrzölle sehr teuer. **Trinkwasserversorgung:** Es empfiehlt sich, das Leitungswasser vor dem Trinken stets abzukochen.

Feiertage und Feste

Gesetzliche Feiertage

1. Januar (Neujahrstag)
2. Januar (Geburtstag des Staatsoberhauptes)
Karfreitag, Karsamstag, Ostermontag
25. April (Anzac Day)
1.–3. Juni (Unabhängigkeitsfeiern)
1. Montag im August (Labour Day)
2. Sonntag und Montag im Oktober (Children's White Sunday, Fest der Kinder)
5. November (Arbor Day)
25. und 26. Dezember (Weihnachten)

Feste

Während der ersten drei Junitage finden anläßlich der Unabhängigkeitsfeiern **(Independence Celebrations)** Tanz-, Musik- und Sportveranstaltungen statt. Höhepunkt dieser Festtage sind die Regatten der traditionellen Langboote *(fautasi)* im Hafen von Apia. Im Juli findet das jährliche Musikfest **Musika Extravaganza** statt. Traditionelle und moderne Kompositionen werden von samoanischen Stars und jungen Künstlern interpretiert. Während der **Teuila Tourism Festival Week** Anfang September finden zahlreiche kulturelle Veranstaltungen und Wettbewerbe statt wie z.B. der Singwettbewerb der Kirchenchöre, *fautasi*-Rennen und traditionelle Tanzwettbewerbe. Am Ende der Woche wird in einem Schönheitswettbewerb die Miss Samoa gewählt, die das Land im jährlichen Wettbewerb um den Titel der Miss South Pacific repräsentiert. Allein schon wegen der polynesischen Designer-Mode, die hier zur Schau getragen wird, ist das ein spannendes Ereignis. **Swarm of the palolo** (Ende Oktober/Anfang November) – *palolo* sind kleine, im Korallenriff lebende Würmer, die bei einer bestimmten Mondphase an der Meeresoberfläche auftauchen, um sich fortzupflanzen. Da sie in Samoa (wie im ganzen Südpazifik) als Delikatesse gelten, werden sie bei Morgengrauen mit Handnetzen gefischt und anschließend bei einem großen Festmahl gegessen.

Notruf

Notruf (Emergency Services) ✆ 9 99; **Feuerwehr** ✆ 9 94; **Polizei** ✆ 9 95; **National Hospital** (Staatliches Krankenhaus in Apia) ✆ 9 96.

Öffnungszeiten

Banken: Mo–Fr 9–15 Uhr, National
Bank of Samoa auch Sa vormittags.
Post: Mo–Fr 9–16.30 Uhr.
Telecom: Telephone & Telex, Mo–Fr
8–22 Uhr; Facsimile, Mo–Fr 8–16.30 Uhr.
Ämter/Behörden: Mo–Fr 8–12 Uhr
und 13–16.30 Uhr.
Geschäfte: in der Regel Mo–Fr 8–12
und 13.30–16.30 Uhr, Sa 8–12.30 Uhr.

Post und Telekommunikation

Das Hauptpostamt (Öffnungszeiten s.o.)
befindet sich in der Hauptstadt Apia,
Beach Rd., weitere Zweigstellen existieren in allen größeren Ortschaften.

Radio und Fernsehen

Neben den beiden lokalen Radiosen-
dern können auch Fernseh- und Radio-
programme aus Amerikanisch-Samoa
empfangen werden. Von Radio Australia übernommene internationale Nachrichten werden auf Mittelwelle täglich
um 8 Uhr von Radio 2AP (Voice of
Samoa) übertragen.

Reisen im Land

Es existieren regelmäßige Flug- und
Fährverbindungen zwischen den beiden großen Inseln sowie nach Amerikanisch-Samoa.

Flugverbindungen

Der internationale Flughafen Faleolo
liegt 35 km westlich der Hauptstadt Apia
an der Nordküste der Insel 'Upolu. In der
Flughafenhalle gibt es eine Post, Zweigstellen zweier Banken, Duty-free-Läden,
einen Imbißstand sowie eine kleine Bar.

Wer vorab ein Hotelzimmer gebucht
hat, wird vor dem Flughafengebäude
abgeholt, allen anderen stehen der
Flughafenbus und Taxis in ausreichender Anzahl zur Verfügung. Die nationale
Fluggesellschaft, die Samoa Air, sowie
Polynesian Airlines fliegen mehrmals
täglich sowohl vom Faleolo International Airport als auch von dem kleinen
Flugplatz Fagali'i östlich der Hauptstadt
Apia auf die Insel Savai'i. Dort befinden
sich Flugplätze bei Asau im Norden
sowie in Maoto nahe Salelologa im
Südosten. Für internationale Flüge ist
eine Abflugsteuer in Höhe von S$ 20
(Samoa Tala) zu entrichten. Informatio-
nen über Abflugzeiten, Buchungen und
Charterflüge erhält man bei:
Samoa Air, Mt. Vaea Rd., Apia,
✆ 2 29 01, 2 23 21.

Internationale Fluggesellschaften:
Air New Zealand, Beach Rd., Apia,
✆ 2 08 25/6/7.
Air Pacific, ✆ 2 26 93.
Hawaiian Airlines, Beach Rd., Apia,
✆ 2 13 45.
Polynesian Airlines, Beach Rd.,
Apia, ✆ 2 12 61, am intern. Flughafen:
✆ 2 36 11, 2 36 12.
Royal Tongan Airlines, Apia,
✆ 2 29 01, 2 23 21.
Samoa Air, Apia, ✆ 2 23 21.

Schiffsverbindungen

Fährschiffe verkehren regelmäßig
zwischen den Inseln des Landes sowie
'Upolu und Tutuila in Amerikanisch-
Samoa. Die Lady Samoa pendelt täg-
lich zwischen 'Upolu (Apia) und Savai'i
(Salelologa). Von der Anlegestelle in
Manono-Uta fahren nach Vereinbarung

Boote auf die Insel Manono. Einmal wöchentlich verkehrt die Salamasina zwischen Apia und Pago Pago. Weniger Seetüchtige sollten sich mit einem Mittel gegen Übelkeit für die Überfahrt nach Amerikanisch-Samoa wappnen. Information und Buchungen: **Samoa Shipping Corp.**, Private Bag, Beach Rd., Apia, ⌀ 2 09 35, 2 09 36.

Bus

Auf 'Upolu gibt es ein gut ausgebautes Busnetz, während der öffentliche Nahverkehr auf Savai'i nur mäßig entwickelt ist. Da keine Fahrpläne existieren, sind die Auskünfte beim Fahrer einzuholen. Haltestellen gibt es auch nicht. Der Bus hält auf freier Strecke auf Handzeichen bzw. immer dann, wenn Fahrgäste aussteigen wollen. Bezahlt wird beim Einsteigen, möglichst mit passendem Kleingeld.

Eine Fahrt mit den buntbemalten, mit Holzbänken ausgestatteten Bussen ist ein besonderes Erlebnis in Samoa, nicht nur wegen der Lautstärke der ständig spielenden Radios. Auch wer sich große Mühe gibt, wird nicht einen Bus entdecken, der in der Farbgestaltung identisch mit einem anderen ist.

Für weiter entfernte Ziele empfiehlt es sich, bereits gegen 7 Uhr morgens loszufahren und sich beim Fahrer über die letzte Verbindung in entgegengesetzter Richtung zu erkundigen. Faustregel: Nach 17 Uhr verkehren die Busse kaum noch und sonntags so gut wie nie. Die zentralen Busstationen befinden sich am Markt in der Hauptstadt Apia und in Salelologa auf Savai'i.

Taxi

Die Fahrpreise sind staatlich festgesetzt und beim Visitors Bureau erhältlich. Da die Taxis keinen Taxameter haben, empfiehlt es sich, vor Fahrtantritt den Preis mit dem Fahrer auszumachen. Die meisten haben kein Schild auf dem Dach, sondern sind am T auf dem Autokennzeichen als ein Taxi zu erkennen.

Mietwagen

Sowohl auf 'Upolu als auch auf Savai'i sind Mietwagen zu haben. In Apia lohnt ein Preisvergleich zwischen den zahlreichen Verleihfirmen. Wer vorhat, auf ungeteerten Strecken zu fahren, sollte einen Geländewagen mieten. Dies gilt insbesondere für die kurze aber umso holprigere Verbindung zwischen Lemafa-Paß und der Südwestküste von 'Upolu. Auf den Straßen Samoas herrscht Rechtsverkehr, innerhalb der Stadt beträgt die Geschwindigkeitsbegrenzung 40 km/h und außerhalb 60 km/h. Gegen Vorlage eines gültigen internationalen Führerscheins wird beim Ministry of Transport in der Beach Rd. in Apia für S$ 6 eine samoanische Lizenz ausgestellt. Das Mindestalter beträgt 21 Jahre.

Souvenirs

Die feinen, aus Blättern der Pandanuspalme geflochtenen Matten, Fächer, *tapa*-Stoffe *(siapo)* und Kavaschalen Samoas sind qualitativ hochwertig. Eine Reihe von Läden entlang der Beach Road oder die Marktstände bieten diese kunsthandwerklichen Produkte zusammen mit dem traditionellen Wickelrock *('ie lavalava)* relativ preisgünstig an.

Sprache

Verkehrssprachen sind Samoanisch und Englisch. Die Aussprache des

Samoanischen ähnelt der deutschen Aussprache, wobei das g stets als ng ausgesprochen wird, wie etwa im Deutschen ›Dinge‹.

Wörter und Wendungen
Willkommen – afio mai
Hallo – talofa
Auf Wiedersehen – tofa
Gute Nacht – manuia le po
Vielen Dank – fa'afetai tele
bitte – fa'amolemole
Großfamilie – 'aiga
Frau – fafine
Mann – tamaloa
Familienoberhaupt – matai
ein Nicht-Samoaner (ein Europäer) –
  papalagi
Haus – fale
Fest(essen) – fiafia
ja – ioe
nei – leai
Wohin gehst Du? – alu i fea?
Wie geht es Dir? – fa'apefea mai oe?
Wo ist ...? – oi fea ...?

Stromversorgung

240 Volt/50 Hertz.

Unterkunft

Auf beiden großen Inseln befinden sich Hotels, Bungalow-Anlagen und Gästehäuser in unterschiedlichen Preisklassen, wobei die Auswahl auf 'Upolu wesentlich größer ist als auf Savai'i. Große Hotels verfügen über Restaurants, Bars, Swimmingpools und veranstalten Abende mit Festessen landestypischer Spezialitäten, Live-Musik und traditionellen Tänzen. Kreditkarten werden nur von den größeren Hotels akzeptiert. Auf 'Upolu gibt es in einer

Reihe von Dörfern an der Südküste die Möglichkeit, in *beach fale* zu übernachten. Vor allem Familien in Saleapaga und Lalomanu bieten diese Art der Unterkunft in einem traditionellen *fale* am Strand mit Verpflegung an. Auch auf Savai'i gibt es einige solcher *beach fale*. Informationen und Adressen bekommt man beim Visitors Bureau in Apia.

Währung

Die Landeswährung ist der Tala (T), teilweise auch Western Samoa Dollar (WS $) genannt. Es gibt Banknoten zu 2, 5, 10, 20, 50 und 100 Tala sowie Münzen zu 1, 2, 5, 10, 20, 50 Sene und eine 1 T Münze. 100 T = ca. 63 DM/440 ÖS/51 Sfr (Ende 1999).

Zeit

MEZ minus 12 Stunden.

Zeitungen

Neben einigen Zeitungen in samoanischer Sprache erscheinen zweisprachig (samoanisch/englisch) der ›Samoa Observer‹ (5 x wöchentlich, Di–Fr, So), ›Newsline‹ (Mi, So) sowie das Regierungsblatt ›Savali‹ (Mi, Fr). In den beiden großen Hotels in Apia (Aggie Grey's und Kitano Tusitala) sind darüber hinaus internationale Zeitungen und Zeitschriften erhältlich.

Zollbestimmungen

Pro Person dürfen zollfrei mitgeführt werden: 200 Zigaretten oder 250 g Tabak, 1 l Spirituosen oder 2 l Bier/Wein.

Amerikanisch-Samoa
Reiseinformationen von A–Z

Ärztliche Versorgung

Das Lyndon B. Johnson Tropical Medical Center in Faga'alu ist wochentags von 8–16 Uhr geöffnet. Notärzte sind rund im die Uhr zu erreichen. Das Krankenhaus bietet auch eine zahnärztliche Versorgung sowie einen Apothekendienst. Eine weitere Apotheke gibt es in Fagatogo.

Aktivitäten

Sightseeing

Einige Tourunternehmen und Hotels bieten Stadtbesichtigungen, Ausflüge zu den Sehenswürdigkeiten Tutuilas sowie auf die kleine, im Osten gelegene Insel Aunu'u an. Informationen sind erhältlich beim Fremdenverkehrsamt oder direkt bei den Veranstaltern (Adressen s. Von Insel zu Insel).

Wandern

Die eindrucksvollen Landschaften der Inseln und der Nationalpark auf Tutuila sowie der Manu'a-Gruppe (Ofu und Ta'u) bieten einige schöne Wanderziele. Allerdings sind nur wenige Wegstrecken richtig erschlossen. Wer wandern möchte, sollte sich an das Informationszentrum des Nationalparks in Pago Pago und die Ranger wenden.

Wassersport

Zum Schnorcheln, Surfen und Tauchen bieten die Küsten und Riffe der Inseln gute Möglichkeiten, spezielle Anbieter für die verschiedenen Wassersportarten gibt es jedoch nur wenige. Am schönsten ist das Schnorcheln auf Ofu (Manu'a-Gruppe), wo das Meeresschutzgebiet als Teil des Nationalparks eine fantastische Unterwasserwelt bietet. Auf Tutuila werden vor allem die Nord- und Westküste mit ihren prächtigen Korallengärten empfohlen.

Man sollte immer die Dorfbewohner fragen, ob sie die Benutzung ihres Strandes erlauben.

Auskünfte

Informations- und Kartenmaterial ist beim Fremdenverkehrsamt (Office of Tourism) und dem National Park Visitor Information Center in Pago Pago (Adressen s. Tips von Insel zu Insel).

Banken und Geldwechsel

Sowohl bei der Amerika Samoa Bank (am Hafenkai) als auch bei der Bank of Hawaii (neben der Post im Lumanai'i Building in Fagatogo) können die wichtigsten Währungen gegen eine Gebühr eingewechselt werden. Die Amerika Samoa Bank hat eine Zweigstelle mit Geldautomat in Tafuna, die Bank of Hawai'i in Pava'ia'i im Westen von Tutuila. Für Amerikanisch-Samoa empfiehlt sich die Mitnahme von US-Dollar-Reiseschecks. Die größeren Touristikunternehmen akzeptieren die gebräuchlichsten Kreditkarten (American Express, Diners Club, Mastercard und Visa). Am Flughafen befindet sich leider keine Bank. Der Tala, die Währung Samoas, wird hier weder akzeptiert noch von einem Geldinstitut gewechselt.

Bibliotheken

Feleti Pacific Library , Fagatogo, ✆ 6 33 11 82. Library of American Samoa, Fagatogo, ✆ 6 33 11 81.

Bücher und Karten

Dio Souvenirgeschäfte am Flughafen und im Rainmaker Hotel und der Wesley Bookshop in Fagatogo führen eine bescheidene Anzahl von Büchern über die Region. Wer gute topographische Karten benötigt, wende sich an Island Printers in Fagatogo.

Diplomatische Vertretungen

Zuständigkeiten und Adressen s. Reiseplanung von A–Z, S. 261.

Einreisebestimmungen

Bei einem Aufenthalt bis zu 30 Tagen ist kein Visum erforderlich. Es genügen ein gültiger Reisepaß und ein Weiter- bzw. Rückflugticket. Eine Verlängerung der Aufenthaltsgenehmigung bis zu insgesamt 90 Tagen kann beim Immigration Office beantragt werden.

Essen und Trinken

Das Rainmaker Hotel sowie einige Restaurants bieten internationale und einheimische Gerichte. Die Snackbars verkaufen Pommes Frites und amerikanische Hamburger.

Trinkwasserversorgung: Auf der Hauptinsel kann das Leitungswasser bedenkenlos getrunken werden, auf den äußeren Inseln sollte es jedoch stets abgekocht werden.

Feiertage und Feste

Gesetzliche Feiertage

1. Januar (Neujahrstag)
3. Montag im Januar (Martin Luther King Day)
3. Montag im Februar (President's Day)
Karfreitag
Karsamstag
17. April (Flag Day)
letzter Montag im Mai (Memorial Day)
4. Juli (Independence Day)
1. Montag im September (Labor Day)
2. Sonntag im Oktober (Children's White Sunday, Fest der Kinder)
2. Montag im Oktober (Columbus Day)
11. November (Veteran's Day)
letzter Donnerstag im November (Thanksgiving Day)
25. Dezember (Weihnachten)

Feste

American Samoa's Flag Day (17. April) – mit Umzügen, traditionellen Tänzen und Gesängen, aber auch mit Sportveranstaltungen wie dem Langbootrennen *(fautasi)*, wird alljährlich des Hissens der amerikanischen Flagge auf Samoa im Jahre 1900 gedacht. Anläßlich der **Tourismuswoche** im Mai finden traditionelle Tanz- und Gesangsvorführungen statt. In der zweiten Oktoberwoche gibt es kulturelle Veranstaltungen im Rahmen des **Moso'oi Tourism Festival and Arts Fiafia.** Der **Swarm of the palolo** (Ende Oktober/Anfang November) wird wie in Samoa gefeiert (s. S. 290). In der dritten Dezemberwoche findet das **Holiday Performing Arts Festival** statt.

Notruf

Polizei, Feuerwehr und die **Ambulanz** sind über ✆ **9 11** zu erreichen.

Öffnungszeiten

Banken: Mo–Do 9–15 Uhr und Fr bis 16.30 Uhr. Amerika Samoa Bank in Tafuna auch Sa 9–12 Uhr.
Post: Mo–Fr 8–16 Uhr, Sa 8.30–12 Uhr.
Ämter/Behörden: Mo–Fr 7.30–17 Uhr.
Geschäfte: in der Regel Mo–Fr 8–16.30 Uhr, Sa 8–12 Uhr.

Post und Telekommunikation

Das Hauptpostamt befindet sich am Ortseingang von Fagatogo im Lumana'i Building. Für Ferngespräche, Telegramme, Telexe und Telefaxe hat das Communication Office im Zentrum von Fagatogo täglich rund um die Uhr geöffnet.

Radio und Fernsehen

Zwei Radiosender bieten Musik und Nachrichten in englischer und samoanischer Sprache, der eine davon rund um die Uhr. Die regierungseigene Fernsehstation sendet auf zwei Kanälen kommerzielle und nicht-kommerzielle US-Programme. Seit 1996 gibt es Kabelfernsehen, das auf 20 Kanälen überwiegend Programme aus den USA ausstrahlt.

Reisen im Land

Das Straßennetz auf der Hauptinsel Tutuila ist gut ausgebaut. Zur benachbarten Manu'a-Gruppe existiert eine regelmäßige Flugverbindung.

Flugverbindungen

Der internationale Flughafen befindet sich nahe der Ortschaft Tafuna etwa 15 km von Fagatogo entfernt an der Südküste der Hauptinsel Tutuila. In der Flughafenhalle gibt es neben den Abfertigungsschaltern einen Kiosk, leider jedoch keine Bank. Busse, Taxis und im Falle von gebuchten Übernachtungen auch die Hotels sorgen für den Transfer in die Stadt bzw. zur Unterkunft. Amerikanisch-Samoa wird z. Z. von Hawaiian Air und Polynesian Airlines angeflogen. Die lokale Fluggesellschaft Samoa Air fliegt täglich zur Manu'a-Gruppe, mehrmals täglich nach Samoa sowie jeweils zweimal wöchentlich nach Tonga und Niue. Darüber hinaus verbindet Manu'a Air zweimal täglich die Hauptinsel mit der benachbarten Manu'a-Gruppe:
Manu'a Air, Pago Pago, ✆ 6 99 94 16.
Samoa Air, ✆ 6 99 91 06.

Internationale Fluggesellschaften:
Hawaiian Air, Pago Pago, ✆ 6 99 18 75.
Polynesian Airlines, Pago Pago, ✆ 6 99 21 09, 6 99 91 26.

Schiffsverbindungen

Es existiert keine Fährverbindung zwischen der Hauptinsel Tutuila und den Inseln der Manu'a-Gruppe. Dafür besteht eine regelmäßige Verbindung mit Apia, der Hauptstadt Samoas. Die ca. 8stündige Überfahrt der ›Queen Salamasina‹ ist allerdings nur für diejenigen ratsam, die seefest sind. Die Anlegestelle befindet sich in Fagatogo gegenüber dem Markt. Informationen hinsichtlich der Abfahrtszeiten und Buchungen über das Fremdenverkehrsamt oder direkt bei: **Western Samoa Shipping Corp.**, c/o M & S Shipping, Fagatogo, ✆ 6 33 57 28.

Bus

Der öffentliche Nahverkehr auf Tutuila ist relativ gut entwickelt. Da keine Fahrpläne existieren, sind die notwendigen Auskünfte beim Fahrer einzuholen. Haltestellen gibt es ebenfalls nicht. Der Bus hält auf freier Strecke auf Handzeichen bzw. immer dann, wenn Fahrgäste aussteigen wollen. Bezahlt wird beim Einsteigen, möglichst mit passendem Kleingeld.

Taxi

Die Fahrpreise sind staatlich festgesetzt, aktuelle Auskünfte sind beim Office of Tourism, bei Reisebüros und den Hotels erhältlich.

Mietwagen

Auf den Straßen Amerikanisch-Samoas herrscht Rechtsverkehr. Voraussetzung zum Entleihen eines PKWs sind ein gültiger deutscher oder internationaler Führerschein sowie ein Mindestalter von 25, bei einigen Firmen von 21 Jahren.

Souvenirs

Kunsthandwerk wie geflochtene Matten, Holzschnitzereien und Schmuck aus Kokosnußschalen oder Muschelschalen gibt es in verschiedenen Geschäften, u.a. im Laufou Shopping Center in Nu'uli. Besonders empfohlen werden die Senior Citizen's Handicraft Fale am Südwestende des Hafens. Eine kleine, aber interessante Kollektion bietet auch das J.P. Haydon Museum zum Verkauf. Bei Spencer's in Pago Pago bekommt man preiswerte Kleidung und Sportschuhe aus den USA.

Sprache

Verkehrssprachen sind Samoanisch und Englisch. Einige Wörter und Wendungen s. S. 293.

Stromversorgung

110 Volt/50 Hertz.

Unterkunft

Neben Hotels und Pensionen besteht in Amerikanisch-Samoa die Möglichkeit, in einem Dorf zu übernachten. Einheimische Familien vermieten *fale* (traditionelle Häuser) oder solche in europäischem Stil und verpflegen ihre Gäste: Dieses von der Regierung unterstützte ›Fala, Fale Ma Ti Service Program‹ ist wohl die beste Form, das Land und seine Menschen kennenzulernen. Nähere Informationen, Adressen und aktuelle Preise sind beim Office of Tourism erhältlich.

Währung

Die offizielle Währung ist der US-Dollar.

Zeit

MEZ minus 12 Stunden.

Zeitungen

In englischer Sprache erscheinen die Tageszeitung ›Samoa News‹ (Mo–Fr) sowie die Wochenzeitung ›Samoa Journal‹.

Zollbestimmungen

Pro Person dürfen zollfrei mitgeführt werden: 200 Zigaretten oder 50 Zigarren oder 450 g Tabak, bis zu 2 Flaschen Wein oder andere alkoholische Getränke.

Cook-Inseln
Adressen und Tips von Insel zu Insel

Die Preise der Unterkünfte gelten für eine Übernachtung in einem Doppelzimmer incl. 12,5 % Mehrwertsteuer. Die Preiskürzel (NZ $ = neuseeländischer Dollar) bedeuten: $ = 30–65 NZ $, $$ = 66–100 NZ $, $$$ = 101–200 NZ $, $$$$ = über 200 NZ $ (100 NZ $ = 95 DM; Stand Herbst 1999).

Aitutaki

Verkehrsverbindung: Regelmäßige Flugverbindung nach Rarotonga.

Mietwagen: Swiss Rental's, Arutanga, ✆ 3 16 00; Rino's Rental's, Ureira, ✆ 3 11 97. Hier wie in einigen der Hotels und Gästehäuser kann man auch Mofas und Fahrräder leihen. Oder: Polynesian Bike Hire, ✆ 2 08 95.

Unterkunft: Aitutaki Lodges, P.O. Box 70, Tautu, Aitutaki, ✆ 3 13 34; Südostküste bei Vaipae, Strandlage mit wunderschönem Blick, Bungalows mit Veranda, Küche $$$.
Aitutaki Lagoon Resort, P.O. Box 99, ✆ 3 12 01; sehr schöne Lage auf dem *motu* Akitua im Nordosten, Wassersportmöglichkeiten, Bungalows $$$$.
Rapae Hotel, P.O. Box 4, ✆ 3 13 20; nördl. von Arutanga, schöne Gartenanlage, $$.
Tom's Beach Cottage, P.O. Box 51, ✆ 3 10 51; nahe Arutanga, Strandlage, $.

Restaurants und Unterhaltung: Ralphie's Bar & Grill gegenüber vom Rapae Hotel bietet Gerichte für jeden Geschmack in verschiedenen Preisklassen: Fischgerichte, Steaks, Pasta, aber auch Burger & Chips. In der **Crusher Bar** im Norden der Insel ißt man in richtigem Südsee-Ambiente (Reservierung unter ✆ 3 12 83). Beide Restaurants veranstalten wöchentliche *floor shows,* ebenso wie das **Aitutaki Lagoon Resort** und das **Rapae Hotel,** kombiniert mit exzellenten Buffets. **Tauono's** (✆ 3 15 62) bieten für Gruppen ein traditionelles *umukai* (Essen aus dem Erdofen).

👁 **Sehenswürdigkeiten:** Nicht nur eine Inselrundfahrt, sondern auch eine Lagoon Cruise mit Aufenthalt auf einem der *motu* ist ein Muß auf Aitutaki. Island Tours, ✆ 3 13 79, Paradise Islands, ✆ 3 12 48; Bishop's Cruises, ✆ 3 10 09; Tu's Cruise, ✆ 3 12 64. Tagesausflüge von Rarotonga mit Inseltour und Lagunen-Tour veranstaltet Air Rarotonga, ✆ 2 28 88.

🚶 **Aktivitäten:** 9-Loch-**Golfplatz** beim Flughafen. **Hochseeangeln:** Aitutaki Game Fishing Club, ✆ 3 10 77. **Tauchen:** Aitutaki Scuba Ltd., ✆ 3 11 03.

Rarotonga

ℹ **Touristeninformation:** Cook Islands Tourismusbüro, Ara Tapu Rd., P.O. Box 14, Avarua, Rarotonga, ✆ 2 94 35.

✈🚢 **Verkehrsverbindungen:** Regelmäßiger **Flugverkehr** nach Aitutaki, Atiu, Mitiaro, Mauke und Mangaia (Süd-Gruppe) sowie Manihiki, Rakahanga und Penrhyn (Nord-Gruppe). **Schiffe:** Zwei Schiffe verkehren regelmäßig zwischen den Inseln. Informationen: Taio Shipping Ltd., Avatiu Harbour, ✆ 2 49 05. Von Cook's Corner in Avarua startet der **Island Bus** (✆ 2 55 12) jeweils zur vollen Stunde im Uhrzeigersinn (Mo–Fr 7–16 Uhr, Sa 8–13 Uhr) und

25 Min. nach der vollen Stunde entgegen dem Uhrzeigersinn (Mo–Fr 8.25–16.25 Uhr, Sa 8.25–11.25 Uhr) rund um Rarotonga. Abends verkehrt er in größeren Abständen.

 Mietwagen: Auf Rarotonga gibt es eine ganze Reihe von Verleihfirmen, u.a. Budget, ✆ 2 08 95; Avis, ✆ 2 28 33; Tipani Rentals, ✆ 2 23 28. Hotels und Verleihfirmen vermieten auch Mopeds und Fahrräder.

🛏 **Unterkunft: Aroko Bungalows,** P.O. Box 850, ✆ 2 36 25; schöne Lage an der Muri-Lagune, Bungalows mit Küche $$.
Beach Lodge, P.O. Box 714, ✆ 2 02 70; nicht weit vom Strand in Titikaveka, Apartments mit Küche $.
Edgewater Resort, P.O. Box 121, ✆ 2 54 35; das größte Hotel des Landes, an der Nordwestküste Rarotongas, $$$–$$$$.
Moana Sands Hotel, P.O. Box 1007, ✆ 2 61 89; in Titikaveka, Strandlage, Studios mit Kochnische $$$.
Muri Beachcomber, P.O. Box 379, ✆ 2 10 22; in schönem Garten am Muri Beach, geräumige Studios mit Küche $$$–$$$$.
Palm Grove Lodges, P.O. Box 23, ✆ 2 00 02; schöne Bungalow-Anlage am Meer bei Vaima, Bungalows mit Küche $$$–$$$$.
The Little Polynesian, P.O. Box 366, ✆ 2 42 80; sehr schöne, ruhige Lage in Garten am Strand in Titikaveka, Studios mit Küche $$$–$$$$.
The Rarotongan Resort Hotel, P.O. Box 103, ✆ 2 58 00; Südwestküste, zweitgrößte Hotelanlage der Insel, guter Strand, $$$$.
The Pacific Resort, P.O. Box 790, ✆ 2 04 27; Zimmer und Luxusvillen in tropischem Garten am Muri Beach, $$$$.

Restaurants: Gute, preiswerte Fischgerichte bekommt man sowohl im **Trader Jack's** (✆ 2 64 64) in Avarua als auch im **Portofino** (✆ 2 64 80) in Maraerenga etwas außerhalb der Stadt. Beide Restaurants sind mittags und abends geöffnet. Das **Vaima Café und Cocktail Bar** (✆ 2 61 23) an der Südküste der Insel unweit des Rarotongan Resort Hotels bietet gute internationale Küche und Steaks. Ausgezeichnet ist das **Flame Tree** (✆ 2 51 23) am Muri Beach, das u.a. hervorragende asiatische und Fischgerichte serviert. Empfehlenswert sind darüber hinaus **Alberto's Steak House** (✆ 2 35 97) und das **Oasis Steakhouse & Hopsing's** (✆ 2 82 13) mit exzellenter, u.a. chinesischer Küche in Arorangi sowie die feinen Restaurants der großen Hotels und Resorts. Anläßlich der Island nights (Floor shows) werden delikate Buffets geboten.

Sehenswürdigkeiten: National Museum, Avarua, Mo–Fr 8–16 Uhr, ✆ 2 07 25. Im **Cultural Village** erhält man Einblick in die Maori-Kultur; Führung mit Mittagessen und Tanzvorführung, Mo–Fr 10–13.30 Uhr, ✆ 2 13 14. **Takitumu Conservation Area,** Botanische und ornithologische Führung, ✆ 2 99 06. **Inseltouren:** Raro Tours, ✆ 2 53 25. Tangaroa Tours, ✆ 2 99 68. **Deutschsprachige Touren:** Ingrid Caffery, ✆ 2 85 43. Raro Safari Tours, ✆ 2 36 29. **Rundflüge** bietet Air Rarotonga an, ✆ 2 09 79.

Aktivitäten: Golf spielt man im Rarotonga Golf Club, ✆ 2 06 21, 2 67 80. **Hochseeangeln:** Fisher's Fishing Tours, ✆ 2 33 56; Pacific Marine Charters, ✆ 2 12 37. **Kayakfahren:** Kayak Adventure Tours, ✆ 2 53 59. **Reiten:** Aroa Pony Trek, ✆ 2 14 15. **Se-geln:** Aquasports, ✆ 2 73 50. **Tauchen:** Pacific Divers, ✆/Fax 2 24 50; Cook Island Divers, ✆ 2 23 83. **Tennisplätze** bieten das Edgewater Resort und das Rarotongan Resort Hotel. **Wandern:** Pa's Mountain Walk, ✆ 2 10 79.

Abends: Außer Hotelbars gibt es noch eine Reihe weiterer Lokale, Bars und Diskotheken, die sich vor allem freitagabends füllen und häufig auch unter der Woche Live-Musik spielen. Eine der bekanntesten ist der Banana Court in Avarua. Aber auch bspw. das Metua Café und das Staircase in Avarua sowie Tere's Bar in Avatiu sind beliebte Treffpunkte. Gut gezapftes Bier gibt es im Trader Jack's. Doch was wäre ein Aufenthalt auf den Cook-Inseln ohne eine *floor show?* Bei den temperamentvollen Tänzen der Männer oder den anmutig-graziösen Bewegungen der Frauen vergißt man schnell, daß diese Vorführungen ›only for tourists‹ stattfinden und nur noch ein müder Abklatsch jener traditionellen *tamure* sind, die Legenden erzählten und Lebensfreude zum Ausdruck brachten. Die großen Hotels (Edgewater, Rarotongan Resort, Pacific Resort, Club Raro) veranstalten jeweils an verschiedenen Abenden solche *floor shows.*

Kino: Tägl. außer So läuft das Filmprogramm im Empire Theatre.

Einkaufen: In Avarua gibt es einen Obst- und Gemüsemarkt, mehrere Supermärkte und Lebensmittelgeschäfte, ein Kaufhaus, einen Buchladen mit einer kleinen Auswahl an Büchern über die Cook-Inseln, Duty Free Shops und eine Reihe von Geschäften, die Kunsthandwerk, Kleidung im Südsee-Design (Pareus etc.) und Souvenirs verkaufen. Eine hochwertige Kollektion findet man u.a. bei Island

Craft Ltd., Arts & Crafts. Beachcomber Ltd. im renovierten historischen Gebäude der London Missionary Society hat mit die größte Auswahl an schwarzen Perlen, Schmuck und Werken von Künstlern der Cook Inseln und anderer pazifischer Regionen. Wer sich für Malerei interessiert, kann einige der Künstler im Atelier besuchen.

Süd-Gruppe

 **Verkehrsverbindungen:** Regelmäßiger **Flugver-** kehr von Atiu, Mitiaro, Mauke und Mangaia nach Rarotonga. Unregelmäßiger **Schiffsverkehr**, Informationen beim Fremdenverkehrsamt oder Reisebüros in Avarua.

 Unterkunft: Zum Teil recht einfache, saubere Unterkünfte mit Gemeinschaftsduschen gibt es auf den Inseln **Atiu, Manihiki, Mauke, Mitiaro, Mangaia** und **Penrhyn**. Nähere Informationen und Buchungen über die ortsansässigen Reisebüros.

Cook-Inseln:
Reiseinformationen von A–Z

Ärztliche Versorgung

Für Notfälle bieten auf Rarotonga das Krankenhaus in Nikai (✆ 2 26 64) sowie die ambulante Klinik in Tupapa (✆ 2 00 66) rund um die Uhr ärztlichen und zahnärztlichen Service an. Außerdem gibt es mehrere private Arzt- und Zahnarztpraxen auf Rarotonga. Dr. Wolfgang Losacker, auch Kardiologe und Tropenarzt, hat seine Praxis am Banana Court, ✆ 2 33 06. Auf den äußeren Inseln existieren Erste-Hilfe-Stationen. Im Zentrum von Avarua gibt es zwei Apotheken.

Aktivitäten

Sightseeing

Inselrundfahrten zu den Sehenswürdigkeiten von Rarotonga und Aitutaki bieten mehrere Tourunternehmen an.

Nicht nur im Kleinbus, Jeep oder zu Pferde, sondern auch auf Exkursionen mit dem Boot oder auf Rundflügen kann man Schönheiten der Cook-Inseln erleben. Die Reisebüros in der Hauptstadt Avarua bieten mehrtägige Pauschalreisen zu den äußeren Inseln an.

Wandern

Kleine, jedoch landschaftlich sehr reizvolle Wanderungen ins Inselinnere bieten sich vor allem auf Rarotonga an. So z. B. von Arorangi aus auf den 350 m hohen Mt. Raemaru im Westen der Insel oder die in Avarua beginnende Inseldurchquerung, die an der 413 m hohen Felsspitze Te Rua Manga (The Needle) vorbeiführt. Der Conservation Service des Ministry of Agriculture gibt den ›Guide to Walks & Climbs‹ heraus, in dem acht nach Schwierigkeitsgraden geordnete Touren beschrieben werden. Der Wander- und Botanikführer ›Rarotonga's Mountain Tracks and Plants‹, hrsg. vom Cook Islands Natural Heritage Project, ist in Buch- oder Souvenirgeschäften erhältlich. Geführte Touren ins Inselinnere.

Wassersport

Vor allem auf Rarotonga, aber auch auf Aitutaki mit seiner phantastischen Lagune gibt es Wassersportmöglichkeiten. Am besten zum Schwimmen, Schnorcheln, Kayakfahren, Coralviewing im Glasbodenboot etc. eignet sich auf Rarotonga die West- und Südwestküste, insbesondere die Muri-Lagune. Die Tauchgründe außerhalb des Riffs sind gut. Spezialisierte Anbieter und die großen Hotels haben diese Arten des Wassersports ebenso wie Segeln und Hochseeangeln im Angebot.

Auskünfte

Im Tourismusbüro (Adresse s. Tips von Insel zu Insel) sind Informationen, Broschüren und ein Hotelverzeichnis mit aktuellen Übernachtungspreisen kostenlos erhältlich, etwa die Broschüre ›What's on in the Cook Islands‹.

Banken und Geldwechsel

Sowohl die Westpac als auch die ANZ Bank mit ihren Hauptgeschäftsstellen in Avarua lösen DM-Reiseschecks ein. Die Wechselstube auf dem internationalen Flughafen ist bei Ankunft und Abflug int. Flüge geöffnet. Reiseschecks sowie gebräuchliche Kreditkarten (American Express, Diners Club, Mastercard und Visa) werden von großen Hotels, Restaurants und Geschäften akzeptiert.

Bücher und Karten

Die beste Auswahl an Büchern über die pazifische Region und die Cook-Inseln bieten die University of the South Pacific (USP) und Island Book im CITC-Einkaufszentrum in Avarua. Bücher, Landkarten sowie nationale und internationale Zeitungen und Zeitschriften bekommt man auch im Bounty Bookshop.

Bibliotheken: Sowohl die National Library im Cultural Centre als auch die Bibliothek der Cook Islands Library & Museum Society mit ihrer Sammlung von Büchern über den Pazifik leihen aus.

Diplomatische Vertretungen

Deutschland, Österreich und die Schweiz haben keine Vertretungen auf den Cook-Inseln. Die Aufgaben werden von Neuseeland und Australien aus wahrgenommen (Adressen s. S. 261).

Einreisebestimmungen

Das bei der Einreise ausgestellte Visum ist für 31 Tage gültig. Benötigt werden ein gültiger Reisepaß, ein Weiter- bzw. Rückflugticket sowie die bestätigte Hotelbuchung. Eine Verlängerung der Aufenthaltserlaubnis kann beim Immigration Officer, Ministry of Foreign Affairs & Immigration, P.O. Box 105, Avarua, Rarotonga, ✆ 2 93 47, beantragt werden.

Essen und Trinken

Restaurants und Snackbars

Auf Rarotonga gibt es einige gute bis sehr gute Restaurants mit internationaler Küche, Cafés und Bars. Besonders bei den Snacks ist der neuseeländische Einfluß unverkennbar. Auch die Restaurants in den großen Hotels bieten z.T. feine Küche und außerdem exzellente Buffets anläßlich der Floor Shows mit einheimischen Spezialitäten sowie Musik- und Tanzdarbietungen. Thunfisch, Mahi mahi und Barracuda *(ono)* sind die Fischarten auf dem Speiseplan. Zur traditionellen Küche gehören Tintenfisch *(eke)*, Taro, Rukau (spinatähnliches Gemüse), Kumara (Süßkartoffel) sowie der köstliche *ika mata:* in Kokosmilch und Zitrone marinierter Fisch. Üblicherweise kann man sich bei Reservierung von den Restaurants auf Rarotonga vom Hotel abholen lassen.

Getränke

Weine und Biere kommmen überwiegend aus Neuseeland und Australien. Es gibt aber auch gutes einheimisches Bier. Frisch gepreßter Saft ist eine willkommene Erfrischung.
Trinkwasserversorgung: Es empfiehlt sich, das Wasser vor dem Trinken abzukochen.

Feiertage und Feste

Gesetzliche Feiertage

1. Januar (Neujahrstag)
Karfreitag, Ostermontag
25. April (Anzac Day)
1. Montag im Juni (Queen's Birthday, Geburtstag der britischen Königin)
26. Juli (Gospel Day auf Rarotonga, Festtag anläßlich des Beginns der Christianisierung auf den Inseln)
4. August (Unabhängigkeitstag)
26. Oktober (Gospel Day)
25. und 26. Dezember (Weihnachten)

Feste

In der dritten Februarwoche finden anläßlich des **Cultural Festivals** Kunst- und Handwerksausstellungen sowie Quilt-Wettbewerbe statt. Während des **Island Dance Festivals** in der dritten Aprilwoche gibt es Tanzvorführungen und -wettbewerbe. Im Juli beginnt ein mehrwöchiger **Song Quest**. Von Ende Juli bis Anfang August finden die **Unabhängigkeitsfeierlichkeiten** statt, der Höhepunkt der jährlichen Festivitäten mit Sportveranstaltungen und umfangreichem Kulturprogramm. Ein besonderer Genuß ist das Blumen-Festival **(Tiare Festival Week)** in der dritten Novemberwoche. Den Abschluß bildet die Parade mit geschmückten Fahrzeugen durch die Hauptstadt.

Notruf

Die **Polizei** ist über ✆ **9 99,** die **Feuerwehr** über ✆ **9 96** und das **Krankenhaus** über ✆ **9 98** zu erreichen.

Öffnungszeiten

Banken: Mo–Fr 9–15 Uhr.
Post: Mo–Fr 8–16 Uhr.
Ämter/Behörden: Mo–Fr 8–16 Uhr und Sa 8–12 Uhr.
Geschäfte: in der Regel Mo–Fr 8–16 Uhr und Sa 8–12 Uhr. Kleine Lebensmittelgeschäfte in den Dörfern haben längere Öffnungszeiten und sind stundenweise auch sonntags geöffnet.

Post/Telekommunikation

Das Hauptpostamt befindet sich in der Hauptstadt Avarua hinter dem Kreisverkehr. Für Ferngespräche, Telegramme, Telexe und Telefaxe hat die Cook Island Telecom im Mercury House täglich rund um die Uhr geöffnet. Außerdem stehen Kartentelefone zur Verfügung.

Radio und Fernsehen

Ein privater UKW-Sender (»This is Kia Orana Country«), der Pop-Musik sendet, sowie das staatliche Radio Cook Islands auf einer Mittelwellenfrequenz mit stündlichen Weltnachrichten können empfangen werden. Weihnachten 1989 wurde Fernsehen mit Programmen in Maori und Englisch eingeführt.

Reisen im Land

Von Rarotonga aus existieren regelmäßige Flugverbindungen zu den äußeren Inseln der Südgruppe und Manihiki sowie Penrhyn in der Nordgruppe. Unregelmäßig und nicht empfehlenswert sind dagegen die Schiffsverbindungen.

Flugverbindungen

Zwei internationale Fluggesellschaften fliegen den Flughafen auf Rarotonga etwa 2 km außerhalb von Avarua an. Die lokale Fluggesellschaft Air Rarotonga bedient regelmäßig die Inseln der Nord- und Südgruppe. Wer mehrere Inseln erkunden möchte, sollte einen sog. Island Hopper Pass buchen, der von den örtlichen Reisebüros z. T. zusammen mit Hotelübernachtungen preisgünstig angeboten wird. Für internationale Flüge ist eine Abflugsteuer in Höhe von 25 NZ $ (Kinder von 2–11 10 NZ $) zu entrichten. Informationen über Abflugzeiten und Package-Touren, Buchungen sowie Charterflüge bei:

Air New Zealand, ✆ 2 63 00.
Air Rarotonga, ✆ 2 09 79, 2 28 88.

Bus

Öffentliche Verkehrsmittel existieren nur auf Rarotonga. Der Island Bus fährt stündlich im Uhrzeigersinn und entgegen dem Uhrzeigersinn um die Insel. Er hält an allen Hotels und Gästehäusern oder auf Wunsch auch an jedem anderen gewünschten Punkt.

Taxi

Taxis gibt es ebenfalls nur auf Rarotonga. Da sie keine Taxameter haben, empfiehlt es sich, vor Fahrtantritt den Preis zu vereinbaren, der bei ca. 1,50 NZ $ pro Kilometer liegt.

Mietwagen/Moped/Fahrrad

Das ideale Verkehrsmittel auf Rarotonga und Aitutaki ist das Moped, der Motorroller oder das Fahrrad. Man kann sie bei Verleihfirmen oder Hotels mieten. Mietwagen sind ebenfalls erhältlich. Verlangt wird der Cook Islands-Führerschein, der gegen Vorlage des internationalen Führerscheins und nach Zahlung einer Gebühr von 10 NZ $ auf der Polizeistation in Avarua ausgestellt wird. Mindestalter 21 Jahre. Linksverkehr.

Souvenirs

Auf Rarotonga bzw. in der Hauptstadt Avarua gibt es viele Souvenirläden, für den Last-Minute-Einkauf haben zwei Filialen auf dem Flughafen geöffnet. Kunsthandwerk wie geflochtene Matten, Fächer und Hüte, Schnitzereien, Schmuck, Pareus etc. sind im Angebot. Einige Galerien verkaufen Werke einheimischer Künstler. Berühmt sind die schwarzen Perlen von Manihi. Auch auf Penrhyn hat sich dieser Wirtschaftszweig vor einigen Jahren etabliert.

Sprache

Die Landessprache ist Cook Island Maori, doch die Staatssprache ist Englisch, das nahezu von jedem Bewohner gesprochen wird. Daneben entwickelte sich im Laufe der Jahrhunderte eigene Inselidiome. In den Souvenirläden der Stadt wird ein kleiner Sprachführer (›Say it in Rarotongan‹) verkauft.

Einige wichtige Vokabeln:
Willkommen – kia orana
Auf Wiedersehen – kia manuia
Vielen Dank – meitaki
Frau – vaine
Mann – tane
Europäer – papa'a
Haus – are
nein – kare
ja – ae
Wie geht's? – peka koe?
Sehr gut! – meitaki maata!

Stromversorgung

240 Volt/50 Hertz. Für die 3poligen Stekker ist ein Adapter notwendig.

Unterkunft

Reisende müssen bereits bei der Einreise die Bestätigung einer gebuchten Unterkunft vorlegen. Allerdings wird man auch nicht abgewiesen, wenn man keine Buchung vorweisen kann. Auf Rarotonga gibt es eine breite Palette von Unterkünften in allen Preisklassen. Auf

Aitutaki gibt es ein größeres Resort und eine Reihe mittlerer und preiswerter Unterkünfte. Auf den äußeren Inseln ist das Angebot begrenzt, daher ist eine Buchung vor Abflug erforderlich. Große Hotels und Resorts verfügen über Restaurants, Bars, Swimmingpools, verleihen kostenlos Sportgeräte und veranstalten Abende mit einheimischen Spezialitäten, Live-Musik und traditionellen Tänzen. Kreditkarten werden nur von den größeren Hotels akzeptiert.

Währung

Landeswährung ist der neuseeländische Dollar (NZ $). 100 NZ $ = ca. 97 DM/685 ÖS/80 Sfr (Ende 1999).

Zeit

MEZ minus 11 Stunden.

Zeitungen

Täglich außer sonntags erscheint in englischer Sprache die Tageszeitung ›Cook Island News‹. Samstags erscheint eine Beilage mit Unterhaltungsteil, der das wöchentliche Kino- und Fernsehprogramm, einen Restaurantführer und Tips zum Nachtleben beinhaltet. Sonntags erscheint die ›Cook Islands Press‹. Die Zielgruppe für den ›Cook Island Sun – Souvenir Guide‹ sind die Touristen.

Zollbestimmungen

Pro Person dürfen zollfrei mitgeführt werden: 200 Zigaretten oder 250 g Tabak oder 50 Zigarren, 2 l Spirituosen oder Wein oder 4,5 l Bier.

Französisch-Polynesien
Adressen und Tips von Insel zu Insel

Die Preise beziehen sich auf die Übernachtung im Doppelzimmer bzw. auf zwei Personen; in den Schlafsälen zahlt man etwa 2000 CFP (Pazifische Francs), fürs Zelt 1000–1600 CFP pro Kopf. Hotelzimmer sind zusätzlich besteuert (8 %). Die Preiskürzel bedeuten: $ = 5000–10 000 CFP, $$ = 10 100–20 000 CFP, $$$ = 20 100–30 000 CFP, $$$$ = 30 100–50 000 CFP (100 CFP = 1,80 DM, Stand August 1999). K steht für Küche, GK für Gemeinschaftsküche.

Bora Bora

Touristeninformation: Comité du Tourisme, nahe dem Kai in Vaitape und am Flughafen, ✆ 67 76 36, 67 70 31.

Verkehrsverbindungen: Täglich **Flüge** von Tahiti, Moorea, Huahine und Raiatea, ein- bzw. zweimal wöchentlich von Rangiroa und Manihi bzw. Maupiti (Air Tahiti, ✆ 67 70 35). **Schiffe** verkehren mehrmals wöchentlich zwischen Tahiti, Moorea, Huahine, Raiatea und Bora Bora. **Kleinbusse** pendeln zwischen Fähranleger/Flughafen und den Hotels.

 **Mietwagen:** Europ Car, Vaitape, ✆ 67 70 03; Maeva Rent-A-Car, ✆ 67 76 78.

 Unterkunft: Hotels: Die Touristenunterkünfte auf Bora Bora befinden sich so gut wie ausnahmslos im Süden der Insel (Matira).
Bora Bora Motel, B.P. 180, Vaitape ✆ 67 78 21; Studios/Apartments, Strandlage, K, $$.
Hotel Bora Bora, B.P. 1, Nunue, ✆ 60 44 60; Luxus-Bungalows, sehr schöner Strand und sehr gutes Restaurant, $$$$ und mehr.
Hotel Matira, B.P. 31, Vaitape, ✆ 67 70 51; Bungalows, herrlicher Strand, K, $$–$$$.
Moana Beach Park Royal, B.P. 156, Nunue, ✆ 60 49 00; luxuriöse Anlage, Bungalows z.T. über dem Wasser gebaut, $$$$ und mehr.
Andere Unterkünfte:
Chez Nono, B.P. 282, Vaitape, ✆ 67 71 38; am Pointe Matira, schöner Strand, Zi und Bungalows, K, GK, $.
Motu Tane Dream Island, B.P. 77, Vaitape, ✆ 67 74 50; auf dem Motu Tane ca. 5 Bootsminuten vom Flughafen, Bungalows, $$.
Village Pauline, B.P. 215, Vaitape, an der Baie de Povai, ✆ 67 72 16; Badestrand, *fale,* Zi, Camping, GK, $.

Restaurants: Pizza, Fischgerichte oder Vegetarisches stehen auf der Karte des **Bloody Mary's Seafood Restaurant** (tägl. außer So, ✆ 67 72 86), das mit seiner prominenten Gästeliste wirbt. Auch Jane Fonda ist demnach hier schon einmal verköstigt worden. Das auch in der Baie de Povai gelegene **Bamboo House** (tägl., ✆ 67 76 24) bietet ebenfalls Fischspezialitäten. Nach einem teuren französischen Abendessen im **Blue Lagoon** (tägl. außer Di, ✆ 67 70 54) kann man gut und preiswert im Restaurant **Manuia** (✆ 67 71 47) in Vaitape zu Mittag essen. Dort kochen Auszubildende im Hotelgewerbe. Empfehlenswert sind auch das **Le Tiare** (✆ 67 61 39) und **La Bounty** (✆ 67 70 43) sowie die **Hotelrestaurants,** z.B. im Hotel Bora Bora.

 **Sehenswürdigkeiten:** Inseltouren und Ausflüge in die Lagune mit ihren *motus* und herrlichen Sandstränden organisieren u. a. Bora Bora Jeep Safari, ✆ 67 70 34, Otemanu Tours, ✆ 67 70 49, und Teremoana Tours (Lagunentour), ✆ 67 71 38.

Aktivitäten: Hochseeangeln: MOKALEI, Kirk Pearson, ✆ 60 44 60, TE ARATAI II, Keith Olson, ✆ 67 71 69. **Tauchen** und **Schnorcheln:** Bora Bora Calypso Club, ✆ 67 74 64; Bora Diving Center, ✆ 67 71 84. **Wandern:** Geführte Wanderungen auf den Mt. Pahia oder Mt. Otemanu: Bora Bora Trekking, ✆ 67 62 59; Mt. Pahia Excursions, ✆ 67 70 49. **Fahrradverleih:** Mautara Rent-A-Bike, ✆ 67 73 16.

Huahine

Touristeninformation: Comité du Tourisme, am Hafen in Fare und am Flughafen, ✆ 68 86 34.

Verkehrsverbindungen: Täglich **Flüge** von Tahiti, Moorea, Bora Bora und Raiatea (Air Tahiti, ✆ 68 82 65. **Schiffe** verkehren mehrmals pro Woche zwischen Huahine, Bora Bora, Moorea, Raiatea und Tahiti. Der Hafenort Fare ist Ausgangs- und Zielpunkt für die **Busse,** die sich als Zubringer nach den Ankunfts- und Abfahrtszeiten der Schiffe/Fähren richten.

 Mietwagen: Pacificar, ✆ 68 81 81, Europcar, ✆ 68 82 59.

 Unterkunft: Hotels: Bali Hai Huahine, B.P. 341, Fare, ✆ 68 83 77; bei Fare, schöner Strand, Bungalows, Zi, $$.
Bellevue, B.P. 21, Fare, ✆ 68 82 76; ca. 5 km vom Ort, einfaches Hotel in schöner Lage über Bucht, Bungalows, Zi, $.
Huahine Beach Club, B.P. 39, Fare, ✆ 68 81 46; bei Parea an der Südspitze von Huahine Iti, schöner Strand, polynesische Bungalows, $$–$$$.
Relais Mahana, B.P. 30, Parea, ✆ 68 81 54; Baie Avea, im Süden von Huahine Iti, familiäre Atmosphäre, Bungalows, $$.
Sofitel Heiva, B.P. 38, Fare, ✆ 68 86 86; auf einem kleinen *motu* 7 km vom Flugplatz, Zi und Bungalows, $$$–$$$$ und mehr.
Andere Unterkünfte:
Chez Lovina, B.P. 173, Fare, ✆ 68 88 06; gr. Bungalows mit K, kl. Bungalows, Schlafsaal, Zeltplatz, $.
Chez Henriette, B.P. 73, Fare, ✆ 68 83 71; an der Baie de Haamene am Meer, Bungalows, $.
Pension Guynette, B.P. 87, Fare, ✆ 68 83 75; Zi, Schlafsaal, $.
Te Moana, B.P. 195, Fare, ✆ 68 88 63; polynesische Bungalows, Strandlage, $.

 Restaurants: Im **Te Marara** in Fare sitzt man auf einer kleinen Terrasse mit Blick aufs Meer. Preiswerter ißt man im **Tiare Tipanier** unweit des Rathauses. Empfehlenswert sind auch das **Orio** und **Te Moana** in Fare.

Sehenswürdigkeiten: Touren durch die schöne Landschaft, zu den archäologischen Stätten (u.a. *marae),* Vanilleplantagen und den *motu* mit ihren herrlichen Stränden. Lovina Excursions, ✆ 68 88 06; Enite Excursions, ✆ 68 82 37; Huahine Land, ✆ 68 89 21; Mataira Cruise, ✆ 68 89 16.

Aktivitäten: Hochseeangeln: Moana Tropical, ✆ 68 87 65; **Reiten:** La Petite Ferme, ✆ 68 82 98; **Tauchen** und **Schnorcheln:** Pacific Blue Adventure, ✆ 68 87 21; **Fahrradverleih:** Kake Rent-A-Car, Fare, ✆ 68 82 59; Pacificar, ✆ 68 81 81.

Marquesas-Inseln

 Verkehrsverbindungen: 3 Flüge wöchentlich von Papeete (davon einmal über Rangiroa) und Nuku Hiva und Hiva Oa (Atuona), einmal pro Woche Anschluß nach Ua Pou und Ua Huka. **Schiffsverbindungen** zwei- bis dreimal im Monat von Papeete via Tuamotus.

 **Unterkunft:** Hotels und Gästehäuser auf Nuku Hiva und Hiva Oa, Pensionen auf Ua Pou, Ua Huka und Fatu Hiva.

Moorea

i **Touristeninformation:** Comité du Tourisme, am Flughafen und im ›Le petit village‹, Haapiti, ✆ 56 29 09.

✈🚢 **Verkehrsverbindungen:** Täglich **Flüge** von Tahiti, Raiatea, Huahine und Bora Bora. Air Moorea (✆ 56 10 34) unterhält einen Flug-Shuttle-Service zwischen Moorea und Papeete im 30- bzw. 60-Min.-Takt. Zwei **Katamarane** (›Tamahine Moorea‹, ✆ 56 30 16; ›Aremiti II‹, ✆ 56 31 10) und eine **Autofähre** (›Tamarii Moorea VIII‹, ✆ 56 30 16) pendeln bis zu sechsmal täglich zwischen Vaiare und Papeete. Vaiare ist Ausgangs- und Zielpunkt für die **Busse** (Le Truck), deren Fahrplan sich nach den Ankunfts- und Abfahrtszeiten der Schiffe richten.

 Mietwagen: Europcar, ✆ 56 34 00; Pacificar, ✆ 56 16 02 (Hafen in Vaiare), ✆ 56 11 03 (Flughafen); Albert Rent-A-Car, ✆ 56 13 53.

 Unterkunft: Hotels: Baie de Cook Resort Hotel, B.P. 30, Temae, ✆ 56 10 50; Kolonialstil, Blick auf die Bucht, Zi u. Bungalows, $–$$. **Bali Hai Moorea,** B.P. 26, Temae, ✆ 56 13 52; 5 km vom Flugplatz, Zi und polynesische Bungalows, $$–$$$$. **Hotel Hibiscus,** B.P. 1009, Papetoai, ✆ 56 12 20; an der Westküste, ruhig und familiär, kleine Bungalows mit K, $$. **Moorea Beach Club,** B.P. 1017, Papetoai, ✆ 56 15 48; an der Nordwestküste, schöner Strand, $$. **Moorea Beachcomber Parkroyal,** B.P. 1019, Papetoai, ✆ 56 19 19; Westküste, Zi und *fale*, $$$–$$$$. **Moorea Lagoon,** B.P. 11, Temae, ✆ 56 14 68; zwischen Baie de Cook und Baie d'Opunohu, *fale*, $–$$. **Moorea Village Noa Noa,** B.P. 1008, Papetoai, ✆ 56 10 02; an der Westküste, einfache Bungalows (auch mit K), $–$$. **Résidence Les Tipaniers,** B.P. 1002, Papetoai, ✆ 56 12 67; bei Haapiti, Bungalows, auch mit K, $–$$. **Sofitel la Ora Moorea,** B.P. 28, Temae, ✆ 56 12 90; 2 km vom Flugplatz, polynesische Bungalows, $$$–$$$$. **Andere Unterkünfte:** **Chez Nelson & Josiane,** ✆ 56 15 18; bei Hauru (Westküste), Bungalows mit K, Beach Cabins, Schlafsaal, Zeltplatz, GK, $. **Fare Manuia,** ✆ 56 26 17; Sandstrand, polynesische Bungalows mit K, $. **Moorea Camping,** ✆ 56 14 47; bei Hauru, Beach Bungalows, Zi, Schlafsaal, Zeltplatz, GK, $. **Motel Albert,** ✆ 56 12 76; Baie de Cook, Meer-abgelegene einfache Bungalows mit K, $.

Restaurants: Auch außerhalb der Hotels bieten Restaurants z.T. sehr gute Küche. So z.B. das französische **L'Aventure** (✆ 56 23 36) in Haapiti. Dort gibt es auch das italienische **Les Tipaniers** (✆ 56 29 25). Empfohlen werden die Fischspezialitäten im **Le Pêcheur** (Paopao, ✆ 56 36 12) und im **Fishermen's Wharf Restaurant** des Kaveka Beach Club (✆ 56 18 30). Mit die besten Pizzas und Pasta-Gerichte bietet **Alfredo's** (✆ 56 17 71) südlich des Club Bali Hai. Im **Fare Manava** (✆ 56 14 24) in Paopao werden leckere Fisch- und chinesische Gerichte serviert.

Sehenswürdigkeiten: Stationen auf einer Inseltour sind u. a. der Aussichtspunkt Belvedere, das Opunohu-Tal mit seinen archäologischen Stätten, die **Moorea Distillery and Fruit Factory** (zwischen Baie de Cook und Opunohu, kostenlose Besichtigung mit Kostproben, ✆ 56 11 33), das **Tiki Theatre Village,** ein nach traditionellem Vorbild errichtetes ›tahitisches Dorf‹ (✆ 56 18 97, 56 10 86). Moorea Transport, ✆ 56 12 86; Albert Transport, ✆ 56 13 53; Inner Island Photo Tours (mit dem Jeep), ✆ 56 20 09.

Aktivitäten: Hochseeangeln: Tea Nui, ✆ 56 15 08. **Reiten:** Rupe Rupe Ranch, Haapiti, ✆ 56 22 10; Tiahura Ranch, Haapiti, ✆ 56 28 55. **Rundflüge:** Pacifique Hélicoptère Service, ✆ 85 68 00. **Segeln:** Manu, ✆ 56 19 19. **Tauchen** und **Schnorcheln:** M.U.S.T., Moorea Underwater Scuba Diving Tahiti, Cook's Bay, ✆ 56 17 32; Scubapiti, ✆ 56 20 38. **Fahrräder** und **Mopeds:** s. Mietwagen; Paradise Bikes, ✆ 56 31 97.

Abends: *Tamaara'a* (Festessen und Tanzvorführungen) im Tiki Theatre Village, ✆ 56 18 97; tahitische Tanzshows in den großen Hotels; Disco im Le Tabou (Fr/Sa, live-Musik, ✆ 54 02 62) und Chez Billy (✆ 56 12 54).

Raiatea

Touristeninformation: Comité du Tourisme, Uturoa (am Hafen u. Flughafen), ✆ 66 23 33/34.

Verkehrsverbindungen: Täglich **Flüge** von Tahiti, Moorea, Huahine und Bora Bora (Air Tahiti, ✆ 66 32 50). **Schiffe** verkehren mehrmals wöchentlich zwischen Raiatea und Moorea, Huahine, Bora Bora und Tahiti; ✆ 66 35 35 (›Ono Ono‹), ✆ 66 32 29 (›Taporo‹). Zweimal monatlich verkehrt ein Versorgungsschiff zwischen Raiatea und Maupiti (✆ 66 31 52). Zwischen Uturoa und Tahaa pendeln mehrmals tägl. Shuttle-Boote (✆ 65 67 10) und ein Wassertaxi (Bootsanlegestelle Marina Apooiti – Hotel Marina Iti). Die **Busse** (Le Truck) auf Raiatea fahren während der Geschäftszeiten am Markt in Uturoa ab, verkehren jedoch nicht sehr häufig.

Mietwagen: Europcar, ✆ 66 34 06; Opeha Location, ✆ 66 31 62; Garage Motu Tapu, ✆ 66 33 09; Raiatea Location, Uturoa, ✆ 66 34 06; Pacificar, ✆ 66 11 66.

Unterkunft: Hotels: Hotel Hawaiki Nui, B.P. 43, Uturoa, ✆ 66 20 23; 2 km von Uturoa, Zi, polynesische Luxus-Bungalows, $$–$$$.
Raiatea Village, B.P. 282, ✆ 66 31 62; südl. von Uturoa, Strandlage, Bungalows mit K, $.
Sunset Beach Motel, B.P. 397, Uturoa, ✆ 66 33 47; großzügige Anlage 5 km nördl. der Stadt, Bungalows mit K, $–$$.

Andere Unterkünfte:
Pension Greenhill, Faaroa Bay, B.P.
598, ✆ 66 37 64; Zi mit Blick auf die
Bucht, familiäre Atmosphäre, incl. HP $.
Pension Manava, B.P. 559, ✆ 66 28 26;
6 km von Uturoa, polynesische Bungalows, Zi, Schlafsaal, $.
Pension Marie-France, B.P. 272, ✆
66 37 10; 2,5 km von Uturoa, Bungalows mit K, Zi und Schlafsaal, GK, $.
Peter's Place, ✆ 66 20 01; ca. 6 km
südlich von Uturoa, Zi, Zeltplatz, $.
Pension Yolande, B.P. 298, ✆ 66 35 28;
11 km vom Flugplatz, Zi im *fale* $.

Restaurants: Das **Jade Garden
Restaurant** (✆ 66 34 40) und
das **Moana** (✆ 66 27 49) in Utoroa bieten gute chinesische Gerichte. Französische Küche bietet das **Le Gourmet**
(✆ 66 21 51); Fischspezialitäten bekommt man im **Le Quai des
Pécheurs** (✆ 66 36 83) am Hafen in
Uturoa. Sehr gut ißt man auch im Restaurant der Pension **Chez Marie-
France.**

Sehenswürdigkeiten: Inseltouren u. a. zum Taputapuatea
Marae und auf den Mt. Temehani. Raiatea Safari Tours, ✆ 66 37 10; Almost Paradise Tours, ✆ 66 23 64.

Aktivitäten: Hochseeangeln:
Te Manu Ata, ✆ 66 32 14, Saka-
rio, ✆ 66 35 54; **Reiten:** Centre Eque-
stre Kaoha Nui, ✆ 66 25 46; **Segeln:**
Stardust Marine, 66 23 18, Tahiti Yacht
Charter, ✆ 66 28 86, The Moorings,
✆ 66 35 93; **Tauchen** und **Schnorcheln:** Raiatea Safari Plongée,
✆ 66 37 10, Hemisphère Sub,
✆ 66 14 19; **Wandern:** Raiatea Safari
Tours, ✆ 66 37 10; **Fahrrad- und
Mopedverleih:** Apetahi Location,
✆ 66 32 15.

Tahaa

 **Verkehrsverbindungen:**
Mehrmals wöchentlich
Schiffsverbindungen zwischen Tahiti,
Huahine, Raiatea, Bora Bora und Tahaa.
Boots-Shuttle zwischenTahaa und Raia-
tea, s. S. 309.

 Mietwagen: Europcar,
✆ 65 67 00.

 **Unterkunft: Hotels: Hotel
Hibiscus,** B.P. 184, Haamene,
✆ 65 61 06; für Segler, Bungalows, $.
Marina Iti, B.P. 888, Uturoa,
✆ 65 61 01; 10 Bootsmin. vom Flugplatz
auf Raiatea, Bungalows, $$.
Mareva Village, B.P. 214, ✆ 65 61 61;
10 Bootsmin. vom Flughafen auf Raia-
tea, Bungalows mit K, am Meer, $.
Vahine Island Noa Noa, B.P. 510,
✆ 65 67 38; kl. Resort auf einem *motu*
nördl. von Tahaa, Bungalows, $$$$.
Andere Unterkünfte:
Chez Pascal, ✆ 65 60 42; 1 km von der
Anlegestelle der Fähre, bei Tapuamu,
Zi, GK, $.
Chez Perrette, ✆ 65 65 78; an der Ost-
küste bei Faaopore; Bungalows, Zi,
Schlaafsaal, $.

Sehenswürdigkeiten: Insel-
Touren Inseltouren (u.a. zu Va-
nille- und Perlen-Farmen): Vanilla Safari
Tours, ✆ 65 61 06; auch Tauchtouren
bietet Marina Iti, ✆ 65 61 01; Vanilla
Tours, ✆ 65 62 46.

Tahiti

Touristeninformation: Tahiti
Tourisme, Fare Manihini, Boule-
vard Pomare, B.P. 65, Papeete,
✆ 50 57 00.

 **Verkehrsverbindungen:** Täglich gehen **Flüge** von Papeete nach Moorea, Huahine, Raiatea, Bora Bora und das Rangiroa-Atoll. Mehrmals wöchentlich werden Maupiti, Manihi und andere Atolle im Tuamotu-Archipel sowie die Marquesas angeflogen (Air Tahiti, ✆ 86 42 42). Air Moorea (✆ 86 41 41) unterhält einen Flug-Shuttle-Service zwischen Papeete und Moorea. Alle 30 bis 60 Min. geht ein Flug, Buchungen sind nicht erforderlich. Der kleine Flugplatz liegt 150 m vom Gebäude des internationalen Flughafens entfernt. Zwei **Katamarane** (›Tamahine Moorea‹, ✆ 43 76 50; ›Aremiti III‹, ✆ 42 88 88), die ›Corsair 6000‹ (✆ 43 76 50) und die **Autofähre** ›Aremiti‹ (✆ 42 05 05) verkehren mehrmals täglich zwischen Papeete und Vaiare (Moorea). Das **Express-Schiff** ›Ono Ono‹ (✆ 45 35 35), die ›Taporo IV‹ (✆ 42 63 93) und ›Vaeanu‹ (✆ 41 25 35) laufen dreimal, die **Autofähre** ›Raromatai‹ (✆ 43 19 88) zweimal pro Woche Huahine, Raiatea, Tahaa und Bora Bora an. Eine Reihe von Fracht- und Passagierschiffen versorgt regelmäßig die bewohnten Atolle des Tuamotu-Archipels; drei Schiffslinien verbinden Tahiti mit den Marquesas (s. auch S. 318). **Kleinbusse** (Le Truck) verkehren zwischen Papeete und allen Außenbezirken. Abfahrt je nach Zielort von einer Haltestelle am Marché Municipal oder am Boulevard Pomare. Entlang der dichtbesiedelten und hotelbestückten Nordwestküste (Otumaoro) pendeln die Busse tagsüber bis etwa 18 Uhr in kurzen, danach bis etwa 22 Uhr in größeren Abständen.

Mietwagen: Avis, ✆ 42 96 49; Budget, ✆ 43 80 79; Hertz, ✆ 42 04 71; Pacificar, ✆ 41 93 93.

 **Unterkunft: Hotels: Hyatt Regency Tahiti,** B.P. 14700, Arue, ✆ 42 12 34; am Hang des Taharaa Hill mit Blick auf die Bucht, $$$–$$$$.
Kon Tiki Pacific, B.P. 111, Papeete, ✆ 43 72 82; am Blvd. Pomare, $.
Le Mandarin Noa Noa, B.P. 302, Papeete, ✆ 42 16 33; zentral, $$.
Le Royal Tahitien, B.P. 5001, ✆ 42 81 13; an schwarzem Sandstrand bei Pirae, 5 km vom Zentrum, $$.
Les Bougainvillees, B.P. 63, Papeete, ✆ 53 28 02; bei Paea KM 22, Zugang zum Strand, Studios mit K, $.
Sofitel Maeva Beach, B.P. 6008, Faaa, ✆ 42 80 42; 7 km vom Zentrum, $$–$$$$.
Tahiti Beachcomber Parkroyal, B.P. 6014, Faaa, ✆ 86 51 10; 2 km südlich vom Flughafen, Blick auf Moorea, Zi und Bungalows, $$$–$$$$.
Tahiti Country Club, B.P. 13019, Punaauia. ✆ 42 60 40; 3 km vom Flughafen auf der Bergseite, Blick aufs Meer, $$.
Te Anuanua, Pueu, Tahiti Iti, ✆ 57 12 54; Bungalows am Meer, $.
Tiare Tahiti, B.P.2359, Papeete, ✆ 43 68 48; zentral, Meerblick, $$.
Andere Unterkünfte:
Chez Armelle, B.P. 380640 Tamanu, ✆ 58 42 43; in Punaauia nahe dem Museum, Strand, Zi, $.
Fare Nana'o, B.P. 7193, Taravao, ✆ 57 18 14; an der Westküste bei KM 52, Bungalows aus Naturmaterialien, ungewöhnlich, abenteuerlich, z. T. K, $.
Tahiti Budget Lodge, B.P. 237, Papeete, ✆ 42 66 82; Rue du Frère Alain, Zi, Schlafsaal, GK, $.
Te Miti, B.P. 130088, Punaauia, ✆ 58 48 61; in Paea, Strandnähe, Zi, Mehrbettzimmer $.

Restaurants: Zu den Restaurants mit verhältnismäßig moderaten Preisen in Papeete gehören das **Les Alizès** (✆ 43 54 63) im Vaima Centre und das **New Port** (✆ 42 76 52) am Blvd. Pomare/Ave. Bruat mit französisch-polynesischer Küche. Gute Pizza gibt es im **Lou Pescadou** (✆ 43 74 26) nahe der Kathedrale und im **L'Api'zzeria** (✆ 42 98 30) am Blvd. Pomare. Zu den besten chinesischen Restaurants zählen **Le Mandarin** (✆ 42 16 33) und **Le Dragon d'Or** (✆ 42 96 12) in der Rue des Écoles. Französische Küche und Fischspezialitäten der gehobenen Preisklasse bieten u.a. das **L'O à la Bouche** (✆ 45 29 76) in der Passage Cardella; **La Corbeille d'Eau** (✆ 43 77 14) und das **Le Lion d'Or** (✆ 42 66 50) in Pirae. In Papeete gibt es zahlreiche Selbstbedienungsrestaurants (empfehlenswert ist u. a. der Mittagstisch im Obergeschoß der Markthallen mit täglich wechselnden Fischgerichten und anderen Speisen), Snackbars und Cafés. Die abends geöffneten fahrbaren Essensstände am Hafen *(les roulottes)* bieten Vielfältiges: vom Steak über italienische Pizza und Nasi Goreng bis zum Crêpe. Allein der Atmosphäre wegen sollte man hier einen Abend verbringen. Abgesehen davon ist das Essen gut und preiswert.

Sehenswürdigkeiten: Musée de Gauguin, Papeari, ✆ 57 10 58, tägl. 9–17 Uhr (im Botanischen Garten). **Musée de Tahiti et ses Îles,** Punaauia, ✆ 58 34 76, Di–So 9.30–17.30 Uhr. **Musée du Coquillage,** Papara, ✆ 57 45 22, tägl. 8–17 Uhr. **Musée de Perle Noire,** Papeete, Blvd. Pomare, ✆ 50 53 10, Mo–Fr 8–12, 14–17.30 Uhr, Sa 9–12 Uhr, So 14–17.30 Uhr. **James Norman Hall Museum,** Arue, ✆ 57 45 22. **Lagoonarium,** Punaauia, ✆ 43 62 90, tägl. 9–17 Uhr. **Inseltouren und Safaris:** Tahiti Nui Travel, ✆ 42 68 03; Safari Loisirs, ✆ 43 97 99; Tahiti Safari Expedition, ✆ 42 14 15.

Aktivitäten: Golf: Golf International Olivier Bréaud, Mataia, ✆ 57 40 32. **Hochseeangeln:** Mers et Loisirs, Papeete, ✆ 43 97 99; GIE Tahiti Sport Fishing and Adventure, ✆ 41 02 25. **Reiten:** Club Equestre de Tahiti, Pirae, ✆ 42 70 41; Poney Club of Tahiti, Pirae, ✆ 43 49 29; Ranch Le Centaure, ✆ 57 70 77. **Rundflüge:** Héli-Pacific, ✆ 85 68 00; Heli-Inter Polynesie, ✆ 81 99 00. **Segeln:** Tahiti Yacht Charter, ✆ 45 04 00; Polynesie Yacht Charter, ✆ 45 17 14; Yacht Club d'Arue, ✆ 42 23 55. **Surfen:** Moana Surf Tours, ✆ 43 70 70. **Tauchen** und **Schnorcheln:** Tahiti Aquatique, Hotel Sofitel Maeva Beach, ✆ 42 80 42, und Hotel Beachcomber Parkroyal; Tahiti Plongée, ✆ 41 00 62; Yacht Club of Tahiti Diving Centre, ✆ 42 23 55; Eleuthera Plongée, ✆ 42 49 29. **Wandern:** Zu den schönsten, z.T. auch anstrengenden Touren auf Tahiti zählen der Höhenweg ›Sentier des 1000 sources‹ entlang des Tuauru-Tals; die Wanderungen auf den Mt. Aorai und Mt. Orohena; der Cross Island Track von Mataiea über Lake Vaihiria zum Papenoo Valley; die Tour um die Te Pari Cliffs an der Südküste von Tahiti Iti. Information und Exkursionsleitung bieten: Alpine Club of Tahiti, ✆ 48 10 59; Le Circuit Vert, Taravao, ✆ 57 22 67 (zwei- bis dreitägige Wandertouren um die Te Pari Cliffs); Tahiti Trekking Adventures, ✆ 43 65 66; Tahiti Special Excursions, ✆ 58 22 88; Te Fetia O Te Mau Mato, Environmental Protection Association, Papeete, ✆ 43 04 64.

Abends: Hotelbars, Bars, Cafés, Diskotheken, Casinos und Kinos stehen Nachtschwärmern in Papeete offen. Die Rue des Écoles ist ein Zentrum des Nachtlebens. Zu den bekanntesten Lokalitäten gehören die Piano Bar (auch Treffpunkt der Transvestiten) und der Club 5. Im La Cave (neben dem Royal Papeete Hotel) gibt es einheimische Live-Musik. Le Paradis ist eine Hochburg für tahitische und karibisch-afrikanische Rhythmen. Die großen Hotels veranstalten tahitische Tanzshows mit Buffet sowie polynesische Feste (Tamaaraa) mit Spezialitäten, die im Erdofen gegart werden. Die Show im Beachcomber Parkroyal Hotel gilt als eine der besten.

 **Einkaufen:** Insbesondere im Zentrum von Papeete (u.a. am Blvd. Pomare, im Vaima Centre etc.) gibt es zahlreiche Souvenirgeschäfte, Duty Free Shops und Galerien, die tahitisches Kunsthandwerk und Werke zeitgenössischer Künstler verkaufen. Batikstoffe, Muschelschmuck, tahitisches Parfum etc. gibt es auch im Marché Municipal und in den Geschäften am internationalen Flughafen. Zahlreiche Juweliere konzentrieren ihr Angebot auf die berühmten schwarzen Perlen von den Tuamotus.

Tuamotus

Verkehrsverbindungen: Täglich **Flüge** zwischen Papeete und Rangiroa (z. T. via Bora Bora), mehrere Flüge pro Woche von Papeete nach Manihi und zu einigen anderen Atollen des Archipels. Ein knappes Dutzend **Frachtschiffe** mit Kabinen- und Deckplätzen für Passagiere verkehrt zwischen Tahiti und den Tuamotus (s. auch S. 318).

Unterkunft auf Rangiroa:
Chez Cécile, B.P. 98, Avatoru, ☏ 96 05 06; Bungalows, sehr gute Küche, $.

Chez Martine, B.P. 68, Avatoru, ☏ 96 02 53; Bungalows, $.
Chez Glorine, Avatoru, ☏ 96 03 58; Bungalows, incl. Vollpension (sehr gute Küche) $$.
Kia Ora Village, B.P. 1, Avatoru, ☏ 96 03 84; Sandstrand, luxuriöse Anlage, polynesische Bungalows, $$$$.
Miki Miki Village, B.P. 5, Avatoru, ☏ 96 83 83; Bungalows, incl. VP $$.
Pension Tuanake, B.P. 21, Avatoru, ☏ 96 04 45; Bungalows, $.
Raira Lagon, B.P. 87, Avatoru, ☏ 96 04 23; Bungalows, incl. HP $$.
Rangiroa Beach Club, B.P. 17, Avatoru, ☏ 96 03 34; Bungalows, $$.
Rangiroa Lodge, Avatoru, ☏ 96 82 13; Zi, Schlafsaal, GK, $.
Hotels auf Manihi:
Jeanne & Guy Huerta, ☏ 96 42 90; Bungalows (für Selbstversorger), $.
Manihi Pearl Beach Resort, B.P. 2460, Papeete, ☏ 96 42 73; Luxusanlage, Bungalows, $$$–$$$$.
Relais Le Keshi, ☏ 96 43 13; Bungalows, 20 Bootsmin. vom Flughafen, incl. Halb-/Vollpension, $$.
Andere Atolle:
Gästehäuser gibt es auch auf Tikehau, Fakarava, Takapoto, Anaa, Mataiva, Arutua, Takaroa, Kaukura und Nukutavake.

 Sehenswürdigkeiten: Hotels und Gästehäuser organisieren Besichtungen von **Perlenzuchtfarmen.**

Aktivitäten: Tauchen: Raie Manta Club, ☏ 96 84 80 (Rangiroa), Rangiroa Paradive, ☏ 96 05 55; Manihi Blue Nui, ☏ 96 42 73 (Manihi).

Französisch-Polynesien
Reiseinformationen von A–Z

Ärztliche Versorgung

Das medizinische Versorgungssystem zählt zu den besten im Pazifik. In Papeete stehen außer dem großen staatlichen Krankenhaus (Hôpital Mamao – Centre Hospitalier Territorial, ☏ 46 62 62) zwei Privatkliniken (Clinique Cardella, Rue Anne Marie Javouhey, ☏ 42 81 90, und Clinique Paofai, Boulevard Pomare, ☏ 43 02 02), das S.O.S. Medecins Tahiti (☏ 42 34 56), zahlreiche Arzt- und Zahnarztpraxen sowie mehrere Apotheken zur Verfügung. Auch die anderen Inseln sind mit kleineren Hospitälern, niedergelassenen Ärzten und Apotheken versorgt.

Aktivitäten

Auf den Gesellschafts-Inseln gibt es eine große Zahl an Tourunternehmen, deren Angebot von Inselsafaris über Segeltörns bis zu Tauchexkursionen reicht. Hotels und teilweise auch Pensionen organisieren ebenfalls Ausflüge zu Wasser und zu Lande. Die großen Hotels und Resorts bieten ihren Gästen Tauch- und Schnorchelausrüstungen, Boote, Kanus, Katamarane und Surfbretter. Aufgrund seiner herrlichen Strände, Lagunen und Riffe bietet Französisch-Polynesien exzellente Bedingungen für Wassersportler. Die Tuamotus zählen zu den erlesenen Tauchgründen im Pazifik. Surfer finden in der vermuteten Urheimat der Disziplin gute Bedingungen vor. Mehrere Abschnitte an der West- und Nordküste von Tahiti

Nui bspw. eignen sich bestens zum Wellenreiten. Auf Tahiti führen Wanderrouten ins Innere der Insel und geben den Blick auf schroffe Gipfel und tiefe Schluchten frei. Ohne sich vorher genau über die Wege und Wetteraussichten erkundigt zu haben, sollte man zu keiner mehrtägigen Tour aufbrechen. Feste Schuhe und ein Zelt sind bei längeren Wanderungen bzw. Übernachtungen unterwegs wichtig. Information über Exkursionsleitungen beim Fremdenverkehrsamt. Vor allem die kleineren Inseln wie Moorea und Huahine kann man prima mit dem Fahrrad erkunden.

Auskünfte

Auskünfte und Informationen bekommt man beim Fremdenverkehrsamt in Papeete und in seinen Büros auf Moorea, Raiatea, Huahine, Bora Bora und Hiva Oa (Marquesas) (Adressen s. Tips von Insel zu Insel). In Papeete gibt es darüber hinaus zahlreiche Reisebüros, die über Inseltouren und Verkehrsverbindungen zwischen den Inseln bzw. Archipelen informieren.

Banken und Geldwechsel

Bei allen Banken und am internationalen Flughafen auf Tahiti kann man Reiseschecks internationaler Währungen einlösen. Dabei wird eine Standardgebühr von 350 CFP erhoben. Um sich die

Gebühr und Kursverluste zu sparen, sollte man in Deutschland Französische Francs in Schecks oder Banknoten kaufen, die in Französisch-Polynesien ohne zusätzliche Kosten umgetauscht werden.

Alle größeren Tourismusunternehmen akzeptieren Kreditkarten als Zahlungsmittel. Kleine Pensionen und Gästehäuser nehmen nur Schecks oder Bargeld.

Bücher und Karten

Die bestsortierten Buchläden in Papeete: Libraire Archipels, 68 rue des Remparts; Vaima Libraire, Vaima Center; Polygraph, 12 Ave Bruat. Sie führen auch englischsprachige Publikationen. Hier wie an Zeitungskiosken findet man ein breites Spektrum der internationalen Presse.

Eine topographische Karte von den Gesellschafts-Inseln gibt es in den Buchläden. Weiteres Kartenmaterial ist über den Service de l'Aménagement, 11 rue de Commandant Destremeau, zu beziehen.

Bibliothek: im Cultural Center, Boulevard Pomare, Mo–Do 8–17 Uhr, Fr 8–16 Uhr, ✆ 42 88 50. French University of the Pacific, ✆ 45 01 65.

Diplomatische Vertretungen

Honorarkonsulate

Deutschland:
Mme Claude Eliane Weinmann, Rue Gadiot, Pirae, ✆ 42 99 94, 42 80 84

Schweiz/Österreich:
Rue de la Cannonière Zélée, Papeete, ✆ 43 91 14, 43 21 22

Einreisebestimmungen

Ein gültiger deutscher, österreichischer oder schweizer Paß berechtigt zu einem 3monatigen Aufenthalt ohne Visum.

Reisende, die von Fidschi oder Amerikanisch-Samoa aus nach Papeete fliegen, müssen ihr Gepäck bei der Ankunft desinfizieren lassen. Diese Prozedur dauert rund zwei Stunden. Wer spätabends oder nachts ankommt, packe sich die für eine Übernachtung nötigen Utensilien ins Handgepäck!

Essen und Trinken

Restaurants

Das Leben in Französisch-Polynesien ist teuer, und das gilt zweifelsohne auch fürs Essen und Trinken im Restaurant. Doch die Auswahl an internationalen Spezialitäten – ob französische, tahitische, chinesische, vietnamesische, japanische oder italienische Küche – ist groß, insbesondere in Papeete. Auf kleinen Inseln wie Maupiti oder auch den Atollen der Tuamotus haben meist nur Hotels und Pensionen Restaurants. Vielfach sind dort Halb- oder Vollpension im Übernachtungspreis inbegriffen.

In den Genuß polynesischer Spezialitäten kommt man vor allem anläßlich der tahitischen Tanzshows, die die großen Hotels in allen Teilen Französisch-Polynesiens mit einem großen Buffet kombinieren.

Cafés und Snackbars

Auf den touristisch bedeutsamen Inseln und vor allem in der Hauptstadt gibt es zahlreiche Cafés und Snackbars. Unter den leichten Mahlzeiten – Salate, belegte Baguette, Burger etc. – findet sich auch hier der marinierte Fisch (*poisson cru)*. Eine gute und verhältnismäßig günstige Alternative zum Abendessen im Restaurant gibt es abends in Papeete: Eine breite Palette an Gerichten, vom chinesischen Chop Suey über italienische Pizza und amerikanische Steaks bis zum französischen Crêpe, bieten die Essensstände auf Rädern – *les roulottes* – am Hafen. Dort kann man den Köchen in die Töpfe gucken, während man auf seine Bestellung wartet.

Lebensmittel

Obst, Gemüse und Fisch gibt es täglich frisch und in Mengen auf dem zentralen Markt in Papeete. Außer in Uturoa (Raiatea) bieten die Märkte auf den anderen Inseln nur wenig Vielfalt. Vor allem die großen Supermärkte in der Hauptstadt (das Moana Nui Centre hat auch am Wochenende geöffnet) haben alles, was Selbstversorger für eine ausgezeichnete Verpflegung brauchen. Aber auch auf Moorea und den ›Inseln unter dem Wind‹ sind die Lebensmittelgeschäfte gut sortiert. Die Preise allerdings sind auch hier gewöhnungsbedürftig. Obst und Gemüse ist auf den Märkten in jedem Fall billiger. Frisches Baguette gibt es praktisch überall – auch auf Atollen wie Rangiroa oder Manihi.

Getränke

Hinano ist die größte landeseigene Bierbrauerei. Auch die alkoholfreie Version des tahitischen Biers mundet hervorragend und eignet sich auch in der Mittagshitze als ausgezeichneter Durstlöscher. Selbst in kleineren Läden ist es gekühlt erhältlich. Nach 17 Uhr darf in den Geschäften kein Alkohol mehr verkauft werden. In den Restaurants werden verschiedenste importierte Biere und Weine (insbesondere natürlich französische) ausgeschenkt, im Falle von Flaschenweinen mitunter zu astronomischen Preisen.

Trinkwasserversorgung: Auf den meisten bergigen und wasserreichen Inseln kann man das Leitungswasser trinken. Auf Maupiti wird das Wasser während der trockenen Jahreszeit knapp, so daß eine einwandfreie Trinkwasserqualität nicht mehr unbedingt gewährleistet ist. Die Atoll-Bewohner der Tuamotus sammeln Regenwasser in Zisternen, das man ebenfalls nur abgekocht trinken sollte. Im Zweifelsfall gibt es auch im kleinsten Laden französisches Tafelwasser – Eau Royale.

Feiertage und Feste

Gesetzliche Feiertage

1. Januar: Neujahrstag
Januar/Februar: Chinesisches Neujahrsfest
5. März: Missionaries Day (erinnert an die Ankunft der ersten Missionare)
März/April: Karfreitag, Ostersonntag
1. Mai: Tag der Arbeit
Christi Himmelfahrt
Pfingstsonntag und -montag
14. Juli: Französischer Nationalfeiertag (La Fête/Tiurai)
8. September: Tag der internen Autonomie
1. November: Allerheiligen
11. November: Tag des Waffenstillstandes (1918)
1. Dezember: Tiare Tahiti Day
25. Dezember: Weihnachten

Feste

Das jährlich stattfindende **Heiva i Tahiti** ist das wichtigste polynesische Kulturereignis des Landes. Das mehrwöchige Festprogramm beginnt Ende Juni und umfaßt Ausstellungen, Umzüge, Sportveranstaltungen wie Kanurennen, Musik-, Tanz- und Schönheitswettbewerbe sowie die Inszenierung historischer Zeremonien am Arahurahu Marae. Seinen Höhepunkt erreicht das Fest am 14. Juli mit den Feierlichkeiten anläßlich des französischen Nationalfeiertages. Im September/Oktober organisiert die Harrison Smith Association, Trägergesellschaft des Botanischen Gartens, eine große Blumenschau – das **Tree Festival** oder **Floralies**. Im September finden auf Tahiti **Surfmeisterschaften** statt. Während der ersten zwei Wochen des Monats gibt es auf Bora Bora den traditionellen **Stone-Fishing Contest**. Sportereignis des Jahres ist das **Pirogue-Rennen** (mit Auslegerbooten) von Huahine nach Raiatea, Tahaa und Bora Bora. Am Tag der **Tiare Tahiti** werden in ganz Papeete auf den Straßen, in Hotels und öffentlichen Gebäuden die weißen, duftenden Blüten der Nationalblume verteilt.

Notruf

Polizei ✆ **17, Feuerwehr** ✆ **18, S.O.S. Medicins** ✆ 42 34 56.

Öffnungszeiten

Banken: Mo–Fr 8–15.30 Uhr, teilweise auch Sa 8–11.30 Uhr.
Post: Mo–Fr 7–15 Uhr, Sa 8–10 Uhr. In Papeete und am Flughafen in Faaa längere Öffnungszeiten.
Ämter/Behörden: Mo–Fr 8–17 Uhr, Mittagspausen wie die Geschäfte.
Geschäfte: Mo–Fr 8–17 Uhr, Mittagspause zwischen 12 und 14 Uhr, Sa 8–12 Uhr. Die Geschäfte und der große Su-

permarkt im Moana-Nui-Einkaufszentrum in Punaauia haben auch am Wochenende geöffnet.
Markt: In Papeete ist jeden Tag Markt (So jedoch nur ca. 5–12 Uhr)

Post und Telekommunikation

Ortsgespräche sowie nationale und internationale Ferngespräche können auf allen größeren Inseln mit Telefonkarte von Postämtern und öffentlichen Telefonzellen aus geführt werden. Das Hauptpostamt (mit philatelistischer Abteilung) in Papeete bietet einen Telefax-, Telex- und Telegramm-Service. Telefonkarten sind bei den Postämtern erhältlich.

Radio und Fernsehen

Neben den zwei Fernsehkanälen von RFO (Radio France Outre Mer), dessen Programme größtenteils vom französischen Fernsehen (TF1, France 2) übernommen werden, aber auch Lokalnachrichten in tahitischer Sprache bringen, gibt es ein weiteres Dutzend unabhängiger Radiosender, die überwiegend Musikprogramme mit Nachrichten ausstrahlen. Außerdem gibt es auf Tahiti auch Kabelfernsehen, u.a. mit CNN und Eurosport.

Reisen im Land

Französisch-Polynesien gehört zu den Hochburgen des Tourismus im Pazifik – und zu den teuersten Ländern in Ozeanien. Tahiti, Moorea und Bora Bora spielen die zentrale Rolle, Raiatea und Huahine werden eher einmal überflogen. Rangiroa und Manihi sind die zwei meistbesuchten Atolle im Tuamotu-Archipel. Die Marquesas hingegen liegen abseits der hochfrequentierten Routen.

Flugverbindungen

Air Moorea unterhält einen Flug-Shuttle-Service zwischen Papeete und Moorea. Die Flugrouten von Air Tahiti erstrecken sich über alle Archipele Französisch-Polynesiens: auf die ›Inseln unter dem Wind‹, verschiedene Atolle im Tuamotu-Archipel, auf die Gambier- und Australinseln (Rurutu und Tubuai) sowie auf die Marquesas. Mit einem 28 Tage gültigen Flugpaß von Air Tahiti reist man unter Umständen preisgünstiger als mit Einzeltickets. Auf Inlandsflügen ist ein Maximalgewicht von 10 kg/Person zugelassen.

Air Moorea, Vaima Center, ✆ 86 40 11; Faaa Airport, ✆ 86 41 41; Moorea, ✆ 56 10 34.

Air Tahiti, Blvd. Pomare, ✆ 86 40 00; Moorea: ✆ 56 10 34; Huahine: ✆ 68 82 65; Raiatea: ✆ 66 32 50; Bora Bora: ✆ 67 70 85; Rangiroa: ✆ 96 03 41, Manihi: ✆ 96 42 71.

Internationale Fluggesellschaften: Air France, Blvd. Pomare, ✆ 43 63 33.
Air Caledonie, ✆ 85 09 04.
Hawaiian Airlines, Vaima Center, ✆ 42 15 00.
Air New Zealand, Vaima Center, ✆ 43 01 70, 43 87 00.
Qantas Airways, Vaima Center, ✆ 43 06 65, 83 90 90.

Schiffsverbindungen

Zwischen Tahiti, Moorea, Huahine, Raiatea und Bora Bora bestehen gute Seeverbindungen mit Schnell- und Expressbooten sowie Autofähren. Eine 7tägige Tour durch den Archipel der Gesellschafts-Inseln mit dem Luxus-Segler und Viermaster ›Windsong‹ kann man in Reisebüros in Papeete oder in Europa buchen.

Ein gutes Dutzend Fracht- und Passagierschiffe verkehrt regelmäßig auf unterschiedlichen Routen zwischen Tahiti, den Atollen des Tuamotu-Archipels und den Marquesas-Inseln. Die meisten haben Kabinen- und Deckplätze sowie Restaurants oder Snack-Bars an Bord. Besser als die anderen Frachter ausgestattet, ist die 16-Tage-Tour der ›Aranui‹ (✆ 42 62 40, 43 76 60) zu den Marquesas mit zahlreichen Zwischenstopps und Inselexkursionen *die* Empfehlung. Die Büros der verschiedenen Schiffseigner befinden sich überwiegend am Hafen (Motu Uta) in Papeete.

Bus

›Le Truck‹ – wie die Kleinbusse in Tahiti genannt werden – verkehrt zwischen Papeete und allen Außenbezirken. Als Zubringer zum internationalen Flughafen (Faaa – Fa'a'a gesprochen!, 6 km südwestlich von Papeete) eignet sich Le Truck nur, wenn man mit wenig Gepäck unterwegs ist. Auf Moorea und Huahine sind die Hafenorte (Vaiare bzw. Fare) Ausgangs- und Zielpunkt für die Busse, die sich als Zubringer nach den Ankunfts- und Abfahrtszeiten der Schiffe richten. Die Busse auf Raiatea verkehren weniger häufig. Auf Bora Bora pendeln Kleinbusse zwischen der Anlegestelle der Fähre bzw. dem Flughafen und den Hotels und Pensionen.

Taxi

Taxis fahren auf Tahiti, Moorea, Huahine, Raiatea, Bora Bora und Hiva Oa (Marquesas). Sie sind teuer; Gepäckstücke werden extra berechnet.

Mietwagen

Rechtsverkehr. Während der Stoßzeiten sollte man Papeete möglichst meiden, um sich den Streß auf verstopften Straßen zu ersparen. Verleihfirmen gibt es auf den Gesellschaftsinseln, auf Rangiroa (über die Hotels) und den größeren Inseln der Marquesas. Vor allem auf Tahiti lohnen sich Preisvergleiche.

Moped und Fahrrad

Mopeds und häufiger noch Fahrräder werden nicht nur von Leihwagenunternehmen, sondern oftmals auch von Hotels und Pensionen stunden- oder tageweise vermietet. Die Fahrräder sind meist nur einfach ausgestattet.

Sprache

Offizielle Sprachen sind Tahitisch und Französisch. In den Touristengebieten kann man sich auch auf Englisch gut verständigen. Eine kleine Einführung ins Tahitische (›Say it in Tahitian‹) ist in den Buchläden in Papeete erhältlich. Zwar ist Tahitisch infolge der Missionierung über rund hundert Inseln in Französisch-Polynesien verbreitet, doch haben die Bewohner auf den Tuamotus, den Gambier-Inseln und den Marquesas eine eigene Sprache.

Wörter und Wendungen

danke – maruru
Erdofen – himaa
Frau – vahine
Freund – e hoa
groß – nui
schön – nehe nehe
Guten Tag: guten Morgen – ia ora na
Haus – fare

ja – e; oia
Kind – tamari'i
klein – iti
Kokosnuß – ha'ari
Kokosöl – monoi
krank – ma'i
Krankenhaus – fare ma'i
Mann, Ehemann – tane
Medizin – ra'au
Moskito – nao nao
Name – i'oa
nein – aita
Meer, Ozean – moana
roher Fisch – i'a ota
Strand – tahatai
Süßkartoffel – umara
Telefon – ta niu niu
teuer – moni rahi
Toilette – fare iti
verboten, tabu – tapu
Auf Ihr Wohl! – manuia!
Darf ich ein Foto von Ihnen machen? – e pata vau ito oe hoho'a?
Es tut mir leid – ua pe'a pe'a vau
Ich heiße ... – o ... to'u i'oa
Ich komme aus ... – no te ... mai vau
Ich lebe/wohne in ... – i ... vau e faeia ai
Ich verstehe nicht – aita i papu ia'u
Mir geht es gut – maita'i vau
Möchten Sie etwas trinken? – hina'aro oe e inu?
Sehr gut – maita'i roa
Sprechen Sie Englisch? – ua ite oe i te parau Marite?
Vielen Dank – maruru roa
Wie geht es Ihnen? – maita'i oe?
Wie heißen Sie? – o vai to oe i'oa?
Wieviel kostet das? – ehia moni te'ie?
Wieviel Uhr ist es? – eaha te hora?
Wo leben/wohnen Sie? – ihea oe e faeia ai?
Woher kommen Sie? – nohea mai oe?
eins – ho'e, tahi
zwei – piti
drei – toru
vier – maha

fünf – pae
sechs – ono
sieben – hitu
acht – va'u
neun – iva
zehn – ahuru

Stromversorgung

Die Stromspannung variiert: In älteren Einrichtungen beträgt sie mitunter nur 110 V, in modernen Gebäuden normalerweise 220 V, selten 230 V.

Unterkunft

Den vielen großen und teuren Hotels und Resorts steht eine beträchtliche Zahl an Pensionen gegenüber. Obwohl sie relativ preisgünstig sind und ein DZ ab etwa DM 70 pro Nacht zu haben ist, sind diese Unterkünfte auch in der niedrigsten Preisklasse im Vergleich zu anderen pazifischen Staaten immer noch recht teuer. Das Frühstück ist normalerweise nicht im Übernachtungspreis inbegriffen. Die meisten Unterkünfte bieten auch Halb- oder Vollpension. Vor allem auf Tahiti, Moorea, Raiatea, Huahine und Bora Bora gibt es Pensionen, die für Rucksackreisende billige Unterkunft in Schlafsälen oder auf Zeltplätzen bieten. Die teuren Hotels und Resorts liegen meist an herrlichen Stränden, so daß auch die Wassersportmöglichkeiten zum Standard gehören. Wer vor seiner Ankunft auf den Inseln ein Zimmer reserviert, wird am Flughafen abgeholt – ein empfehlenswerter oder gar unerläßlicher Service (nicht im Übernachtungspreis inbegriffen), wenn das Hotel sehr abgelegen oder nur per Boot zu erreichen ist, wie etwa auf den Atollen der Tuamotus. Abgesehen davon kostet der Transport mit dem Hotelbus weniger als eine entsprechende Fahrt mit dem Taxi. Ein Verzeichnis aller Hotels und Pensionen auf den verschiedenen Inseln ist beim Fremdenverkehrsamt erhältlich.

Währung

Der pazifische Franc (CFP) steht in fester Parität zum französischen Franc. Er ist gestückelt in Banknoten über 500, 1000, 5000 und 10 000 CFP und Münzen über 1, 2, 5, 10, 20, 50 und 100 CFP. 100 CFP = ca. 1,80 DM (Ende 1999). Es ist günstig, Französische Francs mit nach Tahiti zu nehmen.

Zeit

MEZ minus 11 Stunden.

Zeitungen

Tageszeitungen: ›La Dépêche de Tahiti‹, ›Les Nouvelles de Tahiti‹, ›Tahiti Matin‹. Wöchentlich erscheinen ›La Tribune Polynésienne‹ und die englischsprachige ›Tahiti Beach Press‹ (mit aktuellen Informationen aus der Tourismusbranche); monatlich erscheint die Zeitschrift ›Tahiti Pacifique‹.

Zollbestimmungen

Neben den üblichen Mengen an Tabak und Alkohol – wahlweise 200 Zigaretten, 250 g Tabak, 50 Zigarren oder 100 Zigarillos sowie 2 l Spirituosen – dürfen pro Person nur 2 Foto- oder Filmkameras sowie je 10 unbelichtete Filme zollfrei eingeführt werden.

Fidschi: Adressen und Tips
von Insel zu Insel

Die Preise gelten, soweit nicht anders angegeben, für eine Übernachtung in einem Doppelzimmer. Hinzugerechnet werden müssen 10 % Mehrwertsteuer. Die Preiskürzel (F $ = Fiji Dollar) bedeuten: $ = 30–60 F $, $$ = 61–100 F $; $$$ 101–180 F $, $$$$ = 181–300 F $, $$$$$ = über 300 F $. (100 F $ = 94 DM; Stand Herbst 1999).

Kadavu

 Verkehrsverbindungen: Täglich **Flüge** nach Nadi mit Sunflower Airlines; Mo, Mi, Fr–So nach Nausori (Suva) mit Air Fiji. Zwei **Fähren** gehen dreimal wöchentlich nach Suva auf Viti Levu. Keine Busse.

Unterkunft: Jona's Paradise Resort, P.O. Box 15447, Suva, ✆ 31 17 80; auf Ono Island, *bure,* Zeltplatz, incl. Vollpension $$.
Matana Beach Resort, P.O. Box 8, Vunisea, ✆ 31 17 80; auf Tauchurlauber spezialisiert, Bungalows *(bure),* incl. Vollpension $$$$$.
Matava, P.O. Box 63, Vunisea, ✆ 33 60 98; *bure* in sehr schöner Strandlage, nur per Boot zu erreichen, $–$$.
Nukubalavu Adventure Resort and Dive Centre, P.O. Box 11522 Suva, ✆ 31 45 54; abgeschieden an der Ostküste, *bure,* Mehrbettzimmer, $–$$.
Nakuita Island Resort, P.O. Box 6, Vunisea, ✆ 33 60 97; auf Galoa Island südl. von Kadavu, *bure,* Mehrbettzimmer, Zeltplatz, $.
(In einigen der Hotels und Resorts ist Vollpension obligatorisch.)

Aktivitäten: Kadavu mit dem Astrolabe Reef ist ein Paradies für **Taucher.** Alle Hotels und Resorts, egal welcher Kategorie, bieten Tauchkurse und -gänge an.

Lau-Gruppe

 Verkehrsverbindungen: Teils mehrmals pro Woche **Flüge** von Cicia, Lakeba und Moala nach Viti Levu.

Unterkunft: Kaimbu Island Resort, P.O. Kaimbu Island, ✆ 88 03 33; auf der Insel Yacata, nördlich der Lau-Gruppe, gilt als das teuerste Resort des Landes, 4 Luxus-*bure.* Pro Tag zahlt man für zwei Personen incl. aller Mahlzeiten und Getränke, Aktivitäten, Flugtransfer von Nadi oder Suva weit über 500 US $.

Lomaiviti-Gruppe

 Verkehrsverbindungen: Mehrmals täglich **Flüge** von Levuka auf Ovalau nach Nausori auf Viti Levu. Einmal pro Woche **Auto-fähre** von Ovalau nach Viti Levu und über Koro nach Vanua Levu. Zwei Fähren pendeln täglich außer sonntags zwischen dem Fähranleger in der Nähe von Levuka und Natovi auf Viti Levu. Auf Ovalau gibt es **Busse.**

Unterkunft: Mavida Lodge, P.O. Box 4, Levuka, ✆ 44 04 77; auf Ovalau, einfache Zimmer, Gemeinschaftsküche, Zi, Schlafsaal $.
Naigani Island Resort, P.O. Box

12539, Suva, ✆ 31 20 69, 30 20 57; auf Naigani, sehr empfehlenswert, ideal für Familien, Bungalows mit Küche, $$$.
Old Capital Inn, P.O. Box 90, Levuka, ✆ 44 00 57; auf Ovalau, Treffpunkt der Rucksack-Touristen, Zi, Schlafsaal $.
Royal Hotel, P.O. Box 47, Levuka, ✆ 44 00 24; auf Ovalau, ältestes Hotel Fidschis, allein das Gebäude im Kolonialstil ist einen Aufenthalt wert, Zi, Bungalows, Mehrbettzimmer, $–$$.
Rukuruku Holiday Resort, P.O. Box 112, Levuka, ✆ 44 02 35; an schwarzem Sandstrand im NW von Ovalau, *bure,* Mehrbettzimmer, Zeltplatz, $–$$.

Sehenswürdigkeiten: In Levuka auf Ovalau, im ehemaligen Laden der Morris-Hedstrom Ltd., befindet sich ein kleines **Museum** mit Artefakten des traditionellen fidschianischen Handwerks. Stadtbesichtigungen, Inseltouren, Wanderungen veranstaltet Ovalau Tours & Transport, ✆ 44 06 11.

Aktivitäten: Ausflüge zu vorgelagerten Inselchen wie Yanuca Lailai oder Leleuvia (dort gibt es auch Übernachtungsmöglchkeiten in kleinen Resorts) mit schönen Stränden. Über die Unterkünfte lassen sich Wanderungen auf Ovalau organisieren.

Mamanucas

Verkehrsverbindungen: Mehrmals täglich **Flug** von der Insel Malolo Lailai nach Nadi. Mit Turtle Airways Verbindung mit dem Wasserflugzeug zwischen einigen exklusiven Resorts und Nadi; Turtle Airways, Private Mail Bag, Nadi Airport, ✆ 72 29 88. Die Hubschrauber-Chartergesellschaft Island Hoppers operiert von Nadi aus, Nadi Airport, ✆ 72 04 10.
Katamarane, Schoner und **Schnell-**

boote verkehren zwischen den Inseln und Nadi bzw. Lautoka. Buchungen bei South Sea Cruises Ltd., Nadi, ✆ 70 01 44; Nadi Bay Cruises, ✆ 72 26 96; Beachcomber Cruises Ltd., Lautoka, ✆ 66 15 00.

 Unterkunft: Beachcomber Island Resort, P.O. Box 364, Lautoka, ✆ 66 15 00; auf der Insel Tai, eine Ferienanlage für junge und jung-gebliebene Urlauber, Schlafsaal, Zi und *bure* incl. 3 Mahlzeiten $$–$$$$.
Castaway Island Resort, Private Mail Bag, Nadi Airport, ✆ 66 12 33; auf der Insel Qalito, ideal für Familien, Bungalows für max. 4 Personen, incl. Frühstück $$$$$.
Mana Island Resort, P.O. Box 610, Lautoka, ✆ 66 12 10; Zi und Bungalows *(bure),* incl. Frühstück $$$$–$$$$$.
Matamanoa Island Resort, P.O. Box 9729, Nadi Airport, ✆ 66 05 11; sehr schöne Anlage mit Zi und 20 sehr geräumigen Bungalows *(bure),* $$$$–$$$$$.
Musket Cove Resort, Private Mail Bag, Nadi Airport, ✆ 66 22 15; auf der Insel Malolo Lailai, 10 Flugmin. von Nadi International Airport entfernt, Bungalows *(bure)* mit Küche, Zi, Villas, $$$$–$$$$$.
Naitasi Resort, P.O. Box 10044, Nadi Airport, ✆ 72 42 99; auf der Insel Malolo, ideal für Familien, Bungalows und Villas, $$$$–$$$$$.
Navini Island Resort, P.O. Box 9445, Nadi Airport, ✆ 66 21 88; 7 Bungalows *(bure),* $$$$–$$$$$.
Plantation Island Resort, P.O. Box 9176, Nadi Airport, ✆ 66 93 33; auf der Insel Tavarua, *der* Ort für Surfer, Zi und Bungalows *(bure),* $$$–$$$$.
Tokoriki Island Resort, P.O. Box 9729, Nadi Airport, ✆ 66 19 99; Bungalows *(bure),* $$$$.

Treasure Island Resort, P.O. Box 2210, Lautoka, ☎ 66 69 99; auf der Insel Luvuka, ideal für Familien, 68 Bungalows *(bure)*, $$$$–$$$$$.

 **Aktivitäten:** Die Inseln der Mamanuca-Gruppe bieten ideale Wassersportmöglichkeiten, die Resorts alles fürs Tauchen, Segeln, Schnorcheln, für Parasailing und Bootstouren usw. Einige der Resorts verfügen über Tennisplätze. Auch Ausflüge auf benachbarte Inseln und Dorfbesuche stehen ggf. auf dem Programm.

Taveuni

Verkehrsverbindungen: Mehrmals täglich gibt es **Flüge** nach Nausori und Nadi auf Viti Levu. Einmal pro Woche verkehrt eine Autofähre nach Vanua Levu (ca. 6 Std.). Täglich außer sonntags pendelt eine Fähre zwischen Waiyevo und Natuvu auf Vanua Levu. Auf der Insel verkehren **Kleinbusse** und **Taxis.** Wer vorgebbucht hat, wird vom Hotel am Flughafen abgeholt.

 Unterkunft: Audrey's By The Sea, P.A. Matei, Taveuni, ☎ 88 00 39; Bungalow in schönem Garten mit Blick aufs Meer in Matei, Küche, $$.
Dive Taveuni, P.O. Matei, Taveuni, ☎ 88 04 41; schönes Tauch-Resort, Bungalows *(bure)*, incl. Mahlzeiten $$$$$.
Garden Island Resort, P.O. Box 1, Waiyevo, Taveuni, ☎ 88 02 86; Zi, Mehrbettzimmer, $$$.
Kaba's Motel & Guesthouse, P.O. Box 4, Taveuni, ☎ 88 02 33, 88 02 31; in Somosomo, im Motel gibt es Zimmer mit Küche, im Guesthouse Zimmer, Gemeinschaftsküche und -dusche, $–$$.
Maravu Plantation Resort, P.A. Matei, Taveuni, ☎ 88 06 00; *Bure* in

schöner Anlage, sehr gute Küche, incl. Vollpension $$$$$.
Matagi Island Resort, P.O. Box 83, Waiyevo, Taveuni, ☎ 88 02 60; *das* Tauch-Resort, 10 Bungalows *(bure)*, $$$$$.
Qamea Beach Club, P.O. Matei, Taveuni, ☎ 88 02 20; auf der Insel Qamea östl. von Taveuni, Luxus-Resort, 11 Bungalows *(bure)*, $$$$–$$$$$.

 **Aktivitäten: Segeln:** Seax of Legra, P.O. Box 89, Waiyevo, Taveuni, ☎ 88 01 41. **Tauchen:** The Great White Wall und das Rainbow Reef gehören zu den faszinierendsten Korallenriffen der Welt. Boot, Führung, Ausrüstung sowie Kurse durch geprüfte Lehrer bieten alle Hotels und Gästehäuser. Meist organisieren sie auch **Touren** und **Wanderungen** ins Landesinnere dieser schönen Insel; einige verleihen **Fahrräder.** Die besten **Strände** sind Prince Charles Beach, Lavena Beach und Dolphin Bay, eine kleine Bucht im Süden der Insel mit einem weiteren empfehlenswerten Resort (Nomui Lala Resort).

Vanua Levu

Verkehrsverbindungen: Mehrmals täglich **Flüge** von Labasa und Savusavu nach Nausori (Suva) und Nadi mit Air Fiji (☎ 85 05 38) bzw. Sunflower Airlines (☎ 81 14 54). Mehrmals wöchentlich **Fährverbindungen** zwischen Vanua Levu (Savusavu, Labasa) und Viti Levu (Suva, Natovi) sowie nach Taveuni. Beachcomber Roro Shipping Ltd. (Fähre Adi Savusavu), ☎ 85 02 66. **Busverkehr** zwischen Savusavu und Labasa. Flughafentransfer mit **Taxi** oder **Hotelbus.**

Mietwagen: Savusavu: Avis, ✆ 85 01 84; Budget, ✆ 8 11 99; Khans Rental Cars, ✆ 85 05 80; Thrifty, ✆ 85 02 56. Labasa: Budget, ✆ 85 07 00.

 Unterkunft: Buca Bay Resort, Natuvu, ✆ 88 03 70. Malerische Lage, Zi, *bure,* Mehrbettzimmer, Zeltplatz, $–$$.

Cousteau Fiji Islands Resort, P.O. Savusavu, ✆ 85 01 88; exklusives Resort, nicht nur für Taucher, $$$$$.

Grand Eastern Hotel, P.O. Box 641, Gibson St., Labasa, ✆ 81 10 22; $$.

Hot Springs Hotel, P.O. Box 208, Savusavu, ✆ 85 01 95; im Ort nahe den heißen Quellen, Blick auf Bucht, $$–$$$.

Kontiki Resort, Private Mail Bag, Savusavu, ✆ 85 02 62; ca. 15 km östl. von Savusavu, Bungalows in Hanglage mit Blick aufs Meer, Mehrbettzimmer, $$$.

Moody's Namenalala, Private Mail Bag, Savusavu, ✆ 81 37 64; auf einer kleinen Insel südlich von Vanua Levu, eine Ferienanlage der Spitzenklasse, das Resort für Träumer und Naturliebhaber, fünf sehr geräumige Bungalows, Top-Küche, Bootstransfer von Savusavu oder Anreise mit Turtle Airways von Nadi, $$$$.

Namale Resort, P.O. Box 244, Savusavu, ✆ 85 04 35; luxuriöse Anlage mit 8 *bure* in einer Plantage, incl. Vollpension und Aktivitäten, $$$$$.

Nukubati Island Resort, P.O. Box 1928, Labasa, ✆ 81 39 01; Luxus-Resort ca. 1 Bootsstd. von Labasa, herrlicher Sandstrand, 4 *bure,* incl. Vollp. und Aktivitäten, $$$$$.

Takia Hotel, P.O. Box 7, 10 Nasekula Rd., Labasa, ✆ 81 16 55; $–$$.

Restaurants: Außerhalb der Hotels beschränkt sich das Angebot auf wenige Cafés und Gaststätten.

Aktivitäten: Golfplätze gibt es in Labasa und beim Kontike Resort. Die teureren Resorts sind überwiegend auf **Taucher** spezialisiert und bieten Kurse und Exkursionen an. Eco Divers, Savusavu, ✆ 85 01 22, organisieren auch **Inseltouren** und verleihen **Kayaks.** Fiji by Kayak, ✆ 85 03 72.

Viti Levu

Touristeninformation: Fiji Visitors Bureau (FVB), Thomson Street, GPO Box 92, Suva, ✆ 30 24 33, Mo–Fr 8.30–16.30 Uhr, Sa 8.30–12 Uhr; Fiji Visitors Bureau, P.O. Box 9217, Nadi Airport, ✆ 72 24 33; im Flughafengebäude, geöffnet während der Ankunfts- und Abflugzeiten internationaler Flüge.

 Verkehrsverbindungen: Täglich **Flüge** mit Air Fiji (Suva, ✆ 31 36 66; Nadi, ✆ 72 25 21) und Sunflower Airlines (Suva, ✆ 31 57 55; Nadi, ✆ 72 30 16) zwischen Suva und Nadi sowie von Nadi und/oder Suva nach Kadavu, auf die Mamanucas (Mana, Malolo Lailai) und Yasawas, nach Vanua Levu (Savusavu, Labasa), Taveuni, Ovalau, Rotuma, Gau, Koro und Moala. Turtle Airways (Nadi, ✆ 72 23 89) verkehrt mit einem Wasserflugzeug zwischen Nadi (Denarau Beach) und einigen Resorts auf vorgelagerten Inseln. Mehrmals wöchentlich verbinden **Schiffe** und **Fähren** Suva mit Levuka, Labasa (Patterson Brothers Shipping Company Ltd., Suva, ✆ 31 56 44), Savusavu, Koro und Taveuni (Consort Shipping Ltd., Suva, ✆ 30 28 77; Beachcomber Roro Shipping Ltd., Suva, ✆ 30 73 49) sowie mit Kadavu (Kadavu Shipping, Suva, ✆ 31 24 28; Whippy's Ferry Service, Suva, ✆ 31 15 07). Mehrmals täglich Transfer mit Schnellbooten und Segelschiffen von Nadi (Denarau) und Lautoka auf die Mamanucas: South Seas Cruises, Nadi, ✆ 72 29 88; Beachcomber Cruises, Lautoka, ✆ 66 15 00. **Busse** und **Express-Busse** verkehren zwischen Suva und Nadi über die nördliche Kings Road und die südliche Queens Rd. mit Halt an den Hotels und Resorts entlang der Strecken. Südstrecke: Fiji Express, United Touring (Suva, ✆ 31 22 87; Nadi, ✆ 72 28 21); Pacific Transport (Suva, ✆ 30 43 66; Nadi, ✆ 70 00 44); Nordstrecke: Sunset Express, (Suva, ✆ 32 28 11; Nadi, ✆ 72 02 66; Lautoka, ✆ 66 82 76); Sunbeam Transport (Suva, ✆ 38 21 22; Lautoka, ✆ 66 28 22). **Taxis** sind billig und gibt es in jedem größeren Ort und an den Flughäfen.

 Mietwagen: Avis Rent-A-Car, P.O. Box 9088, Nadi Airport, ✆ 72 22 33 (Nadi), ✆ 31 38 33 (Suva), auch Verleih von Motorrollern; Budget Rent-A-Car, 123 Foster Rd., Walu Bay, Suva, ✆ 31 58 99 (Suva), ✆ 72 27 35 (Nadi); Hertz Rent-A-Car, Ratu Mara Rd. an der Ecke Golf Link Rd., Suva, ✆ 30 21 86, ✆ 72 21 46 (Nadi), ✆ 47 94 92 (Nausori), ✆ 66 46 22 (Lautoka); Thrifty Car Rental, c/o Rosie The Travel Service, P.O. Box 9268, Nadi Airport, ✆ 72 27 55, 31 44 36 (Suva); Khans Rental Cars, ✆ 72 35 06 (Nadi Airport), 38 50 33 (Suva); UTC, ✆ 72 28 11 (Nadi).

Unterkunft: Suva:
Best Western Berjaya Hotel, P.O. Box 112, Suva, Gordon/Malcolm St, ✆ 31 23 00; zentral, Zimmer mit Video und TV, Restaurant mit malaysischer Küche, $$$–$$$$.
Capricorn Apartment Hotel, P.O. Box 1261, Suva, St. Fort St., ✆ 30 37 32; zentral, Zimmer mit Kochnische, Swimmingpool, $$.

Centra Suva, P.O. Box 1357, Suva, Victoria Parade, ✆ 30 16 00; zentral, internationaler Standard, $$$$.
South Seas Private Hotel, 6 Williamson Rd., ✆ 31 22 96; zentral, Favorit für Rucksackreisende, Zi, Mehrbettzi., Gemeinschaftsküche und -dusche, $.
Suva Motor Inn, P.O. Box 2500, Suva, Mitchel/Gorrie St, ✆ 31 39 73; ruhige Lage, Studios mit Kochnische, 2-Zi-App. mit Küche u. Balkon, $$–$$$.
Tropic Towers Apartments, P.O. Box 1347, Suva, 86 Robertson Rd., ✆ 30 44 70; Zimmer mit Küche und Balkon, $$.

An der Coral Coast:
Hideaway Resort, P.O. Box 233, Sigatoka, ✆ 50 01 77; Bungalows *(bure)*, $$$.
Naviti Resort, P.O. Box 29, Korolevu, ✆ 53 04 44; Hotel mit zwei künstlichen Inselchen, sehr schöne Gartenanlage, ideal für Familien, $$$–$$$$.
Natadola Beach Resort, P.O. Box 10123, Nadi Airport, ✆ 72 10 00; Anlage mit Garten am wohl schönsten Strand Viti Levus, 10 Suiten, $$$$–$$$$$.
Sandy Point Beach Cottages, P.O. Box 23, Sigatoka, ✆ 50 01 25; in Korotogo, gepflegte Anlage mit 4 Häuschen für Selbstversorger, $$.
Shangri-La's Fijian Resort, Private Mail Bag, Nadi Airport, ✆ 52 01 55; auf der Privatinsel Yanuca gelegen, größtes Hotel Fidschis, int. Luxusstandard, sehr schöne Anlage und Strand, Zi, Studios, Suiten, *bure*, $$$$–$$$$$.
Tambua Sands Beach Resort, P.O. Box 177, Sigatoka, ✆ 50 03 99; großzügige Anlage mit *bure*, $$$.
The Beachhouse, P.O. Box, Korolevu, ✆ 53 05 00; gute Unterkunft für Rucksackreisende, Zi, Mehrbettzimmer, Zeltplatz, $.
The Warwick Fiji, P.O. Box 100, Korolevu, ✆ 53 05 55; zweitgrößtes Resort an der Coral Coast, $$$$–$$$$$.

Lautoka:
Cathay Hotel, P.O. Box 239, Tavewa Rd., ✆ 66 05 66; Zi, Mehrbettzimmer, $.
Waterfront Hotel, P.O. Box 4653, ✆ 66 47 77; in der Nähe des Hafens gelegen, $$$.
Nadi:
Anchorage Beach Resort, P.O. Box 9203, Nadi Airport, ✆ 66 20 99; am Vuda Point, Blick über Nadi Bay, $$$.
New Town Beach Motel, P.O. Box 2150, Nadi, ✆ 72 33 39; Wasawasa Rd., einfache, saubere Zi, Mehrbettzimmer, $.
Raffles Gateway Hotel, P.O. Box 9891, Nadi Airport, ✆ 72 24 44; direkt am Flughafen, ältestes Hotel der Stadt, $$–$$$.
Sandalwood Inn u. Sandalwood Lodge, P.O. Box 9454, Nadi Airport, ✆ 72 20 44; zwischen Nadi und dem Flughafen, Lodge (etwas entfernt von der Hauptstraße) hat Apartments mit Kochnische, $–$$.
Shangri-La's Fiji Mocambo, P.O. Box 9195, Nadi Airport, ✆ 72 20 00; Hanglage am Namaki Hill, ca. 2 km vom Flughafen, $$$–$$$$.
Seashell Surf & Dive Resort, P.O. Box 9530, Nadi Airport, ✆ 72 01 00; ca. 17 km südlich von Nadi, abgelegen an Strand, Zi, *bure* mit Küche, Schlafsaal, Zeltplatz, $–$$$.
Sheraton Fiji Resort, P.O. Box 9761, Nadi Airport, ✆ 75 07 77; ca. 4 km von Nadi entfernt am Denarau Beach, großes, luxuriöses Hotel, $$$$$.
Sheraton Royal Denarau Resort, P.O. Box 9081, Nadi Airport, ✆ 75 02 59; ebenfalls erstklassige Anlage, stärker im Südsee-Stil als das benachbarte Sheraton Fiji, $$$$$.
Sonaisali Island Resort, P.O. Box 2544, Nadi, ✆ 70 60 11; ca. 25 Autominuten südlich von Nadi auf vorgelagerter Insel, großzügige Anlage, Zi und *bure*, $$$$–$$$$$.
Pacific Harbour:
Pacific Harbour Centra Resort & Country Club, P.O. Box 144, Deuba, ✆ 45 00 22; u.a. Golfplatz, $$$.
Rakiraki:
Rakiraki Hotel, P.O. Box 31, Kings Rd., ✆ 69 41 01; schönes, altes Haus mit gepflegter Gartenanlage. Idealer Ausgangspunkt für Weiterreise von Rakiraki (Ellington Wharf) auf die vorgelagerte Insel Nananu-i-Ra, $$–$$$.
Wananavu Beach Resort, P.O. 305, ✆ 69 44 33; etwas abgelegen in Hanglage mit Blick über schöne Bucht, Strand, Bungalows *(bure)*, $$$–$$$$.
Insel-Resorts im Norden:
Auf der Insel Nananu-i-Ra, wenige Kilometer vor der Küste von Rakiraki:
Betham Beach Cottages, P.O. Box 5, Rakiraki, ✆ 69 41 32; Bungalow mit Küche, Mehrbettzimmer, $.
MacDonald's Cottages, P.O. Box 140, Rakiraki, ✆ 69 46 33; Strand, Bungalows, Zi, Mehrbettzimmer, $–$$.
Mokusigas Island Resort, P.O. Box 268, Rakiraki, ✆ 69 44 44; sehr schönes Resort mit Bungalows *(bure)*, $$$$.
Im Osten:
Toberua Island Resort, P.O. Box 567, Suva ✆ 30 23 56 oder auf der Insel ✆ 47 91 77; sehr kleine Insel mit 14 Bungalows in traditionellem Baustil (chiefly style), incl. Mahlzeiten $$$$$.
Im Süden:
Vatulele Island Resort, P.O. Box 9936, Nadi Airport, ✆ 55 03 00; auf der Insel Vatulele, 30 Flugmin. von Nadi International Airport, Resort der Luxusklasse, 12 Bungalows *(bure)*, incl. aller Mahlzeiten, Getränke und Aktivitäten $$$$$.

Restaurants: In Nadi:
Neben einigen ausgezeichneten Hotel-Restaurants wie das **Ports**

O'Call (Sheraton Fiji, ✆ 75 07 77) oder Gardenview (Sheraton Royal, ✆ 75 00 00) sind u.a. zu empfehlen: **Chefs the Restaurant** und **Chefs the Edge** mit internationaler Küche (✆ 70 31 31); die Italiener **Valentino's** (✆ 72 06 40) und **Mama's Pizza Inn** (✆ 72 09 22); die indische Küche im **Maharaj** (✆ 72 29 62) und im **Tandoori Haven** (✆ 72 08 11); das chinesische **Bi Yuen Restaurant** (✆ 70 37 71) sowie das **Daikoku** (✆ 70 32 45) mit japanischer Küche.
In Suva: Great Wok of China, Bau St./Laucala Bay Rd. (✆ 30 12 85), hat eine ausgezeichnete chinesische Küche; auch der **Sichuan Pavilion** (✆ 31 51 94), Thomson St, und das **New Peking** (✆ 31 29 39), Victoria Pde, sind empfehlenswert. Zu den besten indischen Restaurants gehören das **Hare Krishna** (✆ 31 41 54), Pratt/Joske St., und das **Curry House** (✆ 31 37 56), Cumming St. Feine Steaks und Fisch bieten der **Aberdeen Grill** (✆ 30 43 22) im Noble House, Bau St, sowie **Tiko's Floating Restaurant** (✆ 31 36 26) am Kai an der Stinson Pde. Sehr gut ißt man auch im Restaurant des **Centra Suva Hotels,** Victoria Pde. Das **Old Mill Cottage** (✆ 31 21 34), Carnavon St., bietet u.a. gute fidschianische Gerichte und ist ideal für ein gutes Mittagessen (abends nicht geöffnet).

Sehenswürdigkeiten: Fiji Museum, im Botanischen Garten (Thurston Gardens), Suva, Mo–Sa 8.30–16.30 Uhr; **Cultural Centre and Marketplace of Fiji,** Pacific Harbour; **Kalevu Cultural Centre,** ca. 10 km westlich von Sigatoka, Mo–Sa 9–17 Uhr; **Orchid Island,** ca. 10 km von Suva entfernt an der Queens Road. **Garden of the Sleeping Giant** (Orchideengarten), ca. 6,5 km nördl. vom Flughafen in Nadi, Mo–Sa 9–17

Uhr. Ausflüge zu Sehenswürdigkeiten, Städtefahrten, Tagestrips zu vorgelagerten Inseln, Erlebnistouren etc. bieten Road Tours of Fiji, Nadi, ✆ 72 29 35; United Touring Fiji (UTC), Nadi, ✆ 72 28 11; Victory Inland Safaris, Nadi, ✆ 70 02 43; Inland Tours of Fiji, Nadi, ✆ 72 35 44; Rosie The Travel Service, Nadi, ✆ 72 27 55; The Natural Tours Fiji, Lautoka, ✆ 65 14 37; Adventures in Paradise, Sigatoka, ✆ 52 08 33; Wilderness Ethnic Adventures, Suva, ✆ 38 64 98; South Sea Cruises, Nadi, ✆ 70 01 44; Captain Cook Cruises, Nadi, ✆ 70 18 23; Marine Tours, Suva, ✆ 32 26 70.

Aktivitäten: In Pacific Harbour (50 km von Suva) befindet sich die größte **Golfanlage** (18-Loch). Auf der Insel Toberua können die Gäste des exklusiven Resorts sogar bei Ebbe auf dem Riff ihrem Sport nachgehen. **Hochseeangeln:** Die großen Hotels an der Westküste, auf den Mamanuca- und Yasawa-Inseln sowie die Resorts auf Vanua Levu und den vorgelagerten Inseln organisieren Bootstouren für Sportfischer. Mehrtägige **Kreuzfahrten** auf Luxusschiffen durch die Inseln der Yasawa- und Mamanuca-Gruppe organisieren: Blue Lagoon Cruises Ltd., P.O. Box 130, Lautoka, ✆ 66 43 36; Pleasure Marine Ltd., c/o Mana Island Resort, P.O. Box 718, Nadi, ✆ 78 03 36; Oceanic Schooner Co., P.O. Box 9625, Nadi Airport, ✆ 72 24 55. **Reiten:** Nadi Bay Pony Club, ✆ 7 20 16). **Rundflüge:** Island Hoppers, Nadi Airport, ✆ 72 04 10 (Hubschrauber-Service); Island Air, Nadi Airport, ✆ 72 20 77, 72 23 71; Turtle Airways, Nadi Airport, ✆ 72 29 88 (Wasserflugzeuge). **Segeln:** Boote kann man chartern bei: Bay Cruises, Nadi, ✆ 72 26 96; Beachcomber Cruises Ltd., P.O. Box 364, Lautoka, ✆ 66 15 00;

Oceanic Schooner Co., Adresse s. unter Kreuzfahrten; Tradewinds Marine Ltd., Lami, ✆ 36 17 96. In allen Teilen Fidschis gibt es exzellente **Tauchgebiete** und Hotels und Resorts, die Kurse, Ausrüstung und Tauchgänge bieten. Insbesondere auf den Mamanucas und Yasawas, auf Kadavau, Bequa, Taveuni und den umliegenden Inselchen sowie auf Vanua Levu gehört das Angebot für Taucher zum Standard (Adresse s. Unterkunft der verschiedenen Inseln). Aqua-Trek Fiji Diving, Nadi, ✆ 70 24 13. **Wanderungen** auf Viti Levu, bspw. in den Nausori Highlands oder durch das bewaldete Bergland, organisieren die unter ›Sehenswürdigkeiten‹ genannten Veranstalter. Infos: Fiji Rucksack Club, P.O. Box 2394, Govt. Bldgs., Suva, ✆ 31 22 46.

Abends: Unterhaltung am Abend bieten neben den Vorführungen fidschianischer Tänze *(meke)* in den großen Hotels und Resorts vor allem die Diskotheken, Bars und Kinos in Suva und Nadi. Zentrum des Nachtlebens in der Hauptstadt ist die Victoria Pde. Cocktails und gut gezapfte Biere gibt es im JJs, O'Reillys, oder Bad Dog Café, Guiness im Wolfhound nebenan. Traps Bar und der Golden Dragon gehören zu den ältesten Bars und Nightclubs in Suva. Aber auch Lucky Eddie's ist eine Institution. Western & Country Music spielt im The Barn, das Birdland ist der Jazz-Club der Stadt.

In Nadi ist das Nachtleben längst nicht so sprühend und beschränkt sich überwiegend auf Hotelbars mit Live-Musik, etwa im Fiji Mocambo oder im Sheraton Fiji. Der Koreana Club an der Colonial Plaza ist die einzige Diskothek in der Stadt.

Yasawas

Verkehrsverbindung: Transfer zu den Inseln mit Booten der Resorts oder Turtle Airways.

Unterkunft: Turtle Island Resort, P.O. Box 9317, Nadi Airport, ✆ 72 29 21; auf der Insel Nanuya Levu, 12 Luxus-*bure*, Ferienparadies für Reiche, ist Gewinner des Andrew Harper's Hideaway Report ›Insel des Jahres‹ und hat 1992 die Auszeichnung ›Most Romantic‹ erhalten, Drehort des Filmes ›Die blaue Lagune‹; Luxuspreisklasse, Transfer mit Turtle Airways von Nadi. **Yasawa Island Lodge**, P.O. Box 10128, Nadi Airport, ✆ 66 33 64; auf der Insel Yasawa, Luxus-Resort, Bungalows *(bure)*, incl. aller Mahlzeiten und Aktivitäten $$$$$.

Kleine Resorts und einfache Unterkünfte für Rucksackreisende mit Mehrbettzimmern und/oder Zeltplätzen gibt es auf **Tavewa** (Coralview Resort, ✆ 66 26 48; David's Place, ✆ 66 39 39), **Waya** (Octopus Resort, ✆ 66 63 37; Lovoni Beach Resort, ✆ 70 14 54) und **Wayasewa** (Dive Trek, ✆ 66 97 15). Incl. HP/VP $–$$$.

Aktivitäten: Gute Wassersportmöglichkeiten, Wandern. Teuer, aber überwältigend schön sind die mehrtägigen Kreuzfahrten durch die kleinen Inseln der Yasawa-Gruppe (Veranstalter s. Aktivitäten auf Viti Levu).

Ärztliche Versorgung

Die beiden großen Krankenhäuser des Landes befinden sich in Suva und Lautoka. Aber auch andere Städte und Ortschaften verfügen über kleine Krankenstationen, teilweise mit zahnmedizinischer Abteilung. Darüber hinaus gibt es eine Reihe von niedergelassenen Privatärzten (Registered Private Medical Practitioners), deren Anschriften Sie bitte dem Telefonbuch auf der ersten Seite jeder Region entnehmen, oder fragen Sie in Ihrem Hotel. Apotheken gibt es in den meisten größeren Städten und Ortschaften, Medikamente sind auch in den Kaufhäusern Morris Hedstrom und Burns Philip erhältlich. Krankenhäuser und Krankenstationen:

Auf Viti Levu
Suva: Colonial War Memorial Hospital, Waimanu Rd., ✆ 31 34 44; Bayly Clinic, Rodwell Rd., ✆ 31 58 88; Gordon Medical Centre, Gordon/Thurston St. (Dr. Mitchell's Medical Clinic), ✆ 31 33 35, ✆ 31 31 31. Lautoka: Lautoka Hospital, Thomson Cres, ✆ 66 03 39; Vakabale St Medical Centre, ✆ 66 19 61. Nadi: Nadi Hospital, Market Rd., ✆ 70 11 28; Namaka Medical Centre, Namaka Lane, ✆ 72 22 88.

Auf Vanua Levu
Labasa: Hospital, Butinikama-Siberia Rd., ✆ 81 14 44.
Savusavu: Hospital, ✆ 85 04 44.

Aktivitäten

Eine Reihe von Tourunternehmen sowie Hotels und Inselresorts bieten ihren Gästen eine Vielzahl an unterschiedlichen Programmen.

Flußfahrten

Wildwasser-Trips, Kanu-Fahrten oder solche mit einem *bilibili* (Bambusfloß) auf Flüssen, wie z. B. dem Navua oder dem Ba auf Viti Levu, werden von Tourunternehmen angeboten. Es lohnt sich!

Golf

Über ein Dutzend Städte und Resorts verfügen über 9- oder 18-Loch-Golfplätze, u.a. Suva, Nadi, Pacific Harbour, Ba, Rakiraki und Labasa sowie das Sheraton Fiji Resort und das Fiji Mocambo in Nadi.

Kreuzfahrten

Südsee-Traum pur! Ewiger Sonnenschein, türkisfarbenes Meer, malerische Buchten, unberührte Strände, Dorfbesuche mit traditionellen Begrüßungszeremonien und Tanzvorführungen und doch den Komfort eines Luxusschiffes oder -schoners, das alles und noch viel mehr bieten die Veranstalter. Insbesondere die mehrtägige Blue Lagoon Cruise zu den Yasawa-Inseln im Nordwesten, aber auch Segeltouren durch die Mamanuca-Gruppe im Westen von Viti Levu machen einen Fidschi-Urlaub zum besonderen Erlebnis.

Sightseeing

Über eine große Zahl von Unternehmen oder von einem Hotel aus können

Ausflüge zu den Sehenswürdigkeiten, Städtefahrten zum Einkaufen, Tagestrips zu vorgelagerten Inseln, aber auch eine breite Palette von Erlebnistouren, wie etwa Dorfbesuche, Wildwassertrips, Kanu- und Bambusfloßfahrten etc., gebucht werden.

Tauchen

Die Korallenriffe Fidschis gehören zu den schönsten der Erde, und die Artenvielfalt der Fische, Säugetiere und wirbellosen Tiere ist überwältigend. Besonders hervorzuheben sind das Astrolabe Reef von Kadavu, The Great White Wall und das Rainbow Reef von Taveuni sowie die Rifformationen der Inselgruppen Mamanuca und Yasawa. Die Wassertemperatur beträgt durchschnittlich 26 °C. Von Kennern werden die Sichtverhältnisse unter Wasser mit 15–45 m als hervorragend eingestuft. Hinzu kommt, daß Tauchgänge und -kurse in Fidschi preiswert sind. Viele Hotels und Resorts sind auf Tauchurlauber spezialisiert und bieten Tauchgänge mit Boot, Führung, die notwendige Ausstattung sowie Kurse durch einen geprüften (Padi, Naui) Scuba-Lehrer an.

Tennis

In den meisten großen Hotels und Resorts stehen Ihnen als Gast gut gepflegte Tennisplätze zum Teil kostenlos zur Verfügung.

Wandern

Vor allem das gebirgige Landesinnere der Inseln Viti Levu und Vanua Levu, aber auch Ovalau und Taveuni bieten sich für Wanderungen an. Exkursionen und Ausflüge werden von einigen Tourunternehmen sowie von Hotels angeboten. Informationen erteilen auch der Fiji Rucksack Club, P.O. Box 2394, Govt. Bldgs., Suva, ✆ 31 22 46, und das Fiji Visitors Bureau. Da es kaum brauchbares Kartenmaterial gibt, ist es ratsam, sich an einer organisierten Wanderung zu beteiligen oder aber zumindest einen ortskundigen Begleiter mitzunehmen. Auf diese Weise ist auch gewährleistet, daß nicht aus Unkenntnis fidschianische Bräuche verletzt werden.

Gut organisiert sind die sechs- bis zehntägigen Central Highland Treks der Unternehmen Road Tours of Fiji Ltd., P.O. Box 9268, Nadi Airport, ✆ 72 29 35, und Rosie The Travel Service, P.O. Box 9268, Nadi Airport, ✆ 72 27 55.

Auskünfte

Das fidschianische Fremdenverkehrsamt (Fiji Visitors Bureau/FVB) ist in Suva und Nadi auf Viti Levu vertreten. (Adressen s.u. Tips von Insel zu Insel). Hier erhält man neben Prospekten kostenlos Touristenzeitungen bzw. -Magazine wie ›Fiji Magic‹, ›Fiji Calling‹ und ›Spotlight on Nadi‹, ›Spotlight on Suva‹ mit Berichten über Fidschi sowie aktuellen Informationen über Hotels, Restaurants, Sehenswürdigkeiten, Touristikunternehmen, Veranstaltungen etc.

Banken und Geldwechsel

Bargeld umtauschen bzw. Reiseschecks internationaler Währungen einlösen können Sie bei folgenden Banken, die mit einer Anzahl von Zweigstellen vertreten sind: Bank of New Zealand (BNZ), Australia and New Zealand Banking Group (ANZ) und Westpac Banking Corporation. Darüber hinaus tauschen große Hotels Geld bzw. lösen Schecks ein, wobei es jedoch bei DM bzw. DM-Reiseschecks zu Schwierigkeiten kommen kann. Tour- und Leihwagenunternehmen, Fluggesellschaften, die meisten Hotels, Restaurants und große Geschäfte akzeptieren Kreditkarten von American Express, Diners Club, JCB International und Visa Card. In den ländlichen Regionen ist man allerdings ausschließlich auf Bargeld angewiesen.

Bibliotheken

Suva: National Archives, 25 Carnarvon Street, Mo–Do 8–13 Uhr und 14–16.30 Uhr, Fr 8–13 Uhr und 14–16 Uhr. Suva City Library, Victoria Parade, Mo, Di, Do, Fr 10–19 Uhr, Mi 12–19 Uhr, Sa 9–13 Uhr. Die Bibliothek der University of the South Pacific erreicht man mit einem Bus vom Stadtzentrum aus in Richtung Laucala Bay. Lautoka: Western Regional Library, Tavewa Avenue, ✆ 6 00 91.

Bücher und Karten

Eine große Auswahl von Büchern über Fidschi und den südpazifischen Raum sind in Suva im Desai Bookshop in der Victoria Parade sowie bei Lotu Pasifika Productions in der Thurston Street erhältlich. Die meisten Souvenirläden verfügen ebenfalls über Bücher und Touristenkarten des Landes, Spezialliteratur finden Sie im Buchladen des Institute of Pacific Studies auf dem Gelände der Universität. In Nadi gibt es ein spärliches Angebot im Desai Bookshop, Main Street, Paper Power (Civic Centre) und im Shop des Postamtes.

Beim Fiji Visitors Bureau sind eine Touristenkarte (Road Map of Fiji) und Stadtpläne der wichtigsten Städte (Visitors Guide Map) kostenlos erhältlich.

Wer ausgezeichnete topographische Karten benötigt, geht am besten zum Maps and Plans Room des Vermessungsamtes (Lands & Surveys Division), das sich im Erdgeschoß des neuen Flügels des Regierungsgebäudes in Suva befindet (Mo–Fr 9–13 Uhr und 14–15 Uhr). Seekarten sind bei der Carpenters Shipping Company in Suva, Thomson Street, Harbour Centre, ✆ 31 22 44, erhältlich.

Diplomatische Vertretungen

Deutsches Honorarkonsulat
Daryl Tarte, Dominion House, P.O. Box 12007, Suva, ✆ 31 50 00

Die Botschaften für Deutschland, die Schweiz und Österreich s. u. Reiseplanung von A–Z, S. 261.

Einreisebestimmungen

Bei der Einreise müssen ein Reisepaß, dessen Gültigkeit mindestens drei Monate über das beabsichtigte Ausreisedatum hinausgeht, ein unveräußerliches Weiter- bzw. Rückflugticket mit bestätigter Buchung sowie in einigen Fällen der Nachweis ausreichender finanzieller Mittel vorliegen. In der Regel wird bei der Einreise eine Aufenthaltserlaubnis bis zum Abflugdatum des internationalen Weiterflugtickets ausgestellt, maximal zunächst auf 30 Tage begrenzt. Die Aufenthaltsdauer kann jedoch um bis zu 5 Monate verlängert werden, und zwar beim Immigration Department in Suva (✆ 31 26 22), Nadi (✆ 72 22 63) und Lautoka (✆ 66 17 06) oder bei den Polizeistationen in Ba, Sigatoka, Tavua (Viti Levu), Levuka

(Ovalau), Savusavu (Vanua Levu) und Waiyevo (Taveuni).

Wer mit einem Schiff in Fidschi ankommt, erledigt die Einreiseformalitäten in Suva, Lautoka oder Levuka.

Essen und Trinken

Restaurants

Viele Hotels und Resorts verfügen über zum Teil sehr gute (Spezialiäten-) Restaurants. Abgesehen davon gibt es vor allem in Suva und Nadi ein breites Angebot internationaler Küche in unterschiedlichen Preiskategorien. Man hat die Wahl zwischen indischen, chinesischen, thailändischen, japanischen, italienischen und fidschianischen Restaurants. Fischspezialitäten stehen fast immer mit auf der Speisekarte. Restaurants findet man auch in kleineren Städten wie Lautoka und Sigatoka sowie an der Coral Coast entlang der Queens Road. Für den Hunger zwischendurch bieten Snackbars und Cafés in Suva, Nadi und den großen Hotels leichte Mahlzeiten. Die meisten Restaurants haben sonntags oder unter der Woche ihren Ruhetag und sind oft nur bis 22 oder 23 Uhr geöffnet. Eine Reservierung ist v. a. für die ›Fijian Nights‹ (meke) der großen Hotels zu empfehlen, wenn im Anschluß an ein Buffet mit einheimischen Spezialitäten fidschianische Tänze dargeboten werden.

Lebensmittel

Jede größere Ortschaft und Stadt verfügt über einen Markt, auf dem Sie preiswert frisches Obst, Gemüse, Fisch, Schalentiere und Fleisch einkaufen können. Supermärkte mit einem gut bestückten Warenangebot gibt es in den größeren Städten. Kleine Läden, in denen Sie Grundnahrungsmittel kaufen können, finden sich in jedem Dorf. Frisches Brot und Brötchen gibt es in den Zweigstellen der Hot Bread Kitchen.

Getränke

Die Restaurants mit Lizenz zum Alkoholausschank bieten internationale Weine und Biere insbesondere aus Australien und Neuseeland. Die landeseigenen Biere sind Fiji Bitter und Fiji Gold. Erfrischend und lecker sind Cocktails mit frischen Säften tropischer Früchte oder einem Schuß Kokosnußsahne. Yaqona (kava) ist das Nationalgetränk Fidschis. **Trinkwasserversorgung:** Das Leitungswasser kann bedenkenlos getrunken werden. In ländlichen Regionen ist es während der Regenzeit ratsam, das Wasser abzukochen.

Feiertage und Feste

Gesetzliche Feiertage

1. Januar
Karfreitag, Ostersonntag und -montag
Juni (Queen's Birthday, Geburtstag der britischen Königin)
1. August (Bankfeiertag)
10. Oktober (Fidschianischer Nationalfeiertag)
26. Oktober (Geburtstag des Propheten Mohammed)
Ende Oktober oder Anfang November (das hinduistische Lichtfest Diwali)
25. und 26. Dezember (Weihnachten)

Feste

Das **Bula-Fest** in Nadi (eine Woche im Juli), das **Hibiskus-Fest** in Suva (eine Woche im August), das **Bougainvillea-**

Fest in Ba (September) und das **Zucker-Fest** in Lautoka (eine Woche Ende September).

Notruf

Polizei, Feuerwehr und **Krankenwagen** sind über ℰ **000** erreichbar.

Öffnungszeiten

Banken: Mo–Do 9.30–15 Uhr, Fr 10–16 Uhr. Die Zweigstelle der Bank of New Zealand im Flughafengebäude in Nadi hat rund um die Uhr geöffnet. Eine Möglichkeit, samstags von 8.30–14 Uhr Geld zu wechseln bzw. Schecks einzulösen, bieten die Thomas-Cook-Reise-Büros in Suva (21 Thomson Street) und Nadi.
Post: Mo–Fr 8–16.30 Uhr.
Ämter/Behörden: Mo–Do 8–12 und 13–16.30, Fr 8–12 und 13–16 Uhr.
Geschäfte: Mo–Fr 8–17, Sa 8–13 Uhr.

Post und Telekommunikation

Ferngespräche, Telegramme, Telefaxe und Telexe können bei den Postämtern getätigt werden, in Suva bietet auch FINTEL (Fiji Int. Telecommunicatons Ltd.) internationalen Telekommunikations-Service (Mo–Sa 8–20 Uhr). Internationale Ferngespräche können mit Telefonkarten, die bei den Postämtern erhältlich sind, von öffentlichen Telefonzellen geführt werden. Große Hotels bieten ebenfalls Telefon-/Fax-Service.

Schöne Briefmarken aus Fidschi und dem gesamten Südpazifik gibt es beim Philatelic Bureau in Suva, GPO Building, in der Edward Street.

Radio und Fernsehen

Radio Fiji 1 sendet in Englisch und Fidschianisch (Bau-Dialekt), Radio Fiji 2 in Englisch und Hindi, der englischsprachige Sender Radio Fiji 3 FM ist nur in der Gegend um Suva zu empfangen. FM 96 ist die einzige kommerzielle Radiostation in Fidschi. Das seit 1996 ausgestrahlte Programm von Radio Pacific (FM 88.8) mit Musik und Infos aus unterschiedlichen pazifischen Staaten wird von Studenten der University of the South Pacific (USP) gemacht. Seit 1991 gibt es ein Fernsehprogramm.

Reisen im Land

Fidschi besitzt ein sehr gut entwickeltes Verkehrsnetz. Mehrere nationale Fluggesellschaften sowie eine Reihe von Reedereien verbinden die Hauptinsel Viti Levu mit allen Teilen des Landes. Auf Viti Levu und Vanua Levu gibt es gute Busverbindungen auf teilweise geteerten Straßen, über die man selbst in abgelegene Gebiete der Inseln gelangt.

Flugverbindungen

Fidschi hat zwei internationale Flughäfen. Die überwiegende Zahl der Fluggesellschaften landet auf dem Nadi Airport an der Westküste der Hauptinsel Viti Levu, etwa 10 km von der Stadt Nadi entfernt. Hinter den Paßabfertigungsschaltern befindet sich eine Tafel mit Angaben über Hotels und deren Preise. Außerdem sind hier die Bank of New Zealand, das Fiji Visitors Bureau, Reiseveranstalter, Mietwagenfirmen und Fluglinien vertreten. In der Abflughalle befinden sich Schließfächer, Duty-Free-Geschäfte und zwei Restaurants, die z.T. durchgehend geöffnet sind.

Vor dem Flughafengebäude stehen Taxis in großer Zahl zur Verfügung. Hotelgäste mit Reservierungen werden hier abgeholt. Öffentliche Busse nach Nadi oder in Richtung Lautoka halten gegenüber der Flughafeneinfahrt, an der Straße vor dem Raffles Gateway Hotel.

Mehrere lokale Fluggesellschaften verbinden Viti Levu mit den anderen Inseln Fidschis: Fiji Air fliegt sowohl von Nausori als auch von Nadi aus mehrere Inseln an. Diese Fluggesellschaft bietet preisgünstige Stand-By-Tickets. Für Kleinkinder unter 2 Jahren müssen nur 10 %, für 2–11-jährige 50 % des regulären Preises gezahlt werden. Maximal dürfen 15 kg Gepäck pro Person mitgenommen werden.

Unter Umständen preisgünstiger als mit Einzeltickets können mit dem Fiji Island Pass folgende Ziele angeflogen werden: Kadavu, Levuka, Savusavu und Taveuni. Dieses Ticket hat eine Gültigkeitsdauer von 30 Tagen. Mit Ausnahme des Flughafens Nausori dürfen alle Zielflughäfen jedoch nur einmal angeflogen werden. Eine weitere Beschränkung gegenüber den Normaltickets: Die Reservierungen der Flüge werden nicht früher als 24 Stunden vor dem Abflug angenommen. Fiji Air hat an allen Zielorten ein Büro. Das Hauptbüro befindet sich in Suva, MacArthur Street/Victoria Parade:

Air Fiji, P.O. Box 1259, Suva, 185 Victoria Parade, ✆ 31 36 66.

In Nausori befindet sich der zweitgrößte Flughafen des Landes, der Fidschi mit Tonga, Samoa und Tuvalu verbindet. Air Pacific und Fiji Air bieten mehrmals täglich Flüge zwischen Nadi und Nausori. Der Flug über die Bergketten der Hauptinsel dauert etwa 30 Min., Vorbuchungen sind meist erforderlich.

Die Sunflower Airlines und die Island Air fliegen von Nadi aus mehrere Inseln des Landes regelmäßig an. Kinder zahlen die Hälfte des regulären Flugpreises, die Gepäckgrenze liegt bei 15 kg pro Person:

Sunflower Airlines, P.O. Box 9452, Nadi Airport, ✆ 72 30 16, 72 35 55 (Nadi), 31 57 55 (Suva), 81 14 54 (Labasa).

Mit Turtle Airways können Sie von Nadi aus (Anlegestellen sind Denarau Beach und Newton Beach) in einem Wasserflugzeug verschiedene exklusive Resorts auf den vorgelagerten Inseln anfliegen:

Turtle Airways, Private Mail Bag, Nadi Airport, ✆ 72 23 89.

Island Hoppers ist eine Hubschrauber-Chartergesellschaft, die von Nadi aus operiert:

Island Hoppers, P.O. Box 9622, Nadi Airport, ✆ 72 04 10.

Internationale Fluggesellschaften:
Aircalin, Air Caledonie Internationale, ✆ 72 21 45 (Nadi), ✆ 30 21 33 (Suva).
Air Marshall, ✆ 72 21 92 (Nadi), ✆ 30 38 88 (Suva).
Air Nauru, ✆ 72 27 95 (Nadi), ✆ 31 23 77 (Suva).
Air New Zealand, ✆ 72 29 55 (Nadi), ✆ 30 16 71 (Suva).
Air Pacific, ✆ 72 22 72 (Nadi), Victoria Parade, CML Building, ✆ 30 43 88 (Suva), ✆ 47 88 59 (Nausori).
Air Vanuatu, ✆ 72 25 21 (Nadi), ✆ 31 50 55 (Suva).
Canadian Airlines International, ✆ 72 24 00 (Nadi), ✆ 31 18 44 (Suva).
Polynesian Airlines, ✆ 72 24 99 (Nadi), ✆ 31 50 55 (Suva).
Qantas Airways, ✆ 72 28 88 (Nadi), ✆ 31 18 33, 31 15 33 (Suva).
Royal Tongan Airlines, ✆ 72 43 55 (Nadi).
Solomon Airlines, ✆ 31 58 89 (Suva).

Im Falle von internationalen Flügen ist eine Abflugsteuer in Höhe von F$ 20 zu bezahlen.

Schiffsverbindungen

Wer Zeit hat und einigermaßen seefest ist, sollte eine der vielen Schiffs- bzw. Fährverbindungen nutzen, um andere Inseln als Viti Levu kennenzulernen. Eine weitere Möglichkeit ist, eine Strecke auf dem Seeweg zurückzulegen und die andere per Flugzeug. Einige Schiffe bzw. Fähren bieten den Luxus einer Kabinenklasse, auf anderen können Sie nur als Deckpassagier mitreisen. Bitte erfragen Sie bei der Reederei, ob die Mahlzeiten im Preis enthalten sind. Es empfiehlt sich, auch nach erfolgter Reservierung erneut Erkundigungen über genaue Abfahrtszeiten der Schiffe einzuholen. Infos und Tickets in Suva: Beachcomber Cruises, ✆ 30 78 89; Consort Shipping Line, ✆ 30 28 77 (nach Vanua Levu und Taveuni). Cakauiinika Shipping, ✆ 31 29 62 (zur Lau-Gruppe). Emoisi's Shipping, ✆ 31 33 66 (nach Ovalau). Kadavu Shipping, ✆ 31 17 66; Whippy's Boatyard Ltd., ✆ 3115 07 (nach Kadavu). Kaunitoni Shipping, ✆ 31 11 09 (nach Rotuma). Patterson Brothers Shipping, ✆ 31 56 44 (nach Vanua Levu, Taveuni und Ovalau).

Bus

Auf den beiden großen Inseln verkehren Busse regelmäßig zwischen den größeren Städten. Zwischen der Hauptstadt Suva und Nadi bzw. Lautoka auf Viti Levu fahren die Busse entlang der südlichen Küstenstraße (Queens Road) z.T. stündlich, über die nördliche Kings Road mehrmals täglich. Die etwas teureren und komfortableren Express-Busse bewältigen die Strecke Suva–

Flughafen Nadi via Coral Coast in knapp vier Stunden. Die normalen Busse halten nicht nur in den Ortschaften und an den Hotels entlang der Strecken, sondern auf Handzeichen an jeder Stelle. Die Fahrpläne der verschiedenen Busunternehmen für die Fernstrecken sind beim Fiji Visitors Bureau erhältlich. In Suva und Nadi gibt es jeweils ein öffentliches Busnetz für das gesamte Stadtgebiet. Auf Vanua Levu gibt es mehrmals täglich Busverbindungen zwischen Savusavu und Labasa. Busse verkehren auch auf Ovalau und Taveuni.

Taxi

Auf Viti Levu, und dort vor allem in Nadi und Suva gibt es eine große Anzahl von überwiegend indischen Taxi-Unternehmen. Auf Vanua Levu, Taveuni oder Ovalau, wo gebietsweise nur selten oder gar keine Busse fahren, sind Taxis auch für längere Strecken ein erschwingliches Verkehrsmittel. Die Preise sind staatlich festgesetzt (aktuelle Preise erfährt man beim Fiji Visitors Bureau oder in den Hotels). Erkundigen Sie sich vor dem Einsteigen beim Fahrer nach dem Fahrpreis, und achten Sie in den Städten darauf, daß das Taxameter auch eingeschaltet ist, damit es nicht zu Schwierigkeiten kommt.

Mietwagen

In Fidschi herrscht Linksverkehr. Buchungen der nahezu ausschließlich japanischen Modelle nehmen Hotels oder die Verleihfirmen direkt entgegen. Bei Fahrten auf den nicht asphaltierten Straßen im Landesinneren der großen Inseln sind besonders während der Regenzeit Autos mit Vierrad-Antrieb empfehlenswert. Wochenendtarife bzw.

Rabatte für drei und mehr Tage werden von fast allen Firmen angeboten. Ein gültiger nationaler Führerschein wird anerkannt. Außerhalb der Städte liegt die Höchstgeschwindigkeitsgrenze bei 80 km/h.

Souvenirs

Die qualitativ beste Auswahl an bedruckten Rindenbaststoffen *(tapa)*, Kava-Holzschalen *(tanoa)*, Holzschnitzereien, Matten und Korbwaren etc. finden Sie in Suva im staatlichen Kunsthandwerkszentrum (Government Handicraft Centre im Ratu Sukuna House, MacArthur/Carnarvon St.). Eine weitere Möglichkeit, in der Hauptstadt fidschianische Handarbeiten zu kaufen, bietet das Curio and Handicraft Centre (Stinson/Central St.). Allerdings müssen Sie hier bei den zumeist indischen Verkäufern kräftig handeln. Liegt ein Kreuzfahrtschiff im Hafen von Suva, sind die geforderten Preise nochmals erheblich höher.

Hochwertige Holzschnitzereien und Töpferwaren sind in Wolf's Boutique in Suva, Thompson Street, erhältlich. Schmuck aus schwarzen Korallen führen einige gute Souvenirläden.

In Nadi ist Jack's Handicraft Ltd. empfehlenswert, vor allem die Schmuck- und Muschelabteilung; hier können so seltene Stücke wie die ›Glory-of-the-Seas‹ (Conus gloriamaris Chemnitz) bewundert und käuflich erworben werden. Eine Zweigstelle dieses Geschäftes mit jedoch geringerer Auswahl befindet sich in Sigatoka. Aber auch auf den lokalen Märkten jeder größeren Ortschaft gibt es Souvenirs zu kaufen.

Zu warnen ist vor den Straßenhändlern, die vor allem in Suva und Nadi während einer freundlichen Unterhaltung Ihren Namen herausfinden, diesen dann schnell z. B. in ein billiges Holzschwert eingravieren und Sie anschließend zwingen wollen, es für einen völlig überhöhten Preis zu kaufen.

Sprache

Offizielle Landessprachen sind Englisch, Hindu und die fidschianische Sprache Bau. Auf allen Fidschi-Inseln gibt es darüber hinaus einige hundert Sprachen oder Dialekte. Im Zusammenhang mit der Bibelübersetzung erkoren europäische Missionare im Jahre 1846 die Sprache der expandierenden Bau-Konföderation zur Lingua franca Fidschis. Heute wird dieses Bau bei offiziellen Reden, in Rundfunksendungen, Zeitungen usw. angewendet. Als Vorbereitung und nützliche Hilfe für unterwegs ist ›Say it in Fijian‹ von A. J. Schütz (Pacific Publications, Sydney) sehr zu empfehlen.

Die Aussprache des Bau, wie auch die der meisten anderen Lokalsprachen in Fidschi, ähnelt prinzipiell der deutschen Aussprache. Ausnahmen sind lediglich folgende Konsonanten: b: vor jedem b wird ein m gesprochen, Beispiel: bula = mbula. c: gleicht dem th in der englischen Sprache, Beispiel: moce = mothe. d: vor jedem d wird ein n gesprochen, Beispiel: yadra = yandra. r: wird mehr gerollt als in der deutschen Sprache. v: gleicht dem w in der deutschen Sprache, Beispiel: vinaka = winaka. Etwas komplizierter ist der Unterschied zwischen g und q. g: vor jedem g wird ein n gesprochen. Dieser Laut ähnelt dem ng im deutschen Gong. q: nasaler Laut, der zumeist mit ng + g umschrieben wird. Dieser Laut ähnelt dem ng im deutschen Mango.

Wörter und Wendungen

sa bula (bula) – bula heißt wörtlich Gesundheit oder Leben, wird zumeist als Gruß unter Freunden angewendet. Ähnelt dem deutschen Hallo.

ni sa bula – ni bezieht sich auf eine Gruppe von Personen, wird aber auch in der höflicheren Form auf nur eine Person angewendet. Ähnelt dem deutschen Guten Tag.

sa moce – moce heißt wörtlich Schlaf oder schlafen, wird aber auch für Gute Nacht und als Abschiedsgruß angewendet. Ähnelt dem weniger formellen deutschen Tschüß.

ni sa moce – Gute Nacht, aber auch Auf Wiedersehen.

vinaka vaka levu – Vielen Dank

yalo vinaka – bitte

marama – weibliches Mitglied der Häuptlingsklasse

turaga – männliches Mitglied der Häuptlingsklasse

io – ja

sega – nein

bure – traditionelles Haus

lovo – Erdofen

sevusevu – Gastgechenk (meistens yaqona)

koro – Dorf

tanoa – Holzschüssel, aus der yaqona (kava) getrunken wird

turaga ni koro – gewähltes Dorfoberhaupt

o sa lako ki vei? – Wohin gehst du (gehen Sie)? Ähnelt dem englischen How do yo do? und ist mehr eine Begrüßungsformel als eine tatsächliche Frage

e vei na otela? – Wo ist das Hotel?

o ni lako mai vei? – Woher kommst du (kommen Sie)?

au lako mai ... – Ich komme aus ...

o cei beka na yacamuni? – Wie heißt du (heißen Sie)?

na yacaqu ko ... – Ich heiße ...

Stromversorgung

240 Volt/50 Hertz. Adapter für Dreier-Steckdosen sind notwendig.

Unterkunft

In Fidschi gibt es eine breite Palette verschiedenster Unterkünfte; sie reichen von Zeltplätzen, jugendherbergsähnlichen Unterbringungen mit Schlafsaal oder Mehrbettzimmer, Gemeinschaftsküchen und -duschen über Hotels der unterschiedlichsten Preiskategorien bis hin zu luxuriösen Resorts, die keine Wünsche offen lassen. Hotels der Luxusklasse verfügen über Tennis-, teilweise auch Golfplätze. Swimmingpool, ein oder mehrere Restaurants, eine Bar und (sofern in Strandnähe) ein gutes Angebot an Wassersportmöglichkeiten und anderer Aktivitäten gehören zum Standard der meisten Unterkünfte in den höheren Preiskategorien. Unter den teuren Hotels gibt es große Ferienanlagen mit mehreren hundert Zimmern, aber auch exklusive Resorts, die ihre durchschnittlich 10 bis 30 Gäste in bestens ausgestatteten *bure* (dem traditionellen Baustil nachempfundene Bungalows) beherbergen. Einige davon liegen abgeschieden auf kleinen vorgelagerten, z.T. unbewohnten Inseln.

Währung

Die Landeswährung ist der Fiji-Dollar (F$). Es gibt Banknoten zu 1, 2, 5, 10 und 20 F$ sowie Münzen zu 1, 2, 5, 10, 20 und 50 Cents. 100 F$ = ca. 96 DM/675 ÖS/78 SFr (Ende 1999).

Zeit

MEZ plus 11 Stunden. Der 180. Längengrad verläuft durch die Insel Taveuni, die Datumsgrenze wurde jedoch etwas nach Osten versetzt, so daß für die ganze Inselgruppe die gleiche Zeit gilt.

Zeitungen

Es erscheinen zwei englischsprachige Tageszeitungen, die ›Fiji Times‹ und die ›Daily Post‹. Die ›Nai Lalakai‹ in Fidschianisch (Bau-Sprache) und die ›Shanti Dut‹ in Hindi erscheinen wöchentlich. Darüber hinaus gibt es in den Städten eine Reihe englischsprachiger Zeitungen und Zeitschriften aus Australien und Neuseeland sowie überregionale Publikationen wie ›Time‹ und ›Newsweek‹.

Zollbestimmungen

Pro Person dürfen zollfrei mitgeführt werden: 500 Zigaretten oder 500 g Tabak oder Zigarren sowie 2 l Spirituosen oder 4 l Wein oder Bier. Strengstens untersagt ist die Einfuhr von Obst, Gemüse und Fleisch. Die Ausfuhr von Walzähnen *(tabua)* oder Schnitzereien aus Walzähnen ist verboten.

Vanuatu: Adressen und Tips von Insel zu Insel

Die Preisangaben (VT = Vatu) beziehen sich auf Doppelzimmer, wobei die teureren Hotels zusätzlich eine Steuer von 10 % erheben. Die Preiskürzel bedeuten: $ = 2500–5500 VT, $$ = 5600–10 000 VT, $$$ = 10 100–16 000 VT, $$$$ = 16 100–24 000 VT, $$$$$ = 24 100–45 000 VT
(100 VT = 1,44 DM; Stand Herbst 1999). K steht für Küche/Kochgelegenheit, GK für Gemeinschaftsküche.

Ambae (Aoba)

 Verkehrsverbindungen: Mehrere Flüge pro Woche von Santo, Maewo, Efate (via Pentecost) und Malakula (via Santo).

 **Unterkunft: Tausala Guesthouse**, c/o Longana Airport, Ambae, ☎ 3 83 48, $.

Ambrym

 Verkehrsverbindungen: Mehrmals pro Woche **Flüge** von Santo, Malakula (Norsup), Efate via Epi und Malakula (Lamen Bay). Regelmäßig verkehren **Frachtschiffe** mit Kabinen und/oder Deckplätzen zwischen Ambrym, Efate, Epi, Pentecost, Maewo und Santo.

 **Unterkunft: Millee Sea Bungalows**, Sanesup, Südwest-Ambrym; ca. 25 km südöstlich vom Flug-

platz in Craig Cove, (incl. Mahlzeiten), $$.

Solomon Douglas Guesthouse, Ranon, Nord-Ambrym, ℐ 4 84 05; von Craig Cove nur per Boot zu erreichen, $.

👁 **Sehenswürdigkeiten:** Die Gästehäuser organisieren Touren u.a. zu Custom-Dörfern (z.B. Fanla, Emeltungan oder Ranvetlam) und in das Vulkangebiet.

🚶 **Aktivitäten:** Wanderungen u.a. auf die Vulkane Mt. Benbow und Mt. Marum.

Efate

ℹ️ **Touristeninformation:** National Tourism Office of Vanuatu, Pilioko House, Kumul Highway, P.O. Box 209, Port Vila, ℐ 2 26 85, 2 25 15.

✈️🚢 **Verkehrsverbindungen:** Täglich **Flüge** von Efate nach Espiritu Santo, Malakula (Norsup und Lamap) und Tanna. Mehrmals pro Woche gehen Flüge nach Erromango (Dillons Bay und Ipota), Epi, Pentecost, Ambrym (Craig Cove und Ulei), Ambae sowie auf die Banks- und Torres-Inseln. **Frachtschiffe,** teils mit Kabinen, teils nur mit Deckplätzen, fahren regelmäßig von Port Vila über Epi, Ambrym, Pentecost, Maewo nach Espiritu Santo, über Erromango nach Tanna und über die Shepherd-Inseln nach Epi und Paama (s. auch S. 347). In Port Vila und Umgebung verkehren tagsüber **Kleinbusse** von 6–19.30 Uhr. **Taxi:** Port Vila Land Transport Association, ℐ 2 51 35.

🚗 **Mietwagen/Mopeds:** Port Vila: Avis, ℐ 2 25 70, 2 54 87 (am Flughafen), 2 48 16 (Le Meridien); Budget Rent-A-Car, Kumul Highway, ℐ 2 31 70;

Discount Rentals, Kumul Highway , ℐ 2 32 42; Hertz Paradise Rental, ℐ 2 57 00; Thrifty, ℐ 2 22 44, 2 25 33.

Fahrräder: Sportzpower, ℐ 2 63 26.

🛏 **Unterkunft: Hotels/Resorts:**
Erakor Island Resort, P.O. Box 24, Port Vila, ℐ 2 69 83; kleine Insel in der Erakor-Lagune, Bungalows, kostenlose Fährverbindung, $$$.

Hideaway Island Resort, P.O. Box 1110, Port Vila, ℐ 2 29 63; auf einer kleinen Insel vor der Südküste, Bungalows, Schlafsaal, $$–$$$.

Iririki Island Resort, P.O. Box 230, Port Vila, ℐ 2 33 88; Spitzenlage auf einer kleinen Insel vor Vila, zentral, Bungalows, kostenlose Fährverbindung rund um die Uhr, $$$$–$$$$$.

Kaiviti Village Motel, P.O. Box 152, Port Vila, ℐ 2 46 84; zentral, am Kumul Highway, K, Balkon, $$.

Le Lagon Parkroyal, P.O. Box 86, Port Vila, ℐ 2 23 13; an der Erakor-Lagune, 3 km vom Zentrum, $$$$–$$$$$.

Le Meridien, P.O. 215, Port Vila, ℐ 2 20 40; schöne Lage an der Erakor-Lagune, $$$$–$$$$$.

Les Alizes, P.O. Box 1130, Port Vila, ℐ 2 35 94; 5 Automin. vom Stadtzentrum, schöne Lage mit Blick über Lagune, Bungalows, $$.

The Melanesian, P.O. Box 810, Port Vila, ℐ 2 21 50; zentrale Lage, Kumul Highway, $$$–$$$$.

Takara Beachcomber, P.O. Box 947, Port Vila, ℐ 2 35 76; Strandlage an der Nordküste, Bungalows, $–$$.

Talimoru Hotel, Rue Cornwell, P.O. Box 110, Port Vila, ℐ 2 37 40; 10 Min. zu Fuß vom Stadtkern, $.

Vila Chaumiers, P.O. Box 400, ℐ 2 28 66; schöne Lage, Bungalows, 3 km von Port Vila, $$.

White Sands Country Club, P.O. Box 906, Port Vila, ℐ 2 20 90; 16 km von Port

Vila, Strände in unmittelbarer Nähe, Golfplatz, Bungalows, $$.

Gästehäuser:
Kalfabun Guesthouse, Port Vila, ✆ 2 44 84; in der Nähe des Flughafens, Bungalows, $.
Nagar Beach Bungalows, ✆ 2 32 21; Undine Bay, Nord-Efate; $.
Pacific Adventures Guesthouse, P.O. Box 816, Port Vila, ✆ 2 46 01; am Kumul Highway, Zi, GK, $.

Restaurants: Port Vila: Das **L'Houstalet** ist bekannt für seine Steaks, Kokosnußkrabben und Fischspezialitäten. Ebenfalls gute Fleisch- und Fischgerichte bietet das rustikalere **Ma Barkers** sowie **The Galley,** das auch mexikanische Küche hat und schon wegen der Terrasse mit Aussicht einen Besuch wert ist. Vilas traditionsreichstes Restaurant, **The Rossi**, wartet u. a. mit Meeresfrüchten, Salaten und Sandwiches auf einer Terrasse am Wasser auf. Französisch ißt man im **Le Bistrot** und im **Chez Gilles & Brigitte.** Das **Man Wah** zählt zu den besten unter den chinesischen Restaurants. Der **Tentation Pâtisserie & Coffee Shop** in der Hauptstraße braut den besten Kaffee in der Stadt und lockt mit französischem Gebäck zum Frühstück und Snack. Leckere Kleinigkeiten und den Blick auf das Wasser genießt man im **Café du Village.**

Sehenswürdigkeiten: National Museum, gegenüber dem Parlament (National Parliament Building), ✆ 2 21 29, Mo–Fr 9–16.30, Sa 9–12 Uhr. **Michoutouchkine & Pilioko Foundation Art Gallery**, Esnaar, ✆ 2 30 53, tägl. 10–17 Uhr. **Teouma Valley Tropical Park,** Führungen 9.30–14.30 Uhr, ✆ 2 50 50. **Inseltouren:** Adventure Centre, ✆ 2 27 43; Frank King Tours, ✆ 2 28 08; Aliat Wi Tours, ✆ 2 52 25.

Aktivitäten: Golf: Port Vila Golf & Country Club, ✆ 2 25 64; White Sands Country Club, ✆ 2 20 90; Hotels: Le Lagon Parkroyal, Le Meridien. **Hochseeangeln:** Adventure Centre, ✆ 2 27 43; Ymer Fishing Charters, ✆ 2 26 49. **Kayaktouren:** Cutting Edge Adventures, ✆ 2 21 76. **Reiten:** Ranch de la Colle, Mele Bay, ✆ 2 27 34; Club Hippique, Port Vila, ✆ 2 33 47. **Rundflüge:** Helikopta Kompani, ✆ 2 44 24; Sea Air, ✆ 2 70 44. **Segeln:** Ein- oder mehrtägige Exkursionen, auch zum Tauchen und Schnorcheln: La Violante Charter Ltd., ✆ 2 46 93; Sailaway Cruises, ✆ 2 38 02; Coongoola Day Cruise, ✆ 2 50 20; Port Vila Yacht Club, ✆ 2 32 73. **Tauchen:** Nautilus Scuba, ✆ 2 23 98; Pro Dive Vila, ✆ 2 30 10; Hideaway Island, ✆ 2 29 63. **Tennis:** Port Vila Sports Club, ✆ 2 21 32; Hotels: Le Lagon Parkroyal, Le Meridien.

Abends: In Port Vila spielt sich das Nachtleben überwiegend in den Bars der Hotels und Restaurants ab, wo die Gäste z.T. auch mit Live-Musik unterhalten werden. Treffpunkte sind u.a. der Club Vanuatu (hinter dem Postamt), die Bali Hai Bar (Iririki Island Resort), Casino und Lobby Bar (Le Meridien). Zum Tanzen geht man in die L'Houstalet Bar, den Club Imperial oder ins Flamingo.

In den großen Hotels treten an mehreren Abenden in der Woche melanesische Tanzgruppen auf, oder String Bands spielen pikante Rhythmen.

Oder man besucht eine der zahlreichen Kava Bars (Nakamal) in der Hauptstadt, bspw. den Red Light Nakamal nahe dem Talimoru Hotel; Ronnie's Nakamal; BJ's Nakamal (nahe Independence Park). Zu empfehlen sind die gelegentlichen Aufführungen des Wan Smolbag Theatre, ✆ 2 43 97.

 Einkaufen: Traditionelles Kunsthandwerk aus allen Teilen des Landes steht u. a. bei ›Handikraf Blong Vanuatu‹ und einigen anderen Geschäften am Kumul Highway, bspw. Connie's Art Blong Yumi zum Verkauf. Zeitgenössische Kunst gibt es in einer Reihe von Galerien in der Stadt. Designer-Kleidung von Pilioko & Michoutouchkine ist in der Boutique am Kumul Highway und in deren Galerie in Esnaar erhältlich. Täglich außer So bekommt man frisches Obst und Gemüse auf dem Markt im Zentrum der Stadt.

Erromango

 **Verkehrsverbindungen:** Mehrere Flüge pro Woche von Efate und Tanna nach Erromango (Dillon's Bay bzw. Ipota). **Schiffsverbindungen** s. S. 339.

 Unterkunft: Metesons Guesthouse, Dillons Bay, ✆ 6 86 77, incl. Mahlzeiten $$. (Vor Buchung das National Tourism Office konsultieren)

 Sehenswürdigkeiten: Kirche der Märtyrer, Dillon's Bay, Suvu Beach, Port Narvin. Das Gästehaus arrangiert Inseltouren, Dorfbesuche und Bootsausflüge.

Espiritu Santo

 **Verkehrsverbindungen:** Flüge täglich von Efate (via Malakula), mehrmals pro Woche von Ambrym, Ambae, Maewo und Pentecost. **Schiffsverbindungen** s. S. 339. **Kleinbusse** verkehren zwischen

Luganville und Port Olry. **Taxis** stehen in Luganville zur Verfügung.

 Mietwagen: Hertz, ✆ 3 65 37.

 Unterkunft: Hotels/Resorts: Aore Resort & Plantation, P.O. Box 306, Santo, ✆ 3 67 05; auf der Insel Aore, 5 Bootsmin. von Luganville, Wassersportmöglichkeiten und Inseltouren, Bungalows, $$$.
Bokissa Island Resort, P.O. Box 261, Santo, ✆ 3 69 13, 2 21 50; auf einer kleinen Insel, 20 Bootsmin. von Luganville, auf Taucher ausgerichtet, Bungalows, incl. VP $$$$.
Hotel Santo, P.O. Box 178, Santo, ✆ 3 62 50; in Luganville, zentral, $$$.
Lonnoc Beach Resort, P.O. Box 190, Santo, ✆ 3 61 41; schöne Strandlage, 2 km vom Champagne Beach, einfache Bungalows im traditionellen Stil, sehr gutes Restaurant, $.
Gästehäuser und einfache Motels:
Jaranmoli Guest Bungalows, P.O. Box 239, Santo, ✆ 3 68 57; etwas außerhalb von Luganville, Bungalows, GK, $.
Matantas Guest House, Big Bay, ✆ 3 61 53; in Vanuatus Nationalpark (Vatthe Conservation Area), für Natur- und Kulturinteressierte, Bungalows, $.
Oyster Island Bungalows, ✆ 3 63 90; auf einer kleinen Insel vor der Ostküste von Santo, $.
The Beachfront Resort, ✆ 3 68 81; ca. 1,5 km südl. von Luganville, $$.
Unity Park Motel, P.O. Box 85, Santo, ✆ 3 60 52; in Luganville, zentral, GK, $.

Restaurants: Abgesehen von den Hotel-Restaurants gibt es in Luganville einige chinesische Restaurants. Das Natangora Café in der Hauptstraße bietet tagsüber guten Kaffee und Snacks.

Sehenswürdigkeiten: Inseltouren u. a. zum Champagne Beach, Blue Hole, Million Dollar Point und Vanafo Village bieten Butterfly Tours, ✆ 3 62 57, und Hibiscus Tours, ✆ 3 66 75.

Aktivitäten: Golf: Espiritu Santo Golf Club. **Segeln:** Miz Mae Skippered Charters, ✆ 3 61 96. **Tauchen:** Santo Dive Tours, ✆ 3 68 22; Aquamarine Ltd., ✆ 3 61 96; Bokissa Island Resort. Zu den Tauchattraktionen auf Santo gehört das Wrack-Tauchen (›President Coolidge‹).

Abends: Asia Night Club in Luganville (am Wochenende). Kava-Bars, u. a. Kalo's in Sarakata.

Einkaufen: In Luganville findet man in begrenztem Umfang Kunsthandwerk und mehrere Lebensmittelgeschäfte. Frisches Obst und Gemüse kauft man auf dem Markt.

Malakula

Verkehrsverbindungen: Täglich Flüge von Efate und Santo, mehrmals wöchentlich von Ambrym, Pentecost und Ambae. Private **Kleinbusse** versorgen Lakatoro und Norsup sowie die Küstenstrecke bis auf die Höhe von Atchin Island. Taxis stehen ebenfalls zur Verfügung.

Unterkunft: Alo Lodge, P.O. Box 132, Malakula, ✆ 4 84 66; in Wintua, nahe dem Flugplatz, South West Bay, $.
Banam Bay Bungalows, ✆ 2 32 88; im Südosten von Malakula, 30 km von Lamap entfernt, $.
Lakatoro und **Norsup Guesthouse,** P.O. Box 22, Malakula, ✆ 4 84 91; jeweils zentral im Ort, GK, $.

Wala Island Resort, ✆ 4 84 88; auf einer kleinen Insel vor der Nordostküste von Malakula, $.

Sehenswürdigkeiten: Cultural Center in Lakatoro. Die Gästehäuser in Wintua, Banam Bay und auf Wala Island organisieren Dorfbesuche (mit kulturellen Vorführungen) und Führungen zu den landschaftlichen Sehenswürdigkeiten in der Umgebung.

Pentecost

Verkehrsverbindungen: Mehrmals pro Woche **Flüge** von Efate, Santo und Ambrym. **Schiffsverbindungen** s. S. 339.

Sehenswürdigkeit: Im April und Mai findet das **Turmspringen** im Süden der Insel statt.

Tanna

Verkehrsverbindungen: Zweimal täglich **Flug** von Efate und mehrmals wöchentlich von Erromango. **Schiffe** s. S. 339.

Unterkunft: Paradise View Guest House, P.O. Box 9, Tanna, ✆ 6 86 95; in Lenakel, zentral gelegen, Zi, GK, $.
Port Resolution, P.O. Box 877, Tanna, ✆ 6 86 76; schöne Lage an der Bucht, Bungalows, $.
Tanna Beach Resort, P.O. Box 27, Tanna, ✆ 6 86 26; bei Isangel, 3 km vom Flugplatz, Bungalows, $$–$$$$.
White Grass Bungalows, P.O. Box 5, Tanna, Lenakel, ✆ 6 86 60; 12 km nördlich vom Flugplatz, Strand, $$.

 Sehenswürdigkeiten: Inseltouren u. a. auf den Mt. Yasur, zu den Wasserfällen bei Isangel, Besuch von Custom villages organisieren Resorts, Gästehäuser und Tourunternehmen. Im Februar wird in der Sulphur Bay der **John Frum Day** gefeiert. Zwischen September und November findet das **Nekowiar Festival** statt.

Aktivitäten: Eine schöne **Wanderung** führt von Lenakel zum Lake Isiwi und zu den Aschefeldern des Mt. Yasur.

Vanuatu: Reiseinformationen von A–Z

Ärztliche Versorgung

Landesweit gibt es zehn staatliche und kirchliche Hospitäler, u. a. in Port Vila, Luganville, auf Malakula (Norsup und Lamap), Tanna (Lenakel und White Sands), Pentecost (Melisi) und Epi (Vaemali). Im übrigen liegt die Patientenfürsorge bei den rund zweihundert kleinen Kranken- und Erste-Hilfe-Stationen in den ländlichen Regionen. Das Central Hospital in Port Vila (✆ 2 21 00) ist das größte und am besten ausgestattete Krankenhaus. Private Praxen sind rar und nur in der Hauptstadt zu finden. Zahnärzte praktizieren in Port Vila und Luganville.

Apotheken gibt es in Port Vila und Luganville. In der Pharmacie de Vanuatu in Port Vila spricht man Französisch, im Drug Store (Mo–Fr 7.30–18 Uhr, Sa 7.30–12 Uhr, So 8.30–12 Uhr) Englisch.

Aktivitäten

Tauchen

Unter den verschiedenen Wassersportmöglichkeiten in Vanuatu ist das Tauchen die Nummer eins. Vor allem um Efate und Espiritu Santo gibt es zahlreiche hervorragende Tauchgründe. Nicht nur Riffe und Korallengärten sind hier die Attraktion, sondern auch gesunkene Schiffe aus dem Zweiten Weltkrieg ziehen Taucher aus aller Welt an. Unter den Relikten befindet sich der ehemalige amerikanische Luxus-Liner ›President Coolidge‹: 1942 zum Militärschiff umgerüstet, geriet er im Oktober desselben Jahres vor Espiritu Santo in ein Minenfeld der Amerikaner und sank. Die Wracks um Espiritu Santo sind Teil der Meeresschutzgebiete in Vanuatu.

Wandern

Auf den meisten Inseln besteht die Möglichkeit zu Wandertouren. Allerdings sind Wege und Routen nicht für Touristen erschlossen, so daß man auf einen ortskundigen Führer angewiesen ist. Informationen erteilen das National Tourism Office und Tourunternehmen.

Auskünfte

Über alles, was Touristen wissen sollten und möchten, informiert das Fremdenverkehrsamt in Port Vila auf Efate (National Tourism Office, Adresse s. unter Tips von Insel zu Insel). Dort sind Broschüren, ein Stadtplan von Vila sowie Touristenkarten erhältlich.

Banken und Geldwechsel

Sowohl die Banken – Australia & New Zealand Bank (ANZ), Westpac, National Bank of Vanuatu und Bank of Hawaii – als auch Hotels und Wechselstuben in Port Vila und Luganville lösen Reiseschecks in den wichtigsten internationalen Währungen ein. Außerhalb der Städte werden meist nur australische Dollar- und US-Dollar-Schecks oder Bargeld akzeptiert. Mit Kreditkarten kann man nur in den teureren Hotels und Restaurants, in Reisebüros etc. bezahlen. Auf den äußeren Inseln ist ein guter Vorrat an Bargeld in der Landeswährung angebracht. Während der Abfertigungszeiten für internationale Flüge ist die Westpac-Filiale auf dem Bauerfield Airport geöffnet.

Bibliothek

Die öffentliche Bibliothek am Kumul Highway im Zentrum von Port Vila (✆ 2 27 21) verfügt u.a. über einen Be-stand mit Büchern über Vanuatu und den Pazifik, die man auch ausleihen kann (Mo–Fr 9–18 Uhr, Sa 8–11.30 Uhr). Nach Absprache besteht die Möglichkeit, die Bibliothek der University of the South Pacific (✆ 2 27 48) zu nutzen.

Bücher und Karten

Die beste Auswahl an Büchern in Port Vila haben ›Snoopy's‹ (gegenüber dem Markt) und ›Stop Press‹ (Prouds Building) in der Hauptstraße (Kumul Highway) sowie ›Chew Store‹ in der Rue Bougainville.

Übersichtskarten sind beim National Tourism Office of Vanuatu erhältlich, topographische Karten beim Survey Department, Ministry of Natural Resources & Lands, in Port Vila, Georges Pompidou Building, ✆ 2 24 27, oder Luganville ✆ 3 63 30.

Diplomatische Vertretungen

Deutschland, Österreich und die Schweiz haben keine diplomatischen Vertretungen in Vanuatu. Die Aufgaben werden von den Vertretungen in Australien, Neuseeland und Papua-Neuguinea wahrgenommen (s. S. 261).

Einreisebestimmungen

Bei der Einreise mit einem gültigen Paß und einem Ticket für den Weiterflug erhält man eine Aufenthaltsgenehmigung von 30 Tagen. Eine Verlängerung der Frist auf maximal 4 Monate wird beim Department of Immigration, Private Mail Bag 14, Port Vila, ✆ 2 23 54, beantragt.

Essen und Trinken

Restaurants

Port Vila ist bekannt für seine ausgezeichneten Restaurants. Gourmets haben die Wahl zwischen französischer, chinesischer, vietnamesischer, japanischer und italienischer Küche. Zu den Spezialitäten gehören neben Meeresfrüchten wie Fisch, Austern und Garnelen Schnecken (escargots), Froschschenkel (grenouilles), Fledermäuse (roussettes), Täubchen (nautou) und Kokosnußkrabben (bedrohte Tierart!). Gute Steaks stammen von einheimischen Rindern, die man vielerorts weiden sieht.

Es werden überwiegend französische und australische Weine serviert; auch das Bier kommt größtenteils aus Australien. Dennoch sollte man das im Land gebraute Tusker-Bier probieren!

In Luganville gibt es außerhalb der Hotels überwiegend chinesische Restaurants. Nicht nur im Bereich der Gastronomie lebt man auf Santo wesentlich billiger als in Port Vila. Auf den anderen Inseln beschränkt sich das Angebot außerhalb der Hotels bzw. Gästehäuser – sofern überhaupt vorhanden – auf kleine Eßlokale, die mit einfachen Gerichten (Reis, Taro, Gemüse) auf Einheimische ausgerichtet sind. Nur die größeren Restaurants und Hotels besitzen eine Lizenz zum Ausschank von Alkohol.

Cafés und Snackbars

In Port Vila reihen sich die Cafés und Bistros entlang der Hauptstraße (Kumul Highway) und servieren eine Auswahl an Gerichten wie Steaks, Salate, Pasta, Baguettes, Quiches oder Hamburger. In Luganville auf Espiritu Santo ist das Angebot sehr viel bescheidener, auf den äußeren Insen fehlt es so gut wie ganz.

Einheimisches

Das Nationalgericht Vanuatus ist Laplap. Es wird aus geriebenen Yams-, Taro- oder Maniokwurzeln zubereitet, die man mit Kokosmilch sowie Fleisch-, Fisch- oder auch Bananenstückchen verknetet. In Bananen- oder Taroblätter gewickelt und verschnürt wandern die Portionen zum Garen in den Erdofen – eine äußerst sättigende Mahlzeit. Eine Reihe von Dörfern organisiert Melanesian Feasts, wobei die Touristen in den Genuß von einheimischen Spezialitäten kommen und mit *kastom dancing* von Tanzgruppen aus unterschiedlichen Teilen des Landes unterhalten werden. (Buchungen über das Fremdenverkehrsamt oder Reisebüros).

Lebensmittel

Die großen Supermärkte in Port Vila – Centrepoint Supermarket, Au Bon Marché und Burns Philip – haben ein reichhaltiges Sortiment. Käse, Wein und Croissants fehlen natürlich nicht. Frisches Baguette gibt es in der Stadt auch in jedem kleineren Lebensmittelgeschäft. Wesentlich preisgünstiger als im Supermarkt ist frisches Obst und Gemüse auf dem Markt in Vila und Luganville. An Wochenenden – von Sa 11 Uhr bis zum Montagmorgen – dürfen Geschäfte keine alkoholischen Getränke verkaufen.

Trinkwasserversorgung: Das Leitungswasser in Port Vila ist einwandfrei. Überall sonst ist vorheriges Abkochen ratsam.

Feiertage und Feste

Gesetzliche Feiertage

1. Januar: Neujahrstag
5. März: Custom Chief's Day (zu den Feierlichkeiten zum Jahrestag der Gründung des Malvatumauri, dem National Council of Chiefs, gehören u. a. Tanzvorführungen und Kavazeremonien)
März/April: Karfreitag, Ostersonntag
1. Mai: Labour Day
Mai/Juni: Christi Himmelfahrt
30. Juli: Independence Day
15. August: Mariä Himmelfahrt
5. Oktober: Constitution Day
29. November: National Unity Day
25./26. Dezember: Weihnachten

Feste

Anläßlich des **Independence Day** am 30. Juli, des wichtigsten nationalen Feiertags, finden in allen Provinzen Kultur- und Sportveranstaltungen statt. Ihren Höhepunkt haben die Feierlichkeiten in Port Vila. Eine Militärparade, Bootsrennen, String Bands und Tanzgruppen aus verschiedenen Teilen des Inselstaates stehen auf dem Programm.
Während der jährlichen **Vila Agricultural Show** im September wird die Ausstellung von Agrarerzeugnissen und Kunsthandwerk von Tanzdarbietungen und Sportveranstaltungen begleitet. Auf Tanna findet zwischen September und November das **Nekowiar Festival** statt.

Notruf

Ambulanz/Central Hospital in Port Vila auf Efate ✆ **2 21 00**
Feuerwehr ✆ **2 23 33**

Polizei ✆ **2 22 22**
Northern District Hospital in Luganville auf Espiritu Santo ✆ **3 63 45**.

Öffnungszeiten

Banken: Mo–Fr 8–15 Uhr.
Post: Mo–Fr 7.30–11.30 Uhr, 13.30–16 Uhr. Der Postshop im Postamt, der u.a. Briefmarken verkauft, hat auch über Mittag und Sa (7.30–11.30 Uhr) geöffnet.
Ämter/Behörden: Mo–Fr 7.30–11.30 Uhr, 13.30–16.30 Uhr.
Geschäfte: Mo–Fr 8–11.30/12 Uhr, 13.30–17.30 Uhr, Sa 8–12/13 Uhr. Supermärkte und chinesische Geschäfte haben länger und teilweise auch samstagnachmittags und sonntags geöffnet.
Markt: Port Vila: Mo–Sa; Luganville: Di, Do, Sa.

Post und Telekommunikation

Briefe, Pakete und Telegramme werden bei den Postämtern aufgegeben, die alle auch postlagernde Sendungen annehmen. Das Philatelic Bureau befindet sich in der Hauptpost (GPO) in Port Vila.
Internationaler Telefon-, Telex- und Fax-Service: Telecom Vanuatu, Port Vila, Kumul Highway, tägl. 7–22 Uhr; Luganville, Mo–Fr 7–19 Uhr, Sa 7.30–11.30 Uhr. Orts- und Inlandsgespräche: beim Postamt oder über öffentliche Münz-/Kartentelefone (nur in Vila, Luganville, Isangel, Norsup). Telefonkarten sind beim Postamt und am Flughafen erhältlich. In den Hotels liegen die Telefon- und Fax-Gebühren bis zu 50 % über den regulären Tarifen. Orte ohne Anschluß an das Telefonnetz erreicht

man über den Teleradio-Service von Radio Vanuatu (✆ 2 99 99).

Radio und Fernsehen

Es gibt zwei lokale Radiosender: Nambawan 98 FM und Radio Vanuatu, das in allen drei Sprachen (Bislama, Englisch, Französisch) sendet. France Inter auf FM 100 sendet rund um die Uhr. Zwischen 18 und 22.30 Uhr wird in Port Vila und Luganville ein Fernsehprogramm von TV Blong Vanuatu ausgestrahlt.

Reisen im Land

Kleine Propellermaschinen (Twin Otter) fliegen von Port Vila aus in sämtliche Regionen des Archipels, und Schiffe laufen in mehr oder weniger großen Abständen alle größeren bewohnten Inseln an. Am weitesten ist das Verkehrsnetz auf Efate, Tanna und Espiritu Santo ausgebaut, im allgemeinen jedoch sind die Inseln nur gebietsweise durch Straßen erschlossen. Schiff, Boot und Flugzeug bilden die wichtigsten Transportmittel. Island Safaris, P.O. Box 133, Port Vila, ✆ 2 32 88, bietet mehrtägige Pauschaltouren auf die äußeren Inseln an, u.a. nach Santo, Malakula, Tanna, Aneityum, Epi und Ambrym.

Flugverbindungen

Vanair fliegt regelmäßig 26 Ziele innerhalb des Landes an. Auf Inlandsflügen sind maximal 16 kg Gepäck pro Person zugelassen. Beim Check-in für internationale Flüge ist eine Abflugsteuer in Höhe von 2500 VT, bei nationalen Flügen in Höhe von 250 VT pro Person zu entrichten.

Der für 4, 5 oder 6 Flüge ausgelegte Discover Vanuatu Pass von Vanair gilt auf den Strecken Port Vila – Malakula – Espiritu Santo – Port Vila – Erromango – Tanna – Port Vila. Er kann weltweit, nicht aber in Vanuatu selbst gekauft werden. Auskunft in Deutschland erteilt u. a. die Aviation and Tourism International GmbH, Wasserloser Straße 3a, 63755 Alzenau, ✆ 0 60 23/3 00 24. (s. auch S. 267)
Vanair Ltd., Lolam House, Private Mail Bag 69, Port Vila, ✆ 2 27 53.

Internationale Fluggesellschaften:
Air Vanuatu, Port Vila, ✆ 2 38 48.
Solomon Airlines, c/o Air Vanuatu.
Air Pacific, Port Vila, ✆ 2 28 36.
Air Calin, Port Vila, ✆ 2 27 39.
Quantas Airways, Port Vila, ✆ 2 38 48.

Schiffsverbindungen

Frachtschiffe mehrerer Reedereien versorgen die Inseln und stellen für Passagiere Deckplätze und manchmal auch Kabinen zur Verfügung. Im allgemeinen sind die Schiffe spartanisch ausgestattet; ein Kabinenplatz über Deck bietet noch den meisten ›Komfort‹. Wer mehrere Tage auf See unterwegs ist, sollte einen Vorrat an Lebensmitteln nicht vergessen.
David Edson & Co, Port Vila, ✆ 2 40 78; die ›MV Atchin Star‹ ist das größte und am besten ausgestattete Schiff in Vanuatu.
Ifira Shipping Agencies, Port Vila, ✆ 2 44 45.
Inter Island Shipping, Port Vila, ✆ 2 30 97.
Toara Coastal Shipping, Port Vila, ✆ 2 23 70.
Dinh Shipping, Luganville, ✆ 3 67 50.
Willie Malmain, Malakula, ✆ 4 84 02.

Bus, Taxi und Mietwagen

Kleinbusse verkehren auf Efate, streckenweise auf Espiritu Santo und Malakula sowie zwischen Port Vila bzw. Luganville und den Flughäfen. Die öffentlichen Busse sind am ›B‹ auf dem Nummernschild zu erkennen. Auf Handzeichen halten sie an. Im Stadtgebiet von Port Vila kostet eine Fahrt 100 VT. Taxis (zu erkennen am ›T‹ auf dem Nummernschild) gibt es in Port Vila und Luganville, in bescheidener Zahl in Isangel (Tanna) und Norsup/Lakatoro/Lamap (Malakula). Mietwagen bekommt man in der Hauptstadt und in Luganville. In Vanuatu herrscht Rechtsverkehr (s. auch S. 268).

Sprache

In Vanuatu sind 113 indigene Sprachen in Gebrauch: Durchschnittlich sprechen nur etwa 1300 Menschen dieselbe Sprache. Die absolute Größe der Sprachgruppen variiert jedoch stark: Einige Sprachen werden nur noch von einzelnen, andere hingegen von bis zu 5000 Menschen gesprochen.

Bislama (frz. Bichelamar), das Pidgin-Englisch von Vanuatu, ist Landessprache und überbrückt nicht nur herkömmliche, sondern auch mit dem Kondominium neu geschaffene Sprachbarrieren: Etwa 40 % der Bevölkerung mit einer Ausbildung an einer französischsprachigen Schule stehen 60 % gegenüber, die Schulen mit Englisch als Unterrichtssprache besucht haben. Diese Spaltung im Schulsystem besteht bis heute. Englisch und Französisch gelten als offizielle Sprachen.

Eine witzig illustrierte Einführung ins Pidgin-Englisch Bislama, ›Evri samting yu wantem save long Bislama be yu fraet tumas blong askem‹ von Darrel Tryon, ist in den Buchläden in Port Vila erhältlich.

Wörter und Wendungen

ausgezeichnet – nambawan
Danke sehr – tangkyu tumas
Erwachsener, Ortsvorsteher, Chief – bigman
Essen – kakae
fotografieren – tekem foto
kaufen, bezahlen – pem
Kind – pikinini
Medizin – meresin
Meer, Meerwasser – solwota
Mietwagen – haeakar
Ozean, Meer – dipsi
reparieren – fiksimap
telefonieren – ringim
Trinkwasser – kolwota
Weißer, Europäer – waetman, araikwao (entspricht dem polynesischen palagi)
weiße Frau, Europäerin – misis
weit weg – farawe
wieviel/e – hamas/hameni
wir – mifala (ohne angesprochene Person)
wir – yumi (einschl. der angespr. Person)
zusammengebrochen, kaputt – bagarap
Wie geht es? – olsem wanem
Ich heiße ... – nem blong mi ...
Er/sie heißt ... – nem blong em ...
Bis später – lukim yu
Ich weiß nicht, verstehe nicht – mi no save
Wo leben Sie? – yu stap wea?
Ich wohne in ... – mi stap long ...
Wo ist es? – hem i wea?
Wie weit ist es von hier? – hamas farawe long ia?
Ich werde mit dem Auto fahren – bambae mi wokbaot long trak
Er/sie ist nicht hier – hem i no stap

Gibt es ...? – i gat ...?
Was möchten Sie? – yu wantem
wanem?
Ich möchte etwas zu essen/zu trinken –
mi wantem samting long kakae/dring
Das Essen ist gut – mi laekem kakae ia
Wieviel kostet es? – hamas long hemia
nao?

Stromversorgung

Das Elektrizitätsnetz beschränkt sich auf
Port Vila (Efate), Luganville (Santo),
Norsup, Lakatoro (Malakula) und einige
andere Verwaltungszentren. Hospitäler
und größere Missionsstationen in den
ländlichen Gegenden haben eigene
Stromgeneratoren. Die Spannung
beträgt 220/240 V und 50 Hertz.

Unterkunft

Der Tourismus und damit auch die Unterkünfte konzentrieren sich auf Efate
und Espiritu Santo. Nur hier findet man
Hotels und Resorts der Luxus- oder gehobenen Mittelklasse. Auf Tanna gibt es
mehr Übernachtungsmöglichkeiten als
auf den übrigen äußeren Inseln, aber
auch hier handelt es sich um mehr oder
weniger einfach ausgestattete Resorts
und Gästehäuser (meist mit Halb- oder
Vollpension). Außerhalb der Verwaltungszentren haben sie gewöhnlich keinen Strom und verfügen nur über kal-
tes Wasser und Gemeinschaftsduschen.
   Abgesehen von Efate und Santo, wo
Kleinbusse und Taxis in größerer Zahl
verkehren, sollte man die Übernachtung
auf allen anderen Inseln vorbuchen
(über das National Tourism Office oder

ein Reisebüro), damit nicht nur die Un-
terbringung, sondern auch der Transport vom Flugplatz sichergestellt ist.

Währung

Vor der Unabhängigkeit gab es zwei
Währungen: den Neue-Hebriden-Franc
und den australischen Dollar. Mit der
Unabhängigkeit wurde 1981 der Vatu
(VT) eingeführt. Es gibt Banknoten über
100, 500, 1000 und 50 000 VT sowie
1, 2, 5, 10, 20, 50 und 100 VT-Münzen.
100 VT = ca. 1,50 DM/10 ÖS/1,20 SFr
(Ende 1999)

Zeit

MEZ plus 10 Stunden.

Zeitungen

Wöchentlich werden die staatliche drei-
sprachige ›Vanuatu Weekly‹, die unabhängige englischsprachige ›Trading
Post‹ sowie die ›Vanuatu Time‹ (Bis-
lama/Pidgin-Englisch) herausgegeben.
Vierteljährlich erscheint das Magazin
›Pacific Paradise‹.

Zollbestimmungen

200 Zigaretten, 100 Zigarillos, 50 Zigarren oder 250 g Tabak, 1,5 l Spirituosen
oder 2 l Wein, 250 ml Eau de Toilette,
100 ml Parfüm sowie Neuwaren im
Wert von 20 000 VT können von Personen über 18 Jahren zollfrei eingeführt
werden.

Salomonen
Adressen und Tips von Insel zu Insel

Die Preisangaben (SI\$ = Solomon Island Dollar) beziehen sich auf DZ, wobei die teureren Hotels zusätzlich eine Steuer von 10 % erheben. Die Preiskürzel bedeuten: \$ = 60–120 SI\$, \$\$ = 121–200 SI\$, \$\$\$ = 201–290 SI\$, \$\$\$\$ = 291–390 SI\$ (100 SI\$ = 36 DM; Stand Herbst 1999); K steht für Küche/Kochgelegenheit, GK für Gemeinschaftsküche.

Bellona

 **Verkehrsverbindungen:** Dreimal wöchentlich **Flüge** von Honiara. **Schiffsverbindungen** s. unter Guadalcanal und S. 356.

 Unterkunft: Suani Guesthouse, Bellona Island, ☎ 2 38 46; in Tangakitonga, GK, \$.

Guadalcanal

 **Touristeninformation:** Solomon Islands Visitors Bureau, Mendana Ave., P. O. Box 321, Honiara, ☎ 2 24 42.

 **Verkehrsverbindungen:** Täglich **Flüge** nach Ghizo, Munda, Seghe und Malaita, mehrmals wöchentlich nach Makira, Santa Isabel, Rennell, Bellona, zu den Russell-Inseln und an die Südküste von Guadalcanal (Marau, Avu Avu, Mbambanakira), ein- bis zweimal wöchentlich nach Choiseul, Santa Ana, Santa Cruz-Inseln, regelmäßig zu den Nggela-Inseln. **Schiffsverkehr** rund um Guadalcanal und zu allen bewohnten Inseln, regelmäßige Verbindung mindestens einmal wöchentlich nach Ghizo und Auki auf Malaita (s. auch S. 356). In Honiara und Umgebung verkehren tagsüber (6–19 Uhr) **Kleinbusse.** The Red Bus verkehrt zwischen Honiara und Flughafen, auch auf Bestellung (☎ 2 12 91). **Taxis** gibt es in Honiara, ☎ 3 64 44, 2 43 33, 3 93 33.

 Mietwagen: Avis, ☎ 2 23 99, 2 18 54; Budget Rent-A-Car, ☎ 2 32 05; Phoenix, ☎ 2 04 44.

 Unterkunft: Hotels: Honiara Hotel, P. O. Box 4, Honiara, Kukum Highway, China Town, ☎ 2 17 37; \$\$–\$\$\$\$.
Iron Bottom Sound Hotel, P.O. Box 1892, Honiara, ☎ 3 64 46; ca. 3 km westl. von Honiara, Strandlage, \$\$\$.
King Solomon Hotel, P. O. Box 268, Honiara, Hibiscus Ave., ☎ 2 12 05; \$\$\$\$.
Lelei Resort, P. O. Box 235, Honiara, ☎ 2 07 20; 4 km westl. der Stadt, \$\$\$\$.
Quality Motel, P.O. Box 152, Honiara, ☎ 2 51 50; 5 Min. vom Stadtzentrum, Zi, Studios mit K, \$\$–\$\$\$.
Solomon Kitano Mendana Hotel, P.O. Box 384, Honiara, Mendana Ave., ☎ 2 00 71; zentral, am Meer, \$\$\$–\$\$\$\$.
Tambea Holiday Beach Resort, P.O. Box 4, Honiara, ☎ 2 96 39; 45 km nordwestlich von Honiara, Bungalows, schwarzer Sandstrand, \$\$\$.
Tavanipupu Island Resort, P.O. Box 236, Honiara, ☎ 2 90 43, 2 26 72; im Marau Sound östlich von Guadalcanal, Bungalows im trad. Stil, ab \$\$\$\$.

Vulelua Island Resort, P.O. Box 96, Honiara, ✆ 2 36 84; ca. 70 km östlich von Honiara, $$$.
Andere Unterkünfte:
SSEC (South Seas Evangelical Church) Transit House, P.O. Box 16, Honiara, ✆ 2 28 00; Vavaya Ridge, 10 Gehmin. vom Zentrum, GK, $.
United Church Resthouse, P. O. Box 18, Honiara, ✆ 2 00 28; zentral, GK, $.

🍴 **Restaurants:** Die Restaurants der teuren Hotels in Honiara sind sehr gut und bieten internationale Küche. Ansonsten gibt es in der Hauptstadt überwiegend chinesische Restaurants. Das **Mandarin** (Di–So, ✆ 2 34 12) am Ufer des Mataniko-Flusses ist das älteste Restaurant der Stadt und bietet hervorragende Küche. Preiswerter und gut ißt man chinesisch im **South Sea Restaurant** (✆ 2 23 63) und im **Sea King Restaurant** (✆ 2 36 21). Als feinstes französisches Restaurant gilt das **La Pérouse** (Di–So, ✆ 2 37 20), dessen Flair durch seine traditionell melanesische Innenarchitektur bestimmt wird.

👁 **Sehenswürdigkeiten: Solomon Islands National Museum & Cultural Centre,** Honiara, Mo–Fr 9–16.30, Sa 9–13 Uhr, ✆ 2 23 09. **National Art Gallery and Cultural Centre** im Old Government House; Ausstellung von Feder- und Muschelgeld in der **Central Bank; Botanical Gardens, Peace Memorial** (Mt. Austin). Inseltouren: Guadalcanal Travel Service, ✆ 2 25 87; Tour Solomons, ✆ 2 12 05; Sol Travel, ✆ 2 24 76.

🚶 **Aktivitäten: Golf:** Kukum's Golf Course liegt am östlichen Stadtrand von Honiara; Guadalcanal Golf Club, ✆ 3 01 81. **Hochseeangeln, Kayaktouren** u.a.: Destination Solo-

mons, ✆ 2 00 31. **Kreuzfahrten** (Russell u. Florida Islands, Marovo Lagoon), Bilikiki Cruises Ltd. u. Blue Lagoon Cruises. **Rundflüge** mit dem Helikopter: Heli Solomons, ✆ 3 00 33. **Segeln:** Point Cruz Yacht Club, Honiara, ✆ 2 25 00. **Tauchen:** Let's go Diving, ✆ 2 05 67; Island Dive Services, ✆ 2 21 03; Dive Tambea, ✆ 2 17 37.

🍸 **Abends:** An verschiedenen Abenden in der Woche treten in den großen Hotels in Honiara traditionelle Tanzgruppen *(kastom dancing)* auf. Ansonsten beschränkt sich das Nachtleben in der Stadt auf einige Hotelbars und Clubs wie den Point Cruz Yacht Club und Freeways. In Kinos werden abends Videos gespielt.

 **Einkaufen:** In Honiara verkaufen Souvenirgeschäfte sehr schönes Kunsthandwerk: Holzschnitzereien mit Intarsien (Western Province), Masken von Rennell und Bellona und Korb- und Flechtwaren von Guadalcanal. Das Angebot im Museums-Shop lohnt sich. Muschelgeld (Malaita) bekommt man auch auf dem Markt. In Honiara gibt es einen großen Obst- und Gemüsemarkt sowie Supermärkte und viele kleinere Lebensmittelgeschäfte. Frisches Weißbrot gibt es auch sonntagmorgens in der Hot Bread Kitchen.

Malaita

ℹ **Touristeninformation:** Cultural Tourism Officer, Auki, c/o Malaita Tourism Association, Malaita, ✆ 4 02 50.

✈🚢 **Verkehrsverbindungen:** Täglich Flüge von Guadalcanal. **Schiffsverbindungen** s. unter Guadalcanal und S. 356.

Taxis: Einige Taxis stehen in Auki zur Verfügung.

 Unterkunft: Auki Lodge, P.O. Box 9, Auki, ☎ 4 01 31; zentral, $$.
Auki Motel, P.O. Box 153, Auki, ☎ 4 00 14; $.
SSEC Transit House, P.O. Box 141, Auki, ☎ 4 01 73; $.

 Sehenswürdigkeiten: U. a. künstliche Inseln, Langa Langa Lagoon; das schöne Dorf Lilisiana, wo Muschelgeld hergestellt wird; Besuch einiger anderer Dörfer. Organisation über Gästehäuser oder den Cultural Tourism Officer (Adresse s.o.).

 Einkaufen: In Auki gibt es an mehreren Tagen der Woche einen Obst- und Gemüsemarkt sowie einige kleinere Lebensmittelgeschäfte.

New Georgia-Inseln

 **Touristeninformation:** Western Province Tourism Association, P.O. Box 56, Gizo, ☎ 6 00 24.

Verkehrsverbindungen: Täglich **Flüge** von Guadalcanal, Munda und Seghe, mehrmals wöchentlich von Choiseul. **Schiffsverbindungen** s. u. Guadalcanal und S. 356.

Unterkunft: Hotels: Agnes Lodge, P. O. Box 9, Munda, New Georgia, ☎ 6 11 33; nahe dem Flugplatz am Meer, $$–$$$$.
Gizo Hotel, P. O. Box 30, Gizo, ☎ 6 01 99; Zi, Bungalows, zentral, $$$–$$$$.
Maqarea Island Resort, P.O. Box 65, Munda, ☎ 6 11 64; Hombupeka Island, vor der Küste bei Munda, Bungalows im traditionellen Stil, $$$.

Uepi Island Resort, Roco Ltd., P.O. Box 920, Honiara, ☎ 2 60 76; Marovo Lagoon, VP obligatorisch, $$$–$$$$.
Gästehäuser und Pensionen:
Gizo Rekona Lodge, P.O. Box 91, Gizo, ☎ 6 02 96; zentral, GK, $.
Lubaria Island Resort, P.O. Box 27, Munda; vor der Nordküste von Rendova, 45 Bootsmin. von Munda, Bungalows, $.
Matikuri Island Lodge, c/o Seghe Postal Agency, New Georgia; 20 Bootsmin. von Seghe, abgeschieden, Bungalows im trad. Stil, Selbstverpfl., GK, $.
Noro Lodge, c/o Agnes Lodge, Munda, ☎ 6 12 38; in Noro, Fischerdorf am Kula Gulf, Zi, Mehrbettzimmer, $–$$$.
Paradise Lodge, P.O. Box 56, Gizo, ☎ 6 00 24; ca. 1 km vom Zentrum, schön gelegen mit Blick aufs Meer, Zi, Mehrbettzimmer, GK, $$–$$$$.
Ulopapa Resthouse, P.O. Box 126, Gizo, ☎ 6 02 89; etwas abgelegen, GK, $.
Zipolo Habu Resort, P.O. Box 165, Munda, ☎ 6 11 64; 30 Bootsmin. von Munda auf Lola Island, Bungalows, $$.

Restaurants: In Gizo ist man so gut wie ganz auf die Restaurants der Hotels angewiesen.

Sehenswürdigkeiten: Insel-Touren: Adventure Sports, Gizo, ☎ 6 02 53; Barava Tours, Gizo, ☎ 6 02 21.

Aktivitäten: Hochseeangeln: Agnes Lodge, Munda, Uepi Island Resort. **Tauchen:** Adventure Sports, Gizo, ☎ 6 02 53; Uepi Island Resort; Agnes Lodge. **Wandern:** Ausflüge auf umliegende Inseln und Touren zum Krater des Vulkans auf Kolombangara (Nduke) werden von Gizo aus angeboten. Informationen: Adventure Sports, ☎ 6 02 53; Western Province Tourism Association.

Abends: Traditionelle Tänze und Spezialitäten aus dem Erdofen an 1–2 Abenden/Woche im Gizo Hotel.

 **Einkaufen:** In Gizo gibt es an mehreren Tagen der Woche einen Obst- und Gemüsemarkt, einen Supermarkt und einige kleine Lebensmittelgeschäfte.

Nggela-Inseln

 **Verkehrsverbindungen:** Regelmäßige **Flüge** und **Schiffsverbindungen** zwischen Honiara und Tulaghi.

 Unterkunft: Tulagi Provincial Resthouse, ✆ 3 21 00, in Tulagi, GK, $.
Vanita Accommodation, ✆ 2 22 46; in Tulagi, nahe dem Hafen, Zi mit GK, $.

Rennell

 **Verkehrsverbindungen:** Dreimal wöchentlich **Flug** von Guadalcanal und nach Bellona. **Schiffsverbindungen** s. unter Guadalcanal und S. 356.

 **Unterkunft: Airport Lodge,** $. **Saul & Linnet's Lodge,** Tinggoa, unweit vom Flugplatz, $.
Tahamatangi Guesthouse, Rennell Postal Agency; am Lake Te-Nggano, $.

Santa Cruz-Inseln

 **Verkehrsverbindungen:** **Flüge** zweimal wöchentlich von Honiara. **Schiffsverbindungen** s. unter Guadalcanal und S. 356.

 Unterkunft: Luelta Resort, ✆ 5 31 44; in Lata, in Hafennähe, $.

Santa Isabel

 **Verkehrsverbindungen:** Mehrmals wöchentlich **Flug** von Guadalcanal. **Schiffsverbindungen** s. u. Guadalcanal und S. 356.

 Unterkunft: Mothers Union Resthouse, Buala, ✆ 3 50 35; Zi, GK, $.
Provincial Assembly Resthouse, Buala, ✆ 3 50 31; Zi, GK, $.

Salomonen:
Reiseinformationen von A–Z

Ärztliche Versorgung

Die zentrale medizinische Versorgungseinrichtung ist das Central Hospital (✆ 2 36 00) am Kukum Highway in Honiara. Die Krankenhäuser in den anderen Provinzen haben meist nur wenige Betten, die Versorgung mit Medikamenten variiert von Ort zu Ort. Die wenigen privaten Arztpraxen beschränken sich auf die Hauptstadt. Zahnärzte praktizieren an den Krankenhäusern in Honiara, Gizo und Kiluufi (Auki). Honiara Dental Centre, Mendana Ave., ✆ 2 20 29. The

Pharmacy, ✆ 2 29 11, ist die größere der beiden Apotheken in Honiara.

Aktivitäten

Tauchen

Insbesondere die Western Province zieht überwiegend Tauchurlauber an. Die großen Lagunen um die New Georgia Inseln bieten ungezählte Möglichkeiten, aber auch vor den Küsten der anderen Inseln gibt es gute Tauchgründe. Zu den großen Attraktionen gehört das Wracktauchen.

Wandern

Auf den Wanderungen durch die dichtbewaldeten Inseln des Archipels kommt man nicht ohne ortskundige Führer aus. Die Wege sind nicht ausgeschildert. Führen sie durch Clan-Land, ist vor der Durchquerung eine Absprache mit den Eigentümern zu treffen.

Auskünfte

Zentrale Informationsstelle ist das Fremdenverkehrsamt in Honiara. In Gizo ist es die Western Province Tourism Association, in Auki auf Malaita der Cultural Tourism Officer (Adressen s. unter Tips von Insel zu Insel). Ansonsten wende man sich an sein Hotel bzw. Gästehaus.

Banken und Geldwechsel

Auf den Salomonen sind die National Bank of the Solomon Islands (NBSI), die Westpac Banking Corporation und die Australia & New Zealand Bank (ANZ) vertreten. Zweigstellen gibt es in den Provinzhauptstädten sowie am internationalen Flughafen Henderson Airport. Sie lösen unter anderem US-Dollar-, australische und neuseeländische Dollar- sowie DM-Reiseschecks ein. Die üblichen Kreditkarten werden von den meisten Tourismusunternehmen und den großen Hotels akzeptiert. In abgelegenen Regionen sollte man einen guten Vorrat an Bargeld in der Landeswährung zur Verfügung haben.

Bibliotheken

Die öffentliche Bibliothek nahe der Mataniko Bridge (Mo–Fr, 10–17.30 Uhr, Sa 9–12 Uhr), die National Library (Mo–Fr 10–12 Uhr, 13–16.30 Uhr) und die University of the South Pacific (USP) in Honiara haben Literatur über die Salomonen und andere pazifische Inselstaaten.

Bücher und Karten

Eine kleine Auswahl an Büchern sowie eine Landkarte von der gesamten Inselgruppe führen einige Schreibwarengeschäfte (u.a. Acor in der Mendana Ave.) und Souvenirläden. Gutes topographisches Kartenmaterial bekommt man beim Ministry of Agriculture & Lands.

Diplomatische Vertretungen

Deutsches Honorarkonsulat
Sato Building, P.O. Box 114, Honiara, ✆ 2 25 88

Die zuständigen Botschaften für Österreich und die Schweiz siehe S. 261.

Einreisebestimmungen

Für Aufenthalte bis zu 30 Tagen benötigen deutsche, schweizer und österreichische Staatsbürger kein Visum. Aufenthaltsverlängerungen bekommt man beim Principal Immigration Officer in Honiara, Hibiscus Ave., P.O. Box G26, ✆ 2 22 43.

Essen und Trinken

Restaurants

Abgesehen von den durchweg empfehlenswerten bis ausgezeichneten Restaurants der großen Hotels ist das gastronomische Angebot nicht sehr breit gefächert und fast ausschließlich auf die Hauptstadt begrenzt. Einige kleine Eßlokale gibt es auch in Gizo (Ghizo) und Auki (Malaita). In Honiara hat man die Auswahl zwischen mehreren ganz guten Restaurants mit überwiegend chinesischer oder taiwanischer Küche. Preiswerte Snackbars bieten meist bis zum frühen Abend Fast food und leichte Gerichte. Wein und Bier in den lizenzierten Restaurants kommen zum großen Teil aus Australien. Aber auch das im Land gebraute Bier wird überall ausgeschenkt.

Lebensmittel und Märkte

In Honiara, Auki und Gizo gibt es täglich bzw. an mehreren Tagen der Woche einen Obst- und Gemüsemarkt sowie Supermärkte und kleinere Lebensmittelgeschäfte. Die Hot Bread Kitchen in der Hauptstadt verkauft auch sonntagmorgens frisches Weißbrot. In den weniger erschlossenen Provinzen beschränkt sich die Versorgung mit Lebensmitteln auf das Notwendigste.

Trinkwasserversorgung: Leitungswasser sollte nur abgekocht getrunken werden.

Feiertage und Feste

Gesetzliche Feiertage

Neujahrstag
Karfreitag, Ostersamstag, Ostermontag
im Juni: Queen's Birthday
7. Juli: Independence Day
25./26. Dezember: Weihnachten

Provinzfeiertage

25. Februar: Choiseul Province
8. Juni: Temotu Province
29. Juni: Central Province
8. Juli: Isabel Province
20. Juli: Renbel Province
31. Juli: Guadalcanal Province
3. August: Makira/Ulawa Province
14. August: Malaita Province
7. Dezember: Western Province

Notruf

Polizei, Feuerwehr, Ambulanz:
✆ 9 99
Notrufnummern lokaler Krankenhäuser:
Auki: ✆ 4 02 72
Gizo: ✆ 6 02 24
Munda: ✆ 6 11 21

Öffnungszeiten

Banken: Mo–Fr 8.30–15 Uhr.
Post: Mo–Fr 8–16.30 Uhr, Sa 8–11 Uhr.
Ämter/Behörden: Mo–Fr 8–12 Uhr, 13–16 Uhr.
Geschäfte: Mo–Fr 8–17 Uhr (z. T. Mittagspause zwischen 12 und 14 Uhr), Sa

8–12 Uhr. In China Town (Honiara) sind die Geschäfte meist länger und vielfach auch samstagnachmittags und in einigen Fällen sonntagmorgens geöffnet.

Post/Telekommunikation

Telefon-, Telex- , Fax-Service: Solomon Telecom Company Ltd., Mendana Ave., Honiara, Mo–Fr 8–16.30 Uhr, Sa, So 8–12 Uhr. Bei Telecom kann man auch Nachrichten über das Radiotelefon übermitteln. Außerhalb von Honiara und den Provinzhauptstädten existiert nur ein dünnes Telefonnetz, so daß die Landbevölkerung überwiegend auf diese Art der Kommunikation angewiesen ist. Briefmarken gibt es außer beim Postamt im Solomon Islands Philatelic Bureau (Mendana Ave.).

Radio und Fernsehen

Die Solomon Islands Broadcasting Corporation (SIBC) unterhält Radiostationen mit Programmen in Englisch und Pidgin in Honiara, Gizo und auf den Santa Cruz-Inseln. 1997 wurde in Honiara eine Fernsehstation eröffnet. Die Top-Hotels in Honiara sind mit Fernsehern und Video ausgestattet.

Reisen im Land

Die Salomonen gehören zu den touristisch wenig erschlossenen Gebieten im Pazifik. Der Fremdenverkehr konzentriert sich auf Honiara und Gizo. Flug- und Schiffsverbindungen bestehen in allen neun Provinzen. Auf den Inseln ist das Verkehrsnetz dünn, gebietsweise fehlen Straßen ganz. Die einzige Asphaltstraße außerhalb der Hauptstadt

verläuft an der Nordküste von Guadalcanal. Das Boot ist das wichtigste Verkehrsmittel, der Weg übers Wasser meist kürzer und schneller, auch dort, wo holprige Straßen zum Ziel führen.

Flugverbindungen

Solomon Airlines fliegt innerhalb des Landes regelmäßig 20 Flugplätze an. Auf Inlandsflügen dürfen max.16 kg Gepäck pro Person mitgeführt werden. **Solomon Airlines,** Mendana Ave., P.O. Box 23, Honiara, ✆ 2 00 31, am Flughafen: ✆ 3 00 48.
Western Pacific Air Services, Henderson Field Airport, ✆ 3 05 33.

Reisende müssen vor Antritt eines internationalen Fluges eine Abflugsteuer in Höhe von 40 SI$ entrichten.

Schiffsverbindungen

Schiffsverbindungen bestehen zu fast allen bewohnten Inseln des Archipels. Wichtige Häfen wie Gizo und Auki werden von Honiara mindestens einmal wöchentlich angelaufen. Schiffe stellen für Einheimische das Haupttransportmittel dar und sind meist voll mit Menschen und Lasten. Auf längeren Routen werden deshalb Kabinen empfohlen. Informationen in Honiara:
National Shipping, ✆ 2 49 35 (Malaita, Choiseul, Makira, Temotu, Rennell, Bellona).
Malaita Shipping, ✆ 2 35 01 (Malaita, Western Province).
Florida Shipping, ✆ 2 02 10 (Nggela Islands, Tulaghi).
Guadalcanal Provincial Government, ✆ 2 00 41 (rund um Guadalcanal).
Isabel Development Corporation, ✆ 2 21 22 (Santa Isabel, Makira, Ulawa).
Wings Shipping, ✆ 2 51 19 (Western Province, Malaita, St. Isabel, Makira).

Bus, Taxi und Mietwagen

Die einzigen öffentlichen Verkehrsmittel sind Kleinbusse, die tagsüber (außer So) in Honiara und Umgebung verkehren.

Taxis stehen nur in der Hauptstadt und in kleiner Zahl in Auki zur Verfügung. Beim Fremdenverkehrsamt erfährt man die aktuellen Preise. Außer Taxis verkehrt auch ein Shuttle-Bus (Red Buses, Zankos Express Ltd., ✆ 2 12 91) zwischen den Hotels und dem internationalen Flughafen auf Guadalcanal (Henderson Airport), 8 km östlich von Honiara.

Mietwagen gibt es nur in der Hauptstadt. Auf den Straßen herrscht Linksverkehr.

Sprache

Auf den Salomonen gibt es über 80 verschiedene Sprachen und noch mehr Dialekte. Der weitaus größte Teil davon gehört zu den austronesischen Sprachgruppen. Bei den anderen handelt es sich um Papua-Sprachen, die auf die frühesten Einwanderer zurückgehen. Darüber hinaus sprechen die polynesischen und mikronesischen Bevölkerungsgruppen wie die Gilbertesen jeweils ihre eigene Sprache. Der allgemeinen Verständigung dient das Solomon Islands Pijin – eine Version des Pidgin-Englisch, das in allen melanesischen und linguistisch stark fragmentierten Ländern Verkehrssprache ist (s. dazu auch S. 270 im allgemeinen Informationsteil). Offizielle Landes- und Unterrichtssprache ist Englisch.

Wörter und Wendungen

Auto – trak
bitte – plis
danke – tanggio
Europäer – waetimani
Frau – mere, woman
Kind – pikinini
Laden, Geschäft – stoa
nein – no, nating
viel – staka, plante
Weißer – arakwao
Das Essen schmeckt sehr gut – kaekae hemi naes tumas
Das gehört Ihnen – desfala blong iufala
Ich heiße... – nem blong mi...
Ich möchte etwas zu essen/trinken – mi laek somting fo kaikaim/dring
Ich möchte gerne... kaufen – mifala laek fo peim...
Ich verstehe nicht – mi no save
Was möchten Sie? – warem nao?
Wie alt sind Sie? – haomas yia blong iu?
Wie geht es Ihnen? – hao iu stap?
Danke, gut! – mi orait, tanggio tumas!
Wie heißen Sie? – watkaen nem blong iufala nao?
Wie weit ist es? – haomas longwe nao?
Wieviel kostet es? – haomas nao?
Wo ist...? – ... hem i wea?

Stromversorgung

Nur Honiara und die Provinzhauptstädte verfügen über ein Stromnetz. Die Anschlüsse sind für dreipolige Stecker ausgelegt. 220/240 Volt und 50 Hertz.

Unterkunft

Hotels der gehobenen und Mittelklasse gibt es nur auf Guadalcanal und in der Western Province. Ansonsten handelt es sich um sehr einfache Gästehäuser, meist mit Gemeinschaftsduschen und -küche. Örtlich stehen auch regierungseigene ›Government Resthouses‹ (Anfragen bei der jeweiligen Provinzverwaltung/Provincial Government Council) oder Gästehäuser der Missionen Touristen offen. Im Rahmen eines Öko-Tourismus-Konzeptes haben Urlauber die Möglichkeit, in Bungalows aus natürlichen Materialen in Dörfern zu übernachten, wo sie von Familien verpflegt werden und viel über die Natur und die Kultur der Gastgeber erfahren können. Man hat die Wahl zwischen Dörfern im Regenwald oder an der Küste auf Guadalcanal, Malaita und in der Western Province. Info: Solomons Village Stay, P.O. Box 597, Honiara, Fax 6 77-2 40 65.

Außerhalb von Honiara und insbesondere auf den abgelegeneren Inseln sollten Übernachtungen grundsätzlich vorgebucht und die Ankunftszeit der Maschine bzw. des Schiffes mitgeteilt werden. So ist gewährleistet, daß man vom (Flug-)Hafen abgeholt wird. Mangels öffentlicher Verkehrsmittel, oder falls man die Unterkunft nur per Boot erreichen kann, ist man auf den Transport durch das Hotel angewiesen. Inseln ohne Telefonanschluß sind über Radiosender zu benachrichtigen. Gegebenenfalls ist das Fremdenverkehrsamt bei der Zimmerreservierung behilflich.

Währung

Solomon Island Dollar (SI$). Es gibt Noten zu 2, 5, 10, 20 und 50 SI$ sowie Münzen zu 1, 2, 5, 10 Cent und 1 SI$; 100 SI$ = 38 DM/270 ÖS/31 SFr (Ende 1999).

Zeit

MEZ plus 10 Stunden.

Zeitungen

Wöchentlich erscheinen der ›Solomon Star‹ und ›Solomons Voice‹ (in Englisch und Pidgin), monatlich die von der Regierung herausgegebenen, ebenfalls zweisprachigen ›Solomon Nius‹.

Zollbestimmungen

200 Zigaretten oder 250 g Zigarren oder 250 g Tabak sowie 2 l alkoholische Getränke dürfen von Personen über 18 Jahren zollfrei eingeführt werden. Zu verzollende Waren werden mit einem Wertzoll von 20 % belegt.

Abbildungs- und Quellennachweis

Armin Bader, Böblingen   111
Olivier Briac, Moorea   130, 135
Sabine und Yves Erhart, Neukaledonien   10
Dieter Guschlbauer, Immenstaad   4 unten, 20, 23, 49, 76, 86/87, 89, 92, 104, 112, 113, 121, 238, 246, 253
Hansjörg Hinrichs, Appenzell   242

Gerold Jung, Ottobrunn   4 oben, 8, 9, 55 oben und mitte, 56/57, 63, 72, 80/81, 96, 100, 102, 116/117, 118, 122, 132, 164/65, 172, 175, 187, 195
Günther Lahr, Maisach   6 oben, 170
Look, München   Titel, Klappe hinten, 40, 133, 138, 142, 148 (H. Dressler); 3 unten, 5 unten, 66, 147, 192 (U. Seer)

A. Martinez/Nas/OKAPIA, Frankfurt/M.
11, 30/31
NBC Photography, Philippe Metois,
Vanuatu 196/97, 205
Rautenstrauch-Joest Museum für
Völkerkunde, Köln   35, 42, 252
Angelika Regel, Berlin   Rückseite,
3 oben, 5 oben, 6 unten, 7, 22, 55
unten, 60, 70, 74, 79, 91, 98, 123, 151,
156, 158, 183, 189, 202, 209, 214, 215,
219, 222, 224/25, 229, 232/33, 235,
239, 250
Georg Reichle   124/25
Tahiti Tourisme, Papeete   2, 14/15, 25,
37, 45, 54, 154, 254
Ullstein Bilderdienst, Berlin   64
I. B. Wolff, Beilstein   163

Karten und Pläne:
DUMONT Buchverlag Köln

Alle anderen Abbildungen stammen
aus dem Archiv des Verlages.
Die staatlichen Museen zu Berlin, Preu-
ßischer Kulturbesitz, gestatteten uns
freundlicherweise den Abdruck des
Führungsblattes 85 »Mana und
Tabu« (gekürzt) von Klaus Helfrich
auf Seite 37 ff..
Die Zitate von Robert Louis Stevenson
entnahmen wir dem Band »Der
gefährliche Archipel. In der Südsee«.
© Diogenes, Zürich 1979

Literaturhinweise

Bruno, S./Schade, A: Fiji, Samoa,
Tonga. München 1993.
Ehrhart, Sabine: Die Südsee. Insel-
welten im Pazifik. Köln 1993.
Eichler, D.: Tropische Meerestiere.
München 1991.
Forster, Georg: Reise um die Welt
(1. Auflage 1778–1780). Frankfurt am
Main 1983.
ders.: Entdeckungsreise nach Tahiti und
in die Südsee 1772–1775. Hrsg. von
H. Homann, Tübingen, Basel 1979.
Freeman, Derek: Liebe ohne Aggres-
sion. Margaret Meads Legende von
der Friedfertigkeit der Naturvölker.
München 1983.
Gyzicki, Renate von: Nachbarn in der
Südsee. Frankfurt am Main 1986.
Hau'ofa, Epeli: Rückkehr durch die
Hintertür. Satiren aus Tonga.
Nürnberg 1988.
Heermann, I./Menter, U.: Schmuck der

Südsee, Ornament und Symbol.
München 1991.
Lötschert, W./Beese, G.: Pflanzen der
Tropen. München 1992.
Mead, Margaret: Kindheit und Jugend
in Samoa. Jugend und Sexualität in
primitiven Gesellschaften, Bd. 1.
München 1970.
Mietz, Ch./Ippen, W.: Tropische Meeres-
fische. Augsburg 1991.
Ritz, Hans: Die Sehnsucht nach der
Südsee. Bericht über einen europäi-
schen Mythos. Göttingen 1983.
Stevenson, Robert L.: Der gefährliche
Archipel. In der Südsee (1. Auflage
The South Seas, 1890). Zürich 1979
Thaman, Konai H.: Inselfeuer. Gedich
aus Tonga. Tolling, Nürnberg 1986
Theroux, Paul: Die glücklichen Inseln
Ozeaniens. Hamburg 1993.
Wilpert, C. B.: Südsee. Inseln, Völker
und Kulturen. Hamburg 1987.

Sachregister

Ortsregister

Umschlagvorderseite: Bora-Bora, Blick auf Lagune bei Matira
Umschlagklappe hinten: Tänzerin in Tiki Village, Moorea, Französisch-Polynesien
Umschlagrückseite: Schülerinnen in Lotofaga, Samoa

Über die Autorinnen: Angelika Regel studierte Soziologie und Ethnologie in München und Berlin. Ausgedehnte Reisen durch die pazifische Inselwelt und längerfristige Aufenthalte in Neuseeland und Australien. Die Autorin ist Verfasserin und Mitherausgeberin mehrerer Artikel und Reisebücher über Ozeanien.
Rosemarie Schyma studierte Ethnologie in Berlin. Seit Anfang der 80er Jahre zahlreiche Aufenthalte und Forschungsreisen im Pazifik. Die Autorin arbeitet u. a. bei der Deutschen Stiftung für internationale Entwicklung als Tutorin für den pazifischen Raum.

© DuMont Buchverlag
3., aktualisierte Auflage 2000
Alle Rechte vorbehalten
Satz und Druck: Rasch, Bramsche
Buchbinderische Verarbeitung: Bramscher Buchbinder Betriebe

Printed in Germany   ISBN 3-7701-2709-9